人道主义的呼唤

（第四辑·2006~2012）

邓朴方 著

要大力弘扬人道主义思想
人道主义思想是人类共同的精神财富
是社会主义社会的基础思想之一
人道主义应该在马列主义思想范畴之内
人道主义应该成为残疾人事业的一面旗帜

华夏出版社

人道主义的呼唤

(第四辑·2006~2012)

邓朴方 著

华夏出版社

出 版 说 明

《人道主义的呼唤》第四辑收录了邓朴方同志二〇〇六年至二〇一二年六月期间有关人道主义、残疾人事业和残疾人工作以及国家经济社会发展的部分文章、演讲、报告、谈话、讲话、函电、致辞、批示、答记者问等，计一百〇七篇。

收录文章基本保持原貌，有些另设了标题，有些做了少量整理和订正，出版前均经作者本人审定。

每篇文章都有出处，必要时以题解形式注明；文章中需要说明的地方或做随文说明，或加脚注；反复出现的专用词语如国际组织、文献、人物、事件、活动等，在书末附录里予以解释。

目　录

残疾人工作要做到残疾人身边

　　（二〇〇六年一月十三日）……………………（1）

全国特奥运动会是文化工程中一项大的举措

　　（二〇〇六年一月十六日）……………………（5）

在第二次全国残疾人抽样调查电视电话动员会议上的讲话

　　（二〇〇六年二月十七日）……………………（6）

在追求中燃烧的生命

　　（二〇〇六年二月）……………………………（12）

以筹办残奥会为契机，加速发展残疾人体育事业

　　（二〇〇六年三月二日）………………………（15）

为建设一个公开、透明、高效率
　　和高公信力的世界一流基金会而奋斗

　　（二〇〇六年三月十五日）……………………（22）

改变态度，改变世界

　　（二〇〇六年三月二十五日）…………………（26）

残疾人工作的"十五"回顾与"十一五"展望

　　（二〇〇六年四月七日）………………………（32）

关于人道主义的谈话

　　（二〇〇六年四月十二日）……………………（35）

让更多的科技成果惠及广大残疾人朋友

　　（二〇〇六年五月二十日）……………………（41）

希望更多的企业关注北京残奥会
　　（二〇〇六年六月五日）……………………（45）
积极发展残疾人事业，
　　为构建社会主义和谐社会做出新的贡献
　　（二〇〇六年六月八日）……………………（48）
今年的几件大事
　　（二〇〇六年六月九日）……………………（63）
中国盲人协会法人登记与"精简、统一、效能"原则
　　（二〇〇六年七月二十一日）………………（74）
在中华人民共和国第四届特殊奥林匹克运动会
　　开幕式上的致辞
　　（二〇〇六年七月二十九日）………………（78）
给"二〇〇六中国残疾人企业成果展"的贺信
　　（二〇〇六年八月八日）……………………（80）
科学的未来在于青年
　　（二〇〇六年八月二十一日）………………（81）
在北京残奥会吉祥物发布仪式暨残奥会
　　倒计时两周年活动上的致辞
　　（二〇〇六年九月六日）……………………（83）
做好残疾儿童康复工作
　　（二〇〇六年九月十四日）…………………（85）
残疾人法律援助工作要迈上一个新台阶
　　（二〇〇六年九月十九日）…………………（89）
在国际狮子会理事会会议开幕式上的讲话
　　（二〇〇六年十月四日）……………………（91）
要做残疾人事业的有心人
　　（二〇〇六年十月二十七日）………………（93）

目 录

把犯罪聋哑青少年当做自己的孩子
　　（二〇〇六年十月三十一日）……………………（97）
残疾人工作面临新的局面和新的关口
　　（二〇〇六年十月三十一日）……………………（101）
提高科技创新能力，建设信息无障碍环境
　　（二〇〇六年十一月二日）………………………（113）
在"爱心永恒·启明行动""包玉刚—陪庆光明行"
　　启动仪式上的讲话
　　（二〇〇六年十一月八日）………………………（116）
珍惜抽样调查成果，促进残疾人事业发展
　　（二〇〇六年十一月九日）………………………（118）
在国务院新闻办公室第二次全国残疾人抽样调查
　　新闻发布会上的讲话及答记者问
　　（二〇〇六年十二月一日）………………………（122）
参与体育运动是残疾人的基本权利和需求
　　（二〇〇七年一月二十二日）……………………（132）
关于第二次全国残疾人抽样调查的后期工作
　　（二〇〇七年一月二十五日）……………………（135）
关于联合国《残疾人权利公约》
　　（二〇〇七年一月二十五日）……………………（140）
构建和谐社会应该大力倡导人道主义
　　（二〇〇七年一月二十五日）……………………（148）
不能盲目取消残疾人专用机动车运营
　　（二〇〇七年二月二十二日）……………………（156）
谈残疾人专用机动车运营
　　和残疾人驾驶汽车问题
　　（二〇〇七年三月七日）…………………………（159）

紧紧抓住特奥会机遇,全面推进残疾人事业发展
　　(二〇〇七年三月十三日) ……………………(161)
二〇〇六年残疾人工作总结和二〇〇七年工作安排
　　(二〇〇七年三月二十八日) ……………………(164)
在第二期长江新里程计划项目(2007～2011)
　　启动仪式上的致辞
　　(二〇〇七年四月二日) ……………………(176)
第二次全国残疾人抽样调查总结报告
　　(二〇〇七年四月三日) ……………………(178)
在国务院常务会议上关于二〇〇七年
　　上海世界特殊奥运会的发言
　　(二〇〇七年四月二十五日) ……………………(187)
在首届国际听力障碍预防与康复大会开幕式上的致辞
　　(二〇〇七年四月二十六日) ……………………(188)
在全国残疾人体育工作会议上的讲话
　　(二〇〇七年五月十二日) ……………………(190)
在地方残联换届工作会议上的讲话
　　(二〇〇七年五月十三日) ……………………(193)
在"共创美好明天,维护聋哑青少年权益"
　　座谈会上的讲话
　　(二〇〇七年五月十六日) ……………………(197)
努力做好残疾人就业工作,
　　为构建社会主义和谐社会做出新的贡献
　　(二〇〇七年五月三十一日) ……………………(200)
在"通向明天——交通银行残疾青少年助学计划"
　　启动仪式上的讲话
　　(二〇〇七年六月七日) ……………………(210)

深入开展残疾人事业理论和实践研究
　　（二〇〇七年七月十三日） ……………（212）
中国残疾人体育综合训练基地
　　要发挥资源中心的作用
　　（二〇〇七年七月二十五日） …………（214）
减少精神疾患，促进精神健康
　　（二〇〇七年七月二十五日） …………（217）
弘扬人道主义精神，积极参与北京残奥会
　　（二〇〇七年七月三十日） ……………（219）
在第三届全国残疾人职业技能竞赛
　　开幕式上的致辞
　　（二〇〇七年八月二十四日） …………（233）
在北京二〇〇八年残奥会倒计时一周年
　　庆祝活动上的致辞
　　（二〇〇七年九月六日） ………………（235）
实现残疾人充分就业才能实现小康生活
　　（二〇〇七年十一月七日） ……………（237）
残奥会是残疾人事业的发展机遇
　　（二〇〇七年十一月十三日） …………（239）
社区康复和社区工作牵连着大局
　　（二〇〇七年十一月十六日） …………（242）
《残疾人口与发展研究丛书》序言
　　（二〇〇七年十二月三日） ……………（246）
在二〇〇七年上海世界特殊奥运会总结会上的讲话
　　（二〇〇七年十二月十一日） …………（248）
关于高举中国特色社会主义伟大旗帜
　　（二〇〇八年一月十日） ………………（250）

关于坚持和贯彻科学发展观
　　（二〇〇八年一月十日）……………………（257）
建立具有中国特色的残疾人事业
　　（二〇〇八年一月十日）……………………（264）
充分认识加强轨道交通无障碍建设
　　的重要性和紧迫性
　　（二〇〇八年一月十六日）…………………（274）
就特奥纪念馆和上海世博会残疾人展馆事宜
　　给上海市俞正声书记、韩正市长的一封信
　　（二〇〇八年一月二十五日）………………（283）
在残奥会筹办工作动员会议上的讲话
　　（二〇〇八年二月二十六日）………………（285）
促进残疾人事业发展，做好二〇〇八年残疾人工作
　　（二〇〇八年四月二十四日）………………（289）
在二〇一〇年上海世博会残疾人馆
　　签约仪式上的致辞
　　（二〇〇八年七月三日）……………………（294）
在北京残奥会取火仪式上的致辞
　　（二〇〇八年八月二十八日）………………（296）
自强不息，奋勇争先
　　（二〇〇八年八月三十日）…………………（297）
北京残奥会展现了中国的社会进步和人道关怀
　　（二〇〇八年九月八日）……………………（299）
在国际残奥委会颁发勋章奖牌仪式上的致辞
　　（二〇〇八年九月十八日）…………………（306）
为世界残奥运动做出更大贡献
　　（二〇〇八年九月十九日）…………………（308）

在军队援建四川省八一康复中心
　　合作协议签字仪式上的讲话
　　　　（二〇〇八年十月十六日）…………（313）
在中国康复研究中心二十周年庆典上的讲话
　　　　（二〇〇八年十月二十八日）………（316）
高举中国特色社会主义伟大旗帜，
　　为加快残疾人事业全面发展而奋斗
　　　　（二〇〇八年十一月十一日）………（319）
在残疾人事业发展研究会成立大会
　　暨第二届中国残疾人事业发展论坛上的讲话
　　　　（二〇〇八年十二月一日）…………（334）
残疾人事业是改革开放历史大潮中的一朵浪花
　　　　（二〇〇九年三月二十六日）………（336）
不再担任残联主席的基本想法
　　　　（二〇〇九年四月十三日）…………（339）
怎样做一个合格的残疾人工作者？
　　　　（二〇〇九年四月十三日）…………（343）
谈谈忧患意识
　　　　（二〇〇九年四月十三日）…………（349）
对上海世博会生命阳光馆筹备工作请示的批示
　　　　（二〇〇九年四月十五日）…………（353）
残疾人教育任重道远
　　　　（二〇〇九年五月十一日）…………（354）
北京残奥会的作用和影响
　　　　（二〇〇九年九月九日）……………（364）
关于广州亚残运会和广东残疾人工作
　　　　（二〇〇九年十一月五日）…………（368）

关于铁路无障碍建设的谈话
　　（二〇〇九年十一月二十日）……………………（374）
在二〇〇九年"集善嘉年华"慈善晚宴上的讲话
　　（二〇〇九年十一月二十七日）…………………（376）
发挥理论研究的作用，加快推进残疾人"两个体系"建设
　　（二〇〇九年十二月一日）………………………（378）
两个亚运，同时举办，同样精彩
　　（二〇一〇年二月七日）…………………………（380）
残疾人运动会外的事情更要做好
　　（二〇一〇年三月二十五日）……………………（382）
关于广州亚残运会开闭幕式工作的几点意见
　　（二〇一〇年四月一日）…………………………（389）
残疾人"两个体系"建设要做好长期艰苦奋斗的准备
　　（二〇一〇年四月二日）…………………………（392）
在上海世博会生命阳光馆活动周启动仪式上的讲话
　　（二〇一〇年五月十日）…………………………（395）
加大扶持与救助力度，帮扶农村贫困残疾人
　　（二〇一〇年五月十五日）………………………（397）
怎样管好用好八一康复中心
　　（二〇一〇年六月八日）…………………………（399）
在军队援建四川省八一康复中心项目
　　落成暨交接仪式上的致辞
　　（二〇一〇年六月九日）…………………………（402）
重庆的残疾人工作
　　（二〇一〇年六月十二日）………………………（405）
做残疾人工作要了解并联系国家大局
　　（二〇一〇年六月十二日）………………………（411）

在"二〇一〇年集善中国行"慈善晚宴上的讲话
　　（二〇一〇年七月二十二日）……………………（421）
成都市统筹城乡综合配套改革"三农"问题调研报告
　　（二〇一〇年八月八日）………………………（423）
与国际狮子会第一副会长谭荣根先生的会谈纪要
　　（二〇一〇年九月十六日）……………………（427）
开展残疾预防研究和行动意义重大
　　（二〇一〇年十二月一日）……………………（435）
康复协会要充分发挥技术支持作用
　　（二〇一一年一月十四日）……………………（437）
贯彻残疾人事业"十二五"发展纲要的建议
　　（二〇一一年四月八日）………………………（439）
促进残疾人就业，维护残疾人劳动权益
　　（二〇一一年六月十一日）……………………（441）
盲文图书馆要成为盲人文化建设的制高点
　　（二〇一一年七月六日）………………………（443）
努力改变辅助器具工作相对薄弱的状况
　　（二〇一一年十一月四日）……………………（448）
残疾人社团登记是新起点新课题
　　（二〇一一年十一月八日）……………………（451）
科技创新应从娃娃抓起
　　（二〇一一年十一月八日）……………………（453）
几点老生常谈
　　（二〇一二年二月二十九日）…………………（456）
弘扬人道主义思想，保障残疾人人权
　　（二〇一二年六月六日）………………………（460）

附　录……………………………………………………（463）

残疾人工作要做到残疾人身边^{*}

（二〇〇六年一月十三日）

残疾人工作要做到残疾人身边

今天我和中国残联副主席李明豫、党组书记王新宪，还有北京市委常委、统战部部长尤兰田，副市长孙安民等领导一起到这里来看望大家，主要是想看看普通残疾人的生活怎么样，还有什么要求。

看到你们生活上、精神上这么好，我非常高兴。

我以前总担心着一件事，就是残疾人工作有没有做到残疾人家里。这些年来，国家经济发展了，人民生活水平提高了，特别是中央提出以人为本、构建和谐社会、全面协调可持续的发展观等，为残疾人事业的发展提供了很好的背景。所以，近年来残疾人工作在城市做到了社区，在农村不但做到了乡镇，还做到了村里。你们在村残协担任委员，是我们残联最基层的工作人员，是最辛苦的，也是直接面对残疾人群众的。我们能够把工作做到基层，做到残疾人身边，切切实实为残疾人一件事情一件事情来

---

* 这是邓朴方同志在北京市昌平区走访慰问残疾人家庭和视察残疾人工作时的讲话摘要。

做,一个问题一个问题来解决,一个困难一个困难来克服,这样就把残疾人工作真正做到了实处。这是我多年来梦寐以求的事情,没想到这几年发展真快,一下子就把残疾人工作铺到了基层。

当然,各地发展还不平衡,北京市是做得比较好的,还有其他很多省市做得也不错。不可否认,还有更多的地方存在困难。我们要把工作做到最穷的困难群众身边,这才能够踏实,也是我们多年的愿望。看到你们今天的生活状况,我非常高兴。正是因为改革开放,我们的残疾人事业才得到了很大的发展,没有改革开放,就不会有今天的发展。社会发展了,残疾人事业才能发展,才能提高残疾人生活水平,改善残疾人参与社会生活的条件。

残疾人危房改造是得人心的工程

看到你们能住上由区、镇、村三级政府出资翻建的新房,我很高兴。在"十五"后期,残疾人危房改造问题提出后,地方各级政府十分重视、特别关怀,也有积极性,因为这是实实在在为残疾人做的一件好事。作为贫困残疾人,破旧的房屋修修补补,钱不会少花,但是一辈子也盖不起新房子。通过政府的危房改造工程,由政府一次性投入资金,残疾人一辈子的居住问题就解决了。作为地方政府,这是一个花钱不多、见效显著、得到群众好评的项目;从中央财政来看,投入所产生的效益特别好。所以,群众得利、政府有功、财政高效,各方都顺畅,全国工作进展也比较好。我看,这样的事情应当力度再大一点,规模再大一点。

这项工程是得人心的工程,真正给残疾人解决了实际问题。从目前看,残疾人亟须解决的有住房、就业、子女上学和医疗等问题,吃、住又是最大的问题。吃的问题现在好解决了,住的问题少数残疾人还解决不了。这些问题都解决了,才能保障残疾人参与社会文化生活,残疾人才能回归社会。在党的"十六大"强劲东风的推动下,这项工作进行得扎实有效,要不是中央提出"科学发展观"和"以人为本",我们的动作也没有这么快,没有这么扎实和有效,今天也看不到残疾人高高兴兴地住上新房。

不能让残疾人掉队

昌平区出台重度残疾人享受政府补助的政策,提高他们的生活水平,解决他们的实际困难,这非常好。现在造成贫穷的原因有两方面:一个是家里有残疾人的,另外一个是生了大病的。一般的健全人生一场大病常常会给生活带来困难,残疾人要是再生大病就会更加困难了。

实际上,中国的社会保障体系目前还不是很完善,还是在一个探索的过程当中。过去我们比较注重积累,而在社会保障方面是欠了债的,因为搞的是绝对平均主义,是一个低水平的平均社会,所以,在那种情况下不可能解决好这些问题。改革开放以后,打破了大锅饭,社会保障形式随之发生变化,这就真正需要来解决这些问题。目前包括养老、医疗、保险等方面的社会保障事业,都还是在探索、摸索的过程中,还不能说有了一个很好的方案,这就需要我们不断根据实际情况来摸索。

我们的残疾人工作也同样需要摸清残疾人在生产、生活各个方面的问题并摸索解决办法,同样需要根据实际情况,切切实实、真心实意为人民服务,为老百姓着想,特别为那些最困难、最贫穷、最需要帮助的群体着想,这是我们的出发点。应当说,我们社会主义要保障最基层的、最困难群众的生活,保护他们,爱护他们,让他们跟我们一起共享社会物质文明发展的成果。我们的各级政府、我们的党员干部要多开展"一帮一、多帮一"活动,这是我们的政治优势。刚才两位盲人代表说得很好:一是有了改革开放才有了今天,二是国家进步了残疾人才能进步。改革开放使我们的国家发展了,使我们的经济发展了;只有国家发展了,经济发展了,残疾人才有可能共享更多的成果。残疾人社会保障的路子今后该怎么走,还要经过一个继续探索的过程。怎样通过残疾人社会保障,使我们国家的社会保障体系更加完善,残疾人怎么跟上这个步伐,我们残疾人工作者的思虑必须超前一点,把这个策划好,不能让残疾人在这个过程中落伍。最容易掉队的就是残疾人,咱们残联做的工作就是不能让残疾人掉队,要让残疾人跟着社会的整体发展同步前进。健全人达到小康了,残疾人也不能总贫穷,残疾人也要摆脱贫困,一部分人也要达到小康。在着重提高残疾人生活水平的背景下再实现其他多方面的诉求。残疾人工作应遵循这么一个大思路。

  要做工作,还得靠基层的同志。在这里,我要向基层的同志们表示最大的敬意和感谢,同时也要求基层的残疾人工作,要按照中央的整体部署扎实有效地开展,希望我们说的话不是放空炮。北京是首善之区,昌平也提出"三个首选之区"*的目标,我们要带个好头。

---

* "三个首选之区":根据《北京城市总体规划(2004～2020年)》和北京市委、市政府《关于区县功能定位及评价指标体系的意见》,昌平确定推进"投资创业、旅游休闲、生活居住"三个首选之区建设、努力基本实现现代化的奋斗目标。投资创业首选之区,就是要吸引高素质的生产要素,节约资源,发展聚集经济;旅游休闲首选之区,就是要突出十三陵世界文化遗产的龙头作用,进一步整合旅游资源,支持一批企业争创会展服务业名牌;生活居住首选之区,就是要围绕生态环境、人文环境、生活环境做文章,努力构建和谐社会。

全国特奥运动会
是文化工程中一项大的举措＊

（二〇〇六年一月十六日）

这些年来，在福建省委、省政府的关心支持下，福建省的残疾人事业取得了很大的成就，残疾人的康复、就业、扶贫解困、特殊教育、宣传文化体育等工作成效显著，残疾人的生活状况有了明显改善，在多个领域走在全国前列。

福建是我国残疾人体育大省，多年来为发展我国残疾人体育事业做出了重要贡献。二〇〇四年十月，你和省里主要领导亲切接见在雅典残奥会上获得四枚金牌的福建省运动员，极大鼓舞了广大残疾人和残疾人工作者。在开展特奥活动方面，福建省也取得很大的成绩，福建省特奥运动员多次代表我国参加世界大赛，为祖国赢得了荣誉。

最近，中国残联有关部门和中国特奥会的同志正在同福建省残联、体育局的同志一起，探讨申办二〇一〇年第五届全国特奥运动会事宜。福建省正在建设海峡西岸经济区，其中在文化方面也将有大的动作。我想，举办全国特奥运动会也是文化工程中一项大的举措，并将有力促进福建残疾人事业发展。

我认为福建省申办第五届全国特奥运动会是件好事，我表示支持，也希望得到你的支持。

＊ 这是邓朴方同志就福建省申办二〇一〇年第五届全国特奥运动会事宜给福建省委书记卢展工同志的一封信。

在第二次全国残疾人抽样调查
电视电话动员会议上的讲话

(二○○六年二月十七日)

　　为了掌握残疾人基本情况,推动残疾人事业与经济社会的协调发展,使残疾人同全国人民一道共奔小康,构建和谐社会,二○○四年九月,国务院办公厅发出通知,决定进行第二次全国残疾人抽样调查。这次调查将在全国三十一个省、自治区、直辖市的七百三十四个县、市、区展开。调查的样本量近二百六十万人口,占全国总人口的千分之二。为了做好这项工作,国务院批准成立了领导小组,有关部门抽调精兵强将组建了办公室。各省(区、市)、市(地)和被抽中的县(市、区)也相应成立了调查领导机构和办公室。一年多以来,在国务院和地方各级党委、政府的领导下,在各有关部门的积极参与和密切配合下,经过各级残疾人抽样调查机构的精心组织和全体调查工作人员的艰苦努力,已经基本完成了现场调查前的各项准备工作。

　　这次调查的标准时点为二○○六年四月一日零时。目前,全国七百三十七支调查队,近二万名调查员和医生枕戈待旦。再过一个多月,他们将同时进入调查小区,全面开展现场调查。今天,领导小组召开电视电话动员会议,对前一阶段工作进行检查和总结,对现场调查工作进行全面动员。回良玉副总理亲自出席今天的会议,并将发表重要讲话。这是对全国各级调查机构、全体调查工作人员的极大鞭策和鼓励,充分说明党中央和国务院对第二次全国残疾人抽样调查工作的高度重视。下面,我讲三个问题。

一、现场调查的各项准备工作基本就绪

第一,调查方案和残疾标准等主要技术文件制订完成。在全国抽样调查办公室的组织下,专家委员会及有关专家组经过一年多的努力,研究制订了第二次全国残疾人抽样调查的调查方案和残疾标准,经过两次小规模试点和全国模拟试点的检验,在领导小组全体会议审议通过后,于二〇〇五年十一月四日经国务院批准已印发各地;以调查方案和残疾标准为依据,制订了各种调查表格、工作细则和技术方案,编写了培训教材。

第二,调查队已经组建完成。被抽中县(市、区)全部按照要求成立了调查队。调查队中有统计、医务方面的专业人员,有民政、残联系统的骨干力量,也有被抽中的乡镇(街道)中熟悉调查小区情况、基层工作经验丰富的干部。调查队成员身体好,素质强,觉悟高,工作能力和业务水平出色,是名副其实的精兵强将。

第三,培训工作顺利进行。第二次全国残疾人抽样调查培训工作分两级开展。二〇〇五年十一月,国家级培训顺利结束。二〇〇五年十二月至二〇〇六年二月,各地从实际情况出发,结合试点,先后开展省级培训。目前多数省已基本完成,一些省还在进行中。整个培训工作安排紧凑,教学和实践相结合,学习与试教相结合,完全达到了培训的目的。经过考核,参加培训的全部调查队员都达到了培训要求,完全能够胜任现场调查工作。

第四,调查经费基本落实,调查物资下发到位。在各级政府的高度重视和财政系统的大力支持下,各级调查经费基本落实,虽然存在着不平衡现象,但总体情况较好,能够保障调查工作的正常开展。特别是财政部,对本次调查抽中的贫困县(市、区)给

予补贴,切实解决了地方的实际困难,极大地鼓舞了地方的工作积极性。调查所用的各种表格、手册、残疾评定设备、证件及宣传品都已经陆续下发到位。

第五,样本抽取工作已经完成。在全国抽样调查办公室的统一组织下,样本抽取工作已经完成。本次调查涉及的全国七百三十四个被抽中县(市、区)、五千九百八十个调查小区都已确定。通过分析,全国样本分布与总体分布较为接近,具有较强的代表性。

二、争分夺秒,进一步抓细抓实各项准备工作

距离现场调查还有一个多月的时间,残疾人抽样调查本身的复杂性、艰巨性及这项调查的历史责任容不得我们有丝毫懈怠。我们要利用最后这段时间,进一步抓细抓实调查的各项准备工作,确保现场调查乃至整个调查工作的圆满成功。

第一,加大督导检查工作力度。调查的责任书已经普遍签订。各级调查机构要进一步加大督导检查工作力度。要一级抓一级,一级检查一级,要保证在现场调查前,对所有被抽中的县(市、区)、所有涉及的乡镇(街道),所有调查小区检查一遍。各地要加强对工作的指导,认真检查现场调查所需的"人、财、物"是否到位,能否保证工作需要,宣传工作是否有效开展。要自查和检查相结合,对发现的问题和困难,要及时处理和解决。要通过检查,发现隐患,解决问题,推动工作,为现场调查奠定良好的基础。

第二,认真开展好宣传工作。做好宣传工作,既是积极争取被调查户支持,保证入户调查顺利进行的需要,也是扩大残疾人事业影响,推动扶残助残良好社会风尚,弘扬人道主义精神的需要。三月二十五日至三十一日,将开展第二次全国残疾人抽样调查宣传周活动。调查期间,第十六次全国助残日的主题也已

确定为第二次全国残疾人抽样调查。各地要根据这次调查的特点，通过电视、广播、报刊、互联网等各种媒体，在做好面向社会公众宣传的同时，重点做好在调查小区的宣传。被抽中县（市、区）和调查小区要通过宣传栏、标语、"致被调查户一封信"等醒目、便捷的方式做好宣传动员工作，争取被调查户的支持与配合。

第三，加强调查队建设。调查队是数据采集的源头，是现场调查的主力军。七百三十七支调查队已经组建和培训完毕，要利用最后这段时间，进一步加强调查队的建设。首先要保持人员的稳定，经过培训的调查队人员不得更换。其次要经常组织集中学习，共同熟悉业务、掌握调查技能。最后，还要加强思想道德和作风建设，使每支调查队都成为有生气、有活力、团结战斗的队伍，使每一个调查队员都成为心存人道情怀，负责任、能吃苦、愿奉献的社会工作者，为现场调查奠定强有力的人员队伍基础。

第四，开展好摸底工作。对调查小区进行摸底，建立底册，是现场调查前的重要性基础工作。各地要认真对待摸底工作，杜绝走过场的现象。要通过摸底解决两方面的问题，一方面使调查队对调查小区的有关情况有清楚、准确的了解；另一方面使调查队与陪调队迅速对接热身，进入临战状态，为现场调查奠定良好的基础。

第五，做好各种预案。我们必须要做好应付各种突发情况的准备。全国七百三十四个被抽中的县（市、区）要在同一时段内组织成千上万人统一行动起来，又要确保调查数据的准确无误，如此复杂的社会调查，的确不是一件容易的事。各种突发事件和安全隐患可能在某个点上与我们擦肩；四月的北方乍暖还寒，入户与调查员的防寒会有意想不到的困难，可能遇到一些基层的社会矛盾，也可能出现各种调查物资和工具的缺失与故障等等。总之，一些不可预知的因素和困难很可能会对入户调查的顺利展开产生影响,甚至构成威胁,各地必须做好各种可能对调查产生影响的因素的防范预案。

三、齐心协力,确保现场调查圆满成功

第二次全国残疾人抽样调查,是一项复杂的社会工程,是党中央、国务院重视和发展社会事业的重大举措,是广大人民群众特别是残疾人的期望。参与这项工作的每一名同志都要高度重视、充分认识做好这项工作的重要意义,牢记历史责任,齐心协力,确保调查工作圆满成功。在这里,我代表第二次全国残疾人抽样调查领导小组,向同志们提出以下期望和要求:

各级抽样调查领导小组要切实加强对第二次全国残疾人抽样调查的领导,要根据工作责任书的要求,切实执行责任制,加强组织协调,狠抓落实,保证抽样调查各项工作顺利推进。各有关部门要从各自部门的职责出发,对照现场调查的目标,进一步细化要求,主动做好工作。各部门既要有明确分工,又要密切协作,要真正把第二次全国残疾人抽样调查列入各部门的工作计划,摆上位置。特别是各级残联,作为残疾人的代表和服务组织,更要主动做好工作,把第二次全国残疾人抽样调查作为当前压倒一切的中心任务来完成,以一种对国家负责、对残疾人事业负责、对残疾人负责的高度使命感和责任感做好工作。

各级抽样调查办公室作为调查工作的具体组织者,要充分发挥好神经中枢和作战部的作用。要按照统一部署和要求,细之又细、慎之又慎,逐项落实、反复检查调查的各项准备工作。要做好沟通和协调工作,要主动汇报、积极争取各级党委、政府的重视和支持,促进各有关部门的工作形成合力。要上传下达,不仅及时将统一的部署和要求具体落实,也要为基层解决实际问题。要

进一步提高工作水平和效率,不等不靠,从各地实际出发,及时发现和处理实际工作中出现的各种困难。从现在开始,各级调查办公室要建立严格的值班报告制度,重大问题要及时上报。

调查队战斗在现场调查的第一线,直接决定着调查的质量和成败。现场调查前,所有调查队成员要认真学习,刻苦钻研,掌握调查技能。现场调查中,同志们要发挥"特别能吃苦、特别能战斗"的精神,做好现场调查工作。调查员们要认真领会调查方案的各项要求,把握方法,力求调查工作科学、规范,本着实事求是的态度,不走过场、不虚报、不瞒报,切切实实地按照真实、客观的数据和群众的真实意愿填写好每一张表格,确保调查数据的质量。医务人员要按照统一的标准和要求,准确进行残疾鉴定。在做好调查工作的同时,我们还要把这次现场调查作为下基层、送温暖、密切联系群众,为广大人民群众解决实际困难,弘扬人道主义精神的过程。调查期间,调查员们要将发现的人民群众实际困难反映到当地政府和有关部门,帮助解决处理;医务人员要对广大人民群众进行健康咨询,对确诊的残疾人进行必要的医疗康复指导;调查队要通过现场调查,做到调查一区、温暖一片、感染一县。

我们也要关心调查人员的生活,充分调动大家的积极性,使他们以认真负责精神,一丝不苟的科学态度,做好每一项工作。一方面要强调调查员、医生、陪调员、管理人员的奉献精神;另一方面也要帮助他们解决生活中的困难,使他们无后顾之忧,轻装上阵。要特别注意解决好他们的物质待遇问题,以保证其工作热情和积极性的持久发挥。

让我们再接再厉,努力工作,高质量地完成第二次全国残疾人抽样调查任务,向党和政府,向人民群众交出一份满意的答卷。

在追求中燃烧的生命*

（二〇〇六年二月）

人们常说，每个有作为的残疾人都有一串悲怆、动人的故事，都是一部大书。那里面有痛苦、有屈辱、有泪、有血。靠着不停息的奋斗——有时候是向人的极限挑战，才终于战胜各种艰难险阻，包括白眼和嘲讽，从数不清的灾难和考验中站起来，成为一个顶天立地的人。

经受过苦难的磨炼，人生才会完美；经过烈火的洗礼凤凰才能涅槃。

《火凤凰》的作者孙建博就是这样一个人。

在三岁因病致残后的十几年岁月里，他动过二十多次手术，仅右腿就被割开皮肉将骨头重新排列了两次；他身上有五百多个术后缝合的针脚，还受过无数次的针扎、电击、蒸熏。是保尔·柯察金、吴运铎、张海迪、朱彦夫给了他力量，他以惊人的毅力、坚韧不拔的拼搏精神，顽强地挺了过来，由一名被同学们背来背去的普通中学生，成长为山东原山集团总经理、全国自强模范，并且写出了这部记录艰辛成长、奋勇拼搏的纪实文学作品。

我不想在这里赘述孙建博如何在极度困难的情况下与命运

---

* 这是邓朴方同志为华夏出版社出版的孙建博自传体纪实文学作品《火凤凰》所作的序言。

抗争,与歧视、偏见抗争,与各种样式的忌妒抗争,也不想重述他如何于事业有成之后,不忘扶贫解困,不忘残疾人——这些在他这部扣人心弦、生动流畅的作品中都有比较充分的叙述。我只想指出一点,在历经九九八十一难终于成功之后,他仍然保持着一种平常心:不张扬,不浮躁,不图个人享乐,喜欢读书,对事业重追求而不重占有。他身为总经理,而他的爱妻却在他管辖的下属单位干最苦、最累的活儿;为了单位减员增效,又让爱妻带头下岗自谋职业。他不许自己或家人有半点特殊、占公家半点便宜。

另外一个动人的故事,是他向自己企业资助的山东足球队教练特意要了个球队吃败仗时踢的球——"耻辱球",陈列在公司显眼的地方,借此鞭策、警醒自己和公司:不要被胜利冲昏头脑,要永远记住失败的日子——自己的和别人的,永不自满,永远追求新的更大的目标、新的更大的胜利。

他就是这样,以平常心对待成就,对待荣誉,对待自己的家人,而以无止境的追求精神对待事业。这使我想起了爱因斯坦那句话:"对真理的追求比对真理的占有更可贵。"我想,任何一个有作为的人,都应该像孙建博那样,对事业重追求而不重占有。

他的不俗、不凡,从他这本书的名字上也可以知道一二。他在永远追求,要像凤凰涅槃一样浴火重生,这烈火燃烧的是他的生命和热血。

总结建博的奋斗史,我们可以看到以下几个特点:一是自强自立的拼搏精神。尽管身患重残,但他毫不气馁,义无反顾,敢打敢拼,不达目的决不罢休。二是不屈不挠的进取精神。在他成长的道路上,可谓是荆棘丛生,沟坎四布,让他一次次饮下了失败的苦酒,但他的可贵之处就在于,从不因失败而灰心丧气,一次次从失败中坚强地站起来,积蓄力量,进行再一次冲锋。三是扶危济困的奉献精神。他在历经艰辛成功之后,并不因财大而气粗、为富而不仁,而是把向社会献爱心当成自己的神圣职责,为我们的体育事业、教育事业及残疾人事业都做出了很大的贡献。四是严于律己的模范带头精神。他身为县级干部,又是残疾人,却经常奔波于人迹罕至的深山老林里,忍受病痛为祖国播撒绿色。

我希望有更多的人走近孙建博——读他的书,了解他的业绩、他的奋斗、他的精神世界。不只是为了从中汲取克服各种困难的力量,也是为了从中汲取得胜后不忘失败、不忘耻辱、追求更大胜利的力量。这都可以归结为自强不息的精神。

建博写的这本书,从政治角度讲,有很强的思想性,主人公那种敢于拼搏的英雄主义精神和乐于吃苦、勇于奉献的共产主义精神,浸透在每一个章节中,从而使本书成为一本进行社会主义精神文明建设的好教材;从艺术角度讲,有着很强的可读性,那一个个感人肺腑的故事,一个个动人心弦的情节,都有着很强的艺术感染力,是一本不可多得的好书。

以筹办残奥会为契机，加速发展残疾人体育事业*

（二〇〇六年三月二日）

二〇〇五年，在党中央、国务院的亲切关怀和直接领导下，在全国人民、社会各界及全体委员的大力支持下，北京二〇〇八年残奥会筹办工作顺利推进。下面，我就残奥会筹办工作和备战北京残奥会的情况，向大家作简要汇报。

一、残奥会筹办工作的主要进展

党中央、国务院高度重视残奥会的筹办工作。去年十一月，温家宝总理在会见国际残奥委会主席雷克文时指出，"中国政府全力支持北京承办二〇〇八年残奥会，希望此次盛会能为推动国际残疾人运动的发展做出新的贡献"。李长春同志亲自出席了北京奥运会和残奥会主题口号的发布仪式。党中央、国务院的亲切关怀，为我们做好残奥会筹办工作增添了信心。

一年来，按照两个奥运会"同时筹办，同样精彩"的要求，北京二〇〇八年残奥会筹办工作全面展开，取得了新的进展。

---

* 这是邓朴方同志在北京奥组委第三次全会上的讲话。

(一)进一步建立健全了残奥会筹办组织机构,与国际残奥委会的合作进一步加强

二〇〇五年,奥组委成立了残奥会部,统筹协调残奥会筹办工作。各部门进一步明确了筹办残奥会的具体职责和任务。奥组委与国际残奥委会的合作更加密切。与国际残奥委会就《北京残奥会技术手册》进行了充分讨论和沟通,明确了双方的权利、义务以及服务标准、关键日期、工作程序。与国际残奥委会及各国际残疾人单项体育联合会共同召开了残奥会竞赛专题会议,共同探讨了残奥会的竞赛组织工作。奥组委与中国残疾人联合会共同签署了《残疾人奥林匹克联合市场开发计划协议》,为开展残奥会市场开发工作奠定了基础。

(二)大力开展残奥会宣传工作,营造了良好的社会氛围

去年六月,隆重推出了北京奥运会和残奥会主题口号:"同一个世界、同一个梦想",得到社会各界的热烈反响;完成了《残奥会宣传战略计划》,确定了北京残奥会的宣传理念——"超越·融合·共享";举办了残疾人文化艺术节、残疾人奥林匹克知识有奖竞赛等活动,出版了《残疾人奥林匹克知识读本》等书籍,向社会普及残奥会知识、宣传残奥会筹办工作,营造良好的残奥会筹办氛围。

(三)残奥会竞赛组织工作取得了显著进展

确定了北京残奥会的举办时间。确定了北京残奥会的二十个正式比赛项目,赛艇首次进入残奥会。基本确定了北京残奥会竞赛场馆的布局,场馆将集中分布在奥林匹克中心区和大学区。向国际残奥委会递交了北京残奥会每日竞赛日程。就残奥

会器材、技术官员、竞赛主任和副主任人选等，与国际残疾人单项体育联合会进行了深入沟通，目前这项工作正在继续进行。加强了残奥会项目的管理工作，完成了《北京残奥会总体工作计划》、《战略计划》的编制和调整工作，为今后工作的顺利展开奠定了基础。

（四）积极开展了志愿者招募和培训工作

去年九月，举行了以"迎奥运、展风采、做贡献"为主题的首都残疾人奥运志愿者行动动员仪式。成立了为残奥会服务的志愿者队伍，承担残奥会外围服务工作。正计划招募残疾人志愿者，直接参与奥运赛场的志愿服务，在残奥会期间提供手语、保健按摩及电脑录入等服务。

（五）编制了示范场馆残奥会运行计划，为残奥会场馆运行工作奠定了基础

在北京奥组委去年开展的示范场馆运行工作中，综合考虑了奥运会和残奥会的特点，编制了示范场馆残奥会运行计划，确保奥运会和残奥会竞赛项目在示范场馆运行中得到全面检验。目前，通过对两个奥运会的运行特点、资源需求等进行对比分析，我们初步总结了残奥会的运行工作特点，对残奥会特殊服务和工作标准有了更加清楚的认识，并正在对一些重点问题进行深入研究，为下一步开展残奥会场馆运行工作奠定了基础。

（六）城市无障碍设施建设加快步伐

城市无障碍设施建设工作得到了北京市、市政府和北京奥组委的高度重视。奥组委紧密配合市政府有关部门，从运动员、教练员、贵宾、技术人员、媒体和观众等各类人群参与残奥会的

实际需求出发，对部分竞赛场馆的无障碍设施进行了调研，在场馆坐席、卫生设施、垂直交通、紧急疏散等方面提出了需求和建议。目前，市政府有关部门、场馆业主、奥组委正在对调研结果进行深入论证，抓紧落实。奥运村（残奥村）等场馆及设施的无障碍设施建设正在顺利进行。

北京市政府在城市运行纲要中，突出了北京残奥会的无障碍设施环境建设，并把各项任务落实到相关部门的工作计划和市政府的折子工程中。在北京市的努力下，去年，北京市共新修盲道七十七点五公里，改造路口坡道近六千平方米、车站提示盲道三千多平方米。地铁、长途客运站、火车站、机场和公共交通枢纽无障碍综合改造率已达百分之八十以上；宾馆、商场、公园等公共服务设施的无障碍综合改造率达百分之五十以上。为实现信息交流、交通、居住、出行无障碍，迎接残奥会创造了更加良好的条件。

此外，为提高工作人员的专业水平，奥组委加强了残奥会专项培训工作，与国际残奥委会合作举办了首次残奥会综合知识讲习班，加深了相关部门和人员对残奥会特点、需求和服务标准的理解。考察了国际坐式排球、射箭等锦标赛，丰富了感性认识。

二、以筹办残奥会为契机，加速发展残疾人体育事业

二〇〇五年，残奥会筹办工作更加有力地推动了残疾人体育事业的发展。

去年，我们组团参加了二十六项国际赛事和十三项国际活动，共夺得一百五十九枚金牌、九十枚银牌和七十一枚铜牌，破七项世界纪录。在国内组织了二十个残奥项目的比赛，参赛人

员达到二千九百二十一人,其中轮椅橄榄球及盲人足球项目首次在国内开展。组织了"快来参加特奥"、"特奥爱心义跑"等社会活动,全面完成了培养五十万特奥运动员的目标。

为加紧备战二〇〇八年残奥会,已初步确定了备战残奥会的训练体系。二〇〇五年,制订实施了《国家残疾人运动队组建、选拔暂行办法》、《国家残疾人二线队管理暂行办法》和《国家残疾人运动队专项器材管理办法》,规范了国家残疾人运动管理。组织五百多名国家队运动员和一千五百名二线队运动员进行了近三百天的集训。国家残疾人训练基地由原来的九家增加到十五家。通过年度赛事提高了运动水平,为我国选拔、培养优秀运动员积累了经验。

随着残奥会筹办工作的不断深入,中国残疾人事业在国际残疾人事务中发挥着越来越大的作用和影响。去年,我国先后承办了国际盲体联会员大会和国际残奥委会会员大会、"远南"执委会会议、亚洲残奥委会会员大会等一系列国际残疾人体育高层会议。其中,二〇〇五年十一月十八日到十九日,两年一度的国际残奥委员会会员大会在北京召开,来自一百多个国家和地区、二十个国际残疾人单项体育组织和地区性组织的三百多名代表出席会议,是国际残奥会有史以来规模最大的一次会议。这次大会对中国残疾人权益保障事业的发展给予了充分肯定。

三、二〇〇六年度北京残奥会筹办工作和备战工作的主要任务

二〇〇六年是北京残奥会筹办工作和备战工作的关键一年。我们要进一步贯彻中央的指示精神,努力完成以下重点任务。

(一)进一步落实残奥会竞赛组织工作

确定残奥会竞赛和训练场馆,制订残奥会测试赛计划,组建残奥会竞赛组织团队,启动残奥会竞赛技术官员培训工作和残奥会成绩信息系统评估分析工作。编制残奥会单元日程。完成残奥会竞赛器材需求计划,实施残奥会联合市场开发,开始采购残奥会特殊竞赛器材。与各国际残疾人单项体育联合会签订《谅解备忘录》,明确各自的权利、义务和工作程序。抓紧完成残奥会总预算的编制工作。围绕残奥会的特殊需求,加强残奥会运动会服务工作力度,抓紧落实相关资源和工作计划。

(二)加大残奥会宣传工作力度

实施残奥会宣传战略计划,以"残奥我关注"为主题,加大残奥会宣传力度。编制残奥会开闭幕式、火炬接力传递计划、形象景观计划。抓紧残奥会吉祥物的评审工作,在第四届奥林匹克文化节上发布残奥会吉祥物。启动残奥会转播筹备事宜。结合举办第四届全国特奥运动会等残疾人体育赛事,把宣传残奥会作为一件弘扬人道主义、构建和谐社会、营造良好社会环境的大事来抓,在社会中进一步掀起支持残奥会筹办、支持残疾人事业发展的热潮。

(三)推动场馆无障碍设施建设工作

按照残奥会的特殊需求。开始逐一对训练场馆和非竞赛场馆的无障碍设施情况进行研究,制订残奥会场无障碍设施工作指导意见,确定无障碍设施评估、设计、审批、建设和验收工作程序,确保北京残奥会场馆实现"无障碍"目标。

(四)密切与国际残奥委会和各国家(地区)残奥委

会的联系

加强与各国家(地区)残奥委会的联络,制订各国家(地区)残奥委会服务标准和工作程序,创造良好的外围环境,为赛时提供各国家(地区)残奥委会服务奠定基础。

(五)加快备战北京残奥会的步伐

召开全国残疾人体育工作会议,做好各项规划和指导工作。通过参与和组织第九届"远南"运动会、第四届全国特奥运动会等各项体育赛事,进一步锻炼队伍、提高组织工作水平。通过加强科学规划、加强培训等措施,培养一支和举办国地位相符的教练员、裁判员和分级员队伍。贯彻国务院残工委《关于进一步加强基层残疾人组织建设的意见》,充分发挥各级残疾人体育组织的作用,做好基层残疾人残健融合、康复健身活动。把备战残奥会和完善残疾人体育的体制建设紧密结合起来,带动残疾人体育事业的发展,推动残奥会的筹备工作。

各位委员、同志们,目前距北京残奥会开幕还有两年多时间,在今后的工作中,让我们携起手来,在党中央、国务院的直接领导下,在全国人民和残疾人群众的大力支持下,以更加昂扬的精神风貌,更加扎实的工作作风,努力工作、积极进取,为实现举办一届有特色、高水平的北京残奥会,为促进我国残疾人各项事业的全面发展,而共同努力。

为建设一个公开、透明、高效率和高公信力的世界一流基金会而奋斗[*]

（二〇〇六年三月十五日）

二十二年前的三月十五日，顺应党的十一届三中全会所带来的改革开放大潮，受到国际残疾人运动的启示和鼓舞，代表广大残疾人的期望，中国残疾人福利基金会应运而生。自那天开始，我们的基金会高举人道主义旗帜，以高度的热情为残疾人服务，推动残疾人事业全面发展，做了一系列开创性、突破性、基础性的重要工作：鼓励残疾人自尊、自信、自强、自立，以平等的机会充分参与社会生活；消除社会歧视，倡导理解、尊重、关心、帮助残疾人的良好风尚；倡议并协助国务院进行了第一次全国残疾人抽样调查；启动并参与起草《中华人民共和国残疾人保障法》草案；筹建新中国第一个残疾人康复中心，实施抢救性的白内障复明、聋儿语训、小儿麻痹后遗症矫治等三项康复工程，推动了我国现代康复医学的发展；突破不合理的体检标准，为残疾人就学、就业开启大门；配合政府实施残疾人事业工作计划，将残疾人的康复、教育、就业、文化生活等工作纳入了国家大局。

二十多年来，基金会共筹措、聚集资金和物资（包括地方配套在内）总价值人民币三十三点四亿元，有力地推动了残疾人事

---

[*] 这是邓朴方同志在中国残疾人福利基金会第二届理事会第一次会议上的讲话。

业的发展,为广大残疾人带来了实实在在的利益。在基金会的捐赠者中,有德高望重的党和国家领导人、老同志、社会各界知名人士,也有普通的工人、教师、学生和离退休干部,更有海内外著名的企业和企业家。他们的人道主义精神和爱心善举将永远铭记在全国六千万残疾人心中!

回首二十二年的历程,应该说,残疾人工作取得了历史性的进步。但是,我们的工作还存在着许多的问题和不足。我们清醒地认识到,我们已经做的工作,与残疾人的需求相比还有很大的差距。当前,全国人民正在步入全面小康社会,而近千万残疾人还徘徊在贫困线上,残疾人在康复、教育、就业等方面的需求还远远没有得到满足;市场经济和多元社会的快速发展还会为残疾人带来更多的新的问题和新的需要。残疾人的困苦和迫切需求时刻在鞭策着我们。面对这种情况,基金会必须在服务能力、工作水平和自身建设等方面有一个较大的提高。

现在,党和国家提出了科学发展观,更加重视统筹经济和社会发展,更加关心和重视残疾人的康复、教育等突出问题,更加重视发挥社会团体和基金会组织在公益服务中的重要作用。二〇〇四年,国务院颁布了《基金会管理条例》,确立了现代规范的基金会管理制度;二〇〇五年,民政部召开了中华慈善大会,发布了《中国慈善事业发展指导纲要》。今年的政府工作报告中也明确要求积极发展慈善事业。同时,我国经济持续发展,社会结构发生快速、重大变化,社会财富日益增加,文明程度不断提高,企业公民、社会大众爱心捐赠正在形成前所未有的高潮。这些大的形势和环境都对基金会工作提出了新的更高的要求,也创造了难得的历史机遇。

为此,近年来,基金会提出了二次创业的任务,研究和探索如何适应这些新形势和新任务,按照"弘扬人道,奉献爱心,全心全意为残疾人服务"的宗旨,参照世界一流基金会的标准,大力推进组织和制度创新,加强能力建设,打造一个公开、透明、高效率和高公信力的现代化基金会,更好地为残疾人服务,为捐赠者服务。

今天,我们顺利地完成了换届工作,二届理事会为基金会注入了新的活力。我相信,基金会工作将翻开新的篇章:

我们要进一步增强生命力和活力。要积极主动地做好募捐工作,主动地走向社会公众,走近企业家,开展丰富多彩的募捐活动;要创新公益服务方式,加强资助项目管理,提高资金使用效率,创造非营利项目管理的范例。要建立充满生机与活力的组织结构和运行机制,按照"公开、透明"的原则建立完整配套的制度和工作程序,建立民主管理机制。

要创造若干个品牌项目。品牌是我们最有价值的无形资产。好的品牌不仅仅提供理性的收益,更代表价值、文化和情感。"春雨行动"、"集善嘉年华"、"爱心永恒"、"信息无障碍"是我们多年精心培育的品牌,目前已经具有一定的规模和社会影响力,要继续把这些品牌做大、做强,实现持续发展。我们还要根据残疾人的需求和社会公益,创造和培养新的品牌。让品牌建设带动募捐和公益服务工作能力与水平再上一个新台阶。

要提高专业化水平。基金会工作也是一门科学,我们要建设学习型的组织,不断地学习新知识,研究新问题,成为专家型的领导者和管理者,切实提高基金会工作的规范化、科学化和专业化水平。

要争取更大的公众支持率。加强宣传和公开劝募,大幅度提升公众的知晓度和支持率,扩大企业和公众对基金会工作的参与,不断巩固和扩大基金会的社会基础。基金会只有深深地扎根于中国社会,才能不断获得发展进步的力量,

要扩大资金募集规模和服务能力。争取成十倍地增加募捐收入,使从社会募集并用于残疾人事业的资源尽快达到中央财政提供给残疾人事业的资源规模,成为残疾人事业强大的动力源,切切实实地、彻底地解决好几个残疾人最渴望解决的困难。同时,要真心诚意为捐赠者提供一流的服务,使他们善良的爱心、高尚的情怀,通过我们的服务得到发扬光大。

中国残疾人福利基金会有着独特的组织优势。中国残疾人联合会不仅是基金会的业务主管单位,也应该是密不可分的一家人和并肩奋斗的亲密战友,特别是在资金筹措方面,犹如车之两轮,鸟之两翼,都是残疾人事业的重要推动力量。中国残联遍及城乡的组织体系和近二十万人的工作力量,将为基金会工作提供有力的支撑。地方残疾人福利基金会是我们亲密的同志和兄弟,希望地方基金会乘势而上,蓬勃发展,让我们携手共进,动员更多的社会资源,使残疾人能够平等参与和全面融入社会生活,形成全社会理解、尊重、关心、帮助残疾人的良好风尚,促进社会文明。

中国残疾人福利基金会二十二年来走过的每一步,都凝聚着党中央、国务院的关怀和海内外社会各界的爱心。我们将不辜负党和政府、社会各界以及广大残疾人的殷切希望和重托,继往开来,奋发图强,为建设公开、透明、高效率和高公信力的世界一流基金会而努力奋斗,为实现残疾人奔小康目标、为构建社会主义和谐社会做出新的更大的贡献。

改变态度,改变世界*

(二〇〇六年三月二十五日)

　　二〇〇七年上海世界特殊奥林匹克运动会组织委员会第一次会议召开一年以来,在上海市委、市政府的直接领导下,二〇〇七年上海特殊奥运会的各项筹备组织工作进展顺利。市委、市政府多次召开专题会议,研究特奥会的筹办工作,主要领导亲自出席重大活动。执委会加强规划和统筹,密切与国际特奥会的联系,精心策划,周密部署,认真实施,筹备工作平稳、有序地进行。文明友善的上海市民积极参与。"阳光计划"的实施,使全市广大智力残疾人的状况得到很大改善。组委会成员单位——中央各有关部委全力支持、新闻媒体和全国各地热情关注上海特奥会筹备工作。在这里,我代表中国残疾人联合会和全国六千万残疾人及他们的亲属,向大家表示衷心的感谢!

　　周太彤同志**的报告很好,我完全同意。下面我就二〇〇七年上海特奥会的筹办工作讲几点意见,并就中国特奥代表团备战情况作一简要报告。

---

　　* 这是邓朴方同志在二〇〇七年上海世界特殊奥林匹克运动会组织委员会第二次全体会议上的讲话。

　　** 周太彤,时任上海世界特殊奥林匹克运动会组委会常务副主席、执委会主任,上海市副市长。

一、关于二〇〇七年上海特奥会的筹办工作

党中央和国务院高度重视二〇〇七年上海特奥会的筹备工作。二〇〇四年三月,胡锦涛主席接见了国际特奥会代表团,把二〇〇八年北京奥运会、残奥会和二〇〇七年上海特奥会列为中国政府支持的三大赛事,并希望上海开个好头。回良玉副总理出席了国际特奥会与上海市人民政府的签字仪式。二〇〇五年十一月,回副总理在会见国际特奥会主席时对二〇〇七年上海特奥会寄予了厚望。这些都表明党中央和国务院对办好二〇〇七年上海特奥会的重视和支持。

(一)要充分认识举办二〇〇七年上海特奥会的重要意义

二〇〇七年第十二届世界夏季特殊奥林匹克运动会在我国上海举办,这不仅是上海和全国人民关注的一件大事,也是全世界关注的一件大事。特殊奥林匹克运动会的主旨和奥运会虽有不同,但同样也是高水平、高规格、严格意义上的大型综合体育赛事。二〇〇七年世界特殊奥林匹克运动会是我国迄今为止举办的规模最大,参赛国家、地区和参赛人数最多的国际赛事。举办二〇〇七年世界特奥会将推动我国特奥运动的广泛开展,是一次人道主义生动、具体的实践,将进一步丰富社会主义精神文明建设内容,并对展示我国经济社会发展和文明进步成就,以人为本、构建社会主义和谐社会产生积极影响。

(二)加强宣传,扩大特奥会影响

要统筹规划,加强对特奥会新闻宣传工作的领导。在中宣

部领导下，中央和地方新闻宣传媒体支持参与，执委会牵头落实，搭建面向全国、面向世界的特奥会新闻宣传平台。要利用今年征集、发布吉祥物和会歌的契机，突出宣传特奥会的理念、口号。要在广大中小学生中普及特奥运动知识。

（三）按国际特奥会惯例，结合我国国情自主创新，提高筹办工作质量

特奥会同奥运会、残奥会一样，对开幕式和闭幕式、竞赛、安全保卫等都有很高的要求。同时，特奥会还有社区接待、青少年高峰会、家长论坛等非体育活动，成功与否亦事关我国形象，也须认真组织。我们要按照国际特奥会的标准和要求，以对国家负责、对全社会负责、对参赛国家和地区高度负责的使命感和责任感做好工作，高标准、严要求，认真做好各项筹备工作的规划部署和实施方案。我很高兴地看到，运动会的筹备组织工作已经纳入质量管理体系。

（四）统筹规划，确保筹办工作按计划推进

二〇〇六年是我国"十一五"发展规划开局之年，对于二〇〇七年上海特奥会筹备组织工作来说，也是至关重要的一年，是需要全力攻坚的一年。现在距运动会开幕只有五百多天，时间已很紧迫，筹备组织工作已经转入全面铺开、深入推进的"快车道"阶段。很多工作已进入倒计时。要充分认识到筹备组织工作的复杂性、艰巨性和紧迫性，密切配合、通力协作，以确保各项工作高效、有序、准确、安全地完成。

二、抓好筹办过程，
推动残疾人事业发展和社会文明进步

（一）办好上海特奥会，推动我国特奥运动发展

在我们自己国家举办上海特奥会，必将激励广大特奥运动员刻苦训练，争取好成绩，展现我国智力残疾人积极进取、乐观向上的精神风貌；必将唤起动员更多的社会各界人士关注、支持特奥发展，吸引更多智力残疾人参与到特奥运动中来。我国现在有五十万特奥运动员，到二〇一〇年争取有一百万智力残疾人参加特奥活动。

（二）以举办上海特奥会为契机，全面推动残疾人事业的发展

从总体上说，我国智力残疾人在很多方面还存在困难。我们要利用举办上海特奥会的契机，制定政策、采取措施，做好他们的教育、康复、就业培训工作，解决重度智力残疾人的安养问题，给予他们更多的温暖和关爱，为他们同全国人民一道进入全面小康社会，平等参与社会生活，享受社会文明进步成果创造更多的机会和条件。

（三）通过筹办上海特奥会，"改变态度，改变世界"

"改变态度，改变世界"是国际特奥会的一个新理念。在整个筹办过程中，要充分考虑上海特奥会对场馆、设施、交通等各个方面的特殊需求，要严格执行国家无障碍设计标准。要改变社会对智力残疾人的态度，了解、关心、接纳他们，要帮助他们走

出家庭,参与社会生活,营造一个和谐友善的社会环境,创造一个更加美好的世界。

三、关于中国特奥代表团备战工作

(一)中国特奥代表团的参赛目标

第一,竞赛方面。参加运动会所有比赛项目,取得与东道国地位相适应的成绩。按惯例东道国代表团规模约为参赛运动员总数的三分之一,我国代表团运动员将达到两千三百名左右。

第二,精神风貌方面。以饱满的激情、高昂的热情参与比赛,展示我国智力残疾人自尊、自信、自强、自立的良好形象。

第三,社会效益方面。通过全面参加上海特奥会,促进我国特奥工作和残疾人事业的发展,增进国际友谊,弘扬奥林匹克精神,为我国特奥运动发展留下宝贵的遗产。

(二)中国特奥代表团备战工作的部署

中国残联、中国特奥会正在同国家体育总局一道认真筹划,做好中国特奥代表团选拔、集训和参赛工作。

第一,做好运动员选拔工作。利用今年在黑龙江省举办第四届全国特奥会的机会,为特奥代表团选拔一批优秀运动员。同时,充分调动地方积极性,做好项目布局,参加运动会所有比赛项目。

第二,关于集训和参赛准备。集训要采取分散与集中相结合的方式分阶段进行,要遴选高水平、有爱心的教练员参加训练工作,提高运动员运动的技术水平;根据特奥运动员的特点,在礼仪、社交、比赛程序等方面进行训练。

上海市委、市政府高度重视特奥会的筹备工作,把办好特奥会列入"十一五"发展规划,提出把特奥会办成精神的世博会,作为全面落实科学发展观、构建和谐城市、提升城市文明,促进上海经济社会协调发展的重要推动力量,我很赞同。中国残联将一如既往地积极参与、全力支持、密切配合组委会和执委会做好各项工作,特别是做好全国宣传和教育计划、城市社区接待计划、火炬接力传递等几个重大活动的协调联络工作。在这里,我也诚恳地希望中央有关部委能像支持北京奥运会、残奥会那样,全力支持上海特奥会的筹备工作。我们要在党中央、国务院的关怀下,在上海市委、市政府的领导下,进一步统一思想,提高认识,加大力度,稳步实施,精心策划,努力工作,把二〇〇七年上海世界特殊奥林匹克运动会办成一届最具代表性、国际性、趣味性的特奥盛会。

残疾人工作的"十五"回顾与"十一五"展望*

（二〇〇六年四月七日）

回顾"十五"期间的残疾人工作，我的感触很深。新世纪的头五年，是我国经济社会快速发展的重要时期，全国人民基本生活水平总体上达到小康，提出了全面建设小康社会的奋斗目标；提出了以人为本、科学发展观和构建社会主义和谐社会的新要求，这些都为残疾人事业的发展提供了前所未有的重要机遇和条件。这五年，从总体上看，党和政府的确是越来越重视残疾人工作，全社会扶残助残的社会气氛越来越浓厚，七百多万残疾人脱贫，六百四十二万残疾人得到不同程度的康复，残疾儿童少年义务教育入学率提高到百分之八十。这些都是了不起的成就。

这些成就的取得，是党中央、国务院亲切关怀和高度重视的结果，是回副总理和国务院残工委正确领导的结果，是各成员单位大力支持的结果。在财政部和国家发改委的支持下，各级财政对残疾人事业的投入在"十五"期间逐年增长，基层基础设施建设得到极大改善；教育部、民政部、卫生部、人口计生委、劳动保障部、国务院扶贫办、人民银行、农业银行、税务总局、工商总局、质检总局、海关总署等成员单位将残疾人康复、教育、就业、

---

* 这是邓朴方同志在国务院残疾人工作委员会全体会议上的发言。

扶贫等工作切实纳入职责,作为政府公共服务的重点内容,制定优惠政策大力推进;公安部、司法部等成员单位切实维护残疾人各项合法权益;建设部、铁道部、交通部、信息产业部、民航总局、科技部等成员单位积极推进无障碍环境建设和残疾人事业中的科研工作;中宣部、文化部、广电总局、新闻出版总署、体育总局积极支持残疾人体育和特殊艺术,大力宣传人道主义精神和残疾人事业;国家统计局、国务院法制办对第二次全国残疾人抽样调查、《残疾人保障法》修订等重大业务的推进给予了重要支持;人事部等单位一直关心、支持残疾人组织建设和残疾人干部培养;外交部和国务院新闻办重视支持残疾人事业领域的对外交流和宣传;国家民委、解放军总政治部、全国总工会、共青团中央和全国妇联十分重视少数民族地区残疾人工作以及伤残军人、伤残职工和残疾儿童妇女的权益保障。

总之,"十五"期间残疾人工作的成就,是国务院残工委全体成员单位共同努力的结果,凝聚着回副总理和每一位委员的心血和汗水。在这里我也代表全国的六千万残疾人、代表中国残疾人联合会向回副总理、向各位委员表示衷心的感谢。

当然,我们面临的困难和问题还是不少的,残疾人尤其是贫困残疾人的状况还没有得到根本的改善,刚刚新宪同志已经作了细致的分析,这是"十一五"期间我们面临的紧迫任务。

展望"十一五"期间的残疾人工作,我充满了信心。首先,我们已经有了一个很好的发展战略,提出一个令人振奋的奋斗目标,这个目标既有一定的前瞻性,又是经过努力可以实现的;提出了好的指导原则,既符合国家在"十一五"期间的大政方针和总体要求,也符合残疾人工作的实际,是一条符合中国国情的发展道路;我们还提出了具体实在的工作目标和措施,我们的发展纲要不仅体现了指导性,也是务实的,是扎扎实实为残疾人办实事、解难题的一个纲要。这就为"十一五"期间残疾人工作的开展打下了一个好的基础。

第二,也是更重要的一点,"十一五"期间我们将面临更好的外部环境。国民经济和社会发展"十一五"规划发下来,我们都很兴奋啊!全文中三处提到对残疾人事业包括残疾人服务设施建设、残疾人权益保护等方面的要求。这在以往的五年规划中是没有过的,这就是落实科学发展观的体现、构建社会主义和谐社会的体现。残疾人事业的外部环境越来越好了,对残疾人工作的要求也越来越高了,所以,我们也深深地感到"十一五"期间残疾人事业机遇与挑战是并存的。我们也必须进一步学习、研究如何在残疾人工作中坚持好、落实好科学发展观,如何创新残疾人事业的工作机制、工作方法,使我们的工作与时俱进,符合党和政府的要求,符合残疾人的要求,符合经济社会发展的要求,为构建社会主义和谐社会做出应有的贡献。

最后,再次感谢回副总理、各位副主任、各位委员多年来对残疾人的关爱和对残疾人工作的支持,让我们共同开创残疾人工作的新里程,为帮助残疾人和全国人民一同进入小康社会,为构建社会主义和谐社会做出新的贡献。

关于人道主义的谈话*

(二〇〇六年四月十二日)

请大家来一起谈谈人道主义的意见是我提出来的。李所长、衣校长在中央政治局讲马克思主义研究工程的报告里面,有一大段讲到人道主义这个问题不能回避,我看到材料时挺有感触的。

人道主义这个题目在"文化大革命"以前还是对待俘虏和被关押的战犯讲的。"文化大革命"以后,人道主义被提出来,引起了很多争议。"社会主义人道主义"、"社会主义的人道主义"两种说法,主要针对的是社会主义人道主义和资本主义人道主义的区别,要划清界限。总的来说,当时还是认为人道主义对我们国家的意识形态会发生冲击,还是一个禁区。

我们提出中国的残疾人事业是人道主义的事业这么个说法,也有很多人不赞成。作为中国残疾人福利基金会和中国残

---

* 这是邓朴方同志在中国残联党组中心组学习会上的谈话。参加学习的有中国残联党组书记王新宪、理事长汤小泉、常务副理事长吕世明、副理事长程凯、原副理事长王智钧、研究室主任张宝林等人;应邀参加讨论的专家学者有黑龙江大学校长衣俊卿教授、中国社科院哲学所所长李景源研究员、北京大学哲学系陈志尚教授、中央党校哲学教研室韩庆祥教授、《人民日报》理论部主任编辑彭国华、《求是》杂志社政治部主任常光明等人。

疾人联合会,只有能力实践人道主义,而没有能力把人道主义思想推得更广。我的初衷其实很简单,中国的人道主义是少了还是多了?如果人道主义多了,我们为什么会产生"文化大革命"?为什么产生那么多非人道的现象?如果是少了,为什么老是要批判?当时的想法其实很简单,就是讲社会主义一定要讲人道主义。

后来在八十年代中期,我又提出个想法,讲"人道主义不应该在马克思主义思想范畴之外,应该在马克思主义思想范畴之内";还有一个就是人道主义应该作为我们国家和社会的基础思想之一,社会主义社会的基础思想之一。当时我也给身边的同志讲,理论的问题我们不要碰,我们自己讲自己的。每次我们中国残联开会都要讲人道主义,这是我们的职业道德,我们要高举人道主义旗帜,人道主义是我们中国残疾人事业的旗帜。我们每次都讲,而且大张旗鼓地讲,来来回回搞了将近二十年。

人道主义思想现在在全国得到了普遍的接受,但是回想起来,我们当时提出的两个目标实现了没有?一判断,还没有实现啊!二十年前提出的东西好像标准也并不高,怎么还没有实现?人道主义在马克思主义之外还是之内呢?弄不清楚。衣校长也指出,这个问题不能回避。至于说人道主义作为我们国家和社会的基础思想之一,似乎更简单,不必涉及更多更深的理论问题。但是,我们所有的党的文件里面,所有的精神文明建设的文件里面,还有我们的各种教学大纲、教材里面,极少出现人道主义,个别地方出现的人道主义还是我们中国残联提出来的。

最近的是中央文明委关于未成年人思想教育纲要里面加入了一个人道主义,还有一个是一九九〇年通过的《中华人民共和国残疾人保障法》里面讲到了要讲人道主义。开始我们中国残联的意思是只写人道主义,但后来妥协成了"社会主义的人道主义"。我们没有想到,那个教育提纲里现在还是写成"社会主义的人道主义"。但是,江泽民同志几年前在给《自强之歌》写的序言里面就讲"人道主义是我们的道德规范",把人道主义作为道德规范提出来了,我觉得这是可喜的一步。

但是,问题并不能就此止步了。因为人道主义不能仅仅作为一个道德规范,人道主义还有思想,要有一套思想体系,这个思想是针对中世纪与人权对立的神权的一个新思想武器,是进步阶级提出的进步思想,是一个思想体系。我们应该把人道主义思想作为我们国家的基础思想。衣教授你们提出来的是作为一种价值观,思想也可以是一种价值观,这是不矛盾的。胡乔木同志也曾提到价值观。在此以前,中国还没有理论家把人道主义作为一种价值观提出来,就单纯的一个论点来说,就已经比以前进了一步。如果把人道主义作为一个世界观,可能就会过头,唯物主义何在?唯心主义又何在?如果这样认识,就会造成反对人道主义的效果,就会把人道主义弄成禁区。所以,人道主义仅仅成为道德规范恐怕不够,作为社会主义的一种价值观应是可取的。

我们后来又提出,仅仅强调人道主义和社会主义人道主义的区别也不全面,我们为什么不多讲讲共同性呢?讲共同性也是理论工作者的责任。我们也就读过《共产党宣言》、《自然辩证法》之类的几本马克思主义著作,对当时的历史条件和争论的问题不甚了了,似懂非懂。

但是不管怎么说,我总是希望我们的马克思主义不要抛弃人道主义,要把人道主义的旗帜举起来。人道主义不单是一个思想体系的问题,还牵扯到许多现实问题,是现实的需要。如现在提出的人权,我们以前是回避的,我就主张把人权的旗帜扛过来。以前多被动啊!现在我们主动了,我们也会发表《美国的人权白皮书》，不管有多大力量，总是一个武器吧。

所以我讲"人道主义在马克思主义之内"，不能排斥在马克思主义之外，在我们党的各种文件里面，"人道主义"应当有一定的位置。从我个人来讲，只是希望人道主义能够在马克思主义里面占有一个重要的位置。我们没有能力，只能在旁边摇旗呐喊。但是，让人道主义作为一种基础思想，我们希望有所作为，希望通过我们的努力，在理论上给它一定的地位。在这个过程中，在我们党的文件里，在各种方针政策里，都能体现人道主义的思想。

我为什么要推动人道主义？就因为对于非人道的东西深恶痛绝，这是我的基本动力。应该说，我是一个很善良的人，但是在"文化大革命"以前，也是不讲人道主义的，我也是讲阶级斗争为纲的。那个时候我们年轻人都是很"左"的。"文化大革命"为什么能搞起来？为什么一煽乎就起来了？我们这些年轻人都相信"以阶级斗争为纲"，都接受毛主席的无产阶级继续革命的理论，防止资本主义复辟，防止社会主义变质。但是，今天反过来一看，这个东西不行，没有人道主义就会出现许多问题。所以，我就坚定地宣传人道主义，前前后后推了二十多年，虽然小有成绩，但还没有大的改观，还没有从根本上改变人道主义在我们国家没有恰当地位的基本现状。

讲社会主义人道主义也好，讲马克思主义人道主义也好，在社会主义条件下，强调的是一个区别。好像我们虚弱了一点，没有自信了，好像讲了人道主义，马克思主义就要丢掉了，就害怕了。我自己认为我很坚强，我对人道主义就不害怕，不挂马克思主义，不挂社会主义，辩证唯物主义、历史唯物主义就能砸掉吗？

无论是马克思主义还是人道主义，基础内容应该是承认的，至于在哪个层面上表现是另外一回事。基础内容大同小异，就是讲人的生存、价值、自由，或者延伸到人权，或者"以人为本"，我觉得强调的是一个共同性。我们要强调我们自己的意识，孔子不是马克思主义者，传统文化还得要。不能要求人人都为人类解放而斗争，也不能要求人人都是雷锋，人人都是共产主义者，也不能要求人人是马克思主义者、爱国主义者。不能认一个死理，"放之四海而皆准"。

现在讲人权都是从政治层面上，我也不赞成"天赋人权"，人权是抢来的。最开始人和狼斗争，人把狼打死了，就有人权了，狼把人吃了就是"狼权"。然后是奴隶的权利，资本主义，再到社会主义，人权是不断斗争的结果。人权不是天赋，所谓"天赋人权"只是表明人的一种理想。那年我在工作会议上讲到过美国的《独立宣言》，讲到过马丁·路德·金的《我有一个梦想》等*，美国在《独立宣言》里讲人权，明明白白写着"生命权、自由权和追求幸福的权利"，而现在西方政客就是不讲生存权、发展权，单讲政治权利。我们做残疾人工作还要讲人权，残疾人现在还很困苦还受歧视，我们还是要维护残疾人的权利。在这里，生存权、发展权和政治权都是有的。

中国有民本的传统，所谓民本是统治阶级对人民的一种态度，是一种政治态度。民本主义与人道主义是有区别的。应该说借鉴传统文化，与人道主义结合是没有障碍的。东方社会讲究集体主义，在中国集体主义和个人主义可能产生很大冲突。我们在提倡人道主义的时候，应该把人道主义和集体主义的关系处理好。是冲突的还是相辅相成的？甚至，东方的集体主义和西方的个人主义能够创造出互补的关系吗？

---

* 参见二〇〇四年一月十三日邓朴方同志在中国残联第四届主席团第二次全体会议上的讲话，收录于《人道主义的呼唤》(第三辑)第331页。

中小学教学应有人道主义教育,我们现在搞社会主义教育、爱国主义教育、集体主义教育,可不可以再加一个人道主义教育?我们虽然做的是残疾人工作,但也看到了整个社会的很多问题,很多丑恶的现象,像煤矿的矿难这样非人道的事情太多了。教育又和残疾人事业有密切的关系,我只是希望注重我们国家的基础思想,基础思想应该体现在教材里面。

让更多的科技成果惠及广大残疾人朋友*

(二〇〇六年五月二十日)

科技助残行动计划(2006～2015年)是中国科学院和中国残联贯彻落实全国科学技术大会精神的实际行动,是践行人道主义、实现以人为本理念的具体体现,是将残疾人事业融入建设和谐社会与创新型国家大局的有效途径,是实现科技成果与残疾人共享的民心工程。"行动计划"的实施将推动更多的科技成果转化为为残疾人服务的手段和产品,帮助残疾人改善状况,增强平等参与社会生活的能力和水平。

我国有各类残疾人六千多万,他们中的绝大多数在改善身体条件、提高生活质量、参与社会生活的过程中存在着许多障碍和困难,需要科学技术的支持。目前现代科技手段和科技产品直接用于残疾人的还不多,科技助残的水平也不高。科技助残行动计划(2006～2015年)的启动实施,正是以解决残疾人迫切需求为目标,通过科技创新和技术集成,实施重点科技助残项目,开发适宜科技产品,提高残疾人康复、教育、就业、文体、信息交流等领域的服务能力和水平,最终实现科技成果为广大残疾人所用。

---

* 这是邓朴方同志在科技助残行动计划(2006～2015年)签字仪式上的讲话。

中国残疾人事业的发展离不开科技的进步与发展。中国残疾人事业发展之初就和科学技术的发展密切联系在一起。中国残疾人事业起步时的第一件事情就是建立中国康复研究中心，中心的建设过程就是要把世界上已经形成的康复医学体系介绍到中国来，为中国的残疾人服务，推动临床与康复科学技术的引进、消化与创新。中心建成以后，我们始终紧紧依靠各个方面的科技专家，使科学技术成果不断地被使用在残疾人身上。当前，在建设创新型国家的大形势下，我们更加迫切需要将残疾人用品的研究开发纳入国家科技发展的大局之中。科技助残行动源于残疾人的迫切需求和科技界对残疾人这一弱势群体的关爱。十几年前，何祚麻院士就曾经倡议把残疾人机动三轮车由汽油变成电动，这反映了科学家的愿望和心情，反映了老专家们对残疾人的关心与爱护。

科技助残行动计划（2006～2015年）的顺利启动，更是离不开中国科学院领导的高度重视和众多科技人员的努力。路甬祥院长高度重视这次科技助残的合作，有关负责同志带领专家们多次到中国残联相关直属单位实地考察，直接了解残疾人的需求，与残疾人工作者深入交换意见，制订出一个中长期的科技助残规划和近期的具体工作目标，并成立项目领导小组负责组织实施，为"科技助残行动计划"的顺利进行作了积极而卓有成效的准备。中国残联作为残疾人的代表和服务组织，义不容辞地要为科技助残行动计划（2006～2015年）的逐步实施提供必要的条件和可靠的保障。

科学技术服务于残疾人有多方面的意义。首先，科学技术的发展可以大大改变残疾人的人生，改善残疾人的状况。因为残疾了，就有障碍；有了障碍，就要想办法补偿。进行补偿就得借助科学的方法和技术。比如说刚才看到的盲人和聋人可以用手机通信,再比如医学界的专家用他们高超的医疗技术使残疾人得到康复,还比如互联网的使用大大帮助了残疾人朋友,使他们足不出户就能够做到以前做不到的事,也可以使聋人和盲人实现信息无障碍的梦想。所以,科学技术直接为残疾人带来了极大的好处,使残疾人更加平等、更加自信、更加自立。

第二,科学精神、科学态度的弘扬和科学技术、科学方法的应用也应当大大改进中国残疾人事业的工作内容和工作状况。我们在做残疾人工作时,要使用大量科技成果为残疾人服务。残疾人工作者也要用科学的态度、科学的方法来改进我们的工作。大家知道,中国残疾人事业是在很低的水平上发展起来的,中国的基本国情是人口多、底子薄,以前我们更多地使用穷办法、土办法,这正是科学精神、科学态度的体现,这就叫实事求是。随着科学技术的发展、生活水平的提高,我们完全有可能使残疾人工作更多地应用科学技术。同时,残疾人工作者应该更多地用科学的方法、发扬实事求是的科学精神、以科学的态度和思维来改造残疾人工作。

第三,我想科技助残的意义还在于科学本身所追求的目的,那就是要使人们更加幸福。科学技术的发展可以很大程度地促进生产力,可以创造很多物质财富。但是科学技术的发展和财富的增加并不必然导致人们的幸福,并不必然导致社会的公平,并不必然导致世界的和平。已经过去的二十世纪是科技发展最辉煌的一个世纪,但是这个世纪发生了两次世界大战,给人类带来了前所未有的极大灾难。只有当掌握科技的人们有爱心并把科技目的放到为人类的幸福而工作上的时候,科学技术才能产生自由的光辉,才能达到科学技术应有的价值。大家知道,核技术首先造出的是原子弹,现在人们还笼罩在原子弹的阴影中,核技术应当更多地使用于和平目的,这才是我们追求的目的。德国化学家弗里茨·哈伯造出毒气后,不但遭到了各国科学家的谴责,也受到了自己的夫人伊美娃以自杀方式表示的强烈抗议。* 这就说明了科学技术所追求的正是以人为本,它能使人类更加安全、舒适和幸福。中国的科学家都抱着这样一颗以人为本的爱心,大家用科学技术来为残疾人服务,用科学的方法来改进残疾人工作,同时用科学精神给我们的残疾人、残疾人事业以更多的希望和信心。

---

* 弗里茨·哈伯(Fritz Haber, 1868～1934),哈伯法合成氨的发明者,一九一八年诺贝尔化学奖获得者。在第一次世界大战中,哈伯担任化学兵工厂厂长时负责研制、生产氯气、芥子气等毒气,被用于战争之中,造成近百万人伤亡。

希望更多的企业关注北京残奥会*

（二〇〇六年六月五日）

残奥会是全世界残疾人的节日和庆典。自一九六〇年以来,四年一度的残奥会不仅为全世界残疾人提供了一个广阔的舞台,而且在增进人类友谊、促进社会文明与进步、弘扬人道主义等方面也发挥了巨大作用。从一九八四年开始,我国已连续参加了六届残奥会。我国运动员在每一届运动会上都有非常出色的表现。在二〇〇四年雅典残奥会上取得了金牌、奖牌第一的好成绩。我国的积极参与有效地推动了残奥会竞技水平的提高,扩大了残奥会的影响,为世界残疾人奥林匹克运动的发展做出了突出贡献。

积极参与国际残疾人奥林匹克运动也有力地促进了我国残疾人事业的发展。多年来,在奥运精神的感召下,在我国政府的倡导下,广大残疾人向命运挑战、自强不息;社会各界尊重、关心和扶助残疾人正在形成新的风气。我国在残疾人社会保障、就业、教育等方面都取得了显著进步。目前,全国视力、听力、智力残疾儿童少年义务教育入学率达到将近百分之八十;城镇残疾人就业人数达四百二十余万;农村残疾人就业人数达一千七百多万人;共有七百余万残疾人得到各种形式的社会保障。

---

* 这是邓朴方同志在北京残奥市场开发计划启动仪式上的致辞。

成功举办第十三届残奥会,是中国和北京向世界的郑重承诺。在我国政府的关怀和指导下,在社会各界的大力支持下,目前,残奥会的筹办工作正按计划稳步推进。我们发布了残奥会会徽"天地人",得到社会各界的广泛好评;发布了北京奥运会和残奥会共同的口号——"同一个世界,同一个梦想",表达了中国人民愿与世界人民共同进步、发展的良好愿望,确定了残奥会理念——"超越·融合·共享";制订了《残奥会宣传战略计划》《残奥会无障碍设施工作指导意见》,确定了无障碍设施的评估、设计、审批、建设和验收的工作程序。

北京市进一步加快了无障碍设施建设的步伐。目前,北京的二十家主要旅游景区的无障碍设施建设已经完成,绝大多数步行过街天桥及大型商场都设立了"残疾人专用通道",许多公厕增设了残疾人专用设施。我们相信,筹办第十三届残奥会必将进一步推进我国残疾人事业的全面发展。

市场开发是残奥会资金、物资和服务的主要来源,是办好残奥会的重要保障。北京二〇〇八年残奥市场开发包括两部分:一是北京二〇〇八年残奥会市场开发,二是中国残奥委会和中国残奥体育代表团市场开发。残奥市场开发将为北京二〇〇八年残奥会筹集经费,为中国残奥委会、中国残奥体育代表团寻求赞助。残奥赞助企业分为三个级别:一是残奥合作伙伴,二是残奥赞助商,三是残奥供应商(含独家供应商和供应商)。不同级别的赞助企业将相应地享受到不同的权益回报,包括残奥会会徽、中国残奥委会商用徽记及授权称谓在广告宣传方面的使用权;特定产品/服务类别的排他权利;残奥会的接待权益;场地广告、媒体广告、户外广告的优先购买权;参加北京奥组委组织的赞助商研讨考察活动;参与反隐性市场计划并受到保护等。

通过参与二〇〇八年残奥市场开发,企业将获得独特的市场营销平台，提高其品牌价值和知名度；体现对残疾人事业的支持，塑造对社会尽职尽责、诚信可靠的企业形象，提升社会对企业的认知度和认同感。残奥市场开发既是残奥筹办工作的一部分，也将成为宣传北京二〇〇八年残奥会和中国残奥委会的形象和价值的过程。企业的参与将为残奥会的成功提供有力保障，将为中国残疾人事业的进步提供"助推剂"，为世界残疾人奥林匹克运动的发展做出重大贡献。

多年来，社会各界慷慨资助，真诚奉献，为我国残疾人体育事业的发展提供了有力支持。北京残奥市场开发同样得到了积极响应，目前二十二家中外企业已经成为北京二〇〇八年残奥会的合作伙伴或赞助商，还有一些企业已明确表示将继续赞助中国残奥委会和中国残奥体育代表团的意向。从今天开始，残奥市场开发工作全面展开。中国残疾人联合会将配合北京奥组委，共同做好残奥市场开发工作，为成功举办残奥会奠定雄厚的物质基础。同时，我们将努力做好服务工作，促进赞助企业之间在各自业务领域和奥运营销活动方面的横向合作，切实保护赞助企业的权利，为赞助企业的发展创造更加良好的环境。我衷心希望更多的企业关注北京残奥会，积极参与到北京残奥市场开发计划中来，通过企业与残奥会的完美结合，共同办好北京残奥会，真正实现"同一个世界，同一个梦想"；同时也以奥运为舞台，促进自身发展壮大。

积极发展残疾人事业，
为构建社会主义和谐社会做出新的贡献*

(二〇〇六年六月八日)

十届全国人大四次会议通过了《中华人民共和国国民经济和社会发展第十一个五年规划纲要(2006～2010年)》，以科学发展观和构建社会主义和谐社会的战略思想为指导，描绘了未来五年我国经济社会发展的宏伟蓝图。为落实国民经济和社会发展"十一五"规划的总体要求，促进残疾人事业与经济社会协调发展，国务院最近批转了《中国残疾人事业"十一五"发展纲要》，确定了"十一五"期间残疾人事业发展的总目标和指导原则，提出了各业务领域的任务指标和主要措施。

为贯彻十届全国人大四次会议精神，总结残疾人事业"十五"计划纲要的执行情况，部署"十一五"期间的残疾人工作，推动我国残疾人事业全面、协调、可持续发展，国务院残疾人工作委员会召开第三次全国残疾人事业工作会议，共商"十一五"期间残疾人事业发展大计，对于全面建设小康社会，进一步改善残疾人状况，具有十分重大的意义。

现在，我代表国务院残疾人工作委员会向大会作报告。

---

* 这是邓朴方同志在第三次全国残疾人事业工作会议上的报告。

一、残疾人事业"十五"计划圆满完成,成效显著

《中国残疾人事业"十五"计划纲要(2001～2005年)》实施五年来,各级党委和政府关心残疾人,重视残疾人事业的发展,加大政策、资金支持力度,相关部门各司其职、密切配合,社会各界大力支持,全面完成或超额完成"十五"计划纲要规定的各项任务指标,残疾人事业取得显著成绩:

(一)残疾人参与社会生活的环境更加和谐,为残疾人服务的综合能力明显增强

现代文明社会的残疾人观日益深入人心,人道主义思想得到弘扬;公共传媒广泛宣传残疾人事业,营造了全社会更加理解、尊重、关心、帮助残疾人的良好舆论氛围;城市道路、建筑物无障碍建设全面推进,信息交流无障碍取得积极进展,越来越多的电视台开办了电视手语新闻栏目,电视节目和电影加配字幕不断增多,为残疾人走出家门、进行信息交流、参与社会生活和享受公共服务提供了便利,拓展了空间。残疾人事业法律法规体系建设得到加强,深入开展法制宣传,进一步增强了残疾人的维权意识和全社会依法维护残疾人权益的观念。残疾人"平等·参与·共享"的环境不断改善。

各级党委、政府的职能部门和社会公共服务机构更加重视残疾人事业的发展,支持残疾人工作,政府和社会为残疾人服务的综合能力明显增强:建立各级各类残疾人康复训练服务机构一万九千六百多个;残疾人特殊教育学校达到一千六百六十二所,普通学校附设特殊教育班两千七百多个,特殊教育普通高中学校六十六所,残疾人中等职业教育机构一百五十八所,残疾人职业

培训机构三千二百五十多个;残疾人就业服务机构三千零四十八个;法律维权服务机构两千五百七十四个;法律维权示范岗四千三百七十个,三千一百多个法律事务所接受委托为残疾人提供法律援助;一千一百四十二个县建成了残疾人综合服务设施。另外,全国建立助残志愿者联络站十多万个,登记在册志愿者三百多万人。这些专门为残疾人服务的机构和设施建设,有效地促进了残疾人康复、教育、就业、文化、体育和维权工作的开展,明显地改善了为残疾人服务的基础条件,提升了服务能力。

(二)残疾人状况进一步改善,自身素质普遍提高

残疾人康复工作成效显著。六百四十二万残疾人得到不同程度的康复,超额百分之二十五完成"十五"计划,相当于"八五"、"九五"计划任务的总和;为残疾人提供特殊用品和辅助器具五百四十多万件。广泛开展"爱耳日"、"爱眼日"等群众性宣传教育活动,积极开展残疾预防,提高残疾人自我康复意识,减少了残疾的发生。提出了二〇一五年实现残疾人"人人享有康复服务"的目标,残疾人康复工作体系、服务网络、业务格局逐步完善,康复人才队伍进一步壮大。

残疾人接受教育的权利得到有效保障。视力、听力语言、智力残疾儿童少年义务教育入学率已接近百分之八十,教育质量进一步提高;残疾儿童少年享受"两免一补"范围逐步扩大,"扶残助学"、"中西部盲童入学"、"春雨行动"和"彩票公益金助学"项目共资助近五万人次,资助对象拓展到贫困残疾高中和大学生及贫困残疾人子女。高中阶段特殊教育有了新的发展,有关部门进一步完善了普通高等院校招收残疾学生的政策;重庆师范大学、西安美术学院新建特殊教育学院,填补了西部高等特殊教育的空白;残疾人成人教育单考单招和网络教育的实施,拓展

了残疾人接受高等教育的渠道；修订了《中国手语》，并研究制订国家标准，努力创造信息交流无障碍环境。

残疾人就业状况进一步改善。通过建立完善政策法规、强化培训与服务、积极开发新的就业岗位等多种措施，推进了残疾人就业工作，促进了残疾人就业权利的实现。城镇新安排就业残疾人一百六十七万三千人，总数达到四百六十三万余人，农村就业残疾人达到一千八百万人。残疾人通过劳动就业，增加了收入，改善了生活。

残疾人扶贫工作取得了新的进展。将残疾人扶贫纳入政府重点扶贫计划统一实施的同时，加大了残疾人专项扶贫工作力度，各地开展了各种行之有效的"帮包带扶"活动，共使七百万农村贫困残疾人摆脱贫困，生活得到改善。国家彩票公益金资助实施了残疾人危房改造项目，中央补贴资金七千五百万元，地方各级政府和社会投入资金五亿七千九百万元，帮助五万一千八百户无房或极度危房户残疾人改善了居住条件，受益残疾人六万三千九百人。

残疾人社会保障进一步加强。各地将贫困残疾人纳入最低生活保障范围，对农村贫困残疾人实施了救济、补助。一些地方采取"分类救助"的办法，对重度残疾、一户多残等特困残疾人给予特别扶助，提高他们的最低生活保障标准。逐步开展了残疾人失业登记工作，对失业残疾人制定了优惠扶持政策。一些地方对城镇贫困残疾人个体户参加基本养老保险给予补贴。全国共有五百一十六万残疾人通过社会保险和最低生活保障措施，有效地改善了生活状况。

维权工作扎实有效。从立法源头维护残疾人权益，在涉及残疾人利益的法律法规的制定和修订过程中，听取并采纳残疾人组织和残疾人的意见；各级人大、政协定期开展《残疾人保障法》的执法检查和视察;广泛开展残疾人法律援助和法律服务工作,解决残疾人专用机动车运营等贫困残疾人权益保障中的突出问题,办理侵害残疾人合法权益的大要案四百四十七件。无障碍建设工作取得了积极进展,制订、修订了《城市道路和建筑物无障碍设计规范》等无障碍规范,北京等十二个城市开展了创建全国无障碍设施建设示范城市活动,探索形成了我国城市无障碍建设的工作模式。积极贯彻国务院《信访条例》,规范残疾人信访工作,努力解决残疾人反映的问题,切实维护残疾人权益和社会稳定。

残疾人文化体育生活日益活跃。文化馆、图书馆、体育场(馆)等公共文化体育场所为残疾人提供便利和服务。全国建成市(地)级以上残疾人文化活动场所一千零三十六个、体育活动场所一千零二十六个。基层残疾人群众性文化体育活动日益活跃,参加文化活动和体育健身活动的残疾人越来越多。举办了两届全国残疾人艺术汇演。特奥运动发展迅速,参加人数达到五十万。特殊艺术和残疾人体育在国内外引起强烈反响。中国残疾人艺术团出访十几个国家和地区,聋人舞蹈"千手观音"登上中央电视台春节晚会的舞台,充分展示了残疾人的艺术才华,社会反响热烈。残疾人运动员在国际比赛中共获得六百七十六枚金牌,在雅典第十二届残疾人奥运会上,中国残疾人体育代表团取得了金牌总数和奖牌总数双双第一的优异成绩,实现了历史性的重要突破,为祖国和人民赢得了荣誉。

广大残疾人自强不息,乐观进取,不断提高思想道德和科学文化素质,增强了自身的能力,积极参与社会生活,为经济建设和社会发展做出了贡献。越来越多的残疾人实现了自食其力,各行各业都涌现出残疾人的优秀代表。三千多名残疾人、残疾人工作者及残疾人亲属成为县级以上人大代表、政协委员,他们积极参政议政，建言献策，为国家政治文明建设做出了贡献。

（三）关系残疾人事业长远发展的重要工作顺利推进

"十五"期间，一些关系残疾人事业长远发展的重要举措相继实施。人道主义思想和残疾人事业理论与实践研究不断得到加强。成功申办二〇〇八年残奥会，制订了整体筹备方案，设计发布了"天地人"为主题的会标和"同一个世界，同一个梦想"的口号，两个奥运筹备工作融为一体，进展顺利。启动了第二次全国残疾人抽样调查，高效率、高质量地完成了方案设计、标准修订、队伍组建、人员培训、调查试点、宣传动员等全部筹备工作，并于二〇〇六年四月一日开始入户调查，抽调工作全面展开。启动了《中华人民共和国残疾人保障法》的修订工作，国务院有关部门共同成立修法领导机构，在深入调查研究、广泛征求意见的基础上，提出了征求意见稿；劳动保障部、民政部、中国残联共同起草了《残疾人就业条例》送审稿并报送国务院审议，国务院法制办组织了立法调研和对重点问题的研究协调，可望今年出台。大力推进基层残疾人工作，城市社区残疾人工作与基层残疾人组织建设得到加强，县、乡、村三级组织网络不断完善，提升了基层残疾人组织直接为残疾人服务的能力和水平。这些重大举措的实施，必将对残疾人事业的发展产生长远影响。

（四）残疾人事业的国际影响日益扩大

我国政府和残疾人组织积极参与、推进国际残疾人事务。配合国家外交大局，积极推进联合国《残疾人权利公约》制订进程，大力支持并推动第二个"亚太残疾人十年"行动，与国际残疾人组织和有关国际机构建立并发展了良好的合作关系，积极拓展国际合作项目，残疾人事务的国际交往不断增强，承担了与我国国际地位相适应的国际义务。中国残疾人事业的成就得到国际社会的广泛赞誉,荣获"联合国人权奖",展示了我国人权保障的良好形象和人权事业发展所取得的成就。

五年来,我们不断加深对残疾人事业的认识,积极探索中国特色残疾人事业的发展道路,积累了十分宝贵的经验,概括起来主要有:

——坚持以人为本,全心全意为残疾人服务,以维护好和发展好残疾人的根本利益作为一切工作的出发点和落脚点,扎扎实实做好康复、教育、扶贫、就业、社会保障等业务工作,使残疾人得到实实在在的利益。

——始终将残疾人事业纳入国民经济和社会发展大局,充分发挥政府在残疾人事业中的主导作用,形成以政府为主导、各部门密切配合、全社会广泛参与的社会化工作机制。

——大力弘扬人道主义思想,发扬中华民族扶贫济弱的传统美德,倡导和谐友爱、团结互助的良好社会风尚,激发各界人士的爱心,广泛动员社会力量、挖掘社会资源参与支持残疾人事业。

——建立健全残疾人事业法律法规体系,依法发展残疾人事业,依法保障残疾人权益。

——充分发挥残疾人组织沟通政府、社会和残疾人的桥梁、纽带作用,扎扎实实为残疾人办实事;充分调动残疾人的积极性、主动性和创造性,树立广大残疾人的主人翁意识,激励自强精神,实现人生价值。

我们深深地体会到,这些成就和经验的取得,归功于党和政府的高度重视和大力支持,归功于各地方和各有关部门的辛勤努力,归功于社会各界的热情参与,也归功于广大残疾人和残疾人工作者的艰苦奋斗。在此,我代表国务院残疾人工作委员会,代表全国六千万残疾人及其亲属和残疾人工作者,向关心、支持残疾人事业的各级党委、政府、有关部门和社会各界人士表示衷心的感谢和崇高的敬意!

二、抓住机遇,顺应大局,加快发展残疾人事业

在充分肯定成绩的同时,我们也必须清醒地看到,残疾人事业的发展总体仍然滞后于经济和社会的发展。相当多的残疾人贫困状况没有得到根本改观,基本生活需求难以稳定保障;残疾人在康复、教育、就业等方面存在许多困难;改善残疾人参与社会生活的环境和条件的长效机制还很不健全;建设残疾人小康生活的任务尤为繁重。发展残疾人事业,改善残疾人状况,促进残疾人事业与经济社会全面、协调、可持续发展,使残疾人和全国人民共同奔向小康生活,是我们面临的一项紧迫而艰巨的任务。

"十一五"时期是全面建设小康社会的关键时期,具有承前启后的历史地位。《国民经济和社会发展"十一五"规划纲要》以科学发展观为指导,更加注重统筹经济和社会发展,更加注重社会公平和社会全面进步,要求立足于以人为本推动发展,把提高人民生活水平作为根本出发点和落脚点,使发展由偏重于增加物质财富向更加注重促进人的全面发展和经济社会的协调发展转变;要求必须加强和谐社会建设,加快社会事业发展,使全体人民共享改革发展成果。《国民经济和社会发展"十一五"规划纲要》将残疾人权益保障作为落实科学发展观和构建社会主义和谐社会的重点内容予以强调,要求"倡导和鼓励社会各界关心、支持和参与残疾人事业。推进无障碍设施建设,加强残疾人康复、贫困残疾人脱贫、残疾儿童少年义务教育、残疾人就业服务和社会保障等工作,创造残疾人平等参与社会生活的条件"。

《规划纲要》还将残疾人综合服务设施建设列为公共服务重点工程,对伤残独生子女家庭扶助、孤残儿童康复和家庭寄养等制度建设提出了明确要求。这些大的形势和环境为残疾人事业在"十一五"期间的进一步发展提供了重要的机遇。

按照《国民经济和社会发展"十一五"规划纲要》的总体部署和要求,结合残疾人和残疾人工作的实际,国务院残疾人工作委员会组织制订了《中国残疾人事业"十一五"发展纲要(2006~2010年)》,日前已经国务院批转实施。《纲要》要求,"十一五"期间残疾人事业的发展,必须坚持以邓小平理论和"三个代表"重要思想为指针,紧紧围绕国家全面建设小康社会的奋斗目标,坚持以人为本和全面、协调、可持续发展的科学发展观,进一步缩小残疾人在基本需求方面与经济社会发展的差距,改善残疾人平等参与社会生活的物质条件和精神环境,为构建社会主义和谐社会做出贡献。

"十一五"期间残疾人工作的总目标是:残疾人基本生活总体初步达到小康水平。具体内容包括:全面推进残疾人"人人享有康复服务",并通过实施重点工程,使八百三十万人得到不同程度的康复;使可以扶持的农村贫困残疾人脱贫,并实施残疾人危房改造工程,使农村一百万户残疾人无房户和极度危房户中的三十二万户居住条件得到改善;将贫困残疾人纳入社会保障范围,满足基本生活需求;基本普及残疾儿童少年义务教育,积极开展残疾儿童学前教育,发展残疾人高级中等、高等教育和职业教育,切实保障残疾人接受教育的权利;有就业需求的残疾人得到职业指导和职业培训,残疾人就业规模和水平进一步提高;残疾人文化生活水平进一步提高,群众性体育活动得到普及;进一步加强残疾人事业的法制建设及无障碍环境建设,切实改善残疾人的权益保障状况;残疾人组织体系进一步完善,为残疾人服务的能力进一步增强。

为实现上述目标,"十一五"期间残疾人事业的发展,必须遵循以下指导原则:

一要坚持以人为本和全面、协调、可持续发展的科学发展观。按照"统筹经济社会发展"的要求,将残疾人事业纳入经济社会发展大局,统筹规划,同步实施,兼顾特点,整体推进,加速发展。

二要坚持以政府为主导的工作模式,将残疾人工作纳入公共服务范畴。

三要坚持社会化工作方法,倡导和鼓励社会各界关心、支持和参与残疾人事业。

四要贯彻"求真务实,持续推进"的方针。以提高为残疾人综合服务能力和提高残疾人基本生活水平为重点,多为残疾人办实事。

五要统筹规划,对东中西部和城乡残疾人工作进行分类指导。

六要完善维护残疾人权益的法规政策,依法发展残疾人事业。

七要充分发挥残疾人组织和残疾人的作用。

三、以科学发展观统领残疾人工作全局,确保"十一五"发展纲要各项目标的全面实现

要坚持以科学发展观统领残疾人工作全局。发展必须是科学发展,要坚持以残疾人为本,转变发展观念、创新发展模式、提高发展质量,保证残疾人事业始终不偏离全面、协调、可持续发展的轨道。为此,"十一五"期间要着重做好以下几个方面的工作:

（一）以提高为残疾人综合服务能力和残疾人基本生活水平为重点，持续推进各项业务工作

全面推进残疾人"人人享有康复服务"，加强社会化康复服务体系建设和康复人才的培养，提高康复服务能力，使城市和发达地区农村有康复需求的残疾人普遍得到康复服务，欠发达地区农村百分之七十以上得到康复服务。继续实施一批重点工程，使八百三十万残疾人得到不同程度的康复；组织供应各类辅助器具三百万件。开展残疾预防，减少残疾发生。

基本普及残疾儿童少年义务教育，适应接受普通教育的残疾儿童少年入学率达到与当地健全儿童少年同等水平，接受特殊教育的视力、听力语言和智力残疾儿童少年义务教育入学率达到国家要求，保障符合国家录取标准的残疾考生接受高级中等以上教育。可以就业的残疾人普遍得到职业教育或培训。大力发展残疾儿童学前教育，加快高级中等特殊教育的发展，积极发展高等特殊教育。

推动残疾人就业的法规、政策体系建设，进一步提高残疾人就业服务机构服务能力，使登记失业、求职的残疾人普遍得到职业指导和职业培训。培养、培训盲人按摩人员五万名，城镇新增残疾人就业七十五万人，农村残疾人稳定就业一千八百万人。完善残疾人社会保障措施，依法将贫困残疾人纳入社会保障体系。将城镇残疾职工普遍纳入社会保险，扩大自谋职业残疾人社会保险覆盖面。实施"分类救助"，适当提高困难残疾人的生活保障水平。

要加强残疾人事业法制建设，推动保障残疾人权益的法律法规的修订，加大执法和法制宣传力度，建立残疾人法律救助机制。加强残疾人维权工作，采取有力措施，使残疾人权益保障状况进一步得到改善。

要进一步丰富、活跃残疾人群众文化、体育生活,发展残疾人特殊艺术和体育事业,展示残疾人的才华。要着力做好二〇〇七年上海特殊奥运会和北京二〇〇八年残奥会的筹备工作,不仅办成出色的展示残疾人意志与才华的体育盛会,还要成为体现以人为本、弘扬扶残助残良好社会风尚的盛会,成为展示我国改革开放、社会发展和人权保障成就的盛会,推动残疾人事业再上新台阶。

(二)加强扶助贫困残疾人工作,确保贫困残疾人的基本生产生活得到稳定的保障

要实现"十一五"期间残疾人基本生活总体初步达到小康水平的总目标,必须首先确保贫困残疾人的基本生产生活得到稳定的保障。加大对贫困残疾人的扶持力度、努力解决贫困残疾人在康复、教育、就业、社会保障、住房等基本生活需求方面的突出困难和问题,是当前残疾人工作的第一要务。

要进一步加强残疾人扶贫工作,"十一五"期间要扶持一千万农村贫困残疾人基本解决温饱;帮助中西部地区一百万适合参加生产劳动的农村贫困残疾人接受实用技术培训,完成三十二万户农村贫困残疾人危房改造任务。要继续将残疾人扶贫开发纳入国家扶贫工作整体规划,保证"整村推进"等各项扶持措施真正落实到残疾人户。要帮助中西部地区农村贫困残疾人接受实用技术培训,掌握脱贫致富的一技之长。

要加强康复扶贫贷款项目管理和贷款贴息方式改革,实行规范运行,量化绩效考核,最大限度地保障残疾人受益。经济较发达地区要重点解决低收入残疾人及其家庭的相对贫困问题,稳定提高经济收入。

在康复方面,要着力开展康复救助,探索贫困残疾人康复和

医疗保障制度。在教育方面,要真正将残疾人教育纳入国家教育总体规划,建立健全助学金制度,将残疾儿童少年接受义务教育切实列入政府优惠政策范围,减免有关费用;对接受高级中等以上教育的贫困残疾学生,优先提供助学金和教育贷款。在社会保障方面,要进一步完善残疾人社会保障措施,依法将贫困残疾人纳入社会保障范围,积极探索智力残疾和重度残疾人的安养问题。实施"分类救助",适当提高符合条件的残疾人的社会保障水平。

(三)加强分类指导,统筹不同地区和城乡残疾人事业的发展

残疾人事业的发展与其他社会事业一样,明显存在着地区之间、城乡之间的不平衡。"十一五"期间,要加强分类指导,统筹不同地区和城乡之间残疾人事业的发展。东部地区要充分发挥自身优势,创造性地开展工作,率先使残疾人走上小康生活之路;中部地区和东北地区要抓住中部崛起及振兴东北老工业基地的机会,加快发展;西部地区要切实抓住西部大开发的机遇,加大工作力度,实现残疾人事业跨越式发展。城市和农村要根据残疾人的不同需求,结合各自的特点,首先解决残疾人在生活上面临的困难和问题。

围绕建设社会主义新农村,要把加快解决农村残疾人的困难放在更加突出的位置上。党中央、国务院高度重视"三农"问题,提出建设社会主义新农村的战略任务。我国残疾人大部分生活在农村,残疾人工作的难点和重点在农村,发展残疾人事业的着眼点和着力点应放到农村。要在建设社会主义新农村的进程中,高度重视残疾人的生产生活问题,切实加强农村残疾人工作,将农村残疾人工作切实纳入建设社会主义新农村的各项政

策和措施,特别要解决好农村贫困残疾人扶助、残疾儿童少年义务教育以及残疾人医疗、养老和社会保障等问题。"十一五"期间,残疾人事业经费、项目等都要向农村残疾人工作倾斜,加大投入和扶助,努力加快改变农村残疾人事业的滞后状况,缩小城乡之间残疾人工作的差距。

(四)建立健全残疾人事业发展的长效机制

要进一步建立健全政府领导、社会参与、部门协同的残疾人事业长效发展机制。随着政府职能转变,"十一五"期间,各级政府将进一步加强对残疾人事业的领导,切实把残疾人工作纳入公共服务体系,充分发挥残疾人工作委员会的综合协调作用。与发展残疾人事业相关的各部门,要将有关的残疾人工作纳入职责范围,各司其职,加强配合,密切协作,形成新时期发展残疾人事业的长效工作机制;各级财政要将发展残疾人事业的经费列入预算,加大投入,给予保证。

要进一步强化残疾人工作中的社会责任。坚持社会化的工作方法,大力弘扬人道主义思想,进一步营造全社会理解、尊重、关心、帮助残疾人的社会环境,动员更多的社会力量参与和支持残疾人事业的发展。

要加强残疾人组织建设,加强残疾人工作者的素质培养,造就一支恪守"人道·廉洁·服务·奉献"职业道德的工作者队伍。要充分发挥残疾人在残疾人事业中的主体作用,激励广大残疾人"自尊、自信、自强、自立"的精神,鼓励残疾人投身于全面建设小康社会的伟大实践,创造社会财富,实现人生价值。

要做好《残疾人保障法》修订工作,修订和制定好其他配套的法规和规章,为残疾人事业的发展奠定坚实的法律基础;要积极参与联合国《残疾人权利公约》的制订,做好加入和履约的准备工作。要充分开发和利用好第二次全国残疾人抽样调查的数据,为制定发展残疾人事业的政策、法规和规划提供科学依据。

建立健全发展残疾人事业的长效机制,是做好各项残疾人工作的制度保证,是进一步提高为残疾人服务的能力和水平、改善残疾人状况的基础,是把各项残疾人工作任务真正落到实处的条件,是构建社会主义和谐社会、全面建设小康社会的内在要求。

同志们,我们国家正站在新的历史起点上,朝着全面建设小康社会的目标阔步前进。当前,全国各族人民正万众一心,奋发图强,努力把"十一五"规划的宏伟蓝图变为美好现实,谱写社会主义现代化建设事业的新篇章。让我们在以胡锦涛同志为总书记的党中央领导下,高举邓小平理论和"三个代表"重要思想的伟大旗帜,全面贯彻落实科学发展观,乘势而上,奋发进取,积极发展残疾人事业,帮助广大残疾人与全国人民一道创造幸福生活和美好未来,为全面建设小康社会和构建社会主义和谐社会做出新的更大的贡献。

今年的几件大事*

(二〇〇六年六月九日)

第三次全国残疾人事业工作会议开得很成功,我今天只谈今年的几件大事。

第一件大事:"十一五"规划开局

今年是国家和残疾人工作"十五"计划结束,"十一五"规划开局。我们的"十一五"发展纲要,核心还是"小康"二字。党的"十六大"提出,本世纪头二十年要集中力量,全面建设惠及十几亿人口的更高水平的小康社会,在二〇一〇年要使经济总量、综合国力和人民生活水平上一个大台阶,为后十年的更大发展打下基础。我们在残联"四代会"时,提出了"带领残疾人与全国人民一道共同进入全面小康社会"的四条要求,其中第一条是残疾人"生活状况得到根本改善","绝大多数人过上富足的小康生活"。这次我们制订"十一五"发展纲要时,将残疾人的基本生活目标归纳为"总体初步达到小康水平",一个"总体",一个"初步",既强化了目标,又留有了余地,明确了全面建设小康

---

* 这是邓朴方同志在中国残联第四届主席团第四次全体会议上的讲话。

社会前十年的要求。

　　残疾人实现小康这个事,这几年一直在我脑子里转。过去,我考虑比较多的是基层问题,现在考虑更多的是小康。说实话,扶贫,我心里有底。国家对扶贫很重视,只要资金、措施到位,帮助最困难的那些残疾人脱贫是有把握的。但实现小康,我心里没底。我们说,残疾人和全国人民共同进入小康社会,这话是虚的;共同实现小康,这话才是实的。但是,实现小康,不是钱到位、工作再努一把劲就能成功的,还要做很多工作:一是水涨船高,国家富裕了,大部分人生活好了,农村的面貌变了,残疾人跟着受益,这靠国家大局;二是残疾人事业全面发展,社会加大对残疾人的扶持力度,残疾人受到更多关爱,这靠社会风气;三是残疾人和他们家庭成员的素质整体提高,在不断改善自己生活条件的同时,也为社会贡献更大的力量,这靠自身努力。所以,今后若干年,小康是残疾人工作的主题,这是我对这个问题的一个想法。我不是打击大家的积极性,工作只有一步一步地做,慢慢积累,才能做好,不是喊喊口号就能完成的。

　　同志们也许注意到了,最近两年来,关于改革问题,社会上出现了一些争论。我们的改革到底成功不成功?今后改革的路究竟怎么走?理论界、社会各阶层议论纷纷。关于改革的较大的争论,自改革开放以来,这已经是第三次了。不过前两次主要发生在理论界,老百姓基本没有参与。第一次是一九八一年到一九八四年,就计划经济与市场经济的关系展开争论,最后中共十二届三中全会作出决议,坚持社会主义的商品经济和价值规律。第二次是一九八九年到一九九二年,焦点是市场经济"姓社姓资"的问题,最后以小平的南方谈话统一了思想,中共"十四大"肯定了多种经济成分共同发展,为市场经济正了名。这次争论,始于二〇〇四年,最早是所谓的"郎顾之争",就是郎咸平和顾雏军,郎是香港中文大学的教授,顾是广东格林柯尔集团的老板。他们争论的问题是企业管理人员是否利用国企改制侵占了国有资产。郎认为是,顾认为不是。许多主流经济学家都不同意郎的意见,只有少数人支持他。顾后来因为严重的经济犯罪被捕,这场争论实际以顾的失败告终。关于改革的争论显然并不限于国企改革这一个问题,所以"郎顾之争"之后,争论并没有停止,反而扩大了范围,举凡劳动就业、医疗改革、教育改革、地区差距、贫富差距、安全生产、社会保障、环境保护等无不包括在内。这都是些重大的经济和社会问题,不仅经济学家,一些社会学家、法学家也参加进来,写文章,作讲演;普通老百姓也很关注,通过网络和其他媒体积极参与,提出了各种各样的看法。一些权威的研究部门比如国务院发展研究中心就声称卫生改革基本不成功(世界卫生组织的"医疗公平性"排序中,中国倒数第四)。一些政府官员也对改革中涉及的问题发表了意见,比如卫生部长、教育部副部长都公开讲过话,认为自己分管的领域在改革中存在的问题很多。在这种情况下,我们的改革方向对不对?改革还要不要坚持下去?怎样坚持下去?似乎成了一个问题。理论界也有个别同志开始质疑市场化改革的方向。

平心而论,在这次辩论中,绝大部分意见不是反对改革,不是不要继续改革,而是反思改革的成败得失,总结改革的经验教训,特别是探讨社会的公平公正问题,以使社会全体成员都能分享改革开放的成果。反对改革的人有没有呢?有,但只是极少数。这些意见多数是很好的。随着改革的深入,一些深层次的问题逐渐暴露出来,不认真对待并解决好这些问题,改革就很难继续得到全体人民的一致支持,改革也就很难按照预定的目标顺利地进行下去。

在今年"两会"期间,胡锦涛同志来到上海代表团驻地,发表了重要讲话,强调要毫不动摇地坚持改革方向,同时还表示,要注重增强改革措施的协调性,使改革兼顾到各方面、照顾到各方面的关系,真正得到广大群众的拥护和支持。人大会议结束以后,温总理在记者招待会的开场白中说,要坚定不移地推进改革开放,走中国特色社会主义道路,"前进中尽管有困难,但不能停顿,倒退没有出路"。他还谈到二十个字:"知难不难,迎难而上,知难而进,永不退缩,不言失败。"随后,他回答了记者十四个问题,除了中外关系的三个,港台的各一个,金融政策的两个,其他七个都是老百姓关注的民生问题,比如建设社会主义新农村、农民和土地问题、医疗、教育、环境污染、安全生产等等,温总理重申了政府在这些问题上改革的决心。胡锦涛总书记和温家宝总理的讲话说明,中央领导同志与老百姓的想法是一致的,老百姓关心的,正是中央要解决的。

对于这场争论,我的看法是:

首先,改革开放给我们国家带来了翻天覆地的变化,国家的综合实力大大增强,我国的国际地位空前提高,人民生活普遍改善,尽管还存在这样那样的问题,但改革开放的大方向没有错,必须毫不动摇地坚持下去。

其次,我们要认识到,改革开放是史无前例的巨大变革,既然是变革,就要付出成本和代价。要承认我们必须付出成本和代价,问题是这些成本和代价是否可以减到最小?这些代价是否应由社会全体成员,而不是部分成员承担?如果回答是肯定的,那就需要积极而不是消极、认真而不是敷衍地不断调整和修正我们的政策。

第三,改革是个长期的过程,不可能一蹴而就。所以,无论是政府还是民众,都不能急功近利,急于求成。在改革的初级阶段,必须突破阻力,解放生产力,积累社会财富。紧接着就要调节社会各类人群的利益,特别要照顾到弱势群体的利益,使社会健康稳定地发展,走上良性循环的道路。

最后,必须坚定地走自己的路,并且要走好自己的路。目前,中国社会聚集的矛盾确已十分尖锐,社会差距继续拉大、基尼指数突破警戒线、"三农"问题未能妥善解决、贪污腐败现象严重等等。但是,这些问题的产生,是改革造成的吗?是实行市场经济造成的吗?也是也不是。既要改革,就会有问题,这些问题恰恰是因为改革进行得还不够彻底,恰恰是因为我们的市场经济还存在许多缺陷。这就有个不断弥补缺陷、不断解决问题的过程,这就有个恰当地、适时地调整改革路径的过程。二战以后,世界进入和平发展时期,许多国家进行了改革,但发展和改革的路径有所不同。一些国家注重经济社会的均衡发展,运用政治、经济和法律手段,有效地控制了贫富差别、城乡差别的扩大,保持了社会稳定,实现了良性发展;另一些国家或者只重国力提高,忽略民生改善,或者只顾经济发展,忽视社会公平,结果都发生了重大挫折,造成经济停顿、政治腐败、分配不公、社会动荡、发展失衡等,许多国家因此失去了成为发达国家的机会。面对这些经验教训,我们要有所借鉴,有所警觉,有所选择。

值得庆幸的是,党和政府在这些问题上是十分清醒的。这次争论与前两次不同,前两次是在争论之后产生结论,而这次是在争论之前已有结论。早在党的"十五大",新的一届领导集体就提出了坚持"以人为本"的科学发展观,后来又提出构建和谐社会的施政理念。贯彻落实这些理念,很重要的一条,就是首先解决群众意见最大、目前严重存在的一些矛盾和问题,使我们的人民都能安居乐业。在这次制订"十一五"规划纲要的过程中,党和政府已经把这种执政理念变成了具体的施政蓝图,变成了一系列可以触摸到的数字。

我们仔细看看"十一五"规划就可以发现,这个规划特别强调全面贯彻落实科学发展观,强调促进城乡区域协调发展,强调更加注重社会公平,使全体人民共享发展成果。这个规划有许多亮点,比如,有专门一节讲保障残疾人权益,在其他章节,还有五处涉及残疾人的各种需求。在国家的五年规划中,用这么多的笔墨谈残疾人,这是前所未有的,这反映了党和政府对残疾人工作比以往更加重视。我们以前说,没有残疾人的小康,不是真正的小康。我们还要说,残疾人问题是构建和谐社会的重要问题,残疾人问题解决不好,构建和谐社会也要大打折扣,这一点,领导层和我们的认识也是完全一致的。我们都知道,国家各个部门有几十个"十一五"发展纲要,前些天,国务院常务会议首先安排讨论通过了我们的残疾人事业"十一五"发展纲要。今年"六一"儿童节期间,胡锦涛同志和孤残儿童一起包粽子,温家宝同志给聋儿写了情真意切的回信。这些都充分体现了党和政府对残疾人的亲切关怀。总之,现在的大形势,对残疾人事业的发展非常有利。我希望大家一定要抓住这个时机,趁势而上,努力拼搏,争取残疾人事业上一个新的台阶。

第二件大事:开展第二次全国残疾人抽样调查

十九年前,我们进行了第一次残疾人抽样调查。那次调查,为我们摸清残疾人的底数,做好残疾人工作打下了很好的基础。但毕竟近二十年过去了,中国经济社会发生了很大变化,中国残疾人的状况也发生了很大变化。目前,残疾人的数量有多少?他们的生活水平、健康状况、受教育程度、就业情况究竟怎样?他们有些什么样的新愿望和新需求?这些,我们还不完全掌握,心中还不是很有数。我们现在的"数",有的是二十年前的,有的是在二十年前的数字的基础上推算出来的,所以要进行第二次残疾人抽样调查。

经过一年多精心筹备,第二次全国残疾人抽样调查领导小组及其办公室完成了方案设计、标准制订、队伍组建、人员培训、经费落实、样本抽取等一系列准备工作,从四月一日开始的两个月内,入户调查在三十一个省、自治区、直辖市,七百三十四个县、市、区全面铺开。大家想想看,这次的样本量是二百六十万人,调查小区是六千个,光调查队员就有两万名,加上陪调员和调查办的同志,约七万人的抽调大军参与了现场调查工作,这是一幅多么壮观的景象!

我在四月一日参加了北京的抽样调查工作,亲身感受到了这种热烈而有序的气氛。这次抽调工作,我感到有这么几个特点:一是严谨科学。各调查队在工作中严格按照统一规定、流程和标准进行。全国、省市和调查队之间,建立了通畅的技术咨询渠道,遇到问题,由专家作规范的解释和答复。二是指挥得力。全国抽样办对历时两个月的现场调查提出了总体安排和进度、质量控制要求,建立了严格的值班、日报制度,随时处理有关情况。三是强化督导。抽样调查领导小组成员,中国残联党组、理事会领导和抽样办负责人分别深入各地,到第一线检查指导工作。各省有关人员分片包干,加强了巡回检查指导。四是确保质量。这次抽调,采取各种措施,保证了入户率百分之百,见面率百分之八十三点五,疑似残疾人检查率百分之九十八。五是调查与送温暖相结合。在抽调过程中,许多地方的政府、有关部门和残联,发现问题,及时研究解决,出台相关政策,使残疾人切实受益。

这次抽样调查中还出现了许多感人的事迹。有的在突遭地震、山火、雷爆的情况下,边调查,边抗灾,极大地增加了工作量;

有的遇到亲人去世,为不影响进度,强忍悲痛坚持在第一线,失去和亲人见最后一面的机会;有的医务人员,在诊察残疾的同时,履行救死扶伤的职责,为残疾病人看病疗伤;有的年轻人因调查推迟婚期,也得到爱人的充分理解。所有这一切,都受到了残疾人和社会各界人士的普遍赞扬。

这次抽样调查,将会得到大量第一手基础数据,我们要格外珍惜和重视这些数据。因为这是我们在全面建设小康社会的新形势下发展残疾人事业,制定和完善与残疾人有关的法律、法规和政策的可靠依据,也是各级残联将来更好地开展工作的基础。我们要以严谨的科学的态度,对调查数据进行认真分析、研究、开发和利用。现在,国家统计局和各省统计部门已经制订了数据处理方案,进行了软件开发,做好了数据处理的相关准备工作。我想,我们应当把调查中获取的每一组数据,像地质学家对待矿石标本,解剖学家对待病理切片那样,认真地剖析、分解、研究,并和一九八七年的数据进行比较,从中尽可能多地找出规律性的东西。数据的开发利用,是一项专业性很强的工作,我们一定要尊重并依靠统计方面的专家学者,在他们的指导下工作。

我们还要结合这次抽样调查得到的数据,对我们残疾人事业的宏观决策进行一番新的审视和评价,作出有力度的调整。如果今年国际《残疾人权利公约》能够在联大通过,再加上抽样调查结果公布,我们就有一篇大文章好做。为此,中国残联要有所准备,各省残联也要有自己的打算。

借这次抽样调查的机会,我还想提出一个问题,就是怎样在残联系统建立一个规范、透明、科学和可操作的统计体系。希望大家认真研究一下我们的制度设计和运行模式,特别是数据采集、数据分析、数据管理、数据发布等方面的问题。要科学地设计统计指标,完善统计手段,规范统计流程;要有效地解决统计调查项目和调查内容在部委间和部门间的重复统计、数据交叉等问题；要充分利用现代化手段，推动统计工作的电子化管理与应用等等。总之一句话：加强我们残联系统统计数据的科学性和准确性，使我们今后的统计数字更加准确，更加"阳光"。

第三件大事：基金会换届

二〇〇六年三月，中国残疾人福利基金会开了换届大会。我们知道，我们的基金会成立二十二年了，是国内成立最早、影响最大的基金会之一。基金会也是残联的前身之一，是我们事业的起点。在座的许多同志、特别是经历过那段艰苦创业的老同志，对基金会是有感情的，因为它在残疾人事业的发展史上有着特殊的地位。

基金会成立以来，在党和政府的关怀下，在社会各界的大力支持下，围绕国家经济社会发展大局，本着全心全意为残疾人服务的宗旨，弘扬人道主义精神，参与和推动了残疾人事业领域的立法、规划、文化宣传和国际交流，帮助残疾人改善康复、教育、就业状况，为新时期残疾人事业的创建和发展，推动社会文明进步做出了重要贡献。这些年，我们先后实施了"扶残助学春雨行动"、"长江新里程计划"、"救助贫困聋儿康复训练"、"集善嘉年华"、"听力重建启聪行动"、"白内障复明行动"、"救助新疆边远地区贫困残疾人装配假肢"、"扶残维权行动"等公益项目，在全社会范围内引起了不小反响，有的已成为我们的品牌项目。现在，全社会关心弱者、奉献爱心的风气逐渐形成，我们多年扎扎实实地工作，也在这个移风易俗的过程中做出了应有的贡献。

基金会成立二十二年来，随着经济社会的不断发展，中国公益慈善事业的环境也发生很大的变化，这使我们基金会面临着新的机遇和挑战。近年来，发展慈善事业，倡导社会财产第三次分配的理念逐渐为人们所接受；国务院颁布了《基金会管理条例》，确立了规范的基金会管理制度；经济的持续发展，利益主体的多元化，带来了更多可利用的资源；残疾人事业已被社会广泛了解和关注，形成了一定气候，这些，对我们残疾人福利基金会开展工作都是有利的条件。但是，从总体上说，掌握资源的企业家阶层尚未形成从事慈善事业的自觉性，社会公众也缺少主动参与公益事业的冲动，中国的慈善捐赠还没有畅通的渠道和完善的机制，这又对我们基金会的发展形成了制约。说得形象一点，现在理论和政策有了，但还很少落到实处；不少人的钱包鼓了，还没有掏出来的习惯；有人有爱心，想做好事，又不知道通过什么渠道去做。面对这种情况，我们应该认真分析形势，明确方向，适应环境，研究对策，还要在提高服务能力、工作水平，搞好自身建设等方面有一个根本性的突破。

我们说基金会要进行第二次创业，这就意味着要参照世界一流基金会的标准，大力推进组织和制度创新，打造一个公开、透明、高效率和高公信力的现代化基金会；要提高专业化水平，不断地学习新知识，研究新问题，成为专家型的领导者和管理者；要加强公关宣传，大幅度提升社会知名度和支持率，扩大企业和公众对基金会工作的参与，不断巩固和扩大基金会的社会基础。基金会只有顺应时代的发展，规范自己的行为，扎根于社会，服务于社会，才能不断发展，才能更好地为残疾人服务，为捐赠者服务。如果需要，中国残联也会对各省提供一些帮助。

我相信换届后的新领导班子在江上舟同志的领导下，一定会团结一心，奋发有为：一方面继承和发扬老基金会艰苦创业的精神、开拓进取的精神、廉洁奉公的精神；另一方面更新观念，拓宽视野，不断提高自主创新能力，广泛联系社会、动员社会，汇聚爱心，争取把我们这个基金会做大做强，为残疾人谋取更多的福利。我希望各省的基金会也要顺应潮流，联系实际，加强自身的制度化、规范化建设，充分发挥活力与创造力，立足社会，建立良好信誉。

我还希望，各级残联也要进一步研究开拓残疾人工作社会化的新思路，面向社会，面向国际，争取更广泛的支持和帮助。残疾人工作光靠政府不行，光靠残疾人不行，光靠残疾人工作者也不行，必须上上下下、方方面面一起来做，才能做好。这是一门大学问，在这门学问面前，我们还是小学生，得老老实实地学习。

最后，我想对主席团的委员们多说几句话。各位委员是残联最高权力机构的组成人员，你们来自全国各地、各行各业，来自各类残疾人组织，许多人还来自基层，你们是残联组织永葆青春活力的中坚力量，也是我们各项工作的监督者和评判者。我希望大家站在科学发展观的高度，以残疾人为本，紧紧围绕贯彻落实"十一五"发展纲要这个中心任务，切实发挥好主席团委员的作用，加强调研，认真思索，关注残疾人事业各项工作的进程，反映残疾人的愿望和需求，积极向执行理事会提出意见和建议，帮助、支持理事会更好地开展工作，齐心协力，共同奋斗，为"十一五"发展纲要开好头、起好步贡献更多的智慧和力量。

中国盲人协会法人登记
与"精简、统一、效能"原则*

(二〇〇六年七月二十一日)

中国盲人协会法人登记以后,与以前相比,相同的地方是什么?不同的地方是什么?我想谈谈个人的体会。

中国盲人协会成立于上世纪五十年代,以后又成立了盲人聋哑人协会,"文化大革命"期间中断。一九七八年改革开放后,盲人聋哑人协会恢复工作,做了不少事情,努力在全国推广各项工作。但是,那时的体制没能适应新时期的发展需要,于是要求成立中国残疾人联合会的呼声很高。中国残联成立以后,盲人工作得到了很大发展,大力支持黄乃同志搞盲文带调双拼,支持甘柏林老师建立长春特教学院,帮助他们克服了很多困难。还有很多作家、诗人都非常活跃。在体育方面残奥会第一枚金牌获得者也是盲人。所以说,新的统一的机制给予盲人工作很大的推动力。虽然盲人协会是残联的一个内设机构,但盲人工作的力度得到了很大的加强。中国残联还开展了包括白内障复明在内的三项抢救性工作,然后就是几百万的白内障患者得到复明。在教育方面,一九八七年盲童教育的入学率是百分之二点七,加大工作力度后达到百分之四十五,现在估计过半了,取得

---

* 这是邓朴方同志在中国盲人协会第一次会员代表大会暨中国残联专门协会工作经验交流会上的讲话摘要。

了很大进步。在就业方面,各个单位普遍精减人员后,大量盲人被赶出来了,怎么办?我们就加大了对盲人的培训力度,随后盲人的就业率得到了提高。

中国残联成立以后,按照"精简、统一、效能"的指导原则,履行"代表、服务、管理"职能,盲人事业取得了很大的进展。这说明我们的体制安排是符合中国国情的,是符合实际的,是有效的、积极的、良好的。但是,任何体制都不可能解决所有的问题,所以我们一直在进行体制上的创新,后来就开始研究中国残联的组织体制。我们在新时期残疾人的代表性体现得够吗?不够。中国残联官僚化、行政化的趋向有没有?有。怎么办呢?我们首先要谨慎,要看到自己的缺陷,不能固步自封,要进行体制上的创新。特别是我多次强调活跃,后来又被总结成"三个活跃"*。不管是"三个活跃"还是"五个活跃",反正是残疾人的代表性增强了,主人翁的地位增强了。后来我们又强调要争取残疾人的话语权、知情权;强调加强专门协会的工作力度,要求各省安排盲人理事,要求各省和地市残联安排专门协会的工作人员并配备经费。再后来又觉得这些工作还是不够,我提出从体制上再进行创新,就是想办法使残疾人事业走向一个健康、积极、活跃的氛围中。为此,中国残联党组、理事会进行了认真研究,最后确定中国盲协进行法人登记。

中国盲人协会法人登记,我认为有几个好处:第一是加强了民主,增强了残联的代表性。第二是加强了盲人的主人翁地位。现在是法人了,服务的手段多了,服务的范围宽了,服务的力度也大了,可以更加贴近盲人,服务更加个性化,不只是残联为盲

---

* "三个活跃":即要让残疾人在残疾人组织中更加活跃,残疾人组织在基层更加活跃,残疾人和残疾人组织在社会上更加活跃。

人服务,盲人协会自己也要为盲人服务。第三是有利于进行国际交流。第四是增强盲人之间的团结,增强了盲协的凝聚力和向心力。

中国盲协法人登记以后,与以前相比有相同的地方,也有不同的地方。登记以后,中国残联"精简、统一、效能"这个原则没有变,中国残联还是中国各类残疾人统一的代表组织。为什么要提出"效能"?因为我们国家穷,资源有限,我们要使这一点点资源或者极少的资源发挥最大效益,用在残疾人的身上,让更多的残疾人受益。没有让残疾人受益,什么名义、什么组织形式都站不住脚。至于"精简",不是说我们不增加人,盲人协会作为新的机构还要再增加人,但是从人员和效能比的角度来看,精简是一种趋势,精简是一个理念,不精简就会造成臃肿,而臃肿会导致效能低下,甚至会导致腐败。"统一"就更重要了,不论盲协是否法人登记,中国各类残疾人永远是一家人,而不是两家人,中国残联还是统一各类残疾人的全国性组织。大家知道为什么当时盲人聋哑人协会与基金会合并吗?就是因为力量分散。正如新宪同志所说,弱势群体缺少话语权,需要各种统一的社会组织来表达我们的意愿,维护我们的权利。可以说,没有统一的组织,没有团结一致的共同努力,任何一个单独的组织都是软弱无力的。不只是中国残联需要统一,国际上也是一样的。二十多年了,我访问了一些国家,发现很多国际残疾人组织,他们当时是强调怎样同政府抗争,怎样向政府示威或者保持压力等等。这几年则发生了新的变化,他们强调更多的是与政府合作。当然,头一个阶段是争取权利的阶段,第二个阶段是谋取更多利益的阶段,谋取更多的利益就是共同合作。如果你不合作,你怎么办更多的事情?办不了事,残疾人怎么得到利益,这是很简单的道理。前些年我到欧洲去看了一下,欧盟国家的残疾人组织比较分散,而这几年不一样了,所有国家都有残疾人联合会了。为什么呢?因为要与欧盟进行对话,就需要残疾人自己统一的组织。所以,"精简、统一、效能"这三个原则一个都不能变。然而,"统一"是好事,"一统"就不好了。"统一"是要把大家团结起来,"一统"就是把大家管死了。所以,我们不能"一统",我们要发挥各级专门协会的积极性、主动性、创造性。这次中国盲人协会进行法人登记,进行体制上新的安排,就是具体的体现。我们采取这样的举措,讲了这么多好处,希望大家共同努力,把盲人团结起来,使盲人有一个非常良好的积极向上的精神面貌,使盲协工作呈现出一个活跃的局面,一点一滴地切切实实把盲人的事情做下来,不但自己做,大家也要配合中国残联做;不但中国盲人协会自己要做,中国盲人协会也要指导地方盲人协会去做,要加强检查。

怎样处理好盲人之间、盲人和盲人组织之间、中国盲协和地方盲协之间等各个方面的关系呢?我想,首先要贯彻积极、健康的工作方针。盲协内部要有凝聚力,要团结,要积极向上,要有健康奋进的气象。这样,盲协才能走出一条新路。

在中华人民共和国第四届
特殊奥林匹克运动会开幕式上的致辞

(二〇〇六年七月二十九日)

今天,我们在美丽的哈尔滨迎来了中华人民共和国第四届特殊奥林匹克运动会。我谨代表中国残疾人联合会、中国特奥会向全体运动员、教练员和工作人员表示热烈欢迎!向专程前来参加运动会的香港、澳门特别行政区、台北市、韩国特奥代表团及出席开幕式的海内外嘉宾表示热烈的欢迎!向为承办本届特奥运动会做出巨大努力的中共黑龙江省委、省政府和全省人民表示衷心的感谢!

特殊奥林匹克是一项崇高而伟大的事业,她以独特的魅力,把相互关爱和帮助给了最需要的人,吸引着越来越多的智力残疾人参与,并给他们的生活带来全新的变化。

特殊奥林匹克是一项文明与人道的事业,她以独特的风采,唤起全社会的爱心,在健全人和残疾人心灵之间搭起一座沟通与理解的桥梁。她向世人宣示,不管你是否有缺陷,你的人格和尊严都应同样受到尊重。

特殊奥林匹克已成为全人类的共同财富,她向人类展示着一个美好的梦想,人与人之间要相互理解,相互尊重,使我们感到,真善美就在大家的心里,当我们每一个人把它充分展现时,世界将会多么和谐美好。

今天,我们欢聚一堂,就是共同为特殊奥林匹克运动所揭示的这一伟大的人类精神而欢呼，为给我们带来欢乐和启迪的特奥运动员们而喝彩。我们相信，本届特奥运动会一定会为我国特奥运动和残疾人事业的发展留下浓墨重彩，为构建社会主义和谐社会做出特殊的贡献。

一年之后，第十二届世界夏季特殊奥林匹克运动会将在上海举行，那将是全世界特奥运动员与关心特奥运动的人们共同的节日。本届特奥运动会是二〇〇七年上海世界特奥运动会的预演。希望广大特奥运动员发扬"勇敢尝试，争取胜利"的精神，赛出风格，赛出水平，向全国人民展示你们独特的风采。

祝愿大会取得圆满成功！

给二〇〇六中国残疾人企业成果展的贺信

(二〇〇六年八月八日)

在"十一五"开局之年,举办"二〇〇六中国残疾人企业成果展",是残疾人工作中一件很有意义的事。

党和政府对残疾人事业非常关心和支持,给予了有力的法律和政策保障,残疾人在政治、经济、文化和社会生活各方面,享受与其他公民同等的权利。全社会发扬人道主义精神,残疾人和残疾人事业得到了越来越多的理解和关爱。与此同时,残疾人企业和残疾人企业家以艰苦创业的奋斗实践充分证明,残疾人不仅有全面参与社会生活的能力,而且同样是社会物质财富和精神财富的创造者,是社会主义现代化建设的重要力量。

保障残疾人的权益,尊重残疾人的价值,发挥残疾人的潜能,是社会文明进步的标志,是全社会的责任,更是广大残疾人和残疾人工作者的责任。多年来,残疾人企业和残疾人企业家积极发挥优势,努力有所作为,使许多残疾人生活状况得到明显改善,为建设社会主义和谐社会做出了贡献。参展的一百多家残疾人企业是其中的优秀代表。国务院批准同意的残疾人事业"十一五"发展纲要为未来五年残疾人事业建设与发展进行了科学规划。我们要抓住机遇,乘势而上,团结和带领广大残疾人积极投身于改革开放和社会主义现代化建设,为实现残疾人与全国人民一道共同进入小康社会的目标做出新的更大贡献。

科学的未来在于青年＊

（二〇〇六年八月二十一日）

在我的父亲邓小平同志诞辰一百零二周年前夕，共青团中央、全国青联、全国学联、全国少工委在人民大会堂隆重举行第三届中国青少年科技创新奖颁奖大会。我和我的全家心情都非常高兴和激动。

正像大家所了解的那样，我的父亲邓小平同志生前始终站在党和国家事业后继有人、兴旺发达的高度看待青少年一代，一直十分关心青少年的健康成长，注重青少年创新精神和创新能力的培养。他曾反复强调，"青少年是祖国的未来，科学的希望"＊＊，"科学的未来在于青年。青年一代的成长，正是我们事业必定要兴旺发达的希望所在"＊＊＊。

二〇〇四年，在父亲百年诞辰之际，在党中央的关心下，我们遵照他的遗愿，把他生前的全部稿费捐献出来，由共青团中央、全国青联、全国学联、全国少工委发起设立了中国青少年科

　＊ 这是邓朴方同志在第三届中国青少年科技创新奖颁奖大会上的讲话摘要。

　＊＊ 邓小平同志一九七九年十月四日给中国科协、教育部主办的首届全国青少年科技作品展览的题词。

　＊＊＊ 见邓小平同志一九七八年三月十八日在全国科学大会开幕式上的讲话。

技创新奖励基金,专门用于鼓励青少年的科技创新。这两年,共青团中央等部门按照中央的要求,精心组织开展了"中国青少年科技创新奖"评选表彰等重大活动,使这项基金在青少年中的影响越来越大。从今年起,共青团中央还将开展"未来杯"全国中学生创意设计竞赛、中国青少年科技创新夏令营等丰富多彩的活动,对青少年进行更加广泛深入的科技创新教育,我们想,把父亲生前的稿费用在青少年科技创新上,引导青少年一代按照党指引的方向健康成长,这是对他最好的纪念。

当今时代,科学技术日新月异、发展迅猛,在综合国力竞争中起着越来越重要的作用。可以讲,哪个国家在科技创新方面处于领先地位,哪个国家就会在国际竞争中处于主动地位。我国要全面建设小康社会,实现中华民族的伟大复兴,很大程度上取决于我们能否提高自主创新能力,建设面向未来的创新型国家。发展的希望在创新,创新的希望在青年。我和我的家人非常高兴地看到,这些获奖的同学在德、智、体、美等方面全面发展,特别是在科技创新领域取得了突出的成绩,充分体现了同学们在专业学习和科技创新方面所表现出的旺盛热情和巨大潜力。有了这样一代优秀的青少年,我想,我的父亲生前的愿望一定会早日实现,我们国家的未来将充满希望,越来越美好!

在北京残奥会吉祥物发布仪式暨残奥会倒计时两周年活动上的致辞

(二〇〇六年九月六日)

今天,在北京残奥会倒计时两周年之际,我们在这里隆重发布北京二〇〇八年残奥会吉祥物。这是北京残奥会筹办工作中的一件大事。希望残奥会的吉祥物,能给世界各国人民、残疾人和残疾人运动员带来幸运、欢乐和吉祥。

四年一度的残奥会,是全世界残疾人的庆典。几十年来,残奥会不仅为残疾人提供了展示精神风貌的广阔舞台,也在增进各国人民友谊、促进社会文明与进步、弘扬人道主义等方面发挥了巨大作用。举办一届有特色、高水平的残奥会是中国和北京对世界的庄严承诺。五年来,在我国政府和全国人民的大力支持下,北京残奥会筹办工作正在按计划顺利向前推进。

残疾人是我们社会的重要成员,拥有与健全人一样追求幸福、实现梦想的愿望和权利,是和谐社会的重要建设者。随着中国经济社会的全面发展,残疾人事业也取得了显著成就,残疾人状况不断改善,残疾人正在与健全人一样,享受着文明与进步所带来的幸福与快乐。

举办北京二〇〇八年残奥会,为进一步促进残疾人事业发展创造了新的契机。北京残奥会吉祥物的发布,标志着北京残奥会筹办工作正在更加深入地进行。我相信,残奥会吉祥物作为北京残奥会的重要形象标志,将把所有关心北京残奥会的人们更加紧密地联系在一起,为举办一届有特色、高水平的残奥会,为促进世界残疾人事业的发展,发挥重要的作用。

我在此还高兴地告诉大家,我们的吉祥物尚未问世,就已经给我们带来了福音。几天来,全世界六亿多残疾人正在传送着一个喜讯,联合国已完成了国际《残疾人权利公约》的制订,这一保障残疾人权益、促进残疾人事业发展的重要国际文书不久将正式出台。中国残疾人和全世界残疾人一样,无不为此感到欢欣鼓舞。

希望北京残奥会吉祥物能够得到世界各国残疾人朋友和人民的喜爱,愿吉祥物给我们带来更多的好运!

做好残疾儿童康复工作*

（二〇〇六年九月十四日）

中国残疾人的数量是世界上最多的，按照一九八七年的第一次全国残疾人抽样调查，我国残疾人就达到了六千万人，其中零到十七岁的残疾儿童就有一千一百七十多万人。这些年来，虽然我们做了很多工作，但是大多数残疾儿童还没有得到他们期望获得的康复服务，他们的身体功能还不能得到有效的补偿，他们还不能和其他孩子一样享有一个健康、活泼、快乐的童年。面对这些孩子，我们应该怎么办？

改革开放以来，我们国家经济持续快速发展，社会日益文明进步。与此同时，残疾人事业包括残疾人康复工作也取得了很多成绩，这些成绩归功于党的正确领导、国家的高度重视和各级政府的大力支持与社会力量的帮助。但是，我们已经做的，比起广大残疾人的期待，比起众多残疾孩子和他们家长的企盼，还远远不够。

党的"十六大"报告提出了"发展残疾人事业"，今年"六一"儿童节，胡锦涛总书记又亲切看望了孤残儿童，温家宝总理亲笔

---

* 这是邓朴方同志在国务院残疾人工作委员会和国务院妇女儿童工作委员会共同召开的残疾儿童康复工作座谈会上的发言。广东省残联理事长郭德勤同志向会议介绍了《广东省学前残疾儿童义务康复条例》的制订情况。

写信给聋儿中心的孩子,*党和国家的主要领导作出了关心残疾儿童的表率,并且要求各级党委、政府把残疾儿童放在心上,创造条件,让他们在祖国的同一片蓝天下健康成长。今天的会议,既是我们社会发展的需要,同时也是党和国家主要领导的要求,我们在这里座谈残疾儿童的康复工作,正是落实加速推进残疾儿童康复工作的具体行动。

在全社会各个人群中,残疾人是特殊困难的群体,儿童是需要保护的脆弱群体,那么,残疾儿童则是特殊困难群体中的特殊困难群体,是需要保护的脆弱群体中的最需要保护的最脆弱群体。国家要文明进步,社会要构建和谐,帮助残疾儿童康复,让他们改善身体功能,享有同一片蓝天下幸福成长的机会,最能体现文明进步,体现社会的和谐发展。我们做好残疾儿童康复工作,是文明进步的要求,也是构建和谐社会的要求。

联合国通过的《残疾人权利宣言》指出:"残疾人,不论其缺陷或残疾的起因、性质和严重性,应与其他同龄公民享有同样的基本权利。"每一个人都有生存和发展的权利,无论他是否残疾;每一个儿童都有健康成长的权利,无论他是否残疾——其实对残疾儿童来说,如果他有权获得明天的平等,就更需要健康成长

---

* 二〇〇五年"六一"国际儿童节,温家宝总理曾到中国聋儿康复研究中心,亲切看望在那里接受语言康复训练的聋儿以及他们的家长和老师。二〇〇六年"六一"国际儿童节前夕,温家宝总理亲笔给孩子们复信,表达了对孩子们的思念之情并提出了殷切的希望:"孩子们:读了你们的信,心里又高兴又惦念。我希望有更多的孩子,经过精心的治疗和教育得到康复,走进普通小学;我希望那些还有听力和说话障碍的孩子,能以坚强的毅力克服困难,听到声音,开口说话;我希望所有的残疾儿童都能得到全社会的关爱,让他们有一个活泼的童年,增强他们对生活的信心和勇气。"

的机会和环境。我们从事残疾儿童康复工作,是从事一项光荣的事业,是帮助孩子和社会创造明天的事业,是一项神圣的人道主义事业。我们有责任、有义务帮助残疾的孩子们实现他们未来的尊严和权利。

我们国家从上个世纪八十年代开始的有计划、大规模的残疾人康复工作,是从"三项康复"入手的。在"三项康复"中,很大部分的对象就是残疾儿童:小儿麻痹后遗症矫治手术的对象主要就是儿童和青年;聋儿听力语言训练针对的全部是儿童;白内障手术复明老年人多些,但也有一部分是儿童。后来康复服务面不断拓展,逐步对各类残疾儿童提供康复服务。残疾儿童的康复工作不仅列入国家的规划、各级政府的规划,而且逐步形成了比较系统的组织、技术、服务网络,对贫困残疾儿童的康复救助相继展开,残疾儿童康复工作的机制也逐渐成形。二〇〇二年召开的第三次全国残疾人康复工作会议提出,到二〇一五年实现残疾人"人人享有康复服务"的目标。"人人享有",当然包括残疾儿童,或者说,在"人人享有"的目标中,残疾儿童的"人人享有"应该是首先得到实现的,因为对儿童来说,康复具有很强的抢救性。刚才卓大宏教授特别讲了这个事情,这个时候康复有效,拖过了这个时候就没效,这是一辈子的事情。那么,除了前边说到的将残疾儿童康复列入规划,搭建网络,实行项目性的救助之外,还必须考虑着手建立残疾儿童康复的长效机制,这就包括残疾儿童康复的立法工作。

我们国家的《残疾人保障法》于一九九〇年经全国人大通过,一九九一年开始施行。此后,国务院又颁布了《残疾人教育条例》,《残疾人就业保障条例》经过长期酝酿,也即将出台。关于残疾人的法律和行政法规的颁布,不仅可以加速残疾人事业的发展,也为残疾人权益提供了长久的保障。现在,《残疾人保障法》也正在修订之中,我们希望这一届人大能将《残疾人保障法》修订完毕。同时,联合国《残疾人权利公约》已经制订完成,预计今年十月、十一月就可以通过,虽然我们国家还有签字、批准的程序,但这个关于残疾人权利的国际公约,会非常有效地推动全世界的残疾人事业的发展,包括中国的残疾人事业,当然对残疾儿童的立法也会有帮助。这些都是非常好的形势。

广东地处沿海,改革开放便得风气之先,经济社会发展速度较快,各项残疾人工作包括残疾人康复工作也很有特点。这次,在广泛调研的基础上,针对省内残疾儿童的康复需求,结合当地经济社会发展实际,提出制订《广东省学前残疾儿童义务康复条例》的设想,是很好的事情。中国国情的一个特征是发展的不平衡,经济社会发达的地区,从当地实际出发,率先制定残疾儿童康复的法规,可以为其他地方的残疾儿童康复立法工作探索途径,积累经验,也可以为我们着手制定全国的残疾人康复条例提供实践经验。希望广东的同志在省人大、省政府及有关部门的支持下,积极探索,努力工作,在地方残疾儿童康复的立法工作中取得进展,希望广东的立法早日实现。

为了更多的残疾儿童康复需求早日得到满足,为了他们能够获得与别的孩子一样美好的童年、一样充满希望的未来,为了千千万万个家庭的幸福,让我们共同做出不懈的努力。

残疾人法律援助工作
要迈上一个新台阶*

(二〇〇六年九月十九日)

今天,"心系残疾人·法律援助爱心活动"正式启动了。我首先代表六千万残疾人衷心感谢社会各界长期以来对残疾人和残疾人事业给予的关心和帮助。

残疾人事业发展状况和残疾人权利保障状况是国家、社会文明进步的重要标志。党中央、国务院历来高度重视残疾人事业,制定了一系列方针、政策,采取积极有效的措施,促进残疾人事业快速发展。国家宪法和几十部重要法律、法规对残疾人的权利作出了规定,国家还专门制定了《残疾人保障法》、《残疾人教育条例》等法律法规,保障残疾人的康复、教育、就业、文化、体育、社会保障等各项权益,促进残疾人充分、全面地融入社会生活。为了保障残疾人权利的实现,切实维护残疾人的合法权益,国务院和司法部等有关部门相继出台了一系列有效措施,保障残疾人能够获得优先、优质、优惠的法律服务和法律援助。各地法律援助机构与残疾人组织密切合作,建立健全了残疾人法律援助机构和工作制度。各地法律援助机构一直把残疾人作为最重要的法律援助对象之一,残疾人是我国法律援助制度最大的

----

* 这是邓朴方同志在"心系残疾人·法律援助爱心活动"启动仪式暨新闻发布会上的讲话。

受益群体之一。仅二〇〇五年,全国残疾人直接从法律援助机构获得法律援助的案件就达两万多件。

然而,由于历史的原因和传统偏见的影响,现实生活中还大量存在着忽视残疾人权利,甚至歧视残疾人、侵害残疾人合法权益的现象。残疾人作为一个社会弱势群体,在利用法律武器维护自身权益的过程中还有许多困难。随着依法治国方略的实施,我国残疾人的法律意识不断提高,越来越多的残疾人希望通过法律途径维护自身合法权益,对法律服务和法律援助的需求不断增加。特别是近年来,随着我国经济社会的快速发展,交通、医疗、劳动安全、环境污染等事故频繁发生,导致涉残案件数量与日俱增,新的法律问题层出不穷,对残疾人法律援助工作提出了新的挑战。

但是,国家现有的法律援助资源还不能充分满足残疾人对法律援助的需求,特别是一些边远贫困地区的法律援助经费不能得到充分保障,许多残疾人不能得到及时有效的法律援助。法律援助不仅是各级政府的职责,也是社会的共同责任,法律援助工作不仅需要政府的财政投入,也需要社会的支持。吸纳更多的社会资源用于残疾人法律援助,可以弥补政府投入不足的问题,帮助更多的残疾人获得有效的法律服务和法律援助,有利于维护社会和谐稳定。今天,我们在这里正式启动"心系残疾人·法律援助爱心活动",为残疾人法律援助工作募集专项资金,希望更多有志于社会公益事业的企业、个人给予支持,共同推动残疾人权益保障工作,力争残疾人法律援助工作迈上一个新台阶,为构建社会主义和谐社会贡献一份力量,在全社会进一步形成尊重残疾人权利、自觉维护残疾人合法权益的良好氛围。

在国际狮子会理事会会议开幕式上的讲话

(二〇〇六年十月四日)

　　国际狮子会作为世界上最著名、最庞大的慈善服务团体之一,选择在北京举办理事会会议,充分说明对发展与中国的友好合作关系、在中国拓展服务活动的重视。过去十几年里,随着国际狮子会与中国政府、中国残联合作开展"视觉第一,中国行动"的顺利实施,双方的合作关系已结出丰硕成果,项目已使四百八十万白内障致盲人士复明,并显著提高了全民防盲治盲意识,有效提升了中国基层眼科技术水平,成功实现了中国白内障致盲人数的负增长。

　　各位狮友在北京亲眼目睹了中国改革开放和现代化建设的伟大成就,亲身感受到了中国经济繁荣、社会稳定、人民生活水平不断提高,这是中国经济发展、社会进步的真实写照。然而,中国所处的历史发展阶段和发展水平决定了中国的发展不平衡,在中国广阔的西部地区和农村地区,还有大量的人口生活在困难与无助之中,特别是残疾人还面临着许多生存与发展的难题。中国的全面、协调、可持续发展,需要得到国际社会的帮助,需要借鉴国际社会的经验,需要与国际社会的合作。中国这片充满生机的热土,为国际狮子会践行"我们服务"的宗旨提供了最为广泛的舞台,为我们合作的不断发展描绘了最美好的前景。我衷心希望,中国与国际狮子会永远成为最好的朋友、最好的合作伙伴。让我们一道创造更多的奇迹！

　　中国的经济社会发展，造就了一大批有爱心、讲奉献的各行各业的成功人士。将他们的爱心凝聚起来，将他们的资源整合起来，引导他们开展社会服务和扶贫济困活动，是中国构建和谐社会的必然要求，是实现社会公平与公正的重要途径，是增进人类友爱、弘扬人道主义和促进社会文明与进步的重要内容。借鉴国际狮子会的经验、借助国际狮子会的平台，促进中国社会服务与慈善事业的发展，是我们的一项重要任务。

　　我们高兴地看到，自二〇〇二年狮子会开始在中国内地创立，特别是二〇〇五年中国狮子联会成立以来，狮子会工作在稳步、有序地开展。中国内地的狮子会工作虽然还在起步阶段，但会员们所表现出的热情及卓有成效的服务工作已经产生了良好的社会反响，得到越来越多的人的认同与参与。我也借此机会，对各地狮子会成员表示衷心的感谢。你们的积极参与和贡献，使我们增强了信心，我们一定能把中国内地的狮子会办好，中国一定会在不远的将来成为国际狮子会大家庭中最有贡献的成员之一。

要做残疾人事业的有心人*

(二〇〇六年十月二十七日)

有许多年没到山东来了,这次是来补课的。昨天晚上听取了市残联理事长的残疾人工作情况介绍,今天听到政府的正式汇报,我感到非常高兴。

东营市委、市政府高度重视残疾人工作,各局、委、办也大力支持,使得东营市残疾人工作得到全面的进展,各项工作都能够全面完成计划,包括康复、教育、维权、无障碍设施建设等等,各项工作都走在了全国前列。做到这点非常不容易,所有这些都靠大家的辛苦努力,使得残疾人能够在生活上有所保障,教育、就业方面能够得到支持,生活水平也得到提高,这都是让人感到高兴的事情,也是我们多年来为残疾人努力工作的结果,也是我们希望看到的结果。

初步了解情况,也不能多说。

第一个感觉是东营这个地方特别好。这里经济基础比较好,有油田,有资源。还是那句话,"发展是硬道理",有了经济的发展,蛋糕大了才有办法切,蛋糕小了就切不下来,这是个重要的因素。这次六中全会强调和谐社会建设,一开始就讲发展,而且发展要树立科学发展观,要全面发展。

---

* 这是邓朴方同志在东营市残疾人工作汇报会议上的讲话摘要。

我看到政府财政给残疾人事业不少支持,在基础设施建设方面,县里达一千五百平方米以上,市里有一万平方米,这个量不小了。省里就困难重重。因此,经济发展了残疾人事业才有保障,这个道理非常明显。

第二个突出感觉是市委、市政府都是有心人。光有了钱不等于社会发展,经济发展并不必然带来社会的发展,要有所引导,有一定的方针政策。六中全会提出的核心问题——和谐社会,就是强调政治、经济、社会同步发展。六中全会这样强调,是因为从全国来看社会发展还是比较薄弱的,并不是所有的地方都能做到社会发展与经济发展同步,或者是说经济发展到一定程度的时候我们才能把目光转向社会发展,这里有阶段性问题,但更多的还不是阶段性问题。不管是哪方面的问题,社会各方面的矛盾、各种因素、各种差距还是非常明显的,要真正解决这个问题就要解决认识问题,并从政策、方针引导着手。

东营市市委、市政府都是有心人,在经济发展的同时,按照中央的政策,按照中国残联、省残联下达的任务和自己制订的目标,能够把社会发展、残疾人事业发展同时并举。特别是这几年来,有了明显成效。比如说无障碍建设,如果政府及有关部门没有明确的认识,没有坚决的行动,就不能搞起来。有人会说没事儿你搞这玩意儿干什么?我听说你们的市委书记石军同志摔了一跤,是有这事吧?石书记挺支持这事的,摔了一跤发现这台阶把他害了,发现无障碍设施的重要性了。不是说台阶不好,而是说无障碍设施不只是为了残疾人,也是为了健全人,妇女、儿童,包括对普通人都有方便之处,当然对残疾人来说更重要;特别是进入了老龄化社会,对老年人来说也非常重要。不是"以人为本"吗?这也是六中全会特别强调的。建设和谐社会,以人为本,就要把人和人的发展作为我们的重要目标。我们干工作的一切目标和行动过程,要处处为人民群众着想,处处想着大家的方便,使人民群众在生活上有一个基本保证,在这个基础上再步步提高。东营的路子对,能够做到这一点,我觉得你们作为"'十五'全国无障碍建设先进城市"也好,"文明城市"也好,都是当之无愧的。其他方面,组织建设实现了"横向到边,纵向到底";基础设施比较完善,标准也都比别的地方高;康复工作及教育、就业各项工作都能够全面完成计划;信访、维权工作也都不错。我就不一一列举了。

昨天晚上我和市残联的同志探讨了一下,第一个谈到了危房改造问题。东营市现在一共有四千多户残疾人危房,改造了一千多户。我稍微提一下,危房改造这个事情,自从中国残联提出来以后,受到了各地的欢迎:一个是受到了残疾人的欢迎;一个是受到了广大群众,包括村民的欢迎,村民们说残联、政府办了好事;同时也受到了各级政府的欢迎,"县太爷"们也欢迎,为什么呢?这确确实实是"县太爷"们为老百姓办了件实事。你想,这些老百姓、这些残疾人都很穷,他们的房子又是危房,你让他自己修补,年年都得投进不少钱,可你让他盖起来,他一辈子也盖不起来。现在政府出资,他自己再出一点——我不知道你们这里出不出,其他地方是自己出一点——还有互帮互助,市县两级各出一点,这样的话就把这钱抬起来了。全国其他地方一般建一个新房需要两万块钱,你们这个地方成本高一些,要两万五。全国各地对这个事情非常欢迎,各地都要求加快进度,各级政府都愿意自己多拿钱,早点把这个事情搞完,有的要两年完成,有的要三年完成,你们这个地方有财力,完全可以加快速度,在一两年内,顶多三年内把贫困残疾人危房问题尽快解决了。这事老百姓欢迎,会说你好话的,会说共产党好话的,这个事情值得做。

还有一个就业保障金收缴工作,也做得不错。全省的收缴率不够高,还有差距。东营市一年收了一千万,我问了一下情况,去年才花了一百多万,这个事情政府应考虑一下。我考虑,沉淀多了不是个事儿,应该把它花出去。既然就业保障金是用于残疾人的,我们就要花出去。一方面我们要执行财政部指定的使用范围,这是原则问题;同时,在使用过程中要有灵活性和创造性,你怎么能够把这钱花到残疾人身上,切实解决残疾人的问题,这是个课题。其实,及时有效地使用资金用于造福残疾人也是原则问题。中国残联没有研究过这个事情,其他地方一般是不够花的问题。现在东营市收够了花不出去,时间长了花不出去,恐怕也是个政治问题。要真正把它用到残疾人迫切需要的地方,购买公益岗位,发给残疾人补助,提高各类残疾人不同的补助标准,给出一定的东西或者购买保险等等。总之,政府要研究一下,要在政府领导之下,协调研究,规范地使用保障金。

这是我碰到的两个印象比较深刻的问题,这两个问题不是头疼的事,我在其他地方遇到头疼的事情多,你这事情不用头疼。

第三个是残疾人干部的培养问题。来这儿之后,听到这方面的汇报不多,也没谈到这个问题。对残疾人干部的培养,无论在全国,还是在山东省,还是在东营市,都应该作为一个课题。全国一直在做这个课题,东营市看来也在做这个课题。把优秀的残疾人逐步地培养起来,逐步使他们成为残疾人能够信服的残疾人群众领袖。也可以逐步把党政机关干部里面的优秀残疾人分子培养成残联工作人员,再逐步把他们提拔到领导岗位上,这样才能够把残联"代表、服务、管理"的职能充分地体现出来。希望市里考虑一下,当然这不是一蹴而就的事情,要长期地做,不断地做,坚持下来,将来会有好的结果。

把犯罪聋哑青少年当做自己的孩子*

（二○○六年十月三十一日）

现在，聋哑青少年犯罪的问题越来越严重，但是，无论残联、民政还是公安等，都还没有拿出一个有效的解决办法。题目是早就出了，问题也不断有反映，特别是聋人协会，不断地反映这个问题，聋人协会自己也没有办法。因为这个问题涉及方方面面，公安、法院、司法、民政、残联，还有教育部门等。过去的聋哑毕业生都被民政福利工厂包了，那是过去的办法。现在民政福利工厂萎缩，又在改制，大量残疾人也出来了，现在再让民政收，恐怕也收不了，有困难。福利工厂一改制就不收残疾人了，怎么行？那就不叫福利工厂了嘛！过去这一块本来是很好的，现在民政部门给丢了，很可惜。所以毕业的聋哑青少年很快就会流浪街头。一般情况下，单位宁可招收肢残人，也不愿意接收聋哑孩子。实际上，聋哑孩子是有劳动能力的，胳膊腿都好，但是社会上接受还不大容易，造成了大量聋哑青少年流浪在社会上的问题。

------

* 这是邓朴方同志在考察济南市聋哑人法制教育培训基地时的讲话。陪同考察的有山东省副省长李玉妹，山东省委常委、省总工会主席柏继民，山东省公安厅纪委书记、督察长张志华，东营市委书记、市人大常委会主任石军，济南市副市长张泽，济南市公安局公交分局局长王永滨等人。

这些年来,聋哑人团伙犯罪也越来越突出。济南市公安局公交分局五年就破获了一百多个团伙,团伙的头目一般都是健全人,然后拉拢一些人,还欺骗了一些残疾人,胁迫了一些残疾人,手段无所不用其极。很多残疾人青年,包括现在已毕业的残疾人和尚在校就学的残疾人,他们也要往外拉。你们这儿也有这种现象吧?正上着学呢,他们说你来偷吧,这比你上学好。他们打着手语也都方便,有的根本不打手语,用网络了,发个短信发个邮件就行,你来偷吧,哪儿哪儿好,然后孩子们就脱离家庭脱离学校,就私自逃出来了。逃出一个来,他要拉第二个,你要去找他问还问不出来,问你那个同学到哪儿去了,根本不回答,还抱团。这个问题一直没有办法。所以,我接到公交分局关于成立聋哑人教育培训基地的信,看了以后特别高兴,无论如何,中国残联要支持你们。另外呢,我也来看看你们的工作,看到你们的工作这么困难,更要帮助你们,主要是希望以这个地方为突破点,把聋哑青少年盗窃犯罪这个问题重视起来,把防范、教育工作开展起来,我希望是这样。

我认为,聋哑青少年犯罪问题牵涉多个部门,公交分局作为一个方面要打击犯罪团伙头目,将来还有司法、法院的问题。真要解决起来,不仅是公交分局的问题,也不仅是公安系统的问题,残联也应该参加,民政也应该参加,特别是市政府应该统一协调,有个综合治理的方案。我希望将来搞一个综合治理的方案,一方面要打击团伙的头目,一方面要对孩子进行教育。但也有一些很难教育过来的聋哑人,已经成了惯犯,这样的话也要处理,也要法办。

刚才王局长说的一句话,我听了很感动:我们要跟那些人争夺我们的孩子!如果这些孩子是我们自己的,我们会怎么样?我们公安干警能有这种想法,我觉得工作没有搞不好的。对聋哑青少年充满感情，把他们看做自己的孩子、自己的亲人，这正是我们的人民政府、正是我们的公安干警对人民群众的基本态度。所以我感谢你们，感谢你们所做的工作。

张市长，我希望济南市能抓一下，搞个专项治理，必要的话成立个领导小组，或搞点专项经费。柏主席，专项经费这个事应该出把力。咱们做做试试看，因为全国你是第一份，到你这儿，我觉得是捞到稻草了，咱们做一下看行不行。省公安厅也得支持，张厅长抓一下这事吧。还有个跨省的问题，全国其他地方也要动。我想，如果山东能够先动起来，把这个问题先抓一下，创造经验。然后全国联动，制订统一方案，进行统一管理，建立一套缜密的系统。我觉得必须要搞，不搞的话这个事情会越来越严重，聋哑人犯罪年龄会越来越小，人数会越来越多。特别是现在实行的是市场经济，刚才张市长也说了，收容制度取消了，救助系统没有收容系统的措施力度大，难度也增加了。刚才我也问了，要家长签字、本人签字才能进入基地；他要不愿意、不签字，还进不来，怎么办？这都是问题。

昨天我还和张市长说起这个事情、这个基地。中国残联要支持，一百万怎么样？李省长，我是没权批钱的，理事长们有钱，我说话不算数，我得逼着他们拿钱。中国残联的体制，主席是个空架子，说话不算数，他们说拿多少就能拿多少，我说了还是没钱，觉得还是应该支持一下。王局长就你这里吧，别的省我可再没办法支持了，咱们就支持济南市吧。

我看，这个事情，支持只是个开头，我来了就是要开这个头，希望济南把这个头开好，做一下综合部署，把聋哑人犯罪问题当做大事来抓，把这些孩子当做自己的亲生孩子，当做自己的兄弟姐妹，当做自己的亲人，当做自己的子女，把这个事办下来，我就是这么希望的。从社会主义和谐社会的角度出发也好，从人道主义的角度出发也好,还是从共产党讲政治的角度出发也好,我们都应帮助他们,挽救他们,给他们一个希望,给他们一个前途,他们还有一辈子呢,都还年轻着呢。你们市局先办起来,我请张书记给你们点支持,另外再综合考虑。省里面关心一下,市里面具体办一下,希望把这件事办好!我在全国也要搞这个事情,你们先搞起来,搞出经验来,我们和公安部白(景富)部长一起下一个文,在全国也搞一下。实在不行的话,针对聋哑人问题搞全国联网。聋哑人全国都联着网呢,他们联网比我们快,噼里啪啦,打的话你都不懂,说的都是暗语,Email也都是暗语。所以全国联网还得搞,这样的话,才能把这些孩子争夺过来,给他们一个美好的前途,一个美好的生活。

残疾人工作面临
新的局面和新的关口*

（二〇〇六年十月三十一日）

我这次到山东调研，一共到了济南、潍坊、东营三个市，听取了三个市政府领导和省政府李玉妹副省长的残疾人工作情况汇报，跟三个市残联理事长和省残联的领导个别交换了意见，参观了基层组织建设、维权、无障碍建设等工作。第一站东营主要是参观无障碍建设，看了确实不错；第二站潍坊主要是农村和城市基层组织建设，给我的印象非常深刻；第三站到了济南，特别紧张，上午参观了济南公安干警办的聋哑青少年法制教育培训基地，下午就看了一个社区。在东营还参观了黄河口自然保护区，真不错，值得看，看了有种热血沸腾的感觉，特别是大自然海天一色的景象，到处一望无际的芦苇。感到人对自然的破坏真是罪恶，与动物相比，人对自然界的破坏最大。没有人，大自然美好得很；人一来了，大自然就不美好了，就破坏了，感触很深。

这次调研参观了二十多个点，从我的印象来说，非常兴奋，所到之处，看到山东经济社会全面发展，已经不是过去的穷山东了。在潍坊看了一个贫困残疾人农户，残疾人给单位看大门，一年挣七千块钱，再加上三千元的残协委员补助，他一个人一年就

---

* 这是邓朴方同志在山东省委、省政府残疾人工作调研情况反馈会上的讲话摘要。

一万多;老伴还打点零工,还有儿子儿媳妇的收入,在别的地方他是富户,是万元户,在你们这里还是贫困户,当然,地方不一样啦。这次跑的几个地方,都是经济发展比较好的地方,潍坊稍微中等一点,但也是好的,也是偏上的,还不是穷地方。透过这些地方可以看到山东经济、社会、文化的发展,残疾人事业的发展,很高兴。

山东残疾人工作的特点

山东的残疾人工作,我觉得有这么几个特点:

一是山东省委、省政府及地方各级党委、政府对残疾人事业、对残疾人十分关心和支持,观念基本上都转变了,都很理解、很重视。高丽书记、韩寓群省长都很关心、支持,山东历届党政领导对残疾人工作都比较熟悉,对残疾人工作支持的力度都比较大,这是做好残疾人工作的一个保证。

第二,山东省理解、支持残疾人和残疾人事业的良好社会氛围已经形成。我看到基层的村民对残疾人都非常友好,干部帮扶残疾人成为自觉的行动,社会各界对残疾人的资助、捐助也都能看得见、摸得着。残疾人自身素质、自我维权意识也有所提高,并且能够积极主动地参与社会主义建设,在这个过程中还得到了自我发展。

第三,山东省的组织建设、无障碍、维权工作、康复、教育、就业、扶贫、宣传文体、生活保障等各项工作全面完成,出现了一些亮点。我来之前,已经看了山东省综合汇报材料,写得比较详细,"十五"计划在山东全面完成。我看了数字,有的工作是百分之百完成,有的是百分之一百二十,上面要求做的都做到了。这次看了基层组织建设,从这三个市看,东营和潍坊完成任务比较早,济南规范得较晚,二〇〇二年才规范出来,这在全国恐怕是最晚的了。全国省会城市的工作往往最困难,总也拱不动,济南、成都、南京都是这种情况。省残联过去到省会城市,省会城市不买账,这些现象比较多,现在比较规范了;而且,这几年中国残联推动街道、乡镇、社区、村庄基层组织建设,我看近期济南把这个也补上了。

东营和潍坊的基层组织建设比较早一点,乡镇大概有七八年的历史,街道大概是两三年,残联基层工作人员大概有三五年工作经历的,最多七年,有十几年的那是民政那边过来的。基层组织建设做得比较扎实,这是我印象最深的。山东的工作,上面下来指标,下面完成,不打折扣,这是我的印象。我不知道别的地方是否打折扣,我看的这几个地方都不打折扣,组织相当健全,而且是实实在在的工作,如我看到的一些档案、记录,都是多年的积累,特别是昨天的"一专两员"*。柏主席说了还有专门的入户笔记,真不错!基层组织建设搞成这样真不容易,我看了这些特别高兴。

我以前在中国残联总是说,残联系统是个泥足巨人,没有脚啊,都浮在上面,是一群官僚啊,早晚要垮台。我讲这个道理讲得比较激烈,大家都知道我这些讲话。没有基层,接触不到群众,脱离群众,我们辛辛苦苦建立的残联就会成为加在残疾人身上的一个大官僚机构啊!现在正在改变,不是官僚机构了。那有没有官僚主义呢?有!也有对群众不好的。但只要我们能接触到残疾人群众,能够直接为残疾人服务,我就放心了。总之,残联的干部要在残疾人群众之中,要为残疾人服务。

---

* "一专",即残疾人专职干事;"两员",即残疾人就业扶贫服务员和康复服务员。

东营市的无障碍建设,我看是相当好的,基本上是全面覆盖,而且管理得较好,是全国的典型,拿到国际上也是先进水平,不输给美国。不简单啊!我表扬了东营市的领导是有心人,没有心就不可能坚决把无障碍做下去,难得有心人!

社区集中了许多具体工作,上面千条线,下面一根针,到了乡镇,到了社区,到了村庄,工作都是一起干。残疾人工作要和其他工作结合,我看济南结合得不错:一个是结合民政的"星光计划",在民政设施一层设个点,残联插进去;还有卫生系统现在恢复了基层网络,把基层的医疗卫生搞起来,残疾人工作插进来,社区康复的问题就解决了。其实,社区康复是一九八三年、一九八四年就提出来了,一九八五年、一九八六年就一直强调要搞社区康复,但搞不动。开始还搞了几个点,有个样子,后来就搞不动了,原因就是光靠残联搞社区康复是不行的,必须有基层卫生服务网络作为依托。没有基层卫生服务网络,搞一两个点可以,再想进一步铺开就不行了。现在看到基层卫生网络一恢复,残疾人社区康复马上就加进去,有康复员,有一定的培训,还有地区医院医生作为指导,这都非常好。

基层维权工作也做得好,东营市大王镇发了维权卡,免费为残疾人提供法律援助,工作都加进去了。教育我没有认真看,就看了一些材料,山东的教育还是不错的。最初教育工作全国只有两个地方不错,一个是山东,一个是黑龙江,那是上世纪八十年代的事情。所以后来我们在全国推动残疾人教育的时候,山东并没有困难,一直处于前列。现在我们要求推动新一轮的特教工作。特教原来是很薄弱的,一九八七年第一次残疾人抽样调查的时候,盲童入学率只有百分之二点七,聋童入学率仅为百分之五点六,弱智儿童入学率为百分之零点三三。后来我们开了全国特教工作会议,第一次有效地和教育部、民政部联合起来搞了个计划,这样,国家在当时经济条件比较困难的情况下,将特殊教育经费在国家预算中单列出来。又开了第二次、第三次特教会议,作用都不大。这次"十一五"计划提出来要继续推动三十万人口以上的城市要有一个特教学校,或是小县联合起来有一个特教学校。山东已经完成了,原来的基础就不错,所以现在山东不是教育数量的问题,而是入学率的问题,一定要狠抓入学率;另外一个是提高教学水平的问题,这个以后再谈。

你们做的还有一些特殊的、有亮点的地方。今天上午看的全国第一家公安系统办的聋哑人法制教育培训基地,为了让聋哑孩子们不再犯法犯罪创办的教育基地,这是个亮点。还有,你们的职业教育培训学校办得也不错,虽然这次我没去看,但以前看过,也听说过很多次。还有很多在全国也算干得比较好的工作,比如基金会工作恢复起来了,这几年共募捐了三千万,一年有近千万,还可以,当然还要加大力度,不能满足。

总的看来,山东残疾人工作是全面推进,"八五"、"九五"、"十五"计划都能够全面完成,整个残疾人工作是一片大好形势,非常不容易。所以我说是翻天覆地的变化,全国是翻天覆地的变化,山东也是翻天覆地的变化。

残疾人工作面临着新的局面和新的关口

山东的工作今后怎么办?我先说几个问题。

第一个问题是,现在我们的残疾人工作面临着一个新的局面,一个新的关口。这些年来发展经济,实际上残联工作是在为经济让路。这些年来,中国残联的工作相当地克制,我们尽量减轻国家的负担,也尽量减轻各省的负担,对大家提的要求并不高,都是在大家可行的情况下来要求的。中国残联是尽力争取少花钱多办事的。实际上,中国有一个资本原始积累的阶段,在这二十几年里到达一定的程度。大家为什么说变了样了,就是社会资金开始积累起来了,人民生活水平大幅度提高。但这个阶段,也付出了很多代价,中央强调的差别,城乡差别、区域差别、贫富差别以及环境问题,包括社会道德理想的丧失、治安的破坏,也包括一些弱势群体不断弱下去,强势群体不断强起来。这样不合理,会产生基尼系数过大、公平正义不能得到保障等一系列问题。面对这样的形势,中央这些年来不断地作出新的调整,就这三四年时间,提出统筹,强调立党为公、执政为民的理念,提出了以人为本的思想,人权入宪,提出了科学发展观。这次又把和谐社会作为一个综合的问题提出来,要建立全体人民共建共享的和谐社会。这就反映了这个阶段的重要特征,就是当资本积累到一定程度时要进行社会调整,如果不调整,不在政治、社会、文化、经济等四个方面同时前进,中国的经济发展是不可能持久的。

这个问题很大,包括城乡区域的问题、公平正义的问题、民主法制的问题,要调整分配结构、建立社会保障体系等一系列问题都出来了,当然包括财政要向社会方面倾斜,不能光搞 GDP。学术界也不断提出新的概念来,除了 GDP 以外,还有各类加强社会水平的指标。所以,现在对我们残联来说是个关口。中央在作出这样大政策调整的时候,在加强社会工作调整、加强社会管理、调整社会利益格局的时候,残联工作要有自己的想法,要跟上这个形势。不跟上这个形势,不利用这个形势使残疾人工作再上一个新台阶,那我们就正在犯大错误。

小康是我想到的第二个问题。我讲几件事情,一件是全国残疾人抽样调查数据今年十一月要公布,从残疾人数字来说,山东会大幅度提高,全国也会大幅度提高,不是六千万的概念,起码要加两千万,数量巨大啊!另一个是《中华人民共和国残疾人保障法》重新修订,现在基本上已经定稿,各部委基本上定稿,还要报国务院法制办,不知道明年能不能出台;修订稿根据新的形势,同老法相比又有很大的进步。还有一个就是国际《残疾人权利公约》,可能今年十二月三日前通过,它的通过也将在国际上产生较大的影响,同时也会对中国残疾人事业带来新的影响和新的促进。利用这些新出台的政策,顺应时代发展的新潮流,巩固已有的成果,开创残疾人工作的新局面,这不但是中国残联的课题,也是山东残联的课题。所以我想,如何抓住这个机遇,开拓创新,让残疾人工作上一个新台阶,需要新思路、高起点。所有这些问题还要和"十一五"计划、全国残疾人基本达到小康结合起来。我说过很多次,小康不容易,扶贫容易,如何提高残疾人收入达到小康,我现在都算不下账来,我老是忧心忡忡!说起来容易,真办得到吗?这可是我们提出来的政治口号啊!你不能不提,不提是政治问题,全国都小康了,残疾人连基本小康都达不到,还在温饱线上,那哪行?实际上现在就是在温饱线上,有的还在贫困线上,不然为什么还反复地讲扶贫?残疾人实现温饱容易,财政一上去,工作一上去,就会有饭吃,有衣穿,有房住,有补助。但是,怎样让全国的残疾人实现小康,这有点儿难,我们也感到有点困惑,要下大功夫。这就要求我们紧紧结合残疾人奔小康的目标,对残疾人工作重新作出统一的安排。

我想到的第三个问题是山东残疾人事业的定位问题。山东是个人口大省,人口九千多万,也是个经济文化强省。山东的经济在改革开放初期就已经走在全国前列,当时讲山东模式,当然这个模式现在已经大大改变了。山东的改革开放起步是比较早的,经济发展从总量来说也是比较大的,这二十年来,经济都是以百分之十几以上的速度在发展,沿海有开放城市,内地有基础设施、公路、道路都是发展比较早的。总体来说，山东的发展是比较顺利的，没有大起大落。不论从经济的规模、总量还是从质量来说，在全国都是走在前列的，是东部沿海地区里的经济大省。山东也是个文化大省，孔子就在这里。山东民风淳朴，老百姓实在，这个我看到了。上面下的指示，下面不打折扣；上面没指示，下面也不会使新招。中国传统文化的根基浓厚，我来的农历九月初八是个好日子，很多结婚的，碰上好多，沾了新人的光，传统文化就是山东的宝贵资源。另外，山东又走在改革开放的前沿，是改革开放的排头兵，特别是沿海的改革开放有更好的基础，是对外的窗口，和韩国联系密切。另外，山东不但是陆地的山东，还是海洋的山东，还是海外的山东，山东的企业都打出去了，打到世界上去了。那么，残疾人工作方面对山东的要求应当高一些，按照人口大省、经济强省、文化强省、改革开放先锋来要求残疾人工作，残疾人工作也要做强省，不能停留在低标准上。

我对山东期望很高。残疾人工作不但要切实解决残疾人迫切需要解决的问题，包括柴米油盐、扶贫、低补低保，还有保险等，而且也要做一些和国际接轨，能够显示中国特色社会主义道路，反映我们精神面貌的新思路、新工作。我不是说只做锦上添花的事，锦上添花的事情要搞一点，但不要多搞，还是坚持要做雪中送炭的事情。但是，雪中送炭的工作也要有新思路、新方法，不但要扎实，也要有创造性。我希望山东在这方面有更多的创造性，更加活跃起来，按照一个高标准的要求。实际上，目前山东并没有做到这一点，残疾人事业和全省的经济、社会、文化发展还不相匹配，我觉得努努力完全做得到。所以我想，你们省残联在考虑山东残疾人工作定位的时候要有高起点，没有这个定位，就没有目标，就没有更多的动力。我的看法，对山东就是要鞭打快牛，在残疾人工作这个问题上，不要互相攀比，自己要在现有的基础上提高,不断提高标准,工作才能进步。

第四,就是如何结合"十一五"规划的实施,全面提高残疾人工作的工作水平和服务能力。各级残联的组织建设要继续加强,要锻炼残联干部队伍,成为全心全意为残疾人服务的、能够代表残疾人利益的、能充分发挥残联三种职能的优秀组织,当然也包括培养残联里的残疾人工作人员。我一直强调,残联里一定要有更多的残疾人在里面工作,我的意思不是说只有残疾人才能代表残疾人,健全人就不能代表,关键是你要有这个心。但是,残疾人加入到残联的队伍中是从结构上保证残联代表性的重要措施。要继续抓好基层工作,我听你们汇报说,目前,有百分之七十的基层残联工作比较好,还有百分之三十比较困难。困难的地方,你们要想想办法。越富的地方,残联工作越容易,钱比较容易找;越穷的地方,残联的工作越难,残疾人越需要帮助。另外,残疾人的康复、教育、劳动就业都要结合"十一五"规划,提高工作水平。残疾人的教育虽然是教育系统管,但残联可以参与规划。过去看过烟台的一个盲校就非常好,有一百多年历史了,毕业生没有一个犯罪的。山东残疾儿童入学率有百分之九十,已经相当高了,但还能不能再提高一点,对于教育质量不高的学校进行加强,上了学的孩子不要辍学,该补助生活的补助生活,该免费用的免费用。康复方面,不但要做好省里的康复工作,还要坚持指导基层的康复工作。我估计我看到的地方都是好的,还有大量地方没沉下去,一定要沉下去。就业我看了一下,第一个是倡导就业,大量地往企业里输送人才,这方面做得不错,还有企业来找残疾人的,数据显示济南残疾人有劳动意愿的就业率达到了百分之九十,这不错,只有扩大就业才行。总之,要结合"十一五"规划作一个全面规划,包括无障碍设施建设等,要有规划地一步一步走下去,全面加强残疾人事业建设。

省残联基础设施建设、就业保障金收缴和残疾人专用机动车运营问题

几个特殊的问题,我提一下:

第一个是落实好省残联基础设施建设问题。这次和省长、书记都谈下来了,四五万平方米左右的三个中心。省里的基础建设太薄弱了,欠账太多了,"八五"欠康复中心,"九五"欠职业培训中心,"十五"欠体育中心,山东都要补起来。我和柏主席算了一下账,一个中心要投入七八千万,三个中心加上内部设施大概三个亿就够了。

第二个是就业保障金收缴问题。山东多数地区实行代扣代缴的方式,在全国是中等水平。对于收缴是否合理,我和柏主席讨论过这个问题,在市里也讨论过这个问题。现在看来和全国其他地方差距比较大,上海一年七个亿,浙江收到五个亿,光宁波就两三个亿。山东省去年突破两个亿,今年能到三个亿,这是很大的成绩,但中间还有余地。青岛五千万,济南三千万。昨天我和姜大明书记讨论过这个问题,济南的三千万是否合理?是不是到头了?继续收还有没有困难?济南这三年都是三千一百万,但工资水平是上升的,收缴比例是逐渐下降的,这不行。工资水平提高了,收缴总额不变,就是下降了,这就不公平,为什么你涨我不涨?再这样不公平,以后就没人交了。成都去年收到一亿二千万,今年达到一亿四千万;武汉去年翻了一番;全国都在往上翻,济南怎么停住不动了?所以如何规范就业保障金的收缴工作很重要。基础设施建设是花钱的,收就业保障金是筹钱的,假如济南能收到一个亿,什么事办不成?

还有一个是残疾人专用机动车问题。这次基本上没涉及。

只是在潍坊有人提了一下,他们提到他们的政绩有三十四个残疾人得到了妥善安排。我就和他们说了,既然只有三十四个残疾人,为什么还要取消?咱们山东有七个地市取消了残疾人专用机动车的运营,也造成了一些社会矛盾。这是我一直反对的,从事运营的残疾人没文化,四五十岁,就业不容易,干吗去砸人家的饭碗?潍坊全市运营的机动车三千辆,残疾人才三十四个人,差一百倍,就三十四个残疾人也不会影响交通,影响市容。妥善安置也只能吃个低保,现在都是市场经济了,把残疾人安排到企业,过几天可能下岗了,生活还是没有着落。残疾人机动车运营是影响交通,但是问题不是出在残疾人身上,而是大量的健全人在用残疾人专用机动车运营。如果把健全人运营取缔了,残疾人运营就不会影响交通。如果你非要砸他的饭碗,他就跟你拼命。全国出了不少恶性事件,有自焚的,有自缢的,一个残疾人把衡阳的一个副区长烧死了,自己也死了。三千个非法的健全人运营户鼓动三四十个残疾人出头,咱们残疾人迫于生计,给那几千个健全人打冲锋,与政府作对。残疾人啊,何其悲哀!成都有一起典型的上访事件,很多残疾人围了市政府,打的口号是:"我们不要妻离子散,我们不要子女失学。"为什么?因为残疾人结婚不容易,城里的残疾人一般要找农村的,好不容易转了户口,每月靠机动车挣三千多块可以养家,取缔后条件一差,老婆带着孩子跑了,有的把孩子扔下自己跑了,妻离子散啊!原来可以供孩子上学,现在取缔后孩子马上就上不起学,问题很现实。残疾人能自食其力的,他们自己能干的,要千方百计地让他们充分就业,残疾人专用机动车运营也是自谋生路,也是就业。近几年,各级残联压着残疾人不要闹事,如果再取缔下去,会搞到县级,会全国大乱,残联压也压不住。现在很多城市,像北京,是取缔的,但仍有残疾人机动车在运营,有关部门是默许的。省残联一定要顶住,千万别再取缔到县里,让残疾人自食其力,已经搞的先不管,等中央的文件,不能砸残疾人的饭碗呀!

一九八四年,我在《人民日报》上发表了一篇文章*,其中谈到残疾人事业是社会主义的事业、是人道主义的事业等。有个残疾人给我来了一封信,把我的文章撕得粉碎夹在信里。他说,你们这些人有官做,有饭吃,共产党不能给我们残疾人做什么事,也不能断我们的生路呀!我们只能做小买卖,上学、招工都不行。给我的印象很深,到现在我都记得。这些年来,取缔残疾人专用机动车的城市,原来妥善安置的残疾人,现在不妥善了,再过几年就更不妥善了,实际上也妥善不了,残疾人都返贫了。所以我强调一下,一定要顶住,不能再取缔了!你们不是都说没有文件不好办事吗?现在中国残联和公安部正在协调一个合理的文件,很快就会下发,大家要等中央的文件。

---

* 指一九八四年十月十日邓朴方同志在中国残疾人福利基金会全体干部会议上的讲话《为残疾人事业贡献我们的一切力量》,《人民日报》发表于一九八四年十二月七日,收录于《人道主义的呼唤》第一辑第40页。

提高科技创新能力，
建设信息无障碍环境＊

（二〇〇六年十一月二日）

　　从二〇〇四年首届中国信息无障碍论坛召开以来，我国的信息无障碍建设在各级政府的高度重视下，在各有关部门和社会各界的大力支持下，从无到有，由点到面，逐步推广，开展了许多卓有成效的工作，取得了较大的进展。去年的第二届中国信息无障碍论坛上所成立的"中国信息无障碍工作推进联盟"，对我国信息无障碍建设的进一步开展起到了积极的推动和协调作用。几年来，我们先后在全国各地建立了盲人电脑培训室、开展了"十万盲人学电脑"等活动，完成了中国残联系统网站的信息无障碍，通讯领域的信息无障碍标准也即将出台。同时，我们也得到了来自社会各界和国际社会的大力支持，例如IBM公司为"十万盲人学电脑"活动捐赠了笔记本电脑，新浪网为残疾人朋友捐赠了VIP邮箱。就在前几天，中国残疾人福利基金会与来华访问的联合国教科文组织信息传播助理总干事可汗（Khan）先生进行了交流，双方即将签署关于在我国开展信息无障碍工作的框架合作协议。应该特别指出的是，残疾人作为这项工作的最大受益者，也正在积极地参与到这个工作中来，他们不仅仅是被扶助者，而且是信息无障碍工作参与者、建设者。在"全国

＊ 这是邓朴方同志在第三届中国信息无障碍论坛上讲话。

首届盲人软件、网页设计大赛"颁奖仪式上,我们可以看到完全由盲人自主设计的电脑软件、网页等作品。所有这些工作的开展,都为残疾人实现平等参与社会生活,保障享有信息沟通的基本权利创造了积极的条件。

但是,由于历史和客观因素的制约,我国的信息无障碍工作还处于一个较低的水平,还存在着许多亟待解决的困难和问题。一是我国残疾人的绝对数量大,目前能够享受到信息无障碍成果和参与信息无障碍建设的残疾人,毕竟是少数,还有更多的残疾人是"望洋兴叹";二是由于残疾人数量大,需要培训经费、购置起码的设备等等,开展信息无障碍建设的资金严重不足;三是适合我国残疾人的信息无障碍技术的开发刚刚起步,产品和技术比较单一,还要开发更多更好的适用技术和产品。如何解决这些问题呢?一方面我们要弘扬人道主义精神,把信息无障碍建设作为残疾人事业的重要组成部分来布局,来开展,希望以社会的力量来关爱残疾人,扶持残疾人,帮助残疾人;另一方面,我们也应该同时运用市场经济的力量。从国际上看,信息无障碍技术本身有广阔的市场前景。我们应该为国内外从事信息无障碍技术、产品研发的众多企业搭建一个交流平台,彼此加强了解、相互增进合作,开发出更多满足残疾人需求的产品和技术,发展这个新兴的市场。我相信,通过事业扶持和市场推动这两种渠道,我国的信息无障碍建设一定可以得到长足的发展。

第三届中国信息无障碍论坛的召开,标志着我国信息无障碍工作进入了一个新的阶段。刚刚闭幕的中共第十六届六中全会对我国当前和今后一个时期构建和谐社会做出了部署。本次论坛以"提高科技创新能力,建设信息无障碍环境"为主题,进一步探讨企业和相关机构如何实现信息无障碍技术、产品的创新,以便更好地满足残疾人等弱势群体的需求,建设一个无障碍的、和谐的社会环境,可以说是一个体现党中央建设和谐社会精神的会议。推进信息无障碍建设体现了以人为本的现代文明理念,体现了党和政府对有特殊困难和特别需求群众的关怀,是构建和谐社会的重要举措。我们中国残疾人联合会、中国残疾人福利基金会作为直接为全国残疾人服务的组织,一定要加倍努力工作,有决心也有信心把信息无障碍工作做好,同时希望得到社会各界的进一步关注和支持。一方面,需要我们的政府、企业、相关团体在政策、资金设备上对已开展的信息无障碍工作予以更多的支持。另一方面,也需要我们科技界、企业界等各方面的人士,从自身的行业出发,开发出更多的技术和产品,提供更多的服务,充分满足包括残疾人、老年人等弱势群体在获取信息方面的需求。

在"爱心永恒·启明行动" "包玉刚—陪庆光明行"*启动仪式上的讲话

(二〇〇六年十一月八日)

今天,我非常高兴能够见证一个即将为千百万贫困白内障盲人带来光明的伟大善举——"包玉刚—陪庆光明行"在这里启动。

我要衷心地感谢包玉刚先生及其家族二十多年来对内地残疾人事业的关注和支持。包玉刚先生是举世公认的"世界船王",他传奇的一生长风破浪,书写了世界远洋运输的辉煌篇章,对香港的繁荣、对改革开放事业做出了卓越的贡献;同时,包先生有着像大海一样广阔而博爱的胸怀,他对祖国和人民饱含深情,倾力支持内地教育、文化、残疾人福利等公益事业。他的人

---

* "爱心永恒·启明行动"是二〇〇六年由中国残疾人联合会、中国残疾人福利基金会、中国红十字会等多家慈善机构联合发起的助残公益活动,基本工作目标是:在二〇一〇年以前免费为尚未纳入其他援助计划的贫困白内障盲人实施复明手术,完成免费白内障复明手术三十五万至八十万例;在全国普遍建立起针对白内障盲人复明手术的社会保障制度和长效机制,即"五年内让全国贫困白内障盲人重见光明",基本消除全国因贫困产生的白内障致盲现象。

"包玉刚—陪庆光明行"是由香港著名慈善家、包玉刚先生长女、中国残联人福利基金会理事包陪庆女士捐赠一千万元人民币用于资助四川省开展"爱心永恒·启明行动"的公益项目,目标是为该省一万名贫困白内障盲人免费进行手术治疗,使他们重见光明。

在"爱心永恒·启明行动""包玉刚—陪庆光明行"启动仪式上的讲话

道主义精神和功德善举将永远铭记在我的心中。包陪庆女士作为包先生的长女,传承关切民生、乐善好施的家族美德,始终致力于发展社会福利事业,推动社会进步。她一直是中国残疾人福利基金会的合作伙伴,也是我们的亲密朋友。

当前,我国白内障复明工作进入攻坚阶段,国务院批转的《中国残疾人事业"十一五"发展纲要》提出了五年内完成三百万例白内障复明手术的目标,卫生部、中国残联制订了国家防盲治盲规划。作为对国家计划的补充,中国残疾人福利基金会发起了"爱心永恒·启明行动",动员社会力量参与,五年内使全国贫困白内障盲人重见光明,并推动各地方建立起控制和消除白内障致盲的长效机制。这将是我国历史上最大规模的挑战黑暗的壮举。

作为中国残疾人福利基金会二届理事会理事,包陪庆女士率先垂范,捐赠一千万元人民币为四川贫困白内障盲人实施复明手术。我相信,这一行动不仅将为众多贫困白内障盲人带来光明,也将进一步唤起社会各界对白内障致盲这一全球性公共卫生问题的关注和重视,推动基层和贫困地区眼保健服务体系的建设,有力推进国家防盲治盲目标的实现。

中国残联和中国残疾人福利基金会将对项目的实施进行严格规范的监管,对手术质量和效果进行有效的控制,使包陪庆女士的一片爱心真正能够为贫困白内障盲人带来他们所渴望的光明!

同时,我希望"爱心永恒·启明行动""包玉刚—陪庆光明行",能在更多人的心中播下爱的种子,希望更多的社会各界人士关心、支持残疾人事业,让我们共襄善举,为增进残疾人福祉,为构建社会主义和谐社会做出贡献!

珍惜抽样调查成果，
促进残疾人事业发展＊

（二〇〇六年十一月九日）

第二次全国残疾人抽样调查所获得的数据是十分丰富而宝贵的。这些数据，是制定和完善残疾人有关的法律、法规和政策的依据，是更好地开展残疾人工作的基础，是深入研究残疾人事业的丰富资源。通过对这些数据的分析，不仅可以充分反映近二十年来我国经济社会的进步和残疾人事业的发展，反映残疾人在康复、教育、就业、社会保障、文化体育等方面状况的改善情况，而且更将清晰地反映残疾人生活状况与全面建设小康社会目标的差距，反映残疾人工作的薄弱点和难点以及残疾人事业战略调整的方向。

下面，我就今后的工作提几点要求。

（一）完整做好数据处理工作，建设好国家和省级的数据库，逐步建立和完善科学规范的残疾人信息统计制度

数据处理工作已经取得了很大成绩，我们今天看到的数据公报就是一个重要成果。各地要按照全国的统一部署，在报请

＊ 这是邓朴方同志在第二次全国残疾人抽样调查领导小组第三次全体会议上的讲话节选。

省(区、市)政府领导同意后及时发布本地区调查公报。全国和各地区调查结果公布后,会在国内外产生一定反响,各地区、各部门要认真做好宣传解释及其他相关工作。

各级抽样调查办公室要继续像现场调查那样,高度重视数据处理工作,各有关部门也要充分负起责任,层层把关,认真地做好有关后续工作,最后获得全面准确、科学、可利用的数据,建设好国家和省级的数据库。特别是残联系统要未雨绸缪,积极主动配合统计部门,从人力物力等方面做好接收、管理和运转数据库的准备,使其真正成为一个"活库"。

要借这次抽样调查的契机,加强信息统计人才队伍建设,不断改进相关统计制度和方法,建立和完善科学规范的残疾人信息统计制度。我们要建立周期性的残疾人调查制度,要在调查内容、项目设置、数据采集、数据分析、数据管理、数据发布等方面加强研究,科学地设计统计指标,完善统计手段,规范统计制度和流程。要充分利用现代化手段,推动统计工作的电子化管理与应用。总之,要利用这次调查,真正建立一个规范、透明、科学和可操作的残疾人信息统计体系。

(二)深入进行数据开发和利用,加强理论与实践研究,推动残疾人事业发展,促进和谐社会建设

数据汇总出来了,下一步就要开展数据的开发和利用。第二次全国残疾人抽样调查所获得的宝贵数据,不仅将为残疾人工作有关的法规、政策的制定提供依据,还将为国家决策和社会事业的整体发展实现有力的数据支撑;不仅将推动和实现中国残疾人事业做出有力度的调整,还将在更大范围内为世界残疾人运动的发展产生深远的影响。

我曾经提出过,我们应当把调查中获取的每一组数据,像地

质学家对待矿石标本,解剖学家对待病理切片那样,认真地剖析、分解、研究,从中尽可能多地找出规律性的东西。我们要高度重视数据的研究利用和开发,"行百里者半九十",忽视和放松这项工作,将会有前功尽弃的危险。我们要深入开展数据的研究利用和开发,不仅用来指导我们自身的工作,还要积极向政府、向各有关部门提出共同推进工作的意见和建议。要准确把握这些年来残疾人事业的进步和残疾人状况改善的程度,实事求是地分析存在的问题,在此基础上,为新时期残疾人事业发展和改进工作提出建议。例如,对《残疾人保障法》的修订、对残疾人的社会保障制度的建立和残疾人事业"十一五"发展规划各业务领域工作的调整,提出切实可行的方案。

数据的开发和利用,要理论与实践相结合,研究与应用相结合,注重政策研究、实践研究、多学科交叉研究,强调研究的科学性、应用性和前瞻性,鼓励具有重要实践价值的探索性研究。项目的遴选和管理工作要遵循"依靠专家、发扬民主、择优支持、公正合理"的原则,充分利用当地高等院校和科研机构的资源,开展地区间及国内外合作。对项目的研究和经费要制订相应的管理办法,严格管理。

(三)要着手建立长期的残疾人状况监测系统

随着我国经济社会的快速发展,残疾人的状况也在不断发生变化,而开展大规模的残疾人抽样调查周期较长,成本较高,为了及时了解我国残疾人状况变化,十分需要在我国建立残疾人状况动态监测系统。最近,全国抽样调查办公室在借鉴农村贫困监测、老年人状况追踪监测等做法的基础上,提出了《全国残疾人状况监测的方案草案》,并召开了专家研讨会。专家们对《方案草案》给予充分肯定,认为建立这一系统十分重要,非常必要,要按照突出重点、先易而后难、稳步推进的原则,逐步建立完善、科学、长效的残疾人状况监测系统。

各级残联要充分利用第二次全国残疾人抽样调查的有利条件,协调各有关部门,建立好残疾人状况监测体系,准确全面地掌握残疾人状况的变化,为政府决策提供可靠的动态依据。

(四)做好总结表彰工作

在一年多的准备工作阶段,特别是历时两个月的现场调查中,涌现出了一大批无私奉献、恪尽职守、科学求实、顾全大局、热心服务、关爱残疾人的集体和个人。对这些先进集体和个人给予表彰,表示对这次调查付出艰苦努力和牺牲精神的调查队同志们的尊敬和褒扬,这也是给调查队同志送温暖。对参加这项工作的同志,各地要妥善安排,有功的要记功,要保证他们有新的合适的工作岗位继续发挥作用。各级调查领导机构及其办公室要对总结表彰工作给予充分重视,要认真对待。通过总结表彰活动,进一步推动残疾人事业、弘扬人道主义、光大第二次全国残疾人抽样调查精神。

在国务院新闻办公室
第二次全国残疾人抽样调查
新闻发布会上的讲话
及答记者问

(二〇〇六年十二月一日)

主持人郭卫民(国务院新闻局局长):女士们、先生们,上午好!

再过两天是十二月三号国际残疾人日,今天中国政府公布了二〇〇六年第二次全国残疾人抽样调查主要数据的公报,为此我们今天请来了国务院残疾人工作委员会副主任、中国残联主席、第二次全国残疾人抽样调查领导小组组长邓朴方先生,介绍第二次全国残疾人抽样调查结果和近年来中国残疾人事业发展等方面的情况,并回答记者们关心的问题。

邓朴方先生是大家都熟悉的知名人士,是中国残疾人人权和人道主义的积极倡导者,也是国际残疾人运动的知名活动家,曾多次获得国际性的奖项,其中包括一九八七年联合国和平使者奖、一九八八年"联合国残疾人十年"特别奖和二〇〇三年联合国人权奖。出席今天发布会的还有国家统计局副局长、第二次全国残疾人抽样调查领导小组副组长张为民先生,第二次全国残疾人抽样调查领导小组办公室主任程凯先生。现在请邓朴方先生做介绍。

邓朴方：女士们、先生们，上午好！

一九八七年第一次全国残疾人抽样调查以来，我国残疾人的状况发生了很大变化。为掌握他们的最新实际情况，作为制订残疾人事业发展规划及有关法规、政策的重要依据，国务院批准于2006～2007年开展第二次全国残疾人抽样调查。

第二次全国残疾人抽样调查的标准时间为二〇〇六年四月一日零时。此前的两年多时间做了大量准备工作，主要是组建调查机构、制订调查方案、确定样本量并抽取样本、修订残疾标准、培训调查人员、开展调查试点等。现场入户调查时间自二〇〇六年四月一日起至五月三十一日结束。期间，有七百三十八个调查队，二万余名调查员、近六千名各科医生及五万名陪调员，进入分布于全国城乡的五千九百六十四个调查小区，逐户进行询问登记、筛查和残疾评定。全国共调查了七十七万一千七百九十七户、二百五十二万六千一百四十五人，入户见面率为百分之八十三点四六，七岁以上人口疑似残疾人筛出率为百分之十五点六六，医生对疑似残疾人的检查率达百分之九十九点一五。

调查的内容包括全国及各省（区、市）各类残疾人的数量、结构、地区分布、致残原因、生活状况以及康复、教育、就业等方面的情况。调查使用三种主要调查表：一是《住户调查表》，主要调查被调查小区全部人口的基本情况及其社会经济特征；二是《残疾人调查表》，通过调查和检查，确定残疾人的残疾类型、残疾等级和致残原因，了解其康复、教育、就业、婚姻、家庭和参与社会生活等方面的情况及主要需求；三是《社区调查表》，主要了解社区服务资源方便残疾人利用的情况。调查项目共有五十二个，调查重点是残疾人的致残原因、生活状况及其主要需求。

现在调查的主要数据已经汇总完成。据调查数据推算，全国各类残疾人总数为八千二百九十六万人，残疾人占全国总人口的比例为百分之六点三四。各类残疾人的人数及其占残疾人总人数的比重等具体数据在给大家的散发材料中已经写明。与一九八七年第一次全国残疾人抽样调查相比,这次调查的残疾人的总数、占总人口的比例,以及各类残疾人数量结构都发生了一些变化,散发材料对此做了简要说明,更深入的分析有待详细数据汇总出来和更全面的资料收集后进行。

女士们、先生们,中国政府历来关心残疾人,重视发展残疾人事业,二十多年来,采取政治、经济、法律、行政等一系列重大措施,保障残疾人的权利,改善残疾人状况。伴随中国经济的快速发展和社会的全面进步,广大残疾人生存和发展状况得到明显改善,社会对残疾人的观念发生了深刻变化,残疾人平等参与社会生活的环境和条件也越来越好。中国的残疾人事业和对残疾人权利的保障,也得到国际社会的好评。开展第二次全国残疾人抽样调查,是中国政府致力于构建社会主义和谐社会,保障残疾人平等权利,发展残疾人事业的又一重大举措。基于调查所获得的可靠数据和丰富资料,有关部门将对有关残疾人的政策、规划、工作领域重新审视并做出适当调整,提出进一步加强我国残疾人事业的意见和措施,以更加务实的行动进一步改善残疾人状况,促进残疾人的"平等·参与·共享"。

下面,我和我的同事愿意回答大家的提问。

主持人郭卫民:下面进入提问阶段。

香港《文汇报》记者:请问邓主席,我刚才看到材料,这次调查得出的残疾人人数比一九八七年的第一次调查人数有比较大的增长,您能说明一下其中的原因吗?

邓朴方:是的,这次全国残疾人抽样调查人数比一九八七年有了大幅度的增长,这是很引人注目的。这次是八千二百九十六万,一九八七年的标准时间也是四月一日零时,当时调查的人数是五千一百六十四万,总的增加量是三千一百三十二万。初步分析大概有以下几个原因:一是一九八七年时,我国人口不到十一亿,大概十亿多,现在已经达到了十三亿。如果按照当时的残疾人比例百分之四点九算下来,十九年人口增长的因素造成的残疾人增加数量应该是一千二百五十万人。二是中国人口的老龄化。二〇〇五年中国六十岁以上的人口总数比例是百分之十一,比一九八七年增加二点五个百分点。这次抽样调查结果显示,六十岁以上的老年残疾人增加了二千三百六十五万,占总增加人数的百分之七十五点五,这是最大的一个原因。当然,还有其他的一些原因,比如残疾标准的修订、测试的手段、社会环境的变化因素等等。需要说明的是,残疾人既有增加的因素,也有减少的因素,总的看来增加的数量是比较大的。

《新京报》记者:请问邓主席,这次调查的结论是残疾人占全国总人口的百分之六点三四,国际上其他国家的残疾人比例大概是多少?您刚才提出一些政策建议,基于这次抽样调查的结果,还有哪些针对残疾人的政策建议?另外,随着现在安全事故、交通事故的增多,这次抽样调查也调查了致残的原因,请问安全生产事故、交通事故在致残原因中占多大的比例?经常会在北京街头的天桥和地下通道遇到一些残疾人乞丐,给人一种他们被忽视的感觉,我国政府针对这些残疾人有没有一些救助的措施?

邓朴方:你一下子提了四个问题,我只能简单地回答你。上世纪八十年代初期,联合国做过有关残疾人数量的世界剖面调查,联合国提供的数据是残疾人占世界总人口的百分之十,现在许多国际组织、非政府组织等一般的说法,都说残疾人占世界人口的百分之十,都援用这个数字。但各个国家的政治、经济、社会的状况不同,所提供的残疾人数据差别是非常大的。

如香港的残疾人占到人口总数的百分之七,印尼占百分之三。一些发达国家的比例是比较高的,而且随着这几年的调查和他们设立的一些福利政策,比例还是在升高的。比如英国,一九八七年是百分之七点一,一九九四年是百分之十五,二〇〇二年是百分之十八;美国一九九一年是百分之十二,二〇〇一年是百分之十八;澳大利亚一九七六年是百分之四点八,一九九三年是百分之十八。

但也有个非洲国家,他们的残疾人只占百分之一。我们国家的数字百分之六点三四,是和我们国家的经济社会发展状况相适应的比例。这次出来的数据是主要调查数据,因为大量的计算工作还在进行,所以具体哪一个环节增加了残疾人数量,很多具体的细节现在还不能计算出来。从工作经验上来说,工伤事故、交通事故、体育运动等等所造成的残疾肯定是在增加的。发给大家的材料中提到,肢体残疾大幅度上升,从这样一个现象来看,这些因素肯定造成了残疾的增加。但是,我现在还不能给你一个确切的数字,哪种因素增加了多少。因为还没有算出来,我们还要经过将近一年或者是不到一年时间的详细计算,才能拿出详细的数据,那时,我们才能够提出一个关于残疾人工作改进的综合的政策建议,所以还需要时间。有一点是肯定的,我们这次进行的抽样调查的结果,不只是对残疾人政策的制定提供了重要的依据,而且对国家总的政策也会提供数据的支持。

《中国社会报》记者:邓主席您好!刚才您在讲话中谈到中国进入老龄化是这次残疾人口增多的一个最大的原因。我想请问,我们国家在逐渐进入老龄化社会,政府和残联在这方面有没有粗略的措施来应对?第二个问题,刚才您说了一系列的像发达国家和非洲不发达国家残疾人数量的比例,请问残疾人的比例跟经济状况之间是什么样的关系?

邓朴方：关于老龄化的统计是非常突出的，这方面国家统计局最了解情况，请张为民副局长来回答这个问题。

张为民：我先回答你的第二个问题，就是残疾人的比例和经济发展是一个什么样的关系。应该说确实有关系，但是现在还很难讲有一个非常确切的数量关系。因为从目前世界各国的残疾人口比例来看，一般来讲，经济发达或者说社会经济都比较发达的国家，残疾人的比例相对来说要高一些；经济欠发达的国家，相对来说残疾人的比例要低一些。

为什么会导致这样一种现象呢？还是要从致残原因来看。有的是先天性、医源性的，还有很大一部分是后天性、后发性的。随着社会经济的发展，人们参与社会经济活动增多，致残的风险也在增大。在农业社会，由于人们从事的经济活动主要是以农业生产为主，是比较简单的一些劳动，面临的致残风险相对来说就会小一些。因此，从这个意义上来说，残疾人口的比例和社会经济的发展肯定是有关系的，但究竟这种相关程度能否确切地用一个数量甚至精确到小数点后多少位来描述，恐怕还不是如此简单。

关于第一个问题，刚才邓朴方主席所谈到的，这次中国残疾人总量增加、比例上升，主要的影响因素是人口的老龄化，我们应该怎么应对？刚才邓主席已经介绍过，在保持残疾人比例不变的情况下，仅仅由于人口总量的增加，残疾人的数量也会增加。但是，中国在这十几年中，不仅仅是人口总量的增加，更大的变化是人口年龄结构的变化，也就是说进入了老龄化社会。因此可以讲，残疾人口的老龄化或者说老年人口所面临的残疾风险增大了，这样一个现象应该说是伴随着人口老龄化过程的必然的社会发展趋势。

对于这一现象，我们必须采取切实有效的措施积极应对。

我也非常赞同邓主席刚才讲的,在这次调查的详细数据汇总、各类分组完成之后,再研究究竟采取哪些应对措施,可能就会更有针对性。当然,比如说加大宣传工作的力度,树立现代文明社会的残疾人观,加强政策法规的制定等来保障对老年残疾人的照料、扶助、康复等一系列措施,我想还是在进一步详细的汇总资料出来之后,政府就会制订出一系列非常详细的、有针对性的措施。

主持人郭卫民:我请教了一下邓朴方主席,发达国家残疾人人数比例比较高,还有一个原因,这些国家的社会保障能力比较强,所以他们制订的标准也不一样,门槛或者说残疾人范围的门槛更低一些。

邓朴方:各国在制订自己的残疾人标准的过程中,跟社会保障政策有关系,如果有更多的能力实施残疾人社会保障,比如说保险,政府照顾的覆盖面就会比较大。我们现在调查的很多残疾类别,西方的很多种情况我们都没有算在内,比如说发达国家把糖尿病算进来,这次中国没有算进来;还有很多脏器移植,比如心脏不好到一定程度就算残疾;有些国家甚至还提出过度肥胖也算残疾,当然比例就越来越高。当然,发达国家的老龄化比我们更严重,这也是事实,但是比例差别这么大,主要是社会保障政策和社会保障能力及残疾人标准认定的问题。

新加坡《海峡时报》记者:请问邓主席,残疾人的增加特别是老年残疾人的增加,会对中国的医疗和社保体系带来什么样的压力?中国每年投资多少钱来帮助残疾人?对这个数目您认为应该增加多少?

邓朴方:我想,残疾人比例的增加、残疾人总数的增加,这个现象既是社会发展所带来的必然结果,同时又是社会前进所必须付出的代价。这样一下子增加三千多万残疾人,包括他们的家庭,总数要接近三亿人口,给残疾人工作带来了相当大的压力。我们国家对残疾人工作一直是非常支持和重视的,我认为今后更应该呼吁中国政府和社会各界都来关心、支持残疾人事务,尊重、关心、帮助残疾人的基本认识应该普及到每个人的心中。人道主义更应该深入到中国的人心当中,要更加尊重残疾人,尊重他们的人格、价值、劳动,尊重他们对社会的贡献。

政府是不是应当作出更大的投入? 我完全同意你的说法。我相信通过这次抽样调查,我们一定会取得社会各界及政府对残疾人加大投入的支持,增加对残疾人事务的理解和支持,制订真正切实的措施来改善残疾人的生活状况和生活质量。在座的都是有影响力的记者,希望大家也帮助我们呼吁一下。

路透社记者:邓主席您好! 我的问题如果有不恰当的地方请多多包涵。外界对一九六八年发生过的事情猜测很多,能否请您在此做个说明? 另外,您大半生都在为中国的残疾人事业奋斗,二〇〇三年又获得联合国人权奖的肯定,但是如果您有朝一日退休了,残疾人福利事业将怎么办?

邓朴方:我说过多少次,在这种记者招待会上也说过多少次,"文化大革命"不只是给我个人带来了灾难,更是给中华民族全体带来了灾难。大量的非人道行为产生了,不说别的因素,就是中国社会普遍的对人道主义的接受程度低也是造成这种现象的原因之一。我自从从事残疾人工作以来,一直在呼吁中国一定要宣传人道主义,普及人道主义,把人道主义作为我们国家的基础思想之一。所以,我一直认为,如果一个国家想要现代化,不讲人道主义、不讲人权是不行的。现在中央提出"以人为本",我是衷心拥护的。

关于第二个问题,这个问题问得好。不知道你们注意过没有,我以前多次接受媒体采访都提过,我一定要创造一个没有邓朴方的中国残疾人事业。中国残疾人事业的发展会有个人的因素在其中,但是要创造一个不因个人因素而运转的机制,这是我的目标。这种机制健全了,我退休了也就没关系了。

新华社记者:这次调查掌握的主要数据和一九八七年相比,能反映出我国残疾人的状况有些什么样的变化?除了进步以外,有没有值得我们担心的问题?

邓朴方:这次整个看来,我们调查发现,因为贫穷所导致的残疾数量在减少,而走向城市化过程导致残疾的因素在增加,城市化、工业化的因素在增加。从这里可以看出我们国家是在进步、在发展,但是也提醒做残疾人工作的人要怎么应对这种发展和变化,采取更加具有针对性的措施来解决这些问题。

这个问题稍微有点难度,因为所有数据的计算还没有完成,所以我不能给你一个定量的回答,我只能给你一个概念性的回答。一般来说,残疾的发生有两种情况,一种是因为国家太穷,贫穷、饥饿或者应对灾害和地方病的能力低等所造成的残疾;另外一种是国家要富裕,富裕过程也会造成残疾,比如说工伤、交通、体育、社会压力大、药物等各方面的因素,比如说还有一些国家有吸毒的情况等等。

中央电视台记者:邓主席您好!我是中央电视台新闻中心的记者。我们注意到这次公报有一个很大的特点,就是肢体残疾人的数量超过了听力和言语类残疾人的数量,达到二千四百多万,占到所有残疾人数量的近百分之三十。最近我们也刚好在搞一个调查,就是有关无障碍建设和残疾人辅助器具市场的。我们了解到一些情况,比如说残疾人辅助器具,现在全国只有一百多家企业,而且技术含量也相对比较低,生产的品种也很少,只有国家标准规定的三分之一,这两种情况明显是个矛盾。我们的数据调查出来以后,是不是会有一些具体的方法来解决?

邓朴方：如你所说，我们现在对肢体残疾人的服务能力确实比较弱。我也要告诉你，我们在其他方面对残疾人服务的能力也比较弱，总体来说都弱。提高服务能力是一个长期的过程，但是我们不会等待这个过程，我们要积极改变这个现象。

我还给你一个信息，前两天，也就是十一月二十九号，温家宝同志主持了国务院常务会议，专门听取了第二次全国残疾人抽样调查的情况汇报。会议指出，做好残疾人工作是坚持以人为本、落实科学发展观的重要方面，是促进社会公平和提高社会文明程度的具体体现，对构建社会主义和谐社会有着重要的意义。会议还要求各级政府必须切实加强残疾人工作，进一步动员社会力量，更加关心和支持残疾人事业的发展。有了总理的表态，我们就要借这个东风，把这项事业往前推。

主持人郭卫民：新闻发布会到此结束，感谢邓朴方主席，也谢谢各位。

参与体育运动
是残疾人的基本权利和需求＊

（二〇〇七年一月二十二日）

新年伊始，我们在这里举行第七届全国残疾人运动会组委会成立大会。我代表中国残疾人联合会向组委会的成立表示热烈祝贺！向云南省委、省政府和全省人民及所有理解、尊重、关心、帮助残疾人的同志们、朋友们表示诚挚的感谢并致以崇高的敬意！

我国有八千二百九十六万残疾人，占全国总人口比例的百分之六点四，涉及的家庭人口总数近三亿。这是一个庞大但处于弱势的群体，他们同所有人一样有与生俱来的权利和尊严，渴望得到理解与尊重。参与体育运动是残疾人的基本权利和需求，是对他们精神和意志的突破，突破生理的极限，突破心理的障碍，突破交流的隔阂，彰显生命的尊严。同时，残疾人体育带给人们心灵的震撼和美的享受，鼓舞士气，激发爱心，促进了社会和谐和进步。残疾人体育体现出来的自强不息精神，体现出的人道主义、爱国主义精神，是我们在实现中华民族伟大复兴进程中，最需要的和最可宝贵的精神财富。

全国残疾人运动会是残疾人四年一度的节日。残疾人在这

＊ 这是邓朴方同志在第七届全国残运会组委会成立大会上的讲话。

个舞台上,通过肢体的语言、意志的语言和精神的语言与社会充分交流,平等参与社会生活,享受文明成果,宣传、感染社会,进而获得社会的广泛认知和融合。第七届残运会是今年上海世界特殊奥林匹克运动会、二〇〇八年北京残奥会的重要演练,对二〇〇八年残奥会中国代表团选拔运动员也具有特殊的意义。本届全国残运会是第一次由西部省份举办,也是规模最大、参赛运动员和竞赛项目最多的一届,它的成功举办将从一个侧面反映残疾人事业的发展成就,从更深层次展现社会的文明程度,展示改革开放和社会进步的丰硕成果,也是构建社会主义和谐社会的具体实践。

多年来,云南省委、省政府一贯支持和关心残疾人事业,云南省残疾人事业在许多领域走在全国前列,尤其是残疾人体育工作成绩喜人。自二〇〇二年筹备工作启动以来,云南省委、省政府高度认识七运会的战略意义,以强烈的使命感、责任感做好筹办工作。云南省属于西部省份,财力有限,又面临运动会规模大、工作难度大的压力,省委、省政府多次召开会议,专题研究、解决筹备过程中的一系列问题,扎实、细致、有序地推进筹备步骤,在体育场馆及其他体育设施方面进行了较大规模的建设和改造,并在运动会的总体策划、赛事安排、无障碍改建、宣传、集资等各个方面做了大量卓有成效的工作。

同志们,今天组委会的成立标志着第七届全国残疾人运动会的筹备工作进入攻坚阶段。我们要充分考虑残疾人运动员的特殊性,认真筹备、精心组织,在大型活动、无障碍环境、社会动员、竞赛组织以及接待服务等各方面认真做好预案。同时,注重通过运动会弘扬人道主义,宣传扶残助残的社会风尚,动员全社会关心、关爱残疾人,为残疾人事业的发展营造良好氛围。

彩云之南,神秘美丽;民族融合,兼收并蓄。我们相信,在云南省委、省政府的高度重视和各部门的配合努力下,在全国各省、自治区、直辖市的积极参与下,第七届全国残疾人运动会一定会取得圆满成功!

关于第二次全国残疾人
抽样调查的后期工作*

（二〇〇七年一月二十五日）

二〇〇六年十月，党的十六届六中全会通过了《中共中央关于构建社会主义和谐社会若干重大问题的决定》。十二月一日，正式公布了经国务院批准的第二次全国残疾人抽样调查的主要数据。紧接着，十二月十三日，第六十一届联大审议并通过了《残疾人权利公约》。这三件大事，对我们的残疾人事业，对我们每个残疾人工作者，都具有十分重要的意义。

第二次全国残疾人抽样调查已经取得了阶段性成果。去年，我们召开新闻发布会，公布了调查的主要数据。据推算，目前，全国各类残疾人的总数为八千二百九十六万，残疾人口占总人数的比重为百分之六点三四。与第一次抽样调查相比，残疾人口的总量增加，残疾人比例上升，残疾类别结构也有较大的变动。

我们感到非常欣慰的是，对于这些数据的公布，出现了两个"前所未有"：一是政府前所未有的重视，二是社会前所未有的关注。

去年十一月下旬，也就是数据正式公布的前几天，我们向回副总理汇报工作，他立即表态，这次抽样调查意义重大，要向国

---

* 这是邓朴方同志在中国残联第四届主席团第五次全体会议上讲话的第一部分。

务院常务会议作专题汇报。几天以后,国务院第一百五十八次常务会议就听取了我的汇报,会上温家宝总理作了重要指示。会议强调:做好残疾人工作,是坚持以人为本、落实科学发展观的重要方面,是促进社会公平、提高社会文明程度的具体表现,对于构建社会主义和谐社会具有重要意义,还要求从五个方面加强残疾人工作。对于一项社会调查,国务院总理亲自过问,副总理具体督导,并作如此具体的部署,这还是不多见的。这说明,党和政府对残疾人事业,比以往任何时候都倾注了更多的心血。

抽样调查的数据公布以后,在社会各界引起了强烈反响,中央和地方的五十八家媒体在第一时间迅速报道,一些报刊还做了专题,对这些数据进行分析解读。一时间,八千二百九十六万和百分之六点三四这两个数字成了全国城乡的公众话题。社会对数据的高度关注,表明了对弱势群体的高度关注,对发展社会公益事业的高度关注。这种关注也说明,为时两年的抽样调查,不仅为政府提供了发展残疾人事业的可靠依据,还起到了宣传残疾人事业、促进残疾人事业、动员社会力量支持残疾人事业的作用。

一九八七年第一次全国残疾人抽样调查,对于中国残联的成立、我国《残疾人保障法》的出台、国务院残疾人工作协调委员会的诞生起了重要的推动作用。我们相信,这次抽样调查,对促进社会公平正义和残疾人奔小康目标的实现,对提高为残疾人服务的水平,对进一步形成全社会关爱和帮助残疾人的良好氛围,也必将发挥重要作用。问题是,我们在这样的机遇面前是否做好了准备?我们能借这样的机遇做一篇什么样的大文章?出台一些什么样的大动作?在去年的主席团会议上,我已经提出了这个问题,希望大家思考。这的确是摆在我们面前的一个严峻课题。

现在，大规模的轰轰烈烈的调查已经告一段落，下一步应转入冷静思考阶段，一方面要认真做好各项数据的研究和开发工作，另一方面要思考和研究在当前形势下，我们的残疾人事业的发展战略问题。

我出几个题目，供大家参考。

（一）如何从宏观上完善残疾人事业的战略思维

残疾人事业与全面建设小康社会、构建社会主义和谐社会、促进社会公平正义密不可分；与发扬人道主义精神、建设和谐文化、建设社会主义核心价值体系密不可分；与完善社会管理、创新社会管理体制和建设宏大的社会工作者队伍密不可分。第二次残疾人抽样调查，恰逢党的十六届六中全会召开，这是站在构建社会主义和谐社会的高度推动残疾人事业的极好时机。我们要开阔视野，摆脱就残疾人事业谈残疾人事业的传统思路，把残疾人事业放在一个现代化、全球化、城市化、老龄化、信息化的广阔视野，从宏观上完善残疾人事业的战略思维。

（二）怎样建立以实证为基础的科学决策模式

这次抽样调查，我们的方案权威科学，准备工作充分，现场调查规范，得出的数据真实可信。但是，有些数据与我们近年的工作统计数据相差较大，一些同志感到有些意外，也有压力。我想，在这个问题上要讲实事求是。首先要正视、珍惜得来不易的第一手材料；第二要认真研究这些数据，对它进行科学的分析；第三在进行科学解读的基础上，做出科学的决策。这就是实事求是。实证是科学决策的基础，不仅当前，而且今后，我们必须要学会这样的工作方式，要把决策建立在坚实的实证基础之上。过去，我们是"土八路"，今后要不断学习新东西，跟上社会发展的需要。

（三）能否以残疾人为突破口推动覆盖城乡的社会保障体系

逐步建立覆盖城乡的社会保障体系，已经提到了政府的议事日程。残疾人处在社会的最底层，他们在基本生活保障、就医、康复、教育、就业方面还有许多困难，残疾贫困人口在全国贫困人口中占有很大比例。逐步建立覆盖城乡的社会保障体系，是否可以选择残疾人作为突破口呢？经济学家常说的一个概念叫"短板理论"或"短板效应"，说的是一个用木板箍的水桶能装多少水，不在于水桶最长的那块板，而在于最短的那块板。我们残疾人就是全社会最短的那块板。加长这块板，就可以在投入相同的情况下，提高社会的平均保障水平。这样做，也符合中央一再强调的"解决人民群众最关心、最直接、最现实的利益问题"。我们可以结合第二次抽样调查的结果，在这个问题上进行一些探索，争取得到政府的认可和支持。

（四）是否建立残疾人状况监测系统

最近，全国抽样办提出《全国残疾人状况监测系统方案》，并召开了专家研讨会。我同意专家们的意见。抽样调查不可能经常进行，而残疾人的状况必须随时掌握。既然把残疾人调查纳入国家人口调查的可能性不大，是否可以建立这样一个监测系统：在第二次抽样调查静态数据的基础上，把动态监测系统和数据库建起来，选择一些监测点，每年对残疾人的生活状况、发展状况和环境状况进行一次动态监测。花钱不多，效果很好，可以试试。

还有一些其他问题，比如残疾人参政议政机制（可否在人大增加代表、政协设立残疾人界别），残疾人的社会服务机制（包括完善志愿者队伍），残疾人社会福利事业的发展（各类福利设施、安养托管机构等),各类残疾人的专门协会和民间草根组织的活跃(加强残联与民间组织的联系)等等,都要认真研究,积极探索。这些问题当然不可能在一个早晨都得到解决,但我们必须站得高一点,看得远一点,未雨绸缪,有我们自己的深度分析和对策研究。

当前,还有一项最重要、最紧迫的任务,就是准备一个《关于进一步发展残疾人事业的意见》。这是国务院领导同志提出的要求。文件的制订对促进残疾人事业的发展将起到重要作用。我们要在第二次抽样调查的基础上,全面分析残疾人事业发展的现状、面临的主要困难和长期发展愿景,找出制约残疾人事业更好更快发展的不利因素,有针对性地提出解决这些问题的方法和措施。中国残联已成立专门的起草小组,有关同志正紧锣密鼓地进行准备。各地残联有大量的实践经验和体会,也可以充分发表意见。希望大家抓紧时间,齐心协力,尽快拿出初稿,征求意见后送有关方面审阅,争取早一点出台。

关于联合国《残疾人权利公约》*

（二〇〇七年一月二十五日）

二〇〇六年十二月十三日，第六十一届联大通过了《残疾人权利公约》，这个《公约》是我们盼望了多年，努力了多年才争取来的。它的现实意义和历史意义怎样估计都不会过分。但是，这个《公约》经历了一段非常艰难、非常曲折的过程。我想给大家讲讲其中的来龙去脉。

我们知道，二十世纪八十年代，是国际残疾人事业发展的黄金时期。一九八一年十二月，世界第一个残疾人自己的国际组织"残疾人国际（DPI）"诞生并获得联合国咨商地位。这一年，被联合国确定为"国际残疾人年"。一九八二年第三十七届联大通过《关于残疾人的世界行动纲领》。一九八三至一九九二年为"联合国残疾人十年"。这个时期，残疾人运动形成了很大的声势，这个社会最困难的群体引起了世界的普遍关注，残疾人理论方面也出现了一些突破。我们中国残联也是这一时期成立并逐渐壮大起来的。"平等·参与·共享"的理念也是这个时期引进的。

为了把这个好势头延续下去，并使它继续健康发展，在斯德

---

* 这是邓朴方同志在中国残联第四届主席团第五次全体会议上讲话的第二部分。

哥尔摩召开的"残疾人十年中期评估"会议上,制订一个保障残疾人权利的公约作为诸多选项之一被提了出来。意大利政府随后在一九八七年第四十二届联大提出动议,但未能提交联大审议。两年以后,在四十四届联大期间,瑞典政府再次提出动议,被联大否决。

既然不能搞公约,有人提议再搞一个"十年",未获广泛认同;后来选择搞一个标准规则。一九九三年,第四十八届联大通过《残疾人机会均等标准规则》,把残疾人运动的一些口号、原则变成了一些具体规定,是很有价值的。次年三月,联合国秘书长任命瑞典盲人林奎斯特先生为监督标准规则实施的残疾人事务特别报告员。标准规则的通过,是国际残疾人运动的一个重要事件。作为"残疾人十年"的一个具体成果,它为实现残疾人的权利规定了一个衡量尺度,但这只是一个倡导性的文书,不具备法律约束力。

此后,各国的残疾人组织采取了多种形式来推动残疾人事务,比如,我们中国和日本推动了"亚太残疾人十年"等。但总的来讲,国际残疾人运动还是在走下坡路。

面临世纪之交,世界范围内的残疾人 NGO 组织,又开始思考新世纪的努力方向,展开了十分活跃的多边交流。也就是在这个时期,中国残联开始把自己的工作目标转向了《残疾人权利公约》的推动。一九九九年十月,我率团访问非洲。在南非与当地残疾人组织交谈时,我谈到国际上残疾人的声音越来越小,而妇女、儿童、劳工的声音越来越大;联合国残疾人工作的力度也越来越弱,联合国本来还有一个处管残疾人的事,现在也取消了,机构也搬到纽约去了。一位非洲朋友十分气愤地说,看来非搞一个公约不可了。他的话,使我下决心推动此事。紧接着,我们到了津巴布韦,见了 DPI 主席马林加,就公约事与他讨论,得到他的全力支持。

　　回国后,我会见了康复国际(RI)前主席方心让先生。此时,RI刚刚通过《千年宪章》,方先生希望中国残联帮助联络其他国际组织推动《千年宪章》,我们看到里面有推动公约的内容,就表示尽力支持,共襄盛举。二〇〇〇年三月,中国残联邀请DPI、RI、融合国际、世界聋联、世界盲联等五大残疾人组织领导人和俄罗斯、美国、日本、泰国、肯尼亚等十几个国家残疾人事务代表人物,到北京参加世界残疾人非政府组织领袖会议,研究制订残疾人的平等和充分参与的世纪战略。起初,议题很分散,各说各的话。当时的大会主席郭建模引导大家集中讨论权利公约,很快取得了高度一致。会议通过的《新世纪残疾人权利北京宣言》,强烈呼吁联合国制订《残疾人权利公约》,并表示,为了这个目标,各国际组织将付出不懈努力。这个宣言在国际上引起巨大反响。应该说,北京会议启动了新一轮推动《残疾人权利公约》的进程。自此,各个国际组织都行动起来,纷纷通过决议,各成员单位承诺动员各自政府对推动公约予以支持。

　　中国政府高度重视北京会议,时任外交部长唐家璇接见了与会人员并讲话,他代表中国政府对制订《残疾人权利公约》给予充分肯定和支持。会后,我会见了即将赴任的联合国代表王英凡,请他在各国大使和代表中多做工作。

　　二〇〇〇年六月二十六日,在瑞士日内瓦召开社发问题特别联大,我随时任国务院副总理的温家宝出席。在会见联合国秘书长安南的时候,温家宝同志特别安排我发言五分钟,我借机要求安南秘书长和联合国积极考虑制订《残疾人权利公约》问题。

　　但是,一开始各国政府很少有表态支持的,多数存有疑虑。当时的困难来自几个方面。

　　一是美国的反对。对类似的条约,美国的态度向来不支持。

美国政府只遵从本国法律,而不愿受国际公约约束。对此,我在访问美国时,与美国的几个残疾人组织交换意见,发现他们是积极支持的,他们甚至希望我给克林顿总统写信。我也希望他们做工作,只要美国政府不反对就可以了。

二是发展中国家担心公约对他们的政府会构成压力。对此,我们在各种场合都强调,我们要搞的公约,既要适应发达国家需要,也要适合发展中国家需要。公约应当使发展中国家得到更多的帮助而不是更多的压力。

第三也是最难的是做欧盟的工作。欧盟国家表示,由于现在国际公约太多,欧盟已决定不再支持新的公约诞生。

为了解决这个难题,除了利用一切机会做欧盟各国的工作外,我率团专程访问欧盟,会见了主管外事的彭定康先生以及欧盟的社发官员。我向他们解释说,以前各类公约少,只有几个最基本的公约,可以没有残疾人公约。现在各种弱势群体都有了权利保护公约,唯独没有《残疾人权利公约》,就在联合国人权公约体系形成了对残疾人的歧视。所以,现在必须有《残疾人权利公约》。通过交换意见,欧盟官员基本上接受了我们的观点。

在这一时期,我们还重点做了联合国的工作。二〇〇一年三月,我与联合国特别报告员林奎斯特先生进行了长谈。我一九八六年就认识了林奎斯特,他是一位非常出色的社会活动家,既有理念,又很现实,思路清晰缜密,熟悉运作规则。他支持我的意见,在残疾人事务特别报告员的第三份任期报告(2000～2002年)中,提到制订公约是必要的。我就此事也专门会晤过联合国副秘书长德赛、人权高专马丽·罗宾逊夫人等,特别是我与罗宾逊夫人多次交谈,除了广泛交流人权观念问题以外,我还为她详细地解释了推动公约各方面的情况,并向她请教怎样推动公约,她给了我很多帮助。

在这里,我还要特别说到联合国前任秘书长安南先生,我们应该向他表示最诚挚的感谢和敬意。我和安南在那个时期有过三次会晤,每次都谈到公约问题。他对这个公约给予了关注和支持。他曾私下对我表示:"你一定能得到公约(You will get it)!"果然,在他卸任之前,他兑现了他的承诺。去年十二月十四日,联大通过决议,向这位即将卸任的联合国秘书长安南致敬。《残疾人权利公约》正是在前一天通过的。

我们没想到的是,二〇〇一年十一月,墨西哥给了我们一个惊喜。在第五十六届联大上,墨西哥总统福克斯就反贫困和促进社会融合发言,正式建议联合国成立特设委员会研究起草公约问题。这个建议以五十六/一百六十八号决议形式获得通过。应该说,由于事先各国残疾人组织做了多方面的铺垫,这个结果是水到渠成,公约的酝酿阶段就此画上了一个句号。

从二〇〇二年开始,公约进入谈判阶段。如果说,在酝酿阶段争论的是要不要制订公约,那么谈判阶段争论的则是制订一个什么样的公约。联合国一百多个成员国的政府代表、联合国专门机构的专家、世界各地上千个残疾人非政府组织的观察员参加了公约的谈判。在其他公约谈判中,还没见过这么多非政府组织参与谈判。这说明了残疾人公约确实引起国际社会的广泛关注,但同时也极大地增加了谈判的复杂性和不确定性。各方观点互不相同,有的甚至针锋相对,谈判过程异常艰难,争论、吵架不可避免,常常是一波未平,一波又起,有时甚至陷入僵局。我们中国残联的代表自始至终参加了谈判,发挥了重要作用。

对于公约的基本框架,我们的想法是:这不仅是一个人权文件,也是一个社发文件;既要保障残疾人的公民权利和政治权利,也要保障残疾人的经济、社会和文化权利。总的目的是促进残疾人事业的发展,维护残疾人自身权益。我们要防止它成为一根借人权名义干涉他国事务的大棒。

我们的观点通过中国提交的案文得到充分的表达。中方的观点得到了许多国家和组织的赞同。当然,谈判的过程就是相互斗争和彼此妥协的过程,我们在坚持原则的同时,在一些非关键的问题上也并不固执己见。从二〇〇二年八月起,特委会先后召开了八届例会和一届工作组会议,经过大家的努力,二〇〇六年八月二十五日,各方达成协议。十二月五日完成起草的收尾工作。十二月十三日提交第六十一届联大审议并最终获得通过。

这个《公约》从推动到谈判再到出台,时间还算短的。挪威大使曾对我说,推动这个《公约》你们要有十年以上的思想准备。他知道妇女公约、儿童公约都谈了十几年。但是,由于前期工作做得比较细,《残疾人权利公约》只谈了四年多。从《北京宣言》算起,也不过七年时间。

《公约》来之不易,大家都欢欣鼓舞。但在这个时候,我们的头脑要冷静,要认真考虑如何面对《公约》、执行《公约》的问题。

首先,要充分认识《公约》的意义。

这是关于残疾人的第一个国际公约,内容涵盖了残疾人的政治、经济、社会、文化和公民权利等诸多方面,是对国际人权体系的重要补充和完善。《公约》的通过和实施必将极大地推进各国残疾人事业的发展和残疾人权益的保护。安南对《公约》评价很高,说"是六亿多残疾人取得的历史性成就"。有人这样概括,《公约》是一个标志,它表明残疾人由康复对象变成了权利主体。我看这个评价是对的。这个转变过程,从《关于残疾人的世界行动纲领》开始,经过《残疾人机会均等标准规则》,到现在已经长达二十五年,整整四分之一个世纪了。

其次,要用《公约》推动工作。

《公约》在宗旨和普遍原则里重申了尊重残疾人的尊严、权利和自由,强调平等和不歧视,强调机会均等、男女平权、关注儿童等,这是发展残疾人事业的重要思想。《公约》的一些具体条款,特别是涉及经济文化权利的条款,比如无障碍、教育、健康、康复、就业、社会保障、文体活动等,与我国残疾人事业的相关法律、政策有许多契合点,也是我们这些年着力推动的工作。《公约》对此作了进一步的规定,强化了法律约束力,我们可以充分利用《公约》来推动各项工作。

第三,要注意《公约》中的新内容。

《公约》在原有文献的基础上,有一些突破,出现了一些新提法和新理念。比如,《公约》中多次使用"一切"、"所有"、"任何"、"充分"等限制词,强调残疾人的权利必须得到真正的保障,在空间、时间、程度和状态上都不能打折扣。强调了"权利为本"、"自主和自立(自由选择)"、"参与决策过程"、"无障碍的物质环境(包括建筑、道路、交通、信息、通讯等有形和无形的环境)"等原则,将有力地促进残疾人有尊严地生活和融入社会。提出了"残疾是个体缺陷和环境障碍的互动结果,不提供便利构成歧视"等新理念,修正了关于残疾和歧视的传统定义。所有这些,对我们更新思想、转变观念、做好工作都大有裨益。我们应当是脑子里装着最新的观念,手里干着最实际的活儿。

最后,要认真应对可能带来的挑战。

《公约》是具有法律约束力的国际文书,它的执行情况将受到国际法的保障和监督。所以,从履约的角度,我们对执行过程可能出现的问题要有充分的预见和应对措施。比如,《公约》规定,为实现《公约》的目标,缔约国必须采取措施,包括新增、修订或废除现行的某些法律、政策。因此,要对我国的相关法律进行排查,不合理的、自相矛盾的或与《公约》相抵触的,必须作出相应的调整。我们应把执行《公约》与《残疾人保障法》的修订有机结合起来。还要考虑推动出台新的法律法规,完善残疾人事业的法律体系。另外,如何加强执法和监督,完善司法救助措施,都需要我们主动争取政府的支持,做好相关的协调工作。另外也要提醒一下,任何事情都有两面性,趋利避害也是大家要注意的。

《公约》通过后,接下来的任务是积极争取成为第一批缔约国,并以此身份参加第一批缔约国大会。我们应该积极一些,主动一些,同外交部等有关部门一起,抓紧做好这方面的准备。与此同时,建议各级残联尽早组织好《公约》的学习和培训,不光是残疾人组织,残疾人也要学习。要熟悉它的条款,理解它的精神实质,使它成为维护和保障残疾人权益的一个重要武器。请各地的同志们一定要做好这项工作。

构建和谐社会应该大力倡导人道主义＊

（二〇〇七年一月二十五日）

二〇〇六年十月，党的十六届六中全会通过了《中共中央关于构建社会主义和谐社会若干重大问题的决定》。实际上，自从党的十六届四中全会以来，"构建和谐社会"一直是全党全国最热门的话题。和谐问题，牵涉着政治、经济、文化诸多复杂的问题，更牵涉着广大群众的切身利益。为什么现在提出"和谐"，就是因为有很多不和谐；怎么会有这么多不和谐？这个问题，让我越想越远。

自从一九四九年新中国建立至今已经经历了五十八个年头。在这五十八年中，以一九七八年党的十一届三中全会为分野，前后各二十九年。

前二十九年，我们实行的是高度集中的计划经济。计划经济在解放初期恢复生产、稳定局势方面是起了重要作用的。经济发展、人民生活水平提高很快。一九五八年搞"三面红旗"，"跑步进入共产主义"出了问题。一九五九年，庐山会议准备纠正"左"的倾向，但由于彭德怀给毛主席写了信，反"左"又变成了反"右"。一九六二年年初，中央召开七千人大会，纠正了一些

＊ 这是邓朴方同志在中国残联第四届主席团第五次全体会议上讲话的第三部分。

"左"的倾向,但不久毛主席在北戴河会议上提出"以阶级斗争为纲"要"年年讲,月月讲,天天讲",最后导致了十年"文革",国民经济到了崩溃的边缘。

为什么当西方国家的经济快速发展的时期,中国的经济却长期处在一个低水平、低效率的阶段呢?除了政治方面的原因,还有经济体制方面的原因,这就是僵化的计划经济体制不适应人类经济社会发展的规律和要求,不能满足人民群众日益增长的物质和文化需要。但是,计划经济是社会主义主要特征的观点,在当时人们的思想认识上,还占有主流地位。

一九七八年,邓小平同志领导全党和全国人民走上了改革开放的道路,到现在也有二十九个年头了。改革之初,他就提出,什么是社会主义,怎样搞社会主义,我们还没有搞清楚。要"摸着石头过河"。这样,就开始了艰难的探索过程。回顾一下改革开放的历史,我们可以清楚地看出,经济体制改革的最大难题,是处理计划和市场的问题;不摆脱僵化的计划经济的束缚,逐步建立社会主义市场经济,这个河是永远也过不去的。

这个摸索过程,大概分四步,用了十五年。第一步,从党的十一届三中全会到一九八二年九月党的"十二大",这一步确定了"以计划经济为主,市场调节为辅"的原则,开始打破计划经济的坚冰。第二步,一九八四年十月党的十二届三中全会提出实行"有计划的商品经济",向市场改革取向迈出了一大步。第三步,一九八七年党的"十三大"提出"国家调节市场,市场引导企业",这是决定性的一步,标志着市场经济在整个国民经济中占有了重要地位。第四步,是一九九二年十月,党的"十四大"依据邓小平南方谈话的精神,明确宣布:"我国经济体制改革的目标是建立社会主义市场经济体制。"一年后的一九九三年十一月,党的十四届三中全会《关于建立社会主义市场经济体制若干问题的决定》，勾画了社会主义市场经济体制的基本框架。

可以说，到这个时候，我国经济体制市场取向的改革，在思想认识上已经基本统一。邓小平建设中国特色社会主义理论，就是在这样一个过程中形成的。

此后，我国经济保持着旺盛活力和持续增长的势头。从一九七九年到二〇〇四年，我国经济的年增长率达到百分之九点六，创造了世界经济发展史上罕见的奇迹。现在，我国已成为排在美国、日本、德国之后的世界第四大经济体。二〇〇五年我国国内生产总值达到十八点二万亿人民币，折合二点二三万亿美元，人均GDP为一万三千九百八十五元，折合一千七百美元，比改革开放初期的一九七九年分别增长四十五倍和三十三倍。综合国力的不断提升，使我国人民的生活状况得到显著改善，上个世纪末，我国人民生活已总体达到小康水平。前些天，马凯同志已宣布了最新统计，二〇〇六年我国GDP已经突破二十万亿人民币。

伴随着巨大的成绩，我们也付出了很大的代价，出现了许多社会问题。现在人们议论比较多的，是直接牵涉老百姓利益的民生问题。最近，中国社科院发布二〇〇七年社会蓝皮书，调查显示，目前"看病难、看病贵"、"就业失业问题"、"收入差距过大、贫富分化"是最突出的三大问题。现在，收入最高的百分之二十的人口与最低收入者的差距已达到十八倍。排在第四到第十位的是贪污腐败、养老保障、教育收费、住房价格、社会治安、社会风气和环境污染等问题。这说明：与人民生活紧密相关的各项公共服务，离群众的要求还差得较远；我们的生存环境品质恶化，这包括物质环境，也包括精神环境。

对于这些问题，我是这么看的。从计划经济到社会主义市场经济，是一次深刻的社会变革。这种变革，给我国的发展带来巨大活力，也必然带来这样那样的问题。特别是我们这样的发展中大国,情况就更加复杂。应该说,这些问题,实际就是改革成本或改革代价的问题。其中有的是难以避免的,在任何国家都难以避免;但也有的是本来可以避免而没有避免的,属于工作上的失误。这里面又分两种情况:一种是"摸着石头过河",总有踩不稳的时候;还有一种是预见能力和重视程度都不够,出了问题才出来纠正。还有的叫"心知肚明,无可奈何",明明知道应该怎样、不应该怎样,但是做不到,因为条件不具备。

成绩这么大,问题这么多,结论是什么呢?

第一,改革走到这一步不容易。改革是经济社会发展的必由之路,这条路还要坚定不移地走下去,这一点不应有什么争议。

第二,改革是有代价的,而且这个代价相当沉重。现在的问题,是如何进行必要的调整,解决人民群众的困难,降低今后的改革成本。

第三,改革的目的是要实现中国的现代化,而这个现代化应当是一个健康的现代化。

正是由于上述大的背景,中央才提出了一系列新的方针、政策。构建社会主义和谐社会的《决定》就是一个重大举措。这个《决定》有八章,每一章又有许多小节,内容十分丰富。下面我仅就其中的三个观点和大家交换意见。

关于"本质属性"。

《决定》开篇的第一句话就是:"社会和谐是中国特色社会主义的本质属性。"这句话是新话,但它讲的是老道理。

我们是社会主义国家。为什么提出搞社会主义?马克思的初衷是解决资本主义的不可化解的矛盾,即生产的社会化与生产资料的私人占有问题。马克思设想,在经过资本主义的高度发展阶段以后,就要消灭私有制。但无论是当年的苏联,还是后来的中国,都没有经过生产力高度发展的资本主义阶段,就过渡到社会主义公有制了。等我们回过头来补课,自由资本主义初期所产生的各种问题,都纷纷显现出来。事实上,市场规律是一只看不见的手,市场追求的是利润的最大化。市场和资本,既是社会发展的巨大动力,又是产生各种罪恶的源头。现在产生的种种问题,虽然也有其他因素,但许多与此有关。这时,我们就要强调,我们是社会主义国家,我们搞的是社会主义市场经济,这就是既要发展经济,也要防止市场像脱缰的野马那样完全失控,就是要千方百计地解决好民生问题。一位学者讲:"从字面上对社会主义的理解:社会就是整个人群,或曰群众;主义就是宗旨、目标。所谓社会主义的字面解释就是为整个人群提供最大化福利的宗旨。"这也就是说,我们社会主义国家的政府应最大限度地为公众提供公共产品。

社会和谐是中国特色社会主义的本质属性,其实马克思也有类似的主张。马克思当年十分赞赏魏德林的一个观点,即社会主义是"和谐与自由的社会"。马克思说:共产主义是"人和自然界之间、人和人之间的矛盾的真正解决。"

我觉得,中央现在提出"本质属性"这个概念非常重要,这是警示我们要进一步认清社会主义的本质。这不仅对政府部门,对我们这样做具体工作的团体也有重要的指导意义。作为残疾人和残疾人组织,我们要实事求是地反映残疾人群体存在的困难和问题,帮助政府了解残疾人的状况,加大对残疾人事业的投入,进一步改善残疾人的状况。我们也有义务为体现这个"本质属性"贡献自己的力量。

关于"公平正义"。

《决定》说:"社会公平正义是社会和谐的基本条件。"这是千真万确的真理。社会是由人组成的,人又千差万别,民族不同、阶层不同、职业不同、年龄不同、文化程度不同,健康状况也不同。人与人之间的关系，只有建立在人格平等、相对公平、符合正义的基础上，社会才会和谐、稳定；否则，就会产生矛盾，搞得不好，还会出现大乱子。

我们这么多年一直强调"平等·参与·共享"，就是要争取残疾人在社会上的平等地位，实现社会公平和正义。现在，社会环境已经发生了很大的变化，但残疾人面临的困难和歧视还很多，我们在争取权益方面还要下大力气。

社会公平，就是要起点公平，机会公平，规则公平。要让每个社会成员有大致相同的发展机会和参与分配的机会。只有实现机会均等的原则，才能保证社会成员在一个有平等竞争机会的环境中，充分展示自己的才能，发挥自己的作用。在这里，我们还要特别强调"反歧视"的原则，这也是《公约》反复强调的原则。因为在实际生活中，对残疾人的歧视还是大量存在的。

社会公平，最终要体现结果的合理和公平，即尊重和保障社会成员的基本权利，使社会全体成员从经济社会的发展中受益，而不能只使少数人受益。全体社会成员当然应当包括八千多万残疾人。只有这样，才能提升社会发展的质量，保持社会的和谐稳定，使广大人民拥护改革、认同发展，为社会主义现代化建设的继续尽心尽力。

我们主张公平正义，以往考虑比较多的，是如何站在残疾人的立场，向社会争取残疾人的平等权利，这当然是对的。作为残疾人的代表组织，我们还要加强这方面的职能；今后，我们还可以站在新的高度，即《决定》中说的"构建和谐社会基本条件"的高度，重新审视残疾人问题的重要性。残疾人与健全人平权，不仅是残疾人的正当要求，也是落实基本国策的需要。这样，我们就更加理直气壮，就能争取到更多的支持和帮助，从而更好地保障残疾人的权益。

最后是"和谐文化"。

《决定》提出了一个新的概念——和谐文化,并说"建设和谐文化,是构建社会主义和谐社会的重要任务"。这是一个很有意思的问题。一个国家,一个民族,没有共同的理想信念和道德规范,没有建立起全社会认同的核心价值体系,是难以自立于民族之林的。

《决定》指出,社会主义核心价值体系,包括"马克思主义指导思想,中国特色社会主义共同理想,以爱国主义为核心的民族精神和改革创新为核心的时代精神,社会主义荣辱观"。我们应按照这个精神,教育残疾人和残疾人工作者,努力学习马克思主义,倡导爱国主义、集体主义、社会主义思想,把残疾人事业纳入全面建设小康社会的大局。

我想强调两点:

一个是人道主义也是和谐文化的重要内容。人道主义的基本精神,是"以人为本",是尊重人的价值和尊严,是倡导平等、反对歧视、关怀弱者、尊重人权,这本身就是一种和谐的精神。而且,人道主义是马克思主义的重要组成部分,是重要的马克思主义的价值观,因此,它理所当然是和谐文化的应有之义。

我曾经说过,构建和谐社会应该大力倡导人道主义。现在,我还要说,建设和谐文化更要大力倡导人道主义。人道主义无论如何应当成为社会的基础思想之一。

另一个,和谐思想也是我国优秀传统文化的组成部分。中国古代的思想家,无论是儒家、道家都很推崇"和合"这种境界,这实际就是和谐的思想。《国语》里说:"商契能和合五教,以保于百姓者也。"* 这是中国古籍中第一次提到"和"。孔子提倡

---

* 语见《国语·郑语》史伯对桓公问。

"致中和"*，董仲舒说"天人之际，合而为一"**，张载的名言是"天人合一"***。老子则认为"万物负阴而抱阳，冲气以为和"****，就是说世间万物都是由阴气、阳气以及二气和合之后产生的和气组成的。这些都说明，追求"和谐"一直是中华民族的理想。所谓"和"，不是"同"，"和而不同"才是最高境界。"同"是同质的东西相加，再有多少还是一个。而"和"是多元融合，对立统一，协调一致。"和"字，繁体是"龢"，左边的"龠"（音月）是古代一种像箫的乐器，右边的"禾"是粮食，这个字本身就是物质和精神的结合。"谐"字，皆言也，让大家都讲话，才是和谐的。这个道理，在日常生活中，也是随处可见的。我们听音乐会，如果只有一种乐器，而这个乐器只奏一个调，那只是刺耳的噪音。丝竹管弦，提琴、小号、黑管、竖琴，根据乐谱分别弹奏不同的声部，才能合成美妙的天籁。我想，老祖宗给我们留下的这些思想遗产，是中华文化的精髓，是"以爱国主义为核心的民族精神"的组成部分，也是和谐文化的重要内容，应该很好地继承，还要发扬光大。

当然，我们也要看到在实际生活中，和谐是相对的，不和谐是绝对的。和谐社会是指有能力解决不和谐的问题。另外，和谐不是静止的，它应该是动态的，也就是说，和谐社会内部，应当有生机，有活力和创造性。这个在《决定》中也有充分的论述。还有一点，和谐是对弱肉强食法则的抑制，假如有一天，世界上的冲突逐渐化解，必定是和谐文化这种软实力发挥了作用。

---

* 语见《礼记·中庸》。
** 语见《春秋繁露·深察名号》。
*** 张载，宋人。语见《张载集》。
**** 语见《道德经》四十二章。

不能盲目取消残疾人专用机动车运营*

（二〇〇七年二月二十二日）

残疾人专用机动车运营问题由来已久。

上世纪八十年代中后期到九十年代，因生活所需，一些残疾人开始利用残疾人专用机动车搞运营，而后出现了一些问题，主要是大量健全人介入，如我在广东汕头看到，真正是残疾人运营的仅一百九十二辆，而健全人用残疾人专用机动车运营的就有四千多辆。中国残联对一些城市的调查显示，百分之八十以上，有的甚至达百分之九十都是健全人在运营。此外也有运营车型、马力超标的问题。这样就造成了交通混乱，引起了群众不满，所以各地开始整顿，这一来就造成了冲突。

针对这个情况，一九九五年，公安部等六部委下发了《关于残疾人专用机动车运营管理的通知》，基本原则是运营早晚要取消，但限于我国的经济社会发展状况，现在取消还不适合，应在加强管理的前提下，作为一种过渡措施，有条件地允许运营。中国残联的意见是，残疾人专用机动车运营的主要矛盾是没有管理，可以限制运营车型、运营路段、运营时间，但不能盲目取消运营，不能把残疾人的饭碗砸了。

---

* 这是邓朴方同志与交通部李盛霖部长就残疾人专用机动车运营问题的会谈摘要。

一九九五年文件出台后,稳定了几年。但是从一九九九年、二〇〇〇年开始,有关部门搞畅通工程,各地竞相取消残疾人运营,造成大批残疾人失去生活来源,孩子上不了学,妻离子散,大批残疾人上访,突发、恶性事件频发,二〇〇四年达到高峰,发生了四起残疾人因此自焚或自缢、死亡五人的惨痛事件,湖南衡阳一个残疾人烧死了一个副区长。畅通工程我们支持,但残疾人的利益也要保证。我们还是个穷国家,残疾人还是穷人,解决残疾人专用机动车运营问题要逐步来,不能一刀切,要给残疾人留口子。从事运营的残疾人大都年龄大,没有文化,很难再就业。给残疾人低保,只能保证个人生活,帮助不了一家子。健全人被取消了运营,还可以干些别的,而残疾人干不了别的。所以,成都取消残疾人运营时,残疾人上访打出的口号是:我们不要妻离子散,不要与老婆离婚,我们的孩子要上学。

针对这些年来的情况,我们向回副总理、周永康国务委员做了专题汇报,国务院领导批示,要求公安部牵头,会同有关部门认真研究解决。天津的情况就比较好,比较稳定,市政府有关部门给予了关照,残疾人还在跑。总的说来,取消运营有个过程,当前应采取过渡措施。完全取消运营取决于以下要素:第一,城市经济社会发展水平,能为残疾人提供比较好的保障条件;第二,残疾人总体生活水平提高;第三,无运营市场。当前残疾人专用机动车还有它特定的市场,所以不是简单的行政命令就能取消的。本来公安部和我们中国残联的意见不一致,但经过调研,公安部现在改变了态度,同意在加强管理的情况下,允许运营。我们认为,如果残疾人利益得到保障,基本生活、基本需求得到照顾,才可以取消运营,在此之前不能取消。即便取消了运营的,残疾人还都在跑,不让跑就容易出问题。现在已有相当多的地市取消了,县的问题也出来了,这非常危险,这也是残联成立以来遇到的最大的问题之一。

至于安全问题,准入时可以作为考虑因素,但作为否定理由是不行的。安全问题,我们做过调查,实际上残疾人专用机动车的肇事率大大低于其他车辆。也有人提出,残疾人机动车营运抢了出租车的市场,这完全是谬论。很简单,出租车的利益要维护,残疾人的利益就可以不考虑了吗?应给残疾人活命的机会,出租车司机也会通情达理的。

另外一个重要的事是,国务院要加强对残疾人事务的工作,我们已报请良玉同志同意,国务院残疾人工作协调委员会拟改为国务院残疾人工作委员会,并增加成员单位。交通部是我国公路、水运建设的政府职能部门,希望交通部在其中发挥更重要的作用,特别是在无障碍建设方面,这个问题越来越重要了。

谈残疾人专用机动车运营
和残疾人驾驶汽车问题*

（二〇〇七年三月七日）

首先要感谢公安部对解决残疾人专用机动车运营问题和残疾人事业的重视。

正如杨局长所说，《道路交通安全法》出台后，交通环境、交通秩序逐渐得到改善，残疾人维权意识逐步提高。同时，残疾人就业还很困难，因此在残疾人专用机动车运营问题上应留有空间，以利于残疾人维持基本生存。有的地方因为大量健全人介入残疾人专用机动车运营，交通问题会显得突出，但这不是残疾人专用机动车运营造成的，不是政策的问题，而是管理的问题。我觉得下发关于整顿、规范、登记、总量把握等内容的文件很好。

残疾人专用机动车运营问题不宜久拖，这事本身就有争议，部委之间有争议，部委和地方政府有争议。拖久了，一是给地方政府增加办事困难，二是残疾人听到风声了，但文件一直不下，残疾人就会人心浮动。所以这事宜快不宜迟，应尽快办下来，不要节外生枝。

当然，文件下去后，还有可能出现负面的事情。文件的具体内容，由于是国办转发，能具体的要尽量具体，但有的又不能太

---

* 这是邓朴方同志与公安部交管局杨钧局长就残疾人专用机动车运营问题和残疾人驾驶汽车问题的会谈摘要。

具体,多做原则、政策性的规定,说不明白的不说。主要内容有,残联核定好总量,交通部门把好市场准入关,公安交通部门按非机动车登记管理;还有限制车型,限制运营路线和限时;最后放开的问题由地方政府决定,这样这个文件的内容就齐了。在中央看来,文件是死的,但下面是活的,万事在情理之中,中国还不是法治社会,还是情理社会,以前叫情、理、法,现在叫法、理、情,也就是说法、理、情都要照顾到。文件的细节不必太较劲,大的问题定下来,现有的各部委同意的,可以写具体,细抠有冲突的可以粗一些,要使文件体系没矛盾,这样拿到地方政府也便于操作,就可以稳定一方平安,保证残疾人有饭吃,生活有着落。

还有一事,就是残疾人驾驶汽车问题,双下肢残疾人驾驶汽车问题,现在除中国外,世界上没有一个国家明确不允许残疾人开汽车。这事也得赶紧办了,国外技术标准是现成的、成熟的,拿过来结合中国情况,制订我国的标准,技术环节不是问题,关键是政策。现在人民生活水平提高了,城市交通环境、交通秩序改善了,残疾人也需要驾驶汽车,这事应尽快解决,否则,国家的形象都受影响。二〇〇八年马上要开奥运会和残奥会,国外的、港澳的残疾人来我们这儿要开车,怎么办?如到那时候还不允许残疾人驾驶汽车,那在这个问题上我们落后的面貌就会显露,给国家形象抹黑。理念上没什么障碍,技术上要抓紧办。转眼就到二〇〇八年了,政策放开后,还有一系列的工作要做,还要宣传,所以今年应有大的进展,否则,二〇〇八年再发布残疾人驾驶汽车的政策就来不及了。

紧紧抓住特奥会机遇，全面推进残疾人事业发展*

（二〇〇七年三月十三日）

上海市委、市政府高度重视世界特殊奥林匹克运动会的筹办工作，把办好世界特殊奥林匹克运动会作为全面落实科学发展观、构建和谐社会、提升城市文明、促进经济社会协调发展的重要推动力。组委会第二次全体会议以来，运动会各项筹备工作取得了显著进展，上海特奥运动和残疾人事业发展迅速，全市七万多名智力残疾人中，参加特奥运动的已经达到五万人，"阳光之家"的建设，不但造福全市广大智力残疾人，也为做好全国其他地区智力残疾人工作进行了积极的探索。下面，我谈几点意见：

一、举残联全系统之力，支持上海办好世界特殊奥林匹克运动会

回良玉副总理指出，举办二〇〇七年世界特殊奥林匹克运动会，不仅是上海的事，也不仅是中国残联和体育总局的事，而是全国和全社会的大事。温总理在今年政府工作报告中，把办

---

* 这是邓朴方同志在二〇〇七年世界特殊奥林匹克运动会组委会第三次全体会议上的讲话摘要。

好二〇〇七年上海特奥会作为政府的一项大事。中国残联要举全系统之力,积极参与、全力支持、密切配合组委会的各项工作。各地残联要把运动会的宣传、城市接待计划、火炬接力传递、特奥知识推广、竞赛官员的选派等工作列入重要议事日程,一把手要亲自抓,精心组织,密切协作,保证各项活动顺利实施。

二、赛出中国形象,做好中国代表团组团参赛工作

中国残联已经成立组团工作领导小组,正在会同国家体育总局抓紧做好中国特奥代表团组建工作,感谢财政部为此拨了专项经费。代表团运动员预计一千二百人左右,将参加运动会所有二十一个正式比赛项目和四个表演项目的比赛。我们将按照回副总理"赛出中国形象"的指示精神,做好中国特奥代表团组团、集训和参赛工作,通过参赛充分展示我国智力残疾人自尊、自信、自强、自立的精神面貌,力争取得精神文明与运动成绩双丰收。

三、紧紧抓住特奥会机遇,全面推进残疾人事业发展

第二次全国残疾人抽样调查初步数据显示,我国有五百五十四万智力残疾人,在一千三百五十二万多重残疾人中,还有相当数量的智力残疾人。从总体上说,我国智力残疾人在很多方面还存在相当大的困难。残疾人事业"十一五"发展纲要提出,"对十万名贫困智力残疾儿童开展康复训练;对五万名智力残疾儿童家长进行康复知识培训。采取措施,鼓励和支持政府有关

部门、社会、残疾人组织兴办工疗机构、庇护性工厂,集中安排智力残疾人就业。参加特奥运动的智力残疾人每年增加百分之十"。这是一项十分艰巨的任务。

筹办特奥会的过程,也是宣传和动员智力残疾人参与社会生活的过程。回良玉副总理在视察上海殷行街道"阳光之家"时指出,"阳光之家"体现了我们党执政为民的理念,体现了中华民族的传统美德,也是和谐社会建设的一个具体体现,并要求我们推广"阳光之家"的做法。我们要以举办特奥会为契机,把特奥工作和智力残疾人工作结合起来,促进政府、全社会更加重视智力残疾人问题,制定政策、采取措施,推进包括智力残疾人在内的残疾人的教育、康复、就业培训、社会保障状况的改善,发展社会福利设施、安养托管机构和社会服务机制,建立关爱、支持智力残疾人的长效机制,让更多的智力残疾人走出家门、融入社会,平等参与社会生活,促进社会和谐进步。同时我们要加大宣传力度,改变社会对智力残疾人的态度,形成全社会尊重、关心智力残疾人的良好氛围。

办好上海世界特奥会对改善智力残疾人状况,推动我国残疾人事业发展,构建和谐社会提供了一个难得的历史机遇。现在,离运动会开幕还有不到七个月,时间紧迫,工作繁重,任务艰巨,我们要继续贯彻落实党和国家领导人的指示精神,全面做好特奥会的各项筹备工作,为举办一届精彩、难忘的特奥会做出贡献。

二〇〇六年残疾人工作总结和二〇〇七年工作安排*

(二〇〇七年三月二十八日)

现在,我受回副总理委托,向会议报告二〇〇六年残疾人工作进展情况和二〇〇七年工作安排,请予审议。

二〇〇六年工作回顾

二〇〇六年,是实施国民经济和社会发展"十一五"规划的开局之年,残疾人事业加快发展,成果丰硕。

(一)全面部署残疾人事业"十一五"发展纲要,规划未来五年残疾人事业发展蓝图

《国民经济和社会发展"十一五"规划纲要》将残疾人事业作为落实科学发展观和构建社会主义和谐社会的重点内容予以强调,依据这一要求,结合残疾人工作的实际,国务院残工委组织起草了《中国残疾人事业"十一五"发展纲要(2006～2010年)》及十八个专项领域配套实施方案。残疾人事业"十一五"发展纲要的制订是残工委各成员单位共同努力的结果,尤其是

---

* 这是邓朴方同志在国务院残疾人工作委员会第二次全体会议上所作报告的摘要。

得到了发展改革委、财政部等部门的支持和指导。

二〇〇六年五月二十五日,国务院常务会议审议并通过了《中国残疾人事业"十一五"发展纲要(2006～2010年)》,并以国务院文件下发,这也是国务院批转的第一个"十一五"专项事业规划。《中国残疾人事业"十一五"发展纲要(2006～2010年)》提出了二〇一〇年残疾人基本生活总体初步达到小康水平的目标,明确了今后五年残疾人事业的指导思想和任务目标,对残疾人康复、教育、就业和社会保障等工作进行了部署和规划,突出了政府责任、长效机制和分类指导的原则,具有更强的政策性和指导性。

为全面部署残疾人事业"十一五"发展纲要的实施,二〇〇六年六月,国务院残工委召开了第三次全国残疾人事业工作会议,回良玉副总理发表重要讲话,强调"十一五"时期是残疾人事业加快发展的重要时期,各地区、各部门要以邓小平理论和"三个代表"重要思想为指导,坚持以科学发展观为统领,带着感情做残疾人工作,深入基层为残疾人办实事,着力解决贫困残疾人的生产生活困难,大力推进康复、教育、就业、维权等工作的深入开展,合力构建残疾人事业发展的长效机制,不断提高政府和社会为残疾人综合服务的能力和水平。教育部、民政部、劳动保障部、卫生部、财政部的负责同志就如何进一步做好"十一五"期间的残疾人工作提出了意见。

各地按照这次会议的要求,结合实际,制订、部署了本地区"十一五"发展纲要,将残疾人事业的主要指标列入了当地经济社会发展的总体规划并作为重点或者优先发展领域予以强调。总之,在国务院残工委的统一安排下,残疾人事业"十一五"规划制订和部署工作圆满完成,残疾人事业"十一五"开局顺利,保持了良好的发展势头。

（二）关乎残疾人事业长远发展的重大工作取得突破性进展

一年来,第二次全国残疾人抽样调查、《残疾人权利公约》的制订、《残疾人保障法》的修订、《残疾人就业条例》的制订、二〇〇七上海特殊奥运会和二〇〇八北京残奥会的筹备等关乎残疾人事业长远发展的重大工作取得突破性进展：

1. 第二次全国残疾人抽样调查主要数据发布

经第二次全国残疾人抽样调查领导小组和国家统计局、民政部、卫生部等有关部门和近八万名基层调查人员共同努力,第二次全国残疾人抽样调查的现场调查和数据处理工作进展顺利,二〇〇六年十一月二十九日,《第二次全国残疾人抽样调查主要数据公报》经国务院常务会议审定,并于二〇〇六年十二月一日发布。截至二〇〇六年四月一日,全国残疾人总数为八千二百九十六万人,占全国总人口的百分之六点三四。与一九八七年相比,我国残疾人口总量增加,占总人口的比例上升,残疾类别结构也有新的变化。

这次调查工作深入细致,调查方案科学,组织程序严谨,数据真实可信,调查数据分析研究正在进行中,这些重要的科学数据不仅有利于制定完善残疾人事业的各项法规和政策措施,而且对于深入了解国情,进一步发展各项社会事业也具有重要意义和价值。

2. 推动联合国通过了《残疾人权利公约》

二〇〇六年十二月,第六十一届联合国大会审议并通过了具有里程碑意义的《残疾人权利公约》。我国政府和残疾人组织为推动《公约》的制订进程做了大量的工作,为《公约》文本的形成做出了实质性的贡献,发挥了重要作用和积极影响。在历时五年的起草和磋商过程中,外交部和中国残联多次组团参与,在谈判过程中,残工委各成员单位及我国政府有关部门均给予了大力支持,提出了许多宝贵的意见和建议。我国政府已批准三月三十日签署该《公约》。《残疾人权利公约》的出台,将为我国残疾人事业的全面发展营造一个良好的国际环境。

3. 完成了《残疾人保障法》(修订草案)送审稿的起草工作

在国务院法制办、民政部等有关成员单位的积极推进下,《残疾人保障法》(修订草案)送审稿的起草工作基本完成。修订草案基本保持了原有的法律框架,增加了第八章"人身和财产"。修订的主要内容包括残疾人定义、残疾人的政治权利、政府职责和社会责任以及康复、教育、就业等方面。《残疾人保障法》(修订草案)送审稿的起草工作广泛征求了有关部门、社会各界和广大残疾人的意见和建议,参考了国际相关立法的有益经验,反映了我国残疾人事业发展中成熟的、行之有效的经验和做法,与联合国《残疾人权利公约》进行了有机衔接,得到了各有关方面的一致好评。目前已报送国务院法制办,正式进入修订程序。

4. 二〇〇七年上海特殊奥运会和二〇〇八年北京残奥会筹备工作取得阶段性成果

中国残联积极配合北京奥组委和上海特奥组委全面展开残奥会、特奥会各项筹备工作:残奥会市场开发、志愿者招募工作启动;《北京残奥会宣传战略计划》出台;残奥会吉祥物发布;积极推进城市及场馆无障碍改造,完成了残奥会场馆的初步运行设计。国家体育总局和中国残联共同组派了中国残疾人体育代表团参加第九届远南运动会,获金牌和奖牌总数第一,并取得连续五次获远南运动会金牌位居第一的优异成绩,成为备战二〇〇八年残奥会的一次成功练兵。我国还积极促成了亚洲残疾人体育组织的重组,广州市取得了新成立的亚洲残奥委会举办的第一次亚洲残疾人运动会主办权。

特殊奥运会筹备工作加快推进：成功举办了上海特奥邀请赛和团长会议及第四届全国特奥运动会。在纽约联合国总部举行了上海特奥运动会系列推介活动，时任联合国秘书长安南出席了开幕式并发表讲话，盛赞中国为世界和平发展所做出的贡献。

5. 积极推进《残疾人就业条例》的制订进程

劳动保障部、民政部、国务院法制办积极推进《残疾人就业条例》的立法进程，二〇〇七年二月十四日，经国务院常务会议审议通过。条例突出体现了残疾人就业保护和就业促进的原则，明确了政府、社会、残疾人的责任和义务；确立了就业保护、就业促进和就业服务等一系列的政策制度。条例的实施，将更好地促进残疾人就业，有效保障残疾人的劳动权利。

（三）努力为残疾人办实事、解难题，不断提高为残疾人服务的能力和水平

二〇〇六年，按照《中国残疾人事业"十一五"发展纲要（2006～2010年）》的要求，各地和各有关部门着力解决残疾人最关心、最直接、最现实的康复、教育、就业、维权、无障碍环境和社会保障等问题，残疾人事业"十一五"规划年度任务基本完成，一些领域超额完成任务目标，为残疾人事业"十一五"发展纲要的实施开了一个好头：

继续实施了一批重点康复工程，三百七十八万残疾人得到不同程度的康复，为残疾人提供辅助器具八十一万八千件，其中为贫困残疾人免费发放二十八万九千件；

民政部通过实行农村"五保"供养、最低生活保障、医疗救助等制度，较好地保障了城乡困难残疾人的基本生活；

卫生部等成员单位大力开展残疾预防和残疾人医疗救助专

项活动,推进社区康复工作,七百一十九个市辖区、一千一百七十九个县(市)开展社区康复服务,二百九十九万残疾人得到社区康复服务;民政部继续开展"残疾孤儿手术康复明天计划",已经投入两亿多元,为两万五千名残疾孤儿成功实施了康复手术;

人口计生委等成员单位加大残疾预防工作力度;

教育部制订了"十一五"期间全国特殊教育发展规划,不断增加特殊教育资源,提高特殊教育质量,盲、聋、弱智三类残疾儿童少年义务教育入学率比上年提高,普通高校和高等特教学院录取残疾考生近五千人,六十万名城乡残疾人得到职业技术培训;

财政部、人民银行、国务院扶贫办、中国农业银行重视和支持残疾人扶贫和危房改造工作,发放康复扶贫贷款八亿多元,一百四十一万一千个农村残疾人通过扶贫开发解决温饱,为五万六千户农村贫困残疾人家庭实施危房改造;

劳动保障部、民政部、工商总局、税务总局等成员单位大力促进残疾人就业和社会保障工作,新安排城镇就业残疾人二十九万五千人;一百九十万名残疾人参加社会保险,五百六十七万两千名残疾人得到各种形式的社会救助;

科技部、中国科学院和中国残联启动了为期十年的"科技助残计划",确定一批重点科技产品,直接服务于残疾人,实现科技成果为残疾人所用;

质检总局加大了对残疾人用品用具质量监督管理的工作;

海关总署有力保障残疾人专用物品享受税收优惠政策的落实;

司法部和法律援助基金会设立"中国残疾人法律援助专项基金",为残疾人提供法律救助和服务近十六万九千人次;查处七十二件侵害残疾人合法权益的大案、要案;

公安部等成员单位认真研究解决残疾人专用机动车运营问题,开展打击强迫拐卖聋哑青少年犯罪的专项整治工作;

建设部、民政部、铁道部、交通部、信息产业部、民航总局等成员单位合力推进无障碍建设,全国一千一百八十六个市、县、区系统开展无障碍建设,连续第三年举办"信息无障碍论坛";

共青团中央始终重视加强助残青年志愿者队伍培育,建立和完善青年志愿者助残的长效机制;

人事部积极支持和推进残疾人公务员招考工作,指导和支持残疾人组织建设;

国家民委、全国妇联、全国总工会、民政部、总政治部加强残疾职工、残疾妇女儿童、孤残儿童、伤残军人和少数民族残疾人的权益保障工作;

文化部、新闻出版总署积极推进残疾人事业的文化工作,《国家"十一五"时期文化发展规划纲要》将盲文出版列为重点扶助项目;

中国残疾人艺术团在中非论坛北京峰会的演出震撼人心,大型歌舞《我的梦》进入美、日及欧洲主流文化活动,取得了广而深的国际影响,播撒了爱与和谐的种子;

中宣部、广电总局、国务院新闻办将残疾人事业的宣传纳入"经典中国·辉煌十五"、"经典中国·展望十一五"等国家重点宣传报道计划,首次举办的中国人权成就展将残疾人的人权保障作为独立版块展出。广播、电视、报刊等新闻媒体对残疾人工作的宣传报道力度不断加大。

回顾一年的工作,我们深深地体会到党和政府高度重视,是残疾人事业又好又快发展的根本保证。以胡锦涛同志为总书记的党中央十分关心残疾人,重视残疾人工作。二〇〇六年国际儿童节前夕,胡锦涛总书记专程到北京市儿童福利院看望孤残儿童,要求"为孤残儿童奉献爱心,使他们和其他小朋友一样,在祖国的同一片蓝天下健康幸福成长";二〇〇六年七月,在唐山市视察工作期间,胡锦涛总书记看望慰问大地震截瘫伤员;二〇〇七年新年到来之际,胡锦涛总书记亲自给北京市崇文区的智力残疾儿童回信,勉励孩子们不畏艰难,勇往直前,拥有一个美好的未来。吴邦国委员长会见国际狮子会理事会,高度评价中国残疾人事业的进步。温家宝总理亲笔写信给中国聋儿康复研究中心的孩子,希望所有的残疾儿童都能得到全社会的关爱,让他们有一个活泼的童年。贾庆林同志出席了中国残疾人福利基金会换届大会。曾庆红同志出席了二〇〇八年北京残奥会吉祥物发布仪式。

二〇〇六年,国务院常务会议两次研究残疾人工作。温家宝总理指出,做好残疾人工作,是坚持以人为本、落实科学发展观的重要方面,是促进社会公平、提高社会文明程度的具体体现,对于构建社会主义和谐社会具有重要意义,要求认真总结残疾人事业发展的成就和经验,进一步完善政策措施。

二〇〇六年,国务院残疾人工作协调委员会更名为国务院残疾人工作委员会,这标志着政府在残疾人事业中的主导作用进一步加强。回良玉副总理在每一个残疾人事业发展的关键时刻都给予重要的指导,亲自主持研究残疾人抽样调查、特殊奥运会筹备、《残疾人权利公约》推进等重大工作;亲临上海国际特奥邀请赛,对残疾人体育事业作出深刻的理论阐述;亲自确定二〇〇六年全国助残日主题为"真实的了解、真挚的关爱",并深入到河南省抽样调查的第一线,看望慰问调查人员和残疾人,把党和政府的关爱送到基层、送到残疾人身边。一年来,残工委各成员单位各司其职,出台了一系列的政策措施,解决残疾人在康复、教育、就业、社会保障等方面面临的实际问题,合力构建残疾人事业发展的长效机制。

总之,一年来残疾人工作取得的成就,是党中央、国务院和地方各级党委、政府高度重视的结果,是回良玉副总理和国务院残工委及各成员单位正确领导、大力支持的结果。在这里,我向为残疾人事业倾注心血的回良玉副总理及各位副主任、各位委员和各成员单位表示崇高的敬意和衷心的感谢。

我们还深深地体会到,构建社会主义和谐社会为残疾人事业又好又快地发展提供了历史性机遇。十六届六中全会通过的《中共中央关于构建社会主义和谐社会若干重大问题的决定》明确提出:"发展以扶老、助残、救孤、济困为重点的社会福利。发扬人道主义精神,发展残疾人事业,保障残疾人合法权益。"为在构建社会主义和谐社会的进程中进一步加强残疾人工作提供了重要的政治保证和理论支撑。六中全会强调在制度层面上保障社会公平正义,建立覆盖城乡的社会保障制度,逐步实现基本公共服务均等化,这就为逐步缩小残疾人在基本需求方面与社会平均水平的差距、帮助残疾人和全国人民一道实现小康提供了现实的制度保障和经济基础。当前,残疾人状况与社会平均水平的差距仍然在拉大,贫困残疾人的生活还没有得到根本的改善;在构建社会主义和谐社会的新的历史条件下,如何建立残疾人社会保障制度、加快发展残疾人事业还有待于深入调查研究和制定切实可行的政策措施;要在"十一五"末实现残疾人基本生活总体初步达到小康水平的目标,任务还十分艰巨和繁重。我们要进一步增强使命感和紧迫感,抓住机遇,乘势而上,努力把各项工作做得更好,把残疾人事业推向一个新的发展水平。

二〇〇七年主要工作安排

二〇〇七年残疾人工作的指导思想和总体要求是：以邓小平理论和"三个代表"重要思想为指导，以科学发展观统领残疾人事业发展全局，深入贯彻党的十六届六中全会精神，按照"发扬人道主义精神，发展残疾人事业，保障残疾人合法权益"的要求，研究制订进一步加强残疾人工作的新政策、新举措，把残疾人事业融入全面建设小康社会和构建社会主义和谐社会的大局，整体推进，加快发展；全面完成残疾人事业"十一五"发展纲要规定的年度任务，为实现残疾人基本生活总体初步达到小康水平的目标、为构建和谐社会做出贡献，以优异的工作成绩迎接党的"十七大"召开。要重点做好以下工作：

1. 按照构建社会主义和谐社会的要求研究制订残疾人事业发展的新举措

按照构建社会主义和谐社会的要求，结合第二次全国残疾人抽样调查提供的科学数据，研究残疾人工作的新情况、新特点、新任务，提出加快发展残疾人事业的意见和措施，促进新政策、新措施的出台。

2. 加强农村残疾人工作，增强为农村残疾人服务的能力

抓住建设社会主义新农村的有利机遇，大力加强农村残疾人工作，进一步解决好农村残疾人脱贫、社会保障、残疾儿童少年义务教育、加入农村低保和新型农村合作医疗等问题，增强为农村残疾人服务的能力。建议国务院残工委就此专题进行更加深入的调研，并提出有针对性、有实效性的政策措施。

3. 做好第二次全国残疾人抽样调查数据开发利用

深入分析和开发第二次全国残疾人抽样调查的各类数据，

做好课题设置和研究,开展残疾人状况信息监测,建立调查结果和监测信息省级数据库,并保障正常运行,为制订有关规划和政策提供科学、准确的依据。

4. 做好联合国《残疾人权利公约》的相关工作

广泛、深入宣传《残疾人权利公约》的重大意义,配合做好我国政府签约和全国人大批准加入《公约》的相关工作,促进残疾人事业各业务领域的发展与履约工作有机结合。认真准备并积极参加缔约国会议,扩大残疾人事业的国际影响。

5. 继续推进《残疾人保障法》的修订

积极配合全国人大内司委、法工委,推进《残疾人保障法》修订程序的进程。

6. 贯彻《残疾人就业条例》,促进残疾人就业

召开全国残疾人就业工作会议,宣传贯彻《残疾人就业条例》,充分运用法律和政策手段,推动残疾人就业状况的改善。

7. 加强人道主义宣传

大力宣传人道主义思想对构建社会主义和谐社会的积极作用,培养和宣传践行人道主义思想、自强不息、扶残助残的先进人物,推进"人道主义进校园"读书试点活动。

8. 办好第七届全国残疾人运动会和上海特奥会,加紧筹备北京残奥会

办好二〇〇七年十月在上海举行的第十二届世界夏季特奥运动会,以上海特殊奥运会为契机,促进各地政府和社会对智力残疾人生存和发展问题的关注和扶持。

北京残奥会筹备将进入冲刺阶段,要协助北京奥组委加紧落实各项筹备工作,为残疾人事业的发展营造更好的社会人文环境。

9. 办好第三届全国残疾人职业技能竞赛

组织好今年八月在陕西省西安市举行的第三届全国残疾人职业技能竞赛,展示残疾人职业技能和精神风貌,并选择优秀选手,参加十一月在日本举行的第七届国际残疾人职业技能大赛,争取良好的成绩。

10. 召开第四次全国特殊教育工作会议,推进残疾人教育新发展

教育部、民政部、中国残联共同召开第四次全国特殊教育工作会议,制订"十一五"期间特殊教育工作的总体规划和措施,部署工作。

11. 完成残疾人事业"十一五"发展纲要规定的年度任务

积极推进各项业务工作,完成残疾人事业"十一五"发展纲要规定的年度任务,进一步解决残疾人在康复、教育、就业、社会保障、文化需求等方面面临的迫切问题,努力改善残疾人状况。

二〇〇七年是国家经济社会发展的重要一年,是全面执行《中国残疾人事业"十一五"发展纲要(2006~2010年)》、残疾人事业加快发展的重要一年。让我们紧密地团结在以胡锦涛同志为总书记的党中央周围,坚定信心,奋发图强,认真做好今年的各项工作。

在第二期长江新里程计划项目（2007～2011）启动仪式上的致辞

（二〇〇七年四月二日）

今天是一个值得庆贺并应该永远铭记的日子。我们大家欢聚一堂，参加长江新里程计划项目新一周期的启动仪式，共同见证李嘉诚基金会这项充满人道主义情怀、又将惠及内地众多残疾人的善举。我谨代表中国残联和八千多万残疾人及其亲属向李嘉诚先生本人和李嘉诚基金会的卓越贡献表示由衷的敬意和感谢；向多年来一直关心和帮助残疾人事业发展的各界人士表示诚挚的谢意！

中国残疾人联合会自创建以来，一直得到社会各界人士的厚爱和支持，李嘉诚先生及属下长江集团先后捐款超过两亿港元，支持内地残疾人事业的发展。二十多年的合作，李先生血浓于水的深情厚意和博爱精神，李嘉诚基金会对内地残疾人事业的慷慨相助，我和我的同事们将永远铭记，内地八千万残疾人和他们的亲属也将永远铭记。

2000～2005年，中国残联和李嘉诚基金会合作实施第一期长江新里程计划项目，在康复、教育、就业等领域给予贫困残疾人以特别扶助，不仅使众多残疾人因此受益，开启了新的人生里程，也极大地促进了内地残疾人事业的发展。此次，李嘉诚基金会再次投入一亿港元，在今后的五年中，继续支持长江新里程计划项目，实施假肢服务、高科技助残就业、脑瘫儿童康复及预防三个项目。这一慷慨的人道义举,再次彰显了李先生"助无助者"的慈善理念,又将惠及十余万残疾人及其家庭。同时,项目的实施,必将带动社会各界更加关注残疾人、重视和支持残疾人事业的发展,必将推动社会文明进步与和谐,促进残疾人平等参与社会生活、共享社会物质文化成果。

中国残疾人联合会已经走过近二十年不平凡的历程。在党和政府的支持及社会各界的帮助下,我们正在为进一步改善残疾人状况、帮助残疾人与全国人民一道共奔小康而不懈努力。我衷心地希望社会各界人士一如既往地给予我们支持和帮助。

最后,祝愿新一周期长江新里程计划项目取得圆满成功,祝愿我国的残疾人事业因为各位的人道情怀与博爱精神而迎来更加美好的明天!

第二次全国残疾人抽样调查总结报告

(二〇〇七年四月三日)

二〇〇四年九月,国务院批准2006～2007年开展第二次全国残疾人抽样调查,并同意成立了第二次全国残疾人抽样调查领导小组。两年多来,第二次全国残疾人抽样调查在各地区、各部门、各级调查机构和所有工作人员的共同努力下,圆满完成了主要任务。目前,主要调查数据已经发布,调查工作得到了社会的广泛认同。今天,我们在这里召开电视电话会议,总结第二次全国残疾人抽样调查工作,表彰做出突出贡献的先进集体和先进个人,以此促进全社会理解、尊重、关心、帮助残疾人,支持残疾人事业的发展。

现在,我代表第二次全国残疾人抽样调查领导小组对调查工作进行总结:

一、调查取得了丰硕成果,实现了"真实的了解、真挚的关爱"

第二次全国残疾人抽样调查是我国国情调查的一个重要组成部分。为时两年的抽样调查,不仅为进一步发展我国残疾人事业提供了可靠依据,还起到了弘扬人道主义精神、宣传残疾人事业、动员社会力量支持残疾人事业的特殊作用。二〇〇四年十一月,第二次全国残疾人抽样调查领导小组召开了第一次全体会议,通过了调查的整体工作安排,明确了领导小组各成员单位的责任。二〇〇五年十月,领导小组第二次全体会议讨论通过了《第二次全国残疾人抽样调查方案》和《第二次全国残疾人抽样调查残疾标准》,报国务院批准后实施。二〇〇六年十月,领导小组第三次全体会议审议通过了第二次全国残疾人抽样调查主要数据公报。二〇〇六年十一月二十九日,温家宝总理主持召开第一百五十八次国务院常务会,听取了第二次全国残疾人抽样调查情况的汇报,对调查工作和调查成果给予了充分肯定,并对进一步加强残疾人事业发表了重要讲话。二〇〇六年十二月一日,国务院新闻办召开新闻发布会,向社会公布第二次全国残疾人抽样调查结果和近年来残疾人事业发展情况。

第二次全国残疾人抽样调查取得了丰硕的成果。

(一)通过调查,取得了丰富的真实可信的数据,为国家制定相关政策法规、推进残疾人事业、推动社会事业发展提供了科学的依据

在两个月的现场调查中,全国两万余名调查队员,五万余名陪调队员和大量工作人员在全国七百三十四个被抽中县(市、区)、两千七百七十九个乡镇(街道)、五千九百六十四个调查小区,共调查了七十七万余户,二百五十余万人,为五十五万余人进行了健康检查和残疾评定,获得了大量翔实的数据。现场调查的入户率达到百分之百,见面率达到百分之八十三点五,疑似残疾人检查率达到百分之九十九点一。从工作程序和实施过程看,投入人力多,技术要求严,组织缜密,环环相扣,完整性强。整个调查工作实现了全程质量控制,确保了调查数据的质量。通过调查,摸清了残疾人底数,掌握了残疾人和残疾人事业的真实情

况,将为国家及地方制定发展残疾人事业的规划和政策提供准确而系统的数据。可以说,整个调查过程做到了"真实的了解"。

(二)调查过程成为党和政府关心困难群众、弘扬人道主义精神的过程,为残疾人办实事、解难题,送去关怀和温暖

针对残疾人调查的特殊性和被调查对象的状况,在调查过程中,各调查队把调查与送温暖紧密结合,一方面认真负责地完成调查任务,同时,及时为残疾人办实事、解难题,送去关怀和温暖。据不完全统计,现场调查开展以后,全国调查地区为残疾人解决或正在解决实际困难共计二十三万六千余件,有三十一万九千人次的残疾人受益。调查受到广大群众和残疾人的普遍赞扬,各调查队真正把调查过程作为党和政府关心困难群众的过程,作为弘扬人道主义精神的过程,作为宣传普及科学知识的过程,做到了"真挚的关爱"。

(三)调查工作得到了国际社会的广泛赞许,展示了我国政府关心残疾人,重视发展残疾人事业的良好形象

进行残疾人统计和调查,是国际社会特别是《残疾人权利公约》对各国发展残疾人事业的基本要求。我国的第二次全国残疾人抽样调查一直得到国际社会的高度关注。联合国统计署、世界卫生组织、联合国儿童基金会等国际组织对中国政府进行这样一项大规模的残疾人状况调查表示了钦佩,对调查方案的科学、组织实施的严密表示了赞赏。我国的这一务实行动受到国际社会的普遍好评。第二次全国残疾人抽样调查行动本身和调查结果有力地向世界表明,一个更加开放和蓬勃发展的中国在保障残

疾人权利、发展残疾人事业方面所做出的努力及取得的成就,也充分展示了我国人权保障的真实性、公平性和广泛性。

二、第二次全国残疾人抽样调查的主要经验

回顾这次全国残疾人抽样调查,有许多好的经验值得总结,主要有:

(一)各级党委、政府的高度重视和有力领导是完成调查任务的根本保障

各级党委、政府自觉把搞好这次残疾人抽样调查作为落实科学发展观、构建社会主义和谐社会的重要举措,各省(自治区、直辖市)、被抽中的县(市、区)都成立了由政府领导担任组长,有关部门负责同志担任副组长的领导小组。按照统一要求,各级领导小组之间都签订了责任书,进一步明确了责任。领导小组充分发挥作用,在调查筹备的关键时刻,许多省(区、市)的领导小组组长、副组长亲自带队,赴抽中县(市、区)督导检查,帮助解决存在的困难;入户调查开始以后,各级领导小组负责同志又亲自赴调查一线慰问调查队员,掌握进展情况。特别让全国广大调查人员和被调查户难忘的是,中共中央政治局委员、国务院副总理回良玉同志不仅亲笔确定"真实的了解,真挚的关爱"的调查目标,又在二〇〇六年五月九日亲临调查现场,看望调查队员、慰问残疾人群众。调查的实际工作证明,各级党委、政府高度重视,各级领导小组认真履行了职责,圆满完成了各自的任务。

(二)科学可行的调查方案是做好调查工作的基础

为保证调查方案的科学性和可行性,第二次全国残疾人抽

样调查领导小组专门成立了专家委员会。在专家委员会的技术指导下,全国抽调办组织制订了调查总体方案。调查方案的制订既借鉴了各类大型调查的经验和成熟的做法,又突出了残疾人调查的特殊性;残疾标准的修订和残疾评定方法的制订,既保持了与现行残疾标准的衔接,又适应了变化了的情况,既借鉴国际最新标准,又符合中国国情,既讲求科学性、严密性,又注意可操作性。在方案形成确定过程中,不仅广泛征求了各地和各部门的意见,还经历了两次小规模试点及全国模拟试点的检验,保证了方案的科学性和可行性。

(三)各有关部门的密切配合和通力合作是完成调查任务的保证

第二次全国残疾人抽样调查是一项十分复杂的系统工程。领导小组各成员部门主动强化大局意识,自觉服从大局,从各自职责出发积极开展工作,群策群力,通力协作。统计部门积极发挥了技术指导和专业服务的作用;民政系统充分利用基层组织的力量协助开展、实施好现场调查;卫生部门在残疾标准修订、调查队医生的组织和培训等方面给予大力支持;财政部门在财力和物力上对调查工作给予了全力支持和保障;宣传部门和新闻单位广泛深入地开展了社会宣传动员,为调查工作顺利进行营造了良好的舆论氛围;公安部门在入户调查时也积极提供了帮助;各级残联有效地发挥了日常工作组织和综合协调的作用,基层残疾人工作者成为调查队的骨干。

(四)建立一支技术精湛、责任心强、作风过硬的调查队伍是做好调查工作的关键

实践表明,我们这支调查队伍,是一支团结高效、业务精熟、能够吃苦、敢于战斗、乐于奉献的队伍,具有良好的精神风貌和

工作作风。各地严格按照要求,本着"硬抽人、抽硬人"的原则,如期组建了强有力的调查队伍。在培训过程中,整个培训安排紧凑,要求严格,教学和实践相结合,学习与试教相结合,完全达到了培训目的,使学员们都掌握了调查工作所需要的各种专业技能,为完成调查工作提供了技术保障。在做好培训和组建工作的同时,各级调查机构还认真开展思想政治动员工作,积极关心调查队员的工作生活,为他们解除后顾之忧,充分发挥了广大调查人员做好工作的积极性和主动性。

在调查过程中,涌现出一大批无私奉献、恪尽职守、全心投入、科学求实、顾全大局、热心服务、关爱残疾人的先进集体和个人,调查队员的奉献精神感人至深。这次受到表彰的先进集体和先进个人,是他们中的优秀代表。广大调查队员在现场调查的过程中用实际行动谱写了第二次全国残疾人抽样调查精神。概括起来是:爱党爱国、恪尽职守的坚定信念;人道无私、默默奉献的高尚品质;科学严谨、求真务实的工作态度;热情细致、服务群众的优良作风;团结协作、顾全大局的整体意识;不甘人后、争创最佳的进取精神。第二次全国残疾人抽样调查精神受到各地党委、政府和群众的普遍赞扬。我们要很好地总结和发扬,并把这种精神融入到今后各项工作之中。

(五)广泛的宣传动员是完成调查任务的必要条件

第二次全国残疾人抽样调查是和平时期的一次重大的社会动员。没有社会的广泛参与和调查对象的密切配合,取得调查成功是难以想象的。在各级宣传部门和新闻单位的大力支持下,调查宣传活动形式多样、声势浩大、覆盖面广、重点突出,引起了全社会对残疾人抽样调查的广泛关注,使入户工作得到了广大被调查群众的理解与配合。

第二次全国残疾人抽样调查任务的圆满完成,是党中央、国务院科学决策、正确领导的结果,是各级党委、政府高度重视的结果,是各相关部门密切协作的结果,是广大人民群众和调查对象积极配合的结果,是各级调查机构和调查人员团结奋斗、忘我工作的结果。

在这里,我代表第二次全国残疾人抽样调查领导小组向荣获第二次全国残疾人抽样调查先进称号的集体和个人表示热烈的祝贺!向各级调查机构和全体调查人员表示亲切的慰问!对各级党委、政府对第二次全国残疾人抽样调查工作乃至整个残疾人事业的关怀和重视表示衷心的感谢!对各级领导小组的辛勤工作表示感谢!向主动参与、密切配合的各有关部门表示感谢!向支持与配合调查工作的国内外专家、新闻媒体和各界人士致以诚挚的谢意!

第二次全国残疾人抽样调查所获得的数据是十分丰富而宝贵的。这些数据,是制定和完善有关残疾人的法律、法规和政策的依据,是更好地开展残疾人工作的基础,是深入研究残疾人事业的宝贵财富。这些数据及其分析,不仅可以充分反映近二十年来我国经济社会的进步和残疾人事业的发展,反映残疾人在康复、教育、就业、社会保障、文化体育等方面状况的改善,而且更清晰地反映残疾人生活状况与全面建设小康社会目标的差距,反映残疾人工作的薄弱环节、难点以及残疾人事业战略调整的方向。从整体上看,我国残疾人事业仍然滞后于经济社会发展,残疾人在基本需求方面与社会平均水平的差距仍在继续拉大。残疾人事业发展水平和服务能力与残疾人日益增长的需求之间仍存在着不小的差距。残疾人总量增加、比例上升、结构变化,社会面临的残疾风险不断加大。面对这些新情况和新问题,我们都必须认真加以分析研究,拿出新的对策和方法,逐步予以解决。

三、抓住机遇，做好调查后续工作，推动残疾人事业又好又快地发展

残疾人事业是社会主义事业的重要组成部分，平等享有社会物质文化成果是残疾人应有的权利，维护好这一权利也是全体人民共建和谐社会、共享社会和谐的具体体现。这次调查获得的数据，将为残疾人事业和国家社会发展提供可靠依据，是宝贵的信息资源和社会财富，一定要十分珍惜。我们要全面贯彻落实科学发展观，站在推动构建和谐社会的高度，扎扎实实地做好调查后续工作。

（一）认真做好调查资料的开发应用和课题研究工作

调查数据公布后，得到了社会各界的普遍认同，引起了全社会对残疾人和残疾人事业的关注。我们要认真做好调查数据的分析研究工作，深入挖掘数据结果蕴含的经济和社会信息，更好地为各级党委、政府、人民群众和社会各界服务。要通过课题研究，发现存在的问题和差距，找出工作的难点和重点，制订解决问题的办法和措施。通过本次调查，不仅要推动和实现我国残疾人事业的战略调整，还要积极向党和政府建言献策，为残疾人工作有关的法规、政策的制定提供依据，为政府决策和社会事业的发展给予有力的数据支撑。要通过研究成果的国际合作和国际交流，在更大范围内为世界残疾人事务做出我们的贡献。

（二）推进残疾人状况统计工作的制度化、规范化建设

科学规范全面的统计是科学决策的基础。第一次调查和第

二次调查之间相隔了十九年,是不合理的。要利用这次抽样调查的机遇,在总结这次调查经验的基础上,认真研究借鉴国内外好的做法,推进残疾人状况统计的制度化、规范化建设。要实现规模调查定期化、日常监测经常化,建立定期规模调查与日常监测相结合,层次清晰、简便可行的残疾人状况统计体系,进一步完善统计体制,健全指标体系,理顺数据采集渠道,改进统计手段和方法。当前,各地要高度重视残疾人状况信息监测工作,按照统一要求做好部署和培训,开展好信息采集,为今后工作开个好头。

(三)全面推动残疾人事业快速发展

通过调查,我们掌握了残疾人事业发展的状况,进一步摸清了残疾人事业的薄弱环节,并使党和政府及全社会看到了在构建社会主义和谐社会过程中残疾人这一特殊困难群体面临的新情况、新问题。残疾人事业的发展要依赖大局,残疾人事业也是大局的一个组成部分。在今后的工作中,我们首先要继续紧靠大局,将残疾人工作纳入构建社会主义和谐社会的各项制度建设和政策措施之中,整体规划,同步推进,不能再有新的欠账。要根据这次调查提供的现实依据,以解决贫困残疾人基本生活为突破口建立城乡一体的社会保障体系,以残疾预防为切入点建立残疾防控体系,实现从抢救康复向抢救康复与防控康复并重的转变。要根据这次调查发现的残疾人需求特点,调整业务重点,改进工作方式,进一步提高为残疾人服务的能力和水平。

同志们,第二次全国残疾人抽样调查取得圆满成功,但是后续任务仍很重,残疾人事业任重而道远。希望大家再接再厉,与时俱进,开拓创新,为实现残疾人与全国人民一道奔小康,为构建社会主义和谐社会做出更大的贡献。

在国务院常务会议上关于
二〇〇七年上海世界特殊奥运会的发言

(二〇〇七年四月二十五日)

首先感谢各位领导对残疾人事业一直以来的关心和支持。韩正市长的汇报,我完全同意。我补充两点:

一是上海市委、市政府克服困难,做了扎实有效的工作。二〇〇〇年,上海成功举办第五届全国残疾人运动会,爱心满申城,向全国人民交了一份满意的精神文明建设答卷,推动了残疾人事业发展。上海市委、市政府在申办世界特殊奥林匹克运动会时就提出,把这次特奥会作为精神文明的"世博会";注重筹办过程,将特奥会作为全面落实科学发展观、构建和谐社会、提升城市文明、促进经济社会协调发展的重要推动力。上海"阳光之家"的建设,使广大智力残疾人受益,也为全国残疾人工作做出了积极有益的探索。

二是抓住上海特奥会这一机遇,推动残疾人事业发展。首先,中国残联要举全系统之力,积极参与、全力支持、密切配合组委会的各项工作。其次,中国残联将会同国家体育总局抓紧做好中国特奥代表团组团、集训、参赛工作。本届特奥会中国代表团预计有运动员一千二百人左右,将参加运动会所有二十一个正式比赛项目和四个表演项目的比赛。要按照国务院领导的指示精神,赛出中国形象,力争取得精神文明与运动成果双丰收。同时,我们将紧紧抓住特奥会机遇,把特奥工作和智力残疾人工作结合起来,全面推进残疾人事业发展。

在首届国际听力障碍预防
与康复大会开幕式上的致辞

(二〇〇七年四月二十六日)

恰逢北京美丽的四月,我们迎来了首届国际听力障碍预防与康复大会的召开。此次大会是世界卫生组织和中国残疾人联合会在中国就相关领域举办的首次国际性盛会。这对于推动世界听力障碍预防与康复事业的发展,增进人类健康具有非常重要的意义。

耳朵是聆听有声世界的重要器官。人人渴望拥有健康的耳朵,良好的听力。然而,全世界有数以亿计的人患有不同程度的耳病及听力障碍,中国有听力残疾人两千七百八十万,其中单纯听力残疾者两千零四万人、多重残疾中有听力残疾者七百七十万人,听力障碍给他们的生活造成了严重影响。

中国政府历来十分重视听力障碍预防与康复工作。两次先后在全国范围内开展大规模残疾人抽样调查;制订实施国家残疾人事业发展规划,使二十六万听力残疾儿童得到有效康复;出台法规政策,完善听力障碍预防与康复的工作体系;建立听力语言康复机构一千七百多个;加强专业人才培养,提高队伍素质,为听力障碍预防与康复事业的发展提供人才和技术支持;设立全国"爱耳日",采取多种宣传方式,提高全民爱耳护耳意识。

我们积极谋求国际交流与合作,与相关国际组织、国家和地区建立了密切的合作关系,得到了世界卫生组织的大力支持与帮助，有力地推动了中国听力障碍预防与康复事业的发展。

  听力障碍预防与康复是一项专业性较强、多学科合作的社会化系统工程。提高康复质量和技术水平是我们共同的责任，专业互补、资源共享是时代的要求。本次大会在中国召开，为推动我国听力障碍预防与康复事业的快速发展创造了条件。我真诚地希望这次大会不但是预防医学、康复医学和康复教育等各领域同仁切磋技艺、进行学术交流的会议，更是传播先进理念、增进世界友谊、促进国际合作、推动全球听力障碍预防与康复事业发展的一次盛会！中国愿与国际社会一道，为使更多的听力障碍者得到康复，为增进世界人民的健康做出不懈努力！

在全国残疾人体育工作会议上的讲话

（二〇〇七年五月十二日）

根据第二次全国残疾人抽样调查结果，我国目前有八千二百九十六万残疾人。体育对每一个人的生活都具有重要意义，而对残疾人的生活甚至具有更为重要的价值，是残疾人的一项重要权利。体育不仅对残疾人的身体健康与康复具有积极作用，还有助于残疾人愉悦心情、树立信心、突破身心障碍、走出封闭、融入社会。残疾人体育活动是展示人类顽强拼搏、乐观进取精神的舞台，是增进人类情感与友谊的桥梁，是改变社会观念与风貌的动力，是展示人权保障的重要平台。残疾人体育发展水平也是一个国家经济、社会发展水平和文明程度的重要标志，是一个民族精神力量的重要体现。我国残疾人体育事业的发展，折射出我们身处的伟大时代的轨迹。改革开放二十多年来，残疾人事业始终得到党和政府的高度重视，得到不遗余力的推进和改善，残疾人体育运动日益受到重视，不仅增强了残疾人的体质，而且成为残疾人全面参与社会生活的重要途径之一。广大残疾人运动员珍惜、热爱生命，热爱祖国，以生命的创造力为祖国赢得荣誉。但从总体上来说，我国还是一个发展中国家，受经济、社会发展水平的制约，残疾人体育事业发展总体水平还不高，区域之间、城乡之间发展还很不平衡，离广大残疾人参与体育活动的需求还有不小差距。

我国成功申办二〇〇七年世界特奥会、二〇〇八年奥运会和残奥会,举办和组团参加特奥会和残奥会这两项高规格的国际赛事对我国的残疾人体育事业来说是前所未有的机遇,也将经受更为激烈的挑战和考验。筹备和组团工作自启动之初就得到了党中央和国务院的高度重视,办好这两项赛事,取得与东道主地位相适应的好成绩,并借助这一巨大动力和精神感召力,把我们的残疾人体育事业推向一个新的高度,不仅是所有残疾人工作者的愿望,更是全国人民赋予我们的义不容辞的历史责任。

会前,国务院办公厅印发了《关于进一步加强残疾人体育工作的意见》。会议最后,回良玉副总理还将作重要讲话。各级残联、残疾人组织要按照领导同志的重要指示,贯彻落实国办文件精神,高度重视残疾人体育工作,要主动向党委和政府汇报,争取支持。要同各级体育部门密切合作,争取他们的指导和多方面的帮助,要建设好残疾人体育工作队伍和社会化的群众体育工作网络,利用一切社会资源为残疾人就地就近参加体育活动提供便利和条件。要加强残疾人运动员队伍的选拔、培养工作,要协调有关部门为他们训练和比赛提供必要的保障和条件。要以高度的责任感和使命感,发挥主动性,积极参与、支持、配合北京奥组委和上海特奥会组委会的工作和中国两个代表团组团、集训及参赛工作。同时,要把眼光放长远,借助两个运动会的良好契机和社会广泛支持、关注的氛围,用心去摸索本地区残疾人体育工作乃至残疾人事业各领域工作的持续发展模式和长效机制。各位残疾人体育工作者要负重前行,迎难而上,以高度的责任心、紧迫感投入到筹备和组团参赛的工作中去,同心协力、扎实细致地完成各项任务。

广大残疾人朋友要继续发扬自尊、自信、自强、自立的精神,踊跃参加体育锻炼,积极投身于社会工作和生产活动,自强不息,甘于奉献,用实际行动和出色的业绩展现新时期残疾人的聪明才智和潜能,真正成为经济和社会发展的一支重要力量,为构建和谐社会做出新的更大的贡献。残疾人运动员要努力学习文化知识,提高综合素质,塑造良好的作风和形象,刻苦训练,敢于吃苦,顽强拼搏,争取为国家赢得更大的荣誉。

残疾人体育事业是人道的事业,是充满希望和挑战的事业,是用意志和汗水浇铸辉煌的事业。我相信,在党中央和国务院的正确领导下,在各省市、各部门和社会各界的关心重视下,在所有残疾人工作者和广大残疾人的努力下,我国残疾人体育工作一定会取得更大的发展,二○○七年上海世界特殊奥运会和二○○八年北京残奥会一定能取得圆满成功,进而推动我国残疾人事业又好又快发展。

在地方残联换届工作会议上的讲话

（二〇〇七年五月十三日）

中国残联明年就成立二十年了，加上前期基金会成立的四年，二十多年来，在改革开放的大好形势下，各级残联上上下下充分发挥主动性、积极性和创造性，团结一致，艰苦奋斗，将残疾人事业推到了一个新的发展水平，残疾人组织实现了从无到有，从弱小到相对强大，一步步发展，一步步强大，并取得了相应的社会地位；残疾人事业也发生了翻天覆地的变化，得到国内国际的承认，得到党和政府以及社会各阶层的承认；更主要的是，得到了广大残疾人的承认，广大残疾人从中受益。没有大家的努力，光靠中国残联是不行的，干活还是要靠你们，你们干活也要靠基层，我们基层虽然不是全部能够做到"横向到边，纵向到底"，但基本上能够做到，这样就把残疾人事业和群众联系在一起，把残疾人工作者和残疾人群众结合在一起，很多以前担心的问题现在也有希望解决了，我自己也感到很欣慰。对大家的辛勤劳动、无私奉献，对大家创造的辉煌成就，表示衷心的感谢。

又一次换届了。一批同志要退下去，一批同志要上来，还有一些同志要继续干下去。这次又有近半省级残联一把手即将到龄，再过一段时间，这些同志"人面不知何处去"，大家为残疾人事业工作多年，有感情了，舍不得对残疾人工作的这份情感；新上来的同志"桃花依旧笑春风"*，新老交替，冬去春来，花开花落，长江后浪推前浪，这是历史规律，也是我们的组织长远发展所必需的。

换届是个坎儿，大家要过好这个坎儿。"我自横刀向天笑，去留肝胆两昆仑"**。在换届中，我们要体现出高的觉悟，走要走得漂亮，留要留得踏实；要以天下为公，不能到最后因一点儿私心而出岔子，很不划算；要做好工作，要选好接班人，配好配强班子。同时要在换届工作中抓好业务工作，要人事论人事，工作论工作，人事、工作两不误，人事问题要大公无私，工作问题要按部就班、开拓进取。

总体来说，从成立以来，全国残联系统上上下下的风气是正的，精神面貌是好的，工作是有活力、有创造性的，基本上勤政廉政，大体是好的。

这次换届地方变动比较大，反映了残疾人事业的发展到了一个新的关口。前二十年，我们的工作是在尽力为残疾人谋利益的同时，多做打基础的工作，其重心是残联系统的建章立制，包括组织建设、思想建设、体系建设等，我们顺应改革开放的大潮，取得了好的成绩；现在形势发生了变化，出现了一些新问题，也需要我们能够顺应大潮，适应形势的发展。如：第一，第二次全国残疾人抽样调查数据显示，全国残疾人数量增加了，残疾人结构发生了变化，这样我们的工作难度跟着增加了。要多想一想，怎样在现有情况下有效地为残疾人服务，工作的范围和内容需要作适当的调整。第二，我国目前的经济发展形式是社会主义市场经济，市场经济的客观规律是穷人越穷，富人越富，残疾

---

* "人面"、"桃花"两句诗出自唐代诗人崔护《题都城南庄》。
** 语见清末谭嗣同《狱中题壁》。

人和健全人的收入逐渐拉开，不管是农村还是城市，都表现得十分突出，以前对残疾人的各种优惠政策也就慢慢不适应新形势了，新的手段又一时上不来，这是一个大问题。第三，另一个大问题。随着中国社会的改革，各种矛盾激化，改革是要付出代价的，其所显示的负面因素将会越来越多地被人们感受到，改革的成果还难以公平地惠及到各类人群，再加上社会保障体系又不完善，造成现在相当多的社会问题和矛盾。因此，怎样在社会主义市场经济中建立有效的社会保障体系，怎样将残疾人工作和残疾人的利益有效地纳入其中，这就是我们目前所面临的问题，需要我们有更高的政策水平、理论水平，需要我们开展更多的实际调查研究和对情况的深入分析，切实地、扎扎实实地做好残疾人工作。第四，其他一些问题，如新形势下残联自身定位问题。目前国家社会形态正逐渐变化，社会结构也在不断变化，这就涉及我们残联组织自身改造、自身定位的问题，涉及残联组织的工作方式、工作内容、工作特点、工作范围和深度等都需要跟着变化的问题。因此，不管大家是退还是留，都要认真思考这些问题，跟上形势，要未雨绸缪，要有前瞻性，否则，残疾人工作将会遇到预想不到的困难，一步慢则步步慢，一步跟不上则步步跟不上。特别是残疾人事业的政策制定问题，光靠中国残联不行，要靠基层残联，要鼓励基层残联特别是县、地（市）残联根据自身的实际情况，创造性地开展工作，积累丰富的材料，总结出有效的经验，在此基础上，中国残联才能形成正确的认识，才能制定出符合实际的科学的方针政策，才能把握残疾人事业的正确发展方向。否则，重大方针政策不建立在基层工作实际开展的基础上，而是靠编出来的话，是会出大问题的。

地方残联要求在二〇〇八年四月底之前完成换届工作任务。因此大家要切实履行好"双管"职责，要"动"起来，要往下跑,多与下一级的党委、政府、组织部门联系沟通,多为下级残联做工作争取有利条件和大力支持,要一级级抓紧,配好配强市、县、乡的残联班子,只有下级残联班子配好配强了,上级残联才能够省心,广大残疾人才能够受益。二十年来形势发生了很大变化,二十年前群众、干部的思想很单纯,很理想主义,现在则复杂多了,现实多了,这些都对残联队伍形成冲击,而残疾人群众及社会各方对残疾人工作的要求也高多了,再来官僚主义的东西就站不住脚了。因此,换届工作中配好配强残联领导班子是关键。

在"共创美好明天,维护聋哑青少年权益"座谈会上的讲话

(二〇〇七年五月十六日)

北京海淀法院、山东济南公安局公交分局的同志介绍了救助聋哑青少年工作情况,他们为开展预防聋哑青少年犯罪工作提供了可资借鉴的有效措施和经验。听了大家的讲话、发言,我深受教育、深受启发,也深受感动。我看过山东的基地,非常不容易。缺少资金,也缺少各方面的支持,但他们凭借一片爱心,坚持把这个基地办下来,而且取得了非常好的效果。还有,听了这位内蒙古聋哑人家长的讲话,戴着她送的哈达,觉得心里有愧,我们的工作还没有做好,但我想我们的工作已经开始了。

今年五月二十日是第十七次"全国助残日",主题为"保障残疾人权益,共建和谐社会"。维护残疾人权益,是我国人权保障的重要组成部分,也是残疾人事业发展的出发点和落脚点。当前我国正处于构建社会主义和谐社会的进程中,充分考虑残疾人的特殊困难和需求,维护残疾人权益,调动广大残疾人的积极性和创造性,为社会主义建设贡献力量,是构建和谐社会的必然要求。我国政府已于今年三月三十日签署了《残疾人权利公约》,维护残疾人权益也是我国履行国际义务的具体体现。总的来说,残疾人维权工作重要而迫切,全社会都应给予关注。

聋哑青少年犯罪是残疾人维权工作的一个突出问题。由于与社会沟通不畅、相对封闭,且就学、就业、生活存在困难等,聋

哑青少年易受社会上的不法分子、团伙头目诱骗、强迫、操纵,参与犯罪活动。近几年来,这种现象愈演愈烈,据一些地区的调查,聋哑青少年扒窃盗窃犯罪活动已占有一定的比例。如何采取措施,加强预防聋哑青少年犯罪和救助工作,为他们融入社会创造条件,使他们共享社会物质文化成果,有一个美好的童年和明天,是摆在我们面前的一项重大任务。

可喜的是,预防聋哑青少年犯罪工作得到了中央领导和有关部门的关注与重视。有关部门已开始将预防聋哑青少年犯罪工作纳入工作计划,采取积极的措施加以解决。今天的座谈会,是加速推进预防聋哑青少年犯罪工作的具体行动,也是加强预防聋哑青少年犯罪工作的进一步动员,必将进一步推动维护聋哑青少年权益工作的开展。

解决聋哑青少年犯罪问题的关键是建立各相关部门各司其职、分工协作的工作机制。一方面公、检、法、司、综治等部门要严厉打击强迫、操纵、诱骗聋哑青少年犯罪的团伙头目、不法分子,另一方面有关部门也要对聋哑青少年开展法制教育和救助工作。特别要切实将聋哑青少年特殊教育纳入国家教育规划,加大投入,加强师资和特教学校建设,对贫困聋哑青少年就学进行救助,发展高级中等以上教育,提高聋哑青少年的文化水平,保障聋哑青少年受教育的权利。过去的聋哑毕业生,相当大一部分都被福利企业接收了,现在福利企业萎缩,又改制,大量现有残疾人也出来了,新接受聋哑青年几乎不可能。一般情况下,各种单位宁可招收肢残人,也不愿意接收聋哑孩子。实际上,聋哑孩子劳动力是有的,但是由于信息交流的障碍及其他困难,社会上接受还不大容易,造成了大量的聋哑青少年在社会上流浪的问题。有关部门要针对聋哑青少年的特点,开展职业技术培训,增强聋哑人就业参与竞争能力,开辟适合聋哑人的就业岗位，采取有效措施，加大就业工作力度。只有教育、就业问题解决了，才能从根本上、源头上解决聋哑青少年犯罪问题。

今天我们开会，研讨惩处犯罪，开展救助，主要是从后续救助上下功夫，还不是从源头上解决这个问题。聋哑青少年犯罪问题是个综合问题。比如，山东公安分局同志介绍的在学校开展法制教育就非常重要。聋哑青少年入学率不高，很多是文盲，进到学校里如果教育质量不高，法制教育再搞得不好，学生就会流出。还有，要有上一级的职业学校或高中，以提高聋哑青少年的文化素质，毕业以后还要就业。如果这两个环节不解决，总有大量聋哑青少年流浪。所以，一方面要惩处犯罪，进行救助；另一方面要从教育、就业源头上解决问题。

各级残联和聋哑人协会作为残疾人的代表服务组织，开展聋哑青少年维权工作责无旁贷。要会同有关部门，以多种形式大力开展聋哑青少年的法制宣传教育工作，并把经常性的法制宣传教育与"助残日"、"聋人节"等重大节日集中宣传教育结合起来，深入聋哑青少年相对集中的特教学校、康复中心、福利企业进行重点宣传，确保法制宣传教育取得实效。要积极向政府和有关部门反映聋哑青少年的困难与需求，配合相关部门做好聋哑青少年的教育、职业技能培训、就业、生活保障、救助、帮教等工作。要大力营造全社会共同关爱聋哑青少年的良好氛围。广大残疾人也要自尊、自爱、自强、自立，努力提高自身素质和法律素质，增强遵纪守法和依法维护自身合法权益的观念。对残疾人中的重犯、惯犯，也决不能姑息，要严肃处理。

孩子是祖国的明天。现在我们做的仅仅是开始，还有很多工作要做。为了使聋哑青少年能够获得与别的孩子一样美好的童年，一样充满希望的未来，为了千千万万个家庭的幸福，为了和谐社会的构建，让我们共同做出不懈的努力。

努力做好残疾人就业工作，
为构建社会主义和谐社会做出新的贡献＊

（二〇〇七年五月三十一日）

国务院批准召开这次全国残疾人就业工作会议，充分体现了党和政府对残疾人的亲切关怀，对残疾人就业工作的高度重视。会议的主要任务是：以党的十六届六中全会精神为指导，认真总结残疾人就业工作，分析面临的困难和问题，对贯彻《残疾人就业条例》和落实"十一五"残疾人就业再就业任务目标进行部署。

下面，我受回良玉副总理的委托，代表国务院残疾人工作委员会作报告。

一、残疾人就业工作取得的成就

改革开放以来，党和政府在推动残疾人事业发展的进程中，始终把提高广大残疾人的生活水平作为出发点和落脚点，坚持走劳动福利型道路，为残疾人参加生产劳动创造条件，采取集中安置和分散安排等就业形式，使越来越多的残疾人摆脱了完全依靠亲属和社会抚养、救济的局面，改善了参与社会生活的自身条件；自食其力，贡献社会，由渴望变为了现实。一九九〇年，全

＊ 这是邓朴方同志在全国残疾人就业工作电视电话会议上的报告。

国人大常委会颁布施行《中华人民共和国残疾人保障法》,首次以法律的形式对保障残疾人的劳动就业权利提出要求,并对促进残疾人就业的政府职责、就业方针、就业形式和优惠政策、扶持措施等方面作出了明确规定。残疾人劳动就业工作开始步入法制轨道。围绕贯彻《残疾人保障法》,中央有关部门、地方各级人大和政府陆续出台了促进残疾人就业的配套办法和具体政策,有力地推动了残疾人就业工作。一九九九年,为贯彻国务院批转的《关于进一步做好残疾人劳动就业工作的若干意见》,劳动保障部、国家计委、民政部、中国残联共同召开全国残疾人就业工作会议进行部署,国务院领导同志在会议上作了重要讲话。各地方、各部门认真贯彻会议精神,全面落实残疾人事业"九五"、"十五"计划纲要确定的任务目标,残疾人就业工作取得了明显成绩。

(一)残疾人就业政策法规逐步完善

按照《残疾人保障法》确定的方针政策和扶持保护原则,各级政府结合经济社会发展实际,积极制定优惠扶持政策,使促进残疾人就业的政策法规逐步完善。国务院及有关部门在全面清理政府性基金时,明确残疾人就业保障金为继续保留的政府性基金,纳入财政预算管理,加大了按比例就业的执行力度;调整完善福利企业税收优惠政策,在原有基础上将智力残疾人纳入计算比例范围,实行福利企业投资主体多元化,进一步调动了社会各方面集中安置残疾人就业的积极性;在贯彻《行政许可法》过程中,明确盲人保健按摩的组织实施主体,为规范发展盲人保健按摩行业,更好地保障盲人就业权益奠定了工作基础。民政部、劳动保障部、财政部、税务总局等部门在加强福利企业管理、开展残疾人失业登记、鼓励个体工商户参加养老保险、推进就业信息网络建设等方面,出台了一系列政策措施,使扶助残疾人多种形式就业、推进残疾人就业服务的力度进一步加大。今年五月一日起施行的《残疾人就业条例》,是在温家宝总理、黄菊和回良玉副总理的亲切关怀下,经中央有关部门的努力,历时三年制订的,突出体现了党和政府在全面建设小康社会和推动社会主义和谐社会建设过程中,对残疾人特殊困难群体的就业保护和就业促进。条例的贯彻实施,必将更加有效地推动残疾人就业工作,扩大残疾人就业规模。目前,以《残疾人保障法》等基本法律为核心,以《残疾人就业条例》和地方性法规为骨干,以部门和地方性规章及规范性文件为补充的、基本覆盖残疾人就业主要方面的残疾人就业法律体系已初步形成。

(二)就业服务和就业援助为更多的残疾人实现就业创造了条件

各地在推进就业再就业的过程中,把残疾人纳入公共就业服务和困难群体援助范围,不断加大服务和援助的力度,通过优先安排公益性岗位就业、给予社会保险或岗位补贴等措施,帮助残疾人就业。在各级政府及劳动保障部门的支持和指导下,残疾人就业服务体系初步形成,服务内容不断拓展。全国省、市、县(区)三级残疾人就业服务机构基本建立,服务工作也由过去的政策咨询、求职登记、职业介绍、职业培训等,向残疾人失业登记、扶助个体就业和农村残疾人从业、支持和帮助用人单位按比例安排残疾人就业、职业技能鉴定等方面拓展,还在一百多个城市建立了残疾人就业信息网,实现了与劳动力市场的信息互联,为残疾人和用人单位提供信息服务。各级残疾人就业服务机构坚持培训与就业相结合,根据市场需求和残疾人的特点,采取定向培训、因人施训、减免培训费用等措施,在"十五"的五年间,为二百七十六万城镇残疾人提供了职业培训、对四百五十四万农村残疾人进行了实用技术培训,受到残疾人和用人单位的普遍欢迎。

(三)多元化就业格局逐步形成,就业规模逐步扩大

《残疾人保障法》实施以来,残疾人就业出现的最大变化就是就业形式的多元化。福利企业在改组、改制、改造过程中增强了活力,继续发挥着安置残疾人就业的重要作用;按比例就业政策全面实施,在社会各单位就业的残疾人已超过一百四十万人;个体就业也得到了空前的发展,从业残疾人近两百万人。随着市场经济体制的确立,社区服务业和第三产业为残疾人就业提供了更大的空间。残疾人自主创业、自愿组织起来就业、灵活就业和各种临时性、季节性就业的人数逐年增长,使残疾人就业渠道进一步拓宽。经过多年来的发展,逐步形成了以集中就业、按比例就业、个体就业为主体,以社区就业、灵活就业、自主创业等为补充的多元化就业格局。

总之,在国家积极促进就业政策的引导下,"十五"期间残疾人就业的政策法规不断完善、扶持力度继续加大、服务范围和培训规模进一步扩展,城乡残疾人就业人数比"九五"末增长三百多万人。

二、残疾人就业工作面临的形势和任务

回顾残疾人就业工作的历程,我们深切地体会到,残疾人就业状况的改善,是党和政府的关心、重视及有关部门支持的结果。但我们还必须清醒地认识到,我国劳动力供大于求的矛盾依然存在,城镇新增劳动力就业、农村富余劳动力转移和下岗失业人员再就业三大难题相互交织,总体就业形势严峻,使本来就

十分困难的残疾人就业工作面临巨大的压力。

残疾人就业面临的困难和问题主要表现在：一是结构性矛盾比较突出。一方面，劳动密集型产业和部分传统工业继续扩大就业容量来安排残疾人就业难度较大；另一方面，一些行业和领域所需要的具有较高素质和专业技能的残疾人员供不应求。残疾人总体科学技术素质和技能偏低，技能单一，难以适应劳动力市场需求，在一定程度上也影响了按比例就业工作的深入开展。二是下岗失业残疾人员已经成为再就业最为困难的群体。据不完全统计，下岗失业残疾人中有超过四分之三的人员下岗失业周期超过一年；近半数下岗失业的残疾人没有实现再就业。他们的再就业问题，已经严重影响到残疾人及其家庭的基本生活。三是政策法规落实不到位，忽视、侵害残疾人劳动就业权益现象时有发生。在一些地区，个体就业优惠扶持政策得不到落实，缺乏有力的监督检查；按比例就业政策在一些地方的单位执行困难，往往以不适合岗位为由拒绝录用残疾人；部分福利企业在市场竞争条件下生存和发展还存在较大困难。四是残疾人就业服务网络建设起步晚、基础薄弱，机构和队伍建设、服务手段和能力等还不能满足残疾人和用人单位的需求。这些困难和问题，需要我们在今后的工作中加强研究，加以解决。

当前和今后一个时期，残疾人就业工作的主要任务是：认真贯彻《残疾人就业条例》，千方百计增加就业岗位，切实强化就业服务和职业培训，在全面完成《中国残疾人事业"十一五"发展纲要》规定的就业任务目标基础上，力争未来几年残疾人就业人数年递增百分之十以上，促进残疾人基本生活总体上初步达到小康水平，为构建社会主义和谐社会做出应有的贡献。

要完成上述任务，虽然有这样那样的困难需要克服，但也有很多有利条件。

第一,全党、全国人民深入贯彻落实以人为本的科学发展观,努力构建社会主义和谐社会,促进经济社会协调发展,为做好残疾人就业工作创造了新的机遇。

第二,党和政府高度重视并把就业再就业工作放在经济社会发展的突出位置,制定了一系列政策措施,为促进残疾人就业提供了有利条件。

第三,国家法律法规不断完善,特别是《残疾人就业条例》的颁布实施,为维护残疾人劳动就业权益提供了法律保障。

第四,各级政府及有关部门大力发展公共就业服务,规范劳动力市场,开展对困难群体的就业援助,为残疾人实现就业提供了有效的帮助。

第五,广大残疾人自尊、自信、自强、自立,不断提高文化、技能水平,为他们改善就业状况,进而广泛参与社会生活奠定了基础。

我们只要适应形势,抓住机遇,不断地克服困难和解决问题,残疾人就业工作就一定能够开创新的局面。

三、做好残疾人就业工作的主要措施

就业是广大残疾人改善生活状况、提高社会地位、参与社会生活的基本前提和基本途径。为认真贯彻《残疾人就业条例》,积极推动残疾人就业,全面完成"十一五"任务,必须扎实做好以下工作:

(一)认真学习贯彻《残疾人就业条例》,依法推进残疾人就业工作

条例的颁布实施,是国家保障残疾人劳动权利,促进残疾人就业的重要措施。条例以保护和促进残疾人就业为宗旨,完善

和强化了集中就业、按比例就业等保护性就业制度,明确了促进就业的政策措施,规定了政府、社会等各方面的法律责任和义务。学习、宣传和贯彻好条例,是当前和今后一个时期残疾人工作的一项重要任务。各级人民政府残疾人工作委员会及其成员单位要认真组织学习,深刻领会条例的立法精神,切实增强贯彻落实条例的自觉性和主动性;特别是直接涉及残疾人劳动就业工作的成员单位,更要认真学习,全面掌握条例的精神实质。各地要采取群众喜闻乐见的、通俗易懂的形式,运用各种媒体广泛宣传条例的立法目的、意义和主要内容,使用人单位了解各自的法律责任,让残疾人了解自己的权利义务,引导全社会自觉遵守条例,为依法推动残疾人就业创造良好的社会氛围。各级政府残工委及其成员单位要带头严格执行条例,依法履行好各自的职责,认真落实各项规定;抓紧制订完善相关政策措施,与条例规定不一致的地方性法规、部门和地方性规章,要在《中国残疾人事业"十一五"发展纲要》执行情况中期检查前完成修订工作;加大行政执法力度,对违反条例规定的单位和个人依法追究责任,切实维护残疾人劳动就业权益;加强监督检查,督促基层落实各项优惠扶持政策措施,对检查中发现的新情况、新问题要及时反映和研究解决。

(二)加大工作力度,确保"十一五"任务全面完成

做好残疾人就业工作,要立足当前,着眼长远。我们应站在落实以人为本的科学发展观、构建社会主义和谐社会的高度,以贯彻《残疾人就业条例》为契机,加大力度,狠抓落实,确保"十一五"残疾人就业任务目标的实现。

第一,落实和完善促进残疾人就业政策措施。目前,从法律法规到规章和规范性文件,有不少扶持残疾人就业的政策措施,

关键在于落实。各地既要加大工作力度，充分运用税费优惠、资金补贴、技术支持、服务和培训、就业援助等已经出台的政策措施，帮助残疾人就业，确保各项规定得到全面贯彻落实，又要结合本地区实际和残疾人特殊情况，加强对残疾人就业人数不多、质量不高、社保参保率较低、稳定性差等长期固有的问题，智力和精神残疾人就业、下岗失业残疾人再就业等难点问题，跨地区就业、农村残疾人劳动力转移等新情况的研究和探索，采取针对措施，努力解决工作中的重点难点问题，创造性地开展工作。

第二，大力开发就业岗位，千方百计扩大残疾人就业。要坚持集中就业与分散就业相结合的方针，多渠道挖掘、开发适合残疾人就业的岗位。引导社会力量兴办一些劳动密集型的福利企业，加快盲人保健按摩行业的发展步伐，集中解决一部分残疾人就业。鼓励支持更多的用人单位吸纳残疾人就业，继续扩大残疾人按比例就业规模。要加强对聋人、盲人就业问题的研究与探索，特别是针对聋校、盲校毕业生就业难问题，通过强化职业教育，建立校企挂钩、双向选择机制，开展针对性职业培训、职业指导，拓展适合聋人、盲人特点的就业领域，提供就业援助服务等措施，为他们实现就业创造条件。要引导残疾人转变观念，扶持他们自谋职业、自主创业。大力开发公益性就业岗位、社区就业岗位，促进残疾人多种形式就业。不同地区之间要加强交流与合作，针对不同区域对残疾人劳动力的需求情况，积极稳妥地开展残疾人劳务输出和引进工作；打破地域限制，实现区域互补、全国一盘棋的残疾人就业新格局，不拘形式地拓宽残疾人就业渠道，千方百计扩大残疾人就业规模。

第三，强化职业培训，促进残疾人技能水平的提高。要以市场需求为导向，以社会化培训为重点，大力开展职业技能培训和农村实用技术培训，不断提高残疾人参与市场竞争的能力。随着按比例就业工作的深入开展,不同行业、不同领域用人单位为残疾人所能提供岗位的多样性、广泛性以及技能层次要求的多重性越来越突出;就业形式的多样化,也对培训工作提出了新的要求。职业培训工作必须与就业紧密结合,要切实提高培训后的就业率。对于一般岗位人员的培训,可以采取集中方式进行。对于用人单位特别是技术要求较高的岗位需求,应本着以人为本的原则,充分利用现有社会培训资源,开展订单式培训或一对一的定向培训,也可以委托用人单位直接对残疾人开展岗前培训,切实提高培训的针对性和实用性,提高残疾人就业质量和稳定性。要建立健全残疾人职业技能优秀人才表彰奖励机制,继续办好残疾人职业技能竞赛,激发残疾人学科学、学技术的热情。

第四,搞好就业服务,不断提高就业服务水平。就业服务是残疾人就业工作的主要内容。各地在继续发挥公共就业服务机构作用的同时,要按照残疾人事业"十一五"发展纲要的要求,加强各级残疾人就业服务机构建设,强化服务手段,拓展服务内容,尽快提高服务能力。要按照就业服务制度化、专业化、社会化的要求,进一步完善残疾人就业服务制度、失业登记制度、就业援助制度、就业扶持制度、职业培训制度,扎实推进残疾人就业服务长效机制的建立;加强残疾人就业服务工作队伍建设,强化为残疾人服务的意识,组织开展职业指导等服务业务培训,努力造就一支恪守"人道、廉洁、服务、奉献"职业道德和具有专业化技能的残疾人就业服务队伍,切实推动服务效率和质量的提高;在发挥残疾人就业服务机构作用的同时,要广泛动员社会力量,充分利用社会资源,鼓励、支持其他社会机构和各界人士为残疾人提供多层次、多方位的就业服务和援助,努力形成社会化的残疾人就业服务工作格局。到"十一五"末,要使广大残疾人和用人单位所需的服务得到基本满足,登记失业、求职的残疾人普遍得到职业指导和培训。

同志们，相对于其他人群而言，残疾人劳动权利的实现和生活状况的改善，更需要政府和社会的扶持与帮助。做好残疾人就业工作，是一项长期而艰巨的任务。特别是《中共中央关于构建社会主义和谐社会若干重大问题的决定》提出要"发扬人道主义精神，发展残疾人事业，保障残疾人合法权益"，不仅为我们创造了新的机遇，也提出了更高的要求。让我们以高度负责的精神，高举人道主义旗帜，坚定信心，开拓创新，扎实推进《残疾人就业条例》和残疾人事业"十一五"发展纲要的贯彻和落实，努力开创残疾人就业再就业工作新局面，为构建社会主义和谐社会做出新的更大的贡献。

在"通向明天——交通银行
残疾青少年助学计划"启动仪式上的讲话

(二〇〇七年六月七日)

今天非常高兴和大家相聚在一起,共同见证并祝贺"通向明天——交通银行残疾青少年助学计划"启动。

今年是交通银行重组二十周年。在朝着创办一流现代金融企业的目标迈进的同时,交通银行始终不忘回馈社会,积极履行现代企业的社会责任,在公益事业上倾力投入,为构建社会主义和谐社会贡献力量。这次交通银行向中国残联捐款一亿元扶持残疾青少年教育,这是迄今为止中国残联接受内地企业单笔捐赠数额最高的,必将有力促进我国残疾人教育事业的发展,对改变受益残疾学生及其家庭生存和发展状况,对带动社会各界更加关注、支持残疾人事业将产生重要影响。我们将采取措施,认真部署,严格实施,保障项目资金充分发挥作用。

我国有八千二百九十六万残疾人。在各级党委、政府领导下,我国残疾人事业取得了长足进步,残疾人教育事业成绩显著,初步形成了从基础教育、职业教育到高等教育、成人教育的残疾人教育体系,成为我国教育事业的重要组成部分。同时,残疾人教育还存在一些突出问题和困难:特教经费投入不足,特教学校办学条件亟待改善,贫困地区残疾学生入学率偏低,尤其是中西部地区特教资源还较为匮缺。

党的"十六大"提出构建社会主义和谐社会,为残疾人事业提供了难得的历史机遇。目前,第二次全国残疾人抽样调查圆满完成,中国政府签署了联合国《残疾人权利公约》,上海、北京将相继举办世界特奥会和残奥会,第四次全国特殊教育工作会议拟于今年召开。教育是残疾人平等参与社会的基础,教育公平是社会公平的基石。发展残疾人教育是政府义不容辞的责任,同时,也需要社会各界的关注与大力支持。孔子说:"夫仁者,己欲立而立人,己欲达而达人。"* 我们希望社会各界能以交通银行为榜样,扶残助学,共襄善举,为促进残疾人事业的发展,为构建社会主义和谐社会做出贡献。

最后,再次对交通银行的人道主义善举表示衷心的谢意!向交通银行重组二十周年表示热烈的祝贺!祝交通银行取得更大的发展,为社会做出更大的贡献。

---

* 语见《论语·雍也》。

深入开展残疾人事业理论和实践研究＊

（二〇〇七年七月十三日）

在中国人民大学各级领导的大力支持下，中国人民大学残疾人事业发展研究院今天成立了。这是中国人民大学与中国残联、北京市残联共同发起、联合成立的高层次、实体性的残疾人事业发展研究机构，是发挥高校和残联两个优势，积聚高等院校人才和致力于残疾人事业发展研究的一个创新，对残疾人事业的政策理论研究和人才培养具有重要影响和示范意义。

残疾人事业是中国特色社会主义事业的重要组成部分。残疾人事业与全面建设小康社会、构建社会主义和谐社会、促进社会公平正义密不可分；与完善社会管理、创新社会管理体制和建设宏大的社会工作者队伍密不可分。全国八千二百九十六万残疾人，既是社会应当特别关注、扶持的对象，也是构建社会主义和谐社会的一支重要力量。

正确认识和对待残疾人，大力发展和加强残疾人事业，充分发挥广大残疾人的积极性和创造性，帮助他们融入社会主义大家庭，实现"平等·参与·共享"，是政府的责任，也是全社会的责任。深入开展残疾人事业理论和实践研究，关注残疾人的物

　　＊　这是邓朴方同志给中国人民大学残疾人事业发展研究院成立大会的贺信。

质、精神、文化生活的现实状况,探索残疾人事业与经济社会协调发展的途径,总结既往的经验,引领未来发展,从而促进社会的和谐、文明与进步,意义深远,责任重大。

中国人民大学是有着悠久历史和光荣传统的学府,是我国著名的人文科学基地。残疾人事业发展研究院依托中国人民大学深厚的人文传统和丰富的科研资源,荟萃各学科的专家教授,一定能在残疾人事业理论和实践研究方面大有作为。

谨祝中国人民大学残疾人事业发展研究院越办越好,出成果,出人才,为残疾人事业发展和社会文明进步做出积极贡献。

中国残疾人体育综合训练基地
要发挥资源中心的作用*

(二〇〇七年七月二十五日)

今天,我和敬民同志及中国残联其他党组成员一起来看看中国残疾人体育综合训练基地。看完后,我觉得非常兴奋,也很感慨。这么一个现代化的残疾人体育基地,建设起来非常不容易。初步看来,应该说是一流的建筑、一流的设施、一流的环境,这是一个一流的体育综合训练基地,来之不易。

中国残疾人体育从一开始,一九八三年——那时中国残联还没成立——国家体委群体司选拔了几名优秀运动员去香港参加比赛,李成钢**是第一个拿金牌的。二十多年来,中国残疾人体育事业发展非常艰难,没有资金,没有场地,没有设备,没有人员,我们的一些教练员都是义务工作的。我们的运动员也非常艰难,农村的残疾人运动员还没有工作,没有工资,甚至吃饭都不能保证。在这种情况下他们艰苦拼搏,一届一届坚持下来,就这样,条件才一步一步地好了起来,把中国残疾人体育事业推到现在这样一个新的高潮。所以说,从十一届三中全会以来,残疾

---

* 这是邓朴方同志与北京市副市长、北京奥组委执行副主席刘敬民等视察中国残疾人体育综合训练基地时的讲话。

** 天津市残疾人运动员,九级肢残,在国内外重大残疾人体育赛事中,荣获金、银牌二十多枚;在第三届远东及南太平洋地区残疾人运动会上一人独得五枚金牌。

人事业的发展是一个艰苦奋斗的过程,残疾人体育事业的发展也是一个艰苦奋斗的过程。中国的残疾人事业和残疾人体育事业是随着我们国家改革开放的进程,随着我们国家综合国力的提高,一步一步发展起来的。如果没有国家的大局,就没有残疾人事业的"小局";如果没有综合国力的提高,我们不可能建设大家现在看到的这么好的现代化场馆。看到现在的场馆,我的感慨就是,这二十多年来,残疾人体育事业以高昂的精神状态,历经艰难险阻才有了今天的局面,而我们建设这个场馆就是发展残疾人事业的新举措。

另外,这次我们用了代建制,我们的代建单位、施工单位、设计单位等方面,发挥了智慧,发挥了创造性,发挥了主观能动性,也发挥了艰苦创业、艰苦奋斗的传统精神,同时,也采用了现代化管理手段。现在看来,还是成功的。拿奖是次要的,要看用了三年五年以后会不会出现滴漏等现象。

我想,这个综合训练基地将来建好后,就是我国残疾人体育事业的一个资源中心。要发挥资源中心的作用,带动全国,不仅要搞好体训中心,基地的经营、管理、服务要做好,同时也要发挥全国综合性体育设施资源中心的作用。各省市区的场馆也一样,不但要推动竞技体育,同时还要推动残疾人群众体育。我们发展残疾人体育运动是为什么?不是仅仅要拿金牌、升国旗这么简单,要仅是这样,境界就低了,方针就错了。我们更重要的目的是要使中国的残疾人广泛地参加体育运动,通过体育运动,强身健体,使得他们身心健康,突破障碍,融入社会;要通过体育运动,改造我们的残疾人,使他们的综合素质得到全面提高。所以,我们的眼光、目标还是要放到群众体育上。有了这个资源中心,就要发挥资源中心的作用,大家要研究怎样通过省、地、市,再往下,把群众体育搞起来。没有这一条,光走竞技体育的路是一条死路,而竞技体育也是在广泛的群众性体育运动中才能够进步。现在,我们是举国体制,举国体制的优点是集中力量打大仗。但是,举国体制也有个问题,就是它不反映我国整个残疾人体育运动的实际情况。在这一点上,特别需要我们在看不见的地方下功夫。这个中心建好后,我希望无论是在经营管理方面还是在服务等方面都要搞好。建好了容易,管好了难。要运作好,要为运动员铺好路。

同时,我们在顺义也要跟邻居搞好关系,我们也要用我们的场馆为顺义人民服务。虽然是残疾人体育,但也要残健融合,希望健全人和残疾人一块儿来这里参加体育活动。

这个残疾人体训中心还是个窗口,中国残疾人事业的窗口,中国残疾人体育事业的窗口,中国改革开放的窗口。我们要利用好这个基地,广泛地与国外进行体育交流。我去国外也看了人家的体育中心,一九八五年我第一次去法国看了看,后来到英国斯托克·曼德威尔看了看,到挪威看了他们的冬季奥运会体育基地。现在,我们也有这样的条件拿出来进行交流,共同促进国际残疾人之间的友好往来,共同促进残疾人体育事业的发展。

希望能够管好、用好这个残疾人体训中心,发挥备战效益,不仅要在竞技效益上考虑,而且要在社会效益上给予充分的考虑。国家花这么多钱,有了这片地,盖了这么多房,搞了这么多设施,我们要把它充分利用起来。现在看来,建设还刚刚开始,我希望,我们残疾人体育事业能借这个东风发展起来,通过发挥这个体育设施的作用,为我们参加二○○八年残奥会发挥重大作用,要取得与我国东道主地位相适应的成绩,促进中国残疾人事业的发展。

减少精神疾患,促进精神健康*

(二〇〇七年七月二十五日)

值此二〇〇七年世界心理卫生联盟世界会议在中国香港召开之际,谨表衷心祝贺!

当今世界,社会生产力发展和科学技术进步日新月异,人类社会面临着美好的前景。但必须看到,人类社会发展依然面临诸多严峻挑战。由竞争加剧、生活方式转变、生态恶化等经济、社会、心理、环境因素造成的精神疾病就是当今全球性重大公共卫生问题和突出的社会问题之一。减少精神疾患、为精神疾患者提供服务、促进精神健康是世界各国为之努力的目标。

文化是构建和谐世界的重要力量。特别在宣扬人道主义和保障精神疾患者权益等方面有着独特、不可替代的作用。由世界心理卫生联盟和香港有关机构联合主办的本次会议以"文化对精神健康的影响:东西荟萃"为主题,来自世界各地的千名精神健康专家欢聚一堂,交流学术,分享经验,必将进一步唤起各国政府和全社会对精神问题的关注,对于实现人人享有精神保健的权利具有十分重要的意义。

第六十一届联大已通过《残疾人权利公约》。这是联合国历史上通过的第一个内容全面的保护残疾人权利的公约。应该

---

* 这是邓朴方同志给世界心理卫生联盟世界会议的贺词。

说,此次会议为精神疾患者提供服务、保障精神疾患者权利的宗旨与《残疾人权利公约》的原则精神是相一致的,亦是践行《残疾人权利公约》的具体体现。

　　长期以来,香港注重维护精神残疾人的权利及合法权益,致力于精神残疾人康复和促进他们融入社会,成效显著。毫无疑问,香港的成就将为此次会议增添光彩。

弘扬人道主义精神，
积极参与北京残奥会*

（二〇〇七年七月三十日）

第二十九届奥运会和第十三届残奥会正快步向我们走来，为了实现"两个奥运，同样精彩"的庄严承诺，北京奥组委正在紧锣密鼓地开展残奥会的各项筹备工作，社会各界也积极参与、全力配合。我借此机会把我对残疾人体育的了解与感受，向在座的朋友们做一个简要的介绍。

一、关于残疾人、残疾人体育 和北京残奥会的情况

（一）残疾人和残疾人体育运动

根据一九九〇年通过的《中华人民共和国残疾人保障法》："残疾人是指在心理、生理、人体结构上，某种组织、功能丧失或者不正常，全部或者部分丧失以正常方式从事某种活动能力的人。"

我国的残疾人分为视力、听力、言语、肢体、智力、精神和多

---

* 这是邓朴方同志在中宣部、北京奥组委召开的二〇〇八年奥运会筹办工作报告会上的发言。

重残疾。第二次全国残疾人抽样调查表明,我国有八千二百九十六万残疾人,占人口总数的百分之六点三四,就是说,在我国,每十六个人中就有一个残疾人,有残疾人的家庭人口达到两亿六千万。

根据联合国的统计,"全球有六亿五千万残疾人"。

残疾人根据残疾种类参加不同的体育运动会。

首先介绍残奥会,英文的表述是 Paralympic Games。这是由肢体残疾人和盲人参加的运动会。大家会问,为什么英文不是残疾人奥林匹克,一九八〇年以前,确实是叫残疾人奥林匹克运动会,由于奥林匹克运动的商业价值和市场保护问题,改为 Paralympic Games。Para 这个词在英文中是平行的意思,翻译成中文为残奥会。残奥会的来源要回溯到二战期间,当时产生了大量的伤兵,为此英国政府设立了脊髓损伤中心。在这里,神经外科医生第一次把运动作为脊髓损伤患者的一种康复方式。一九四八年,古特曼医生在斯托克·曼德维尔康复中心组织了一次轮椅运动比赛,有十四名男性和两名女性截瘫患者参加了轮椅射箭比赛,该运动会被命名为斯托克·曼德维尔运动会。一九六〇年在罗马,来自二十三个国家的四百名残疾人运动员参加了第九届国际斯托克·曼德维尔运动会,这届运动会在上世纪八十年代被国际残奥委会正式承认为第一届"残奥会"。一九八八年汉城第八届残奥会后,形成每届残奥会和夏季奥运会在同一城市举办的惯例。

国际残奥委员会(IPC)创建于一九八九年,是残疾人体育运动员的国际性代表组织,现有一百六十一个会员。残奥会从最初的只有二十三个国家和地区的四百多名运动员,发展到第十二届雅典残奥会一百三十六个国家和地区的三千八百零六名选手参赛,表明其规模和影响不断扩大。

再介绍世界特殊奥运会，英文称谓 Special Olympics World Games，这是国际奥委会唯一特许使用 Olympic 字样的残疾人运动会，但 Olympic 后边须加个 s，而且 Special Olympics 两个词必须连用。特殊奥运会是为全球智障人士设立的运动会，创始人是美国前总统肯尼迪的妹妹尤妮丝·肯尼迪·施莱佛女士。首届特殊奥运会一九六八年在美国举行。上一届世界特殊奥运会二〇〇三年在爱尔兰的都柏林举行，第十二届世界特殊奥运会今年十月将在我国上海举行。

第三是聋奥会。聋奥会是听力残疾人参加的运动会。一八八八年，柏林成立了聋人运动俱乐部，第一届国际聋人运动会一九二四年在巴黎举办。自二〇〇一年第十九届起更名为世界聋奥会，英文为 Deaflympic Games，Deaf 是聋的意思。

再看中国情况。建国初期，我国就在社会福利单位广泛开展了广播操、生产操、乒乓球、篮球、拔河等群众性残疾人体育活动。改革开放以来，残疾人体育事业取得了令人瞩目的成绩。我国的残疾人运动员已达到两百多万，其中，参加残奥运动的有一百五十万，特奥运动的五十万，聋奥运动的六十万。自一九八四年以来，先后举办了七届全国残疾人运动会。此外，我国参加了七届"远东及南太平洋地区残疾人运动会"。从第四届到第九届，我们连续六次金牌总数第一。我国还参加了六届夏季残奥会，在二〇〇四年雅典残奥会上，取得了金牌总数和奖牌总数双第一的优异成绩，赢得了国际残疾人体坛的高度赞誉。我国自一九八九年起共参加了四届世界聋奥会，其中在二〇〇五年墨尔本世界聋奥会上获得了五金、八银、四铜，在奖牌榜上名列第九，首次进入聋奥会前十名。我国自一九八七年起组团参加了五届夏季、四届冬季特殊奥运会。

(二)如何看待残疾人体育运动

提到残疾人体育运动,人们通常会问:那些身体已经残疾的人为什么还要从事体育竞技比赛?观看残疾人体育竞赛会不会让人感到很"揪心"?我想就这些较为普遍的疑惑谈点自己的看法。

残疾人体育运动,我认为有四个方面的作用。首先是康复治疗、强身健体,其次是突破局限和障碍,第三是融合于社会,第四是影响和改造社会。

残疾人参加体育运动,最早是从康复治疗开始的。第二次世界大战以后,医生发现伤残军人参加体育活动有利于身体的康复,这催生了现代康复医学。比如有些脑瘫患者,由于肌肉僵直,即便是坐轮椅也坐不稳,不由自主地扭动身躯,但一到了游泳池里,却可以自如地划水,通过游泳训练他不但可以游出好成绩,也可以缓解身体的紧张状态。

最初以康复为目的的体育活动,产生的效果不仅是康复。在体育运动中,残疾人不断突破身体的局限和心理的障碍。体育让很多残疾人实践了虽然没腿但是能跳,虽然看不见但是能跑,残了但是不废,这对他来说是一个新的天地。我们知道有的残疾人失去了半条腿,可是百米可以跑到十一秒以内,跳高可以越过二点一米的横竿。

一位采访一九九四年北京远南残运会的女记者这样讲述她的感受:开始接受采访任务的时候,觉得体育是健全人的事情,残疾人还搞什么体育啊?可是当她走进游泳馆,看到一个肢残女孩子,面对两边看台上的数千名观众,毅然把披在身上的浴巾拿掉,身着泳装,拖着残缺的身躯,艰难地站上跳台。她被感动了。她说,眼前这个女孩子,克服的不仅仅是生理上的障碍,而且是我们健全人难以逾越的心理障碍。当发令枪响,她跳下泳池,奋力地向终点冲刺时,我的身心都被震撼了,我终于明白了残疾人为什么要从事体育运动,因为通过体育运动他们向世人证明了:我和你一样都是普通的人。

残疾人参加体育运动,可以接触到家庭和工作单位以外更广阔的天地。让他感受到社会的温暖,这也是一种突破——他能够更多地融入到社会中。实际上,大多数残疾人参加体育运动,都不同程度地改变了他们的人生。有许多残疾人运动员通过参加体育运动创造了相当优异的成绩。有个肢体残疾运动员叫王秋洪,两年前曾经创造了吉林省跳高纪录;现在我们的残疾人乒乓球队,就在参加全国的乒乓球甲级联赛。

我想特别介绍一位游泳运动员,他叫何军权,湖北人,小时候因为被高压电击伤,失去了双臂,但是居然在水库里练就了一身游泳的好功夫。有一次在家乡的水库边,看见一位女青年不幸落水,生命危急,当时他就跃入水中,迅速游到那个女青年身边,大喊:"你抱住我的肩膀!"后来他把这位落水女青年救上了岸。因为没有手臂,在游泳比赛时他只能以头撞击池壁,比别的运动员吃亏,但他还是获得了包括残奥会在内的多项世界冠军。

残疾人参与体育运动,是用身体和意志,证明自己参与社会生活的能力;是用精神和毅力,表现自己的人格尊严、突破生命局限的志气和勇气。

举办残疾人体育盛会就是要通过这种形式展示运动员的顽强精神,让社会更多地了解、关心残疾人,提高社会的文明水平。一九八八年汉城残奥会的举办就大大提升了公众对残疾人的认识。我接触了许多韩国人,他们都认为汉城残奥会改变了他们的观念,韩国残疾人事业以此为契机,实现了跨越式的发展。在全世界,残疾人参与体育竞赛都以其不畏艰难、百折不挠、乐观进取、顽强拼搏的特征为世人所瞩目,给人以启迪。残奥会以其强烈的感染力给世界增加了宝贵的精神财富。

(三)北京残奥会的基本情况

二〇〇八年第十三届残疾人奥运会,将于二〇〇八年九月六日至十七日在北京举行。届时将有来自约一百五十个国家和地区的四千名运动员,两千五百多名教练员、裁判员参加这届运动会。运动会还将接待约四千名记者及相关技术人员。北京奥组委是第一个按照规定,由一个组委会筹办两个奥运会的奥组委,这在奥运历史上具有里程碑意义。

举办一届有特色、高水平的夏季奥运会和残奥会,是中国和北京向世界做出的郑重承诺。二〇〇四年三月二日胡锦涛主席在会见国际特奥会主席时表示,中国政府将全力支持北京办好二〇〇八年北京奥运会和北京残奥会。二〇〇五年十一月,温家宝总理在会见国际残奥委会主席时明确表示,中国政府将全力支持北京承办残奥会,做到"两个奥运,同样精彩"。刘淇主席在历次北京奥组委执委会上都强调,两个奥运会要办得同样精彩,残奥会的相关特殊需求要落实,特别是在场馆和城市的无障碍建设,以及残奥会的宣传和助残技能培训等方面,都要给予特别关注。为了保证这一目标的实现,北京奥组委将为残奥会提供与奥运会同等水平的服务保障。北京奥组委设置了残奥会部。此外,奥组委各个部门也都承担了残奥会的相应筹备工作。残奥会的各项筹备工作进展顺利,得到了国际残奥委会的高度评价。

北京残奥会的比赛有二十个大项:田径、游泳、射击、射箭、举重、乒乓球、自行车、轮椅击剑、盲人柔道、轮椅网球、坐式排球、帆船、马术、赛艇、盲人门球、轮椅篮球、硬地滚球、轮椅橄榄球、五人制盲人足球、七人制脑瘫足球。除帆船比赛在青岛、马术比赛在香港举行外,其他项目均在北京举行。在这二十个大项中,还将根据运动员的残疾类别和残疾程度进行分级,以保证公平竞争原则。北京残奥会将使用奥运会比赛场馆,其中北京十八个项目使用十六个奥运会场馆。帆船和马术比赛场地使用青岛和香港的奥运会比赛场地。

"同一个世界,同一个梦想",既是北京奥运会的口号,又是残奥会的口号。鲜明表达了残疾人与健全人"同属一个世界,共圆美好梦想"的主题。

"超越·融合·共享"是北京残奥会的理念。"超越"的核心是超越自我、挑战极限。体现了残疾人超越生理和心理障碍的勇气和信心,是残疾人渴望平等参与的诉求。"融合"体现奥林匹克"团结"、"和平"、"和谐"的价值观和中国传统的"天人合一"理念。"共享"是要让残疾人与健全人在奥林匹克运动和社会生活中享有平等权利,共享奥运带来的欢乐、友谊、梦想与成功,共享社会文明成果。

残奥会会徽是"天地人",由红、蓝、绿三色构成"之"字形,"之"有出生、生生不息之意,也有到达之意,字形曲折,寓意历经坎坷最终获得成功。会徽使用了三种色彩:红色寓意太阳,深蓝色寓意蓝天,绿色寓意大地,三种颜色的三个笔画综合起来构成一个运动的人形,即为"天地人",表达了追求运动的和谐,人自身与自然、社会和谐发展的理念。北京残奥会会徽与奥运会会徽都充满中国传统文化元素。残奥会会徽以汉字作会徽图案,奥运会会徽以印章作会徽图案,"中国字"和"中国印"在艺术风格上遥相呼应,相映成辉。

残奥会吉祥物"福牛乐乐"是中国呈献给残奥会和世界的形象大使。我们没有选择白鳍豚等珍稀动物,而选择了扎实、勤恳、坚韧的最普通的牛,它蕴含着残疾人运动员自强不息、顽强拼搏的精神和奋发向上的品格。"乐乐"吸收了中国民间版画、年画的设计风格,体现了传统民族风格、大众情趣与时代气息的完美结合。我曾经把福牛乐乐送给一个外国朋友的小孙女,她喜欢得不得了,连睡觉都要抱着睡。

为了使更多的国家与地区的运动员参加北京残奥会,北京奥组委将第一次向各参赛代表团配额内的人员提供国际旅费,并依照惯例,提供免费食宿,且免收报名费。这一承诺得到了国际残奥委会和各国残奥委会的赞赏。

现在,我再介绍一下中国残奥代表团的组建。二〇〇三年,国家批准成立中国残疾人奥林匹克运动管理中心,成立了国家残疾人集训队。中国残联、中国残奥委会高度重视此项工作,在体育总局等部门的大力支持下,我们从一百五十多万参加基层运动会的残疾人中逐层选拔,选出约四百名运动员,正在集训。中国残奥代表团参加二〇〇八年残奥会的目标是:保持优势,挖掘潜力,参加二〇〇八年残奥会所设全部项目,代表团规模和运动成绩与东道国地位相适应,取得运动成绩和精神文明双丰收。

我们强调首先要提高运动队的文化和文明素质。我们的运动员将牢固树立社会主义荣辱观,文明向上,作风过硬,纪律严明。坚决反对使用违禁药物,杜绝训练、比赛中的违规行为,保证残疾人体育的纯洁,维护我国良好的国际形象。

二、人人争当东道主,积极参与残奥会

办一届有特色、高水平的残奥会首先是要把运动会自身办好。但根据多年来国内外举办残运会的经验,残运会更深远的意义在于人们的广泛参与,其重要意义与影响远比残运会自身

的意义要大得多。国外的汉城残奥会、神户"远南"残运会及悉尼、雅典残奥会,以及一九九四北京"远南"运动会和国内历届残运会都是如此。

(一) 尊重、承认、了解、关爱残疾人

积极参与残奥会,首先要知道如何正确对待残疾人,也就是以人道主义的情怀对待残疾人。改革开放以来,人道主义思想在实践中被重新认识,《中共中央关于构建社会主义和谐社会若干重大问题的决定》指出:"发扬人道主义精神,发展残疾人事业。"

人道主义思想的基本精神,是"以人为本",是尊重人的价值和尊严,是倡导平等,反对歧视,关怀弱者,尊重人权。人道主义是马克思主义的重要组成部分,它应该成为我国社会主义社会的基础思想之一,成为社会主义道德观不可或缺的组成部分。人道主义思想中还有值得注意的一个范畴是博爱,爱生命,爱他人,爱人类,爱我们赖以生存的世界。

怎样以人道主义的情怀关爱残疾人呢?

首先,一个基本的态度应该是尊重。各个民族应该相互尊重,不同性别的人应该相互尊重,不同年龄的人应该相互尊重,健全人尊重残疾人,也就是尊重生命和尊重自己。

如果站在人类发展的角度看,自有人类就有残疾人,残疾人同其他社会成员一样,是人类的组成部分,绝不是另类、异类,就如年龄、性别、种族一样,是人的多样性、差异性的一种表现。我们发现,残疾虽然发生在一部分人身上,却是为全人类发展付出的代价。没有交通事故造成的残疾,就没有完整的交通法规;没有工伤造成的残疾,就没有劳动安全条例;没有出生缺陷,就没有现代的母婴保健。正是一部分人首先承担了残疾带来的痛苦,促使现代人类社会在医学、遗传学、劳动保障、交通管理等方面的物质和精神文明不断发展。残疾,是人类发展进程中不可避免要付出的一种社会代价。因此,对残疾人更多一些尊重就是一种道义。

第二,是承认残疾人的价值和能力。中外历史和现实都证明,残疾人不仅有人的尊严和权利,而且有能力成为社会财富的创造者,社会进步的推动者。

司马迁在《报任安书》中有句名言:"左丘失明,厥有《国语》,孙子膑脚,《兵法》修列。"说盲人左丘明笔耕不辍,完成了编年体史书《春秋左氏传》和国别史《国语》;被施以割去膝盖骨酷刑、只能坐轮椅的军事家孙膑写出了流芳百世的《孙膑兵法》。

自一九九一年以来,国家先后表彰了三批"自强模范",他们都是在各行各业为国家建设做出了重要贡献的残疾人,有工人、农民、科学家、文学家、军人、教师、演员、运动员。其中有吴运铎、华罗庚、史铁生、张海迪、丁晓兵等。大家一定还知道,贝多芬是在失聪以后谱写的《第九交响曲》;前苏联著名作家奥斯特洛夫斯基的小说《钢铁是怎样炼成的》激励和影响了几代人;英国著名科学家、《时间简史》的作者霍金,他们都是残疾人。

第三,是了解和走近残疾人。我想说,看待残疾人,不能只盯着他不能干什么,而要看到他能干什么。他们和你我一样,有坎坷,有奋斗,有酸苦的泪水,也有成功的微笑。

给大家讲一个盲人女运动员平亚丽的故事。她是北京人,一九八四年在美国举行的残奥会上为我国赢得了第一枚残奥会金牌。登上领奖台,听见观众的欢呼和掌声,想象着五星红旗在蓝天下升起,她感到十分自豪。获得金牌后,北京市分给她一套住房,开始生活还不错。后来她生了一个儿子,不幸的是儿子的眼睛也有问题,再后来因为企业不景气,她下岗了,丈夫也离开了她。街道把她列入"低保",她带着孩子去领低保补助金,领到三百元补助金后,她拉着孩子给大家鞠躬,又听见了鼓掌声。孩子对她说:"妈妈,我不喜欢这样给大家鞠躬。"听了孩子的话,她感慨万分。获得残奥会金牌后听见的掌声和领到救济金后听见的掌声,实在不一样。于是她下定决心,学习按摩,现在她自己开了按摩诊所,还办了几家连锁店,生活得相当充实。残疾人乐观进取,积极参与社会生活,就能克服自卑感和依赖心理,适应社会,融入社会。"天行健,君子以自强不息"*,每一个中国人都应该自强不息,残疾人更需要自强不息。

已经进入倒计时的二〇〇八年北京残奥会是一个大舞台,这个舞台将上演残疾人运动员顽强拼搏、挑战生命极限的壮歌,无论在北京的"鸟巢"、"水立方",还是在香港的赛马场上、青岛的碧海之中,大家都有机会目睹残疾人运动员的英姿。他们将在天地之间书写出一个闪烁着人道主义光辉的大写的"人"字。

第四,是关爱和帮助残疾人。我们应该理解,造成残疾人问题的主要原因不是残疾本身,而是外界障碍。联合国《残疾人权利公约》指出:"残疾人包括肢体、精神、智力或感官有长期损伤的人,这些损伤与各种障碍相互作用,可能阻碍残疾人在与他人平等的基础上充分和切实地参与社会。"

任何人权利的实现和能力的发挥都离不开社会的补偿条件。健全人登高需要台阶,大家习以为常,但坐轮椅的残疾人对台阶就没有办法,他需要一条坡道,没有这个补偿条件,他就有障碍。一般人乘电梯,不会有什么问题,盲人如果没有语音提示,就不知道电梯到了哪一层。还有,如果影视节目没有字幕,听力障碍者就难以看懂。没有适宜的假肢,失去腿的运动员也没办法跑

---

* 语见《周易·乾卦》象辞。

出好成绩。残疾人需要平等的机会,残疾人权利的实现和能力的发挥,需要特别扶助和消除障碍。因此,创造一个物质的、精神的无障碍环境就是二〇〇八年北京残奥会的重要任务。

人类的发展与进步需要消除歧视、偏见、社会障碍和愚昧陈腐观念导致的不平等现象,这样的社会才是一个充满爱的社会,一个最终实现人的自由和全面发展的社会。北京残奥会就给了我们这样一个机会,让我们去创造美好,创造未来。

(二)怎样积极参与残奥会

二〇〇八年北京残奥会就要到来了,了解残奥会,参与残奥会,享受残奥会一定会成为大多数北京市民和许多中国人共同的经历。

首先还是要了解残奥会。由于中央有关部门和北京市的共同努力,公众对于残奥会的知晓度不断提高,但是还有很多人对残奥会不够了解,这就需要我们做更多的工作。今天的报告会就是很好的形式。奥组委已经专门组织宣讲团,组织对志愿者、窗口行业和全社会的宣传,各种传媒也会广泛宣传。我们不仅要在北京宣传,也要向全国宣传。拜托大家,共同做好残奥会的宣传工作,让更多的人关心残疾人,了解残奥会,营造支持残奥会、参与残奥会的社会氛围。

怎样参与残奥会呢?就大众而言,参与残奥会也是多方面的,有不同的方式。有的人是直接为残奥服务的志愿者,他们将会得到专门的培训。而动员组织大、中、小学生观看残奥会,感受运动员自强不息、乐观进取的精神风貌,与残疾人运动员进行互动,也是参与残奥会。发动社会开展各种助残活动,同样是参与残奥会的有机组成部分。一张笑脸,一个关注的目光,一句友好的招呼,你就是残奥会的志愿者;帮残疾人的忙,你还得学点技巧,比如帮盲人引路,你得让盲人扶着你的胳膊肘,他不习惯你拉着他;还有,你千万别替人家拿盲杖,那是他寻路的眼睛;帮肢残人推轮椅,你得先征求人家的同意,还得注意推行的速度,推行的安全。小朋友抱一个福牛乐乐,是参与残奥会;青年人穿一件残奥的T恤,是参与残奥会;胡同里的大爷大妈聊天侃侃残奥的话题,是参与残奥会;哪怕你多在电视上看看残奥的节目,也是参与残奥会。只要参与了,你就会有感悟,就会有一种享受快乐的特别感受。

几乎所有参与残运会的人都曾享受其中的快乐。当拉拉队员,你享受激情;你服务,享受奉献的满足;接触运动员,你享受友谊与快乐;看比赛,你享受残疾人体育的特殊美感。正如北京奥组委提出的口号"我参与,我奉献,我快乐",它会让你终生难忘。

一位大学生在博客中这样记述了自己的感受:"在残运会上,我们同样感受到了耀眼的生命之光。水里,他们是疾驰的飞鱼,是可爱的小海龟;岸上,他们是梦想的天使,是坚强的勇者。从我渴望当志愿者到完成任务,是沉浸在幸福之中的。幸福就是游泳时飞溅的水花,幸福就是在餐厅吃饭时的说笑嬉闹,幸福就是在公交专车上运动员'哄抢'我的志愿者小红帽的热闹场景。我为拥有这样的幸福而感恩。"

五月在云南昆明闭幕的第七届全国残运会,北京奥组委曾经专门派团考察。刘鹏同志出席开幕式时说,这次昆明残运会是北京残奥会的一次预演。

在这个预演中,云南高校有三万多名学生报名做残运会的志愿者,经过精心培训和选拔,六千人光荣上岗。在盲人足球赛场服务的云南师大志愿者,有一个由六名大学生组成的小组,这些父母眼前的骄子、娇女的任务就是负责盲人运动员的移动厕所。他们清晨到位,日落而归,恪尽职守,把几个厕所清扫得干干净净,毫无异味。

在第七届全国残运会赛场上,有三分之一的昆明市民约三十五万人观看了残疾人运动员的精彩比赛,其中自发而来的观众达到二十六万。观众们组成拉拉队,打出横幅,高举彩旗,击鼓鸣号,热情地为运动员加油鼓劲,全场观众与场内运动员始终沉浸在激情的互动中。

昆明预演的成功预示着作为首善之区的北京将会有更大的成功。我们深信:北京人民会做得更漂亮,二〇〇八年北京残奥会对参赛的所有残疾人运动员来说,将不仅是在设施、条件超一流的奥运竞技场馆争银夺金的兴奋,也不完全是古都的瑰丽与丰盈;让他们永志不忘的将是朝气蓬勃的青春北京向他们敞开的宽阔胸襟,是无处不在的北京人关爱的目光和兄弟姐妹般的悉心呵护,是看台上拉拉队此起彼伏的欢呼助威声和阳光下灿烂的笑脸,是与朋友团聚、平等和睦、心心相印的回家感觉……

走近残疾人,参与残奥会。我相信这对我们每一位北京人都将会是一段难以忘怀的人生经历。二〇〇八年的北京将让全世界都能感受人道主义精神和人文奥运理念在华夏大地的升华,看到一个人类社会文明进步的隆重庆典。

让我们与来自同一个世界的残疾兄弟姐妹们一起,共同构筑和谐温馨的奥林匹克大家庭,共圆心中的同一个梦想。

在第三届全国残疾人
职业技能竞赛开幕式上的致辞

(二○○七年八月二十四日)

第三届全国残疾人职业技能竞赛就要开幕了。此时此刻,我作为一名残疾人工作者,感到无比的激动和由衷的高兴。因为,是党和政府高度重视发展残疾人事业,社会各界热情帮助残疾人,我们才有今天的盛会;是广大残疾人自强不息,学科学、学技术,不断增强参与社会竞争的能力,我们才有今天的盛会。

二十多年前,我国首次举办残疾人职业技能竞赛,把众多残疾人技术能手第一次推向全国乃至国际舞台,就是希望通过竞赛展示残疾人风采,扩大社会影响,帮助残疾人就业。如今,国务院颁布施行的《残疾人就业条例》已将定期开展残疾人职业技能竞赛以法规的形式确定下来。按照制度化、规范化的要求,竞赛项目设置更趋合理,技术含量逐步提升,参赛规模不断扩大,社会参与程度更加广泛。特别是争做能工巧匠、争当全国技术能手的信念,走向国际赛场去展示精湛技艺的理想,已经像种子一样在广大残疾人朋友心中扎根发芽,我们倍感欣慰和自豪。

我更相信,这项赛事在推动残疾人职业教育和职业培训工作、激励广大残疾人奋发向上、促进残疾人就业等方面,将继续发挥积极的作用。

我希望,来自全国各地的残疾人选手,继承优良传统,赛出水平、赛出风格、赛出意志,将你们高超的技艺和良好的精神风貌展现在全国人民的面前,用成绩和汗水来进一步证明:残疾人同样是物质财富和精神财富的创造者。

　　我更希望,所有的残疾人朋友,牢固树立劳动光荣、创造光荣、工匠光荣的理念,努力学习,增长才干,为国家经济建设、为构建社会主义和谐社会做出应有的贡献。

在北京二〇〇八年残奥会
倒计时一周年庆祝活动上的致辞

(二〇〇七年九月六日)

九月六日是个历史性的日子,我们共聚中华世纪坛,隆重庆祝北京二〇〇八年残奥会倒计时一周年。我谨代表中国八千二百九十六万残疾人、代表中国残奥委会,对各位领导、各界群众以及出席北京二〇〇八年残奥会代表团团长会的代表、各国各地区残奥委会领导人、各国驻华使节及其他国际友人表示热烈欢迎和衷心感谢!

"两个奥运,同样精彩",是北京的承诺,是中国的承诺,是包括八千多万残疾人在内的中华民族的期盼。我们生活在同一个世界,我们拥有同一个梦想。一年后的今天,来自各国、各地区的残疾人运动员,将通过体育运动,诠释生命的精彩,激励并感动世界。

残奥运动是超越:残疾人用自强不息的精神超越身体的局限,创造生命的辉煌。残奥运动是融合:残疾人和健全人一同破除心中的藩篱,在不同肤色和种族构成的人类社会中、在人与自然之间和睦相处。残奥运动是共享:共享挑战的艰巨和赢得挑战的荣誉,共享厚德载物的宽广与和谐,共享文明进步的希望和曙光。未来一年中,中国广大残疾人将以更加饱满的热情,和全国人民一起,积极支持筹备北京残奥会;中国残联将以充分的责任感,与有关方面共同努力,为办好北京残奥会做出我们应有的贡献;中国残疾人运动员,期待着在北京残奥会上,与各国、各地区的运动员一道,践行"更快、更高、更强"的奥林匹克格言,诠释"和平、友谊、进步"的奥林匹克宗旨,展现"平等参与"的英姿,实践"超越·融合·共享"的理念。

在北京残奥会倒计时一周年的日子里,北京残奥会火炬接力传递计划路线也将隆重发布。残奥会的火炬,将点燃我们的激情,在世界和中国传递人类美好的梦想。

朋友们,同志们,我们期待着一年之后的北京残奥会。祝福全世界的残奥健儿共同享受生命的尊严和权利,享有欢乐与友谊,创造光荣与辉煌。

实现残疾人充分就业
才能实现小康生活*

(二〇〇七年十一月七日)

首届中国残疾人自强创业论坛在绍兴举行,我和与会的各位一样高兴。

就业是民生之本,是最有效的保障。广大残疾人更多、更广泛、更稳定地实现就业,是改善生存状况,推动社会和谐,促进全面建设小康,实现"平等·参与·共享"的重要前提。

残疾人的温饱可以通过政府和社会救助来实现,小康则不行。只有残疾人本人或他们的家庭有了较好的就业,才能实现小康,这是我们国情决定的。总体上讲,我们国家还穷,所以实现残疾人充分就业仍是我们的任务。中国特色残疾人事业,劳动福利型还不能丢。

残疾人创业倍加艰辛,成功者虽然少,但示范、影响力很大。团结、引导、帮助他们是各级残联的责任。残疾人创业者已成功的还有很长的路要走,未成功的还在艰难跋涉。残联是广大残疾人的家,更多的关心、更多的爱护、更多的帮助,是这个大家庭应当做的。

希望全社会更加关注残疾人的就业问题,有更多的专家和同仁加强实践总结与政策研究,探寻扩大残疾人就业的有效途

---

* 这是邓朴方同志给首届中国残疾人自强创业论坛的贺信。

径,帮助更多的残疾人实现就业;希望取得初步成功的残疾人创业者们能够珍惜荣誉,自强不息,提高经营与管理水平,保持企业的持续稳定发展并取得更大的成绩;希望有更多的残疾朋友能够继续弘扬"自尊、自信、自强、自立"的精神,以自强创业典型为榜样,增强自强创业的志气,提高自强创业的本领,在党和政府与全社会的关心帮助下,通过创业实现就业,为中国特色社会主义建设建功立业!

残奥会是残疾人事业的发展机遇*

(二〇〇七年十一月十三日)

多年来中英两国在残疾人事务方面一直交往不断,英国在中国残联初建时期给予了很大帮助,中国残联在发展过程中吸取了英国的许多有益经验。自从中国取得二〇〇八年奥运会和残奥会的主办权以来,双方交往更加频繁,相信中英双方在奥运会和残奥会事务方面的合作一定会产生积极的成果。

举办残奥会是一次非常难得的机会,筹办过程本身就为中国残疾人事业实现跨越式发展提供了机遇。国外事例也证明,残奥会可以促使整个社会改善对残疾人事务的观念。我们每四年举办一次全国性的残奥会,每届残奥会对举办省市的残疾人工作都起到了巨大的推动作用。在二〇〇八年残奥会的诸多筹办工作中,宣传占有很大比重。残疾人的障碍除了来自残疾人本身的损伤,还有社会环境的原因。我们常说,"不是不人道,而是不知道",人家不知道、不了解,就很难以自己的行动帮助残疾人,改善他们的状况。因此,我们首先要宣传,主要是提高公众对残奥会的知晓度。其次,我们组织更多的人参与残奥会的活动,特别是鼓励青年和学生积极参与,使他们从小就对残疾人问

---

* 这是邓朴方同志会见英国文化、媒体和体育事务部长、奥林匹克大臣、伦敦事务大臣郑文莎一行的谈话摘要。

题有所了解。目前有大批的青年学生报名争当残奥会的志愿者,我们要做的工作是把好人员素质关。可以说,每一个参与者都会与残奥会和残疾人工作结下不解之缘。再次,我们提倡享受残奥会,凡是参与的人要让他们能够体会到残奥会的特殊之美。总之,我们的做法是宣传、知晓、参与、享受。

北京奥组委筹办残奥会的很多工作具有探索性。我们总结了一些具体经验:一是奥运会和残奥会在人们观念中是不一样的。一个组委会筹办两个运动会,容易产生重视奥运,忽视残奥的现象。北京奥组委充分考虑到这一问题,成立了残奥部,从组织上提供了保障,并把残奥会的筹备工作分解并融入到各个部门的工作中去,对诸如场馆、志愿者队伍、文化宣传、安保等具体问题都进行了统筹规划。奥运会和残奥会合办本身就是一个文化遗产。中国政府提出"两个奥运,同样精彩,同样重要",就是要把两个运动会放在同等位置上考虑。二是残奥会的筹办和组织工作应充分利用奥运会的资源。"一办二",做得好,将是最佳的节约方式。三是残奥会的个性必须突出。正因为人们对奥运会和残奥会的认识有所差异,更要着力提出和宣传与残奥相关的环境和人文理念,当然还应注重无障碍设施和医学分级等具体事务。对残奥会的特殊性应给予特殊的照顾。四是在重视宣传和大力推动残奥会工作的同时,我们不仅要把眼光放在残奥会的运动员身上,还要重视开展残疾人群众体育运动,鼓励更多的残疾人通过群众体育运动,强身健体,融入社会。

北京在体育场馆、火车站、机场和饭店等公共场所做到无障碍基本没有问题。伦敦可以做到百分之九十八的残疾人通过公共交通设施进入比赛场馆,我们在这方面还有差距,尚不能做到全面无障碍,将采取提供特殊交通服务的方式解决这一问题。当然,北京奥组委也十分重视通过筹备残奥会,推动北京无障碍设施建设,为残疾人提高更为便利的公共交通服务。

场馆标准目前有两个:一个是中国的国家标准,另一是国际残奥会的标准。如果按照国际残奥会的标准建设比赛场馆,不仅会大大增加建设成本,而且在残奥会之后利用率不会太高,造成不必要的浪费。我们主张,按照国家标准建造残奥会场馆,为了满足残奥会的需要,要修建一些临时设施,没有必要所有无障碍设施都是永久性的。

北京奥组委已经制订了残奥会的票务政策。两个运动会的开幕式、闭幕式采取同样的售票方法;在票价上,本届残奥会比奥运会要低一些,但高于历届残奥会。本着低价原则,体育比赛的门票采取预留坐席和每日通票的售票方法。同时,我们还要组织中小学生观看比赛,增加他们对残奥和残疾人事务的了解。

二〇〇八年奥运和残奥会的合作伙伴和资助商的开发是分别运作的,国内国外的市场开发有所不同。北京奥组委通过制定优惠政策,鼓励和吸引国内外企业参与和支持残奥会。在中国国内,已有十二家残奥会合作伙伴、十家赞助商和四家独立供应商到位,他们既赞助奥运会,也赞助残奥会。在国际上,奥运会的赞助商未必是残奥会的赞助商,有些国外企业更多地注重奥运会。我个人认为,这里已经构成了"歧视",这是有违人文精神的。既然是支持和赞助,就应该一视同仁,支持两个运动会,希望这个问题今后能够得到解决。就本届残奥会而言,有些外国企业已经表示了赞助残奥会的意愿,具体事宜正在商谈之中,尚未签署协议,北京奥组委正在积极推进此项工作。我们完全有信心、有能力筹措到足够的资金,一定能够把残奥会办好。

社区康复和社区工作牵连着大局*

(二〇〇七年十一月十六日)

一、关于社区康复工作

看完高碑店社区工作之后非常兴奋,工作确实做得不错,扎实而有效,残疾人切切实实得到实惠,政府的各项公共服务也非常到位,多年来我们一直盼望的局面逐步得到实现,我非常激动。

残疾人"人人享有康复服务"是一个极有价值的目标,提出了一种理念,但落实到实际操作上还有一定困难。如果社会经济达不到一定程度,社会认识水平跟不上,工作不到位,"人人享有康复服务"也是一句空话。

北京市朝阳区高碑店的工作做得很好,看到的地方基本实现了残疾人"人人享有康复服务"。但就全国整体来说,还远达不到这个水平。你们做出了榜样,提供了一个学习和今后努力的目标,也就是在经济社会发展到一定程度时,为残疾人提供的各项服务才能逐步规范、更加到位,覆盖面才能更广。

康复概念有"大康复"和"小康复"之分,"小康复"主要指医

---

* 这是邓朴方同志在检查指导北京市朝阳区残疾人社区康复示范区培育活动时的讲话。

疗康复,包括医疗的、工程的、物理的等等,"大康复"的概念更加广泛,包括医疗的、教育的、职业的、社会的等等。"大康复"概念一九八四年在我们筹建中国康复研究中心的时候就意识到并从国外引进了。当时就在中心内部设立了一个机构来推动社区康复,但是刚开始的时候工作完全推不开,因为当时中国的经济社会还没有发展到相应的水平。做了很大的努力,也只是在一些局部有点成效。当经济和社会发展到一定程度时,全面康复、"大康复"才能实现。如果实现了全面康复,再延伸一点,就涵盖了残疾人生活的各个方面和进入社会的整个过程,如职业康复、教育康复、社会康复等等。因此,残疾人"人人享有康复服务"贯彻了全面康复的理念,树立了长远的目标,有了高的起点。加上我们的扎实工作,这次我看到基层的康复训练是相当专业的,有经过培训的专业技术人员提供个性化的康复服务,同十多年前相比有了质的飞跃,这就使得"人人享有康复服务"不仅成为一个极具价值的口号,也成为指导我们推进工作的一个抓手,在很多地区可以逐渐实现这样一个宏伟目标。

二、残疾人工作要沉入社区

上个世纪八十年代民政部门就提出社区服务这个问题。当时,我开始做残疾人工作,就积极支持这个理念。把社区工作搞好实际上是中国残疾人工作的一个特色,中国特色残疾人事业的一个重要目标就是基层社会保障网络的建立。在中国推进社区工作,有着自己独特的基础,因为中国的社会结构不像西方以个人为单元,而是以宗族或者地域为单元的团粒结构,人们对社区的认同感比西方深。我国的社区工作始终做得比较好,尤其是改革开放后,民政部门大力推动,社区工作一步步做实,越来越好,这是二十多年艰苦奋斗的结果。中国残疾人工作一定要落到社区,我们讲"横向到边,纵向到底",不落到社区就是一句空话。残疾人工作的很多内容都在社区:康复、教育、就业、文化、体育等基础工作都在社区。社区既是大家都认同的一个载体,同时又是我们工作落到基层的组织结构,还能进行各种资源的组合和充分利用。我们残疾人工作也要沉入社区,利用社区的各种设施、卫生资源、民政服务资源等进行资源组合,同时也要开展有自己特色的工作。基层残疾人社会保障网络的广泛建立,残疾人工作落实到社区里面,利用社区的资源,同时依托政府的支持和各方面的工作,逐步在政策上不断细化、完善,各项业务扎扎实实地开展,使残疾人充分得到实惠。

三、社区工作牵连着大局

随着经济社会的发展,党和各级政府、社会各界对残疾人事业越来越重视,各方面资源开始向残疾人事业倾斜,尤其是残疾人就业保障金的缴纳,都为残疾人工作注入了新的动力。在这么好的形势下,要充分利用国家经济社会发展的政策推进残疾人工作。做好残疾人工作是一件大事,比如残疾人社区康复工作,社区里有康复需求的人百分之五十多是残疾人,还有将近一半是因为某种意外需要康复的健全人;再比如公共设施的无障碍,既方便残疾人,也方便老年人、妇女、儿童。做好这些事情,切实解决人民群众的困难、矛盾,对社会来说也是一件大事。经济高速发展的时期也是社会矛盾的突显期,如果通过社区康复、社区工作,把各种各样的矛盾解决在基层,解决在家庭,使得社会相对稳定,实际上是一件很大的事情。现在是近百年来我们中华民族振兴的最好时机,所以,从这个角度来说,我们办了一件大事；从小的方面来说，也为残疾人提供一些服务，同时为老百姓解决一点实际困难。从一点一滴做起，大量地做这些事情，积累起来就会有大的意义，就能够使社会相对稳定、更加和谐，我们的经济社会就能够可持续发展，形成民族振兴、不断向上的局面。所以说，社区工作牵连着大局，凝聚着民心，不可小视。我们做的这些事情，都为我们的民族振兴做出了贡献，尽管这些贡献很小，如果大家都来做，那么中华民族的振兴就是不可阻挡的。我们要用我们的理想、信心和激情来做好社区康复工作。

四、加大社区康复宣传力度

北京做了很多扎实的工作，要想办法做好宣传工作，加大宣传的力度。此外，北京的工作做得也很精致，要形成品牌，上海的"阳光之家"就产生了很好的品牌效应，北京的"温馨家园"亦是如此。要进一步开展宣传工作，让全社会都知道我们的工作、我们的奉献，以及残疾人得到怎样的实惠。我们的服务，包括社区工作有良好的政治优势，有党的领导，有政府全心全意为人民服务，有这么多的工作人员为老百姓、为广大残疾人一点一滴地扎实服务，效果很好。要想办法把我们做的这些好事，包括社区康复工作人员的热情、残疾人得到的实惠宣传出去，把我们的政治优势体现出来，增加社会对我们工作的认同。

《残疾人口与发展研究丛书》序言

(二〇〇七年十二月三日)

这套《残疾人口与发展研究丛书》是第二次全国残疾人抽样调查研究课题成果的集纳汇编,从三十多个国家级和省级课题遴选出十几个课题结集出版,将这样一份凝聚国内众多高校、研究机构的专家学者和残疾人工作者孜孜以求的丰厚成果贡献于社会,无疑是一件非常有意义的事。

残疾从来不是孤立的社会现象,也不是残疾者自身的问题,恰恰相反,我们认为残疾是一种社会关系的组成和一种社会现实的存在,是人类社会进程中不可避免要付出的一种社会代价,正确认识和解决残疾人问题是人类文明和社会进步的一个标尺,也是社会和政府的责任。正是基于这样的共识和责任,无数关切的目光投向社会变革和转型中这个特殊的社会群体,于是才有了第二次全国残疾人抽样调查,这样一个接续十九年前第一次残疾人调查、旨在摸清底数和情况、提出相关政策措施以改善其状况的又一次大规模残疾人调查。

建立在这次调查翔实数据基础上多学科、多领域、多维度的研究课题,不仅清晰描述了我国残疾人生存发展的现实状况和历史变化,还探究了其中的社会、经济、文化因素,同时给出了研究者认识和解决相关问题现实的政策建议。这些课题涉及残疾人事业多业务领域,包括残疾人生存、发展和社会参与的各个方面,课题的承担者来自全国数十所高校和社会的、政府的研究机构,一些残联的同志也参与其中。长期以来,残疾人是处在社会边缘的弱势群体,残疾人问题和残疾人事业的研究也远不是"显学",而这次这么多高校,这么多专家、学者关注残疾人调查,关注残疾人问题,产出了一批具有相当水平的研究成果,这不能不使人感慨,在改革开放的时代大潮的冲击推动下,社会的文明进步、残疾人事业的影响和人道主义思想的感召力等都获得了巨大的改观。

  当代中国仍处于深刻变革中,这既是三十年来社会变革的延续,又呈现出不同以往的特征。积二十年发展成果和经验,残疾人事业在新的社会变革中又面临一个新的局面、一个新的关口。如何不失时机地推进事业,加快发展,需要回顾总结,需要开拓创新。在这个过程中,调查研究不可少,思想和理论建设也要加强。我们也期待包括高等院校和社会研究机构在内的学界继续关注年轻的中国残疾人事业,关注八千三百万中国残疾人,希望大家从各自不同的专业背景和学科专长,对残疾人问题和残疾人事业的研究贡献自己的学识和智慧。

在二〇〇七年上海世界特殊奥运会
总结会上的讲话

（二〇〇七年十二月十一日）

特殊奥运会结束四十八天了，很多情景还历历在目。从开始申办到举办成功历时六年，上海市做出了重大贡献，中央各部委、各省区市都给予了很多支持与帮助。在这里我向大家表示由衷的感谢。

本届特殊奥运会影响深远，意义重大。

夏季特殊奥运会在发展中国家举办这是第一次，国际特奥会很看重，世界各国也很关注。现在看来，我们在党中央、国务院的高度重视和正确领导下，通过组委会以及各成员单位卓有成效的组织，各有关城市，特别是上海全市上下的通力协作，上海特殊奥运会取得圆满成功，实现了"办出上海特色、办出中国水平、办出国际声誉"的目标。我作为国际特奥会的董事，在特殊奥运会期间参加了董事会和各项活动，从特奥的创始人尤妮丝女士到蒂姆主席，从冰岛总统（他也是董事）到菲律宾总统，从各代表团团长到特奥运动员，都对本届特殊奥运会称赞不已。我们的老朋友国际特奥会东亚区主席容德根先生说，本届运动会组织工作的完美是过去没有过的，今后也很难再有。

特殊奥运会对和谐社会作出了生动的演绎。

特殊奥运会不但给运动员带来了惊喜和欢乐，而且使各方来宾真切感受到中国政府和社会对弱势群体的关心和爱护，全面了解到我国残疾人事业所取得的进步,亲身体验到我国人民的精神风貌,同时也领略到我国经济和社会发展的巨大进步。特别是在国庆节期间,在党的"十七大"即将召开之际,胡锦涛总书记亲临上海,深入社区"阳光之家",专门与智障儿童共度国庆,与各国特奥运动员分享快乐,并宣布运动会开幕。胡总书记与智障儿童的融合活动让全世界都看到中国对促进社会包容与和谐的高度重视,意义重大,影响深远。

我们要以上海世界特奥会为新起点,推动包括智障人士在内的残疾人事业的发展。

特殊奥运会已经结束,但我们发展特奥运动,弘扬人道主义,关注弱势群体,推动残疾人事业的发展仍然任重道远。我们要认真总结上海特殊奥运会的成功经验,继承上海特殊奥运会的宝贵遗产,以这次特殊奥运会为新起点,推广上海"阳光之家"、特奥示范社区、全国特奥日等特殊奥运会的经验和做法,放大特奥效应,在全国范围内广泛深入地传播"平等、接纳、包容"的特奥理念,弘扬高尚的人道主义精神和中华民族的传统美德,动员全社会力量,完善智障人士福利,鼓励更多的智障人士走出家门、融入社会,千方百计地为残疾人排忧解难,认真贯彻党的"十七大"精神,把我国残疾人事业推向一个崭新的高度,为构建社会主义和谐社会做出新的更大贡献!

关于高举中国特色社会主义伟大旗帜[*]

（二〇〇八年一月十日）

学习"十七大"文件要把握其精髓，"十七大"的精髓是什么呢？我认为就是提出了"高举中国特色社会主义伟大旗帜"。

一九八七年召开的党的"十三大"，在关于十二届中央委员会报告决议的最后一段，就有关于旗帜的提法："大会号召，全党同志在建设有中国特色的社会主义的伟大旗帜下，……同心同德，振奋精神，埋头苦干，开拓创新，为实现社会主义现代化的宏伟目标而努力奋斗！"

经过了这么多年，党的"十七大"重提"高举中国特色社会主义伟大旗帜"，这绝不是简单的概念回归，而是在新的历史条件下，对这个概念作出全新的阐释，是把中国特色社会主义伟大旗帜的科学内涵界定为坚持一条道路和一个理论体系，构成一个完整的统一体。这是一种新的认识，这种认识来之不易，它是我党几十年历尽艰辛、不懈探求的延续。

一、解放后十七年的探索

一九四九年以后，中国走上了社会主义道路。开始，我们没

---

[*] 这是邓朴方同志在中国残联第四届主席团第六次会议上讲话的第一部分。

有任何经验,以极大的热情学习苏联。我们学习苏联的政治制度、经济模式,连教育、文化、体育政策也照搬过来。当然,这些经验有许多是好的。解放初期,我国也取得了巨大的成绩,但后来发现,苏联的东西不是什么都好,而且,中国有自己的国情,照搬有时并不能解决问题。这就使得中国领导人特别是毛主席,开始研究怎样走一条不同于苏联的发展道路。

一九五四年四月,毛主席的《论十大关系》讲话,就侧重探讨了经济建设的问题,提出了调动一切积极因素为社会主义事业服务的基本方针,对适合中国情况的社会主义建设道路进行了初步的探索。

一九五六年,中国共产党第八次全国代表大会提出,我国社会的主要矛盾是"人民对于经济文化迅速发展的需要同当前经济文化不能满足人民需要的状况之间的矛盾",全国人民的主要任务是集中力量发展社会生产力。为此,大会作出了党和国家的工作重点必须转移到社会主义建设上来的重大战略决策。应该说,这是一个十分了不起的结论。

一九五七年二月,毛主席作了《关于正确处理人民内部矛盾的问题》的讲话。如果说中共"八大"是我国系统地探索建设社会主义的道路迈开的第一步,那么,"正确处理人民内部矛盾"就是这一探索的延续和进一步的丰富和发展。毛主席深刻总结现实和历史经验,分析了社会主义社会的基本矛盾,提出了社会主义社会两类不同性质矛盾的学说,确定了解决两类不同性质社会矛盾的原则和方法。这是独立自主地探索我国社会主义建设道路的重要理论成果。

现在重读这些文献,内心的激动同样难以抑制,同时,也感到非常沉痛。当时,我们已经走到了一条正确的道路上,如果沿着这条道路走下去,中国的面貌会是什么样子?可惜,由于毛主席后来的错误,我国建设社会主义的路子越走越偏。

一九五七年,反右搞了扩大化;一九五八年,"八大"二次会议变调,认为当前我国社会的主要矛盾仍然是无产阶级同资产阶级、社会主义道路同资本主义道路的矛盾。会议提出社会主义建设总路线,它的直接后果就是全国迅速掀起了"大跃进"的高潮。以后又搞人民公社,终于造成巨大灾难。

一九五九年庐山会议,一九六二年七千人大会,都没有改变毛主席的主意,阶级斗争"年年讲、月月讲、天天讲"。以后更发展为"无产阶级专政下继续革命"的理论,导致疯狂的"文化大革命"。至此,我们历经千辛万苦,建立了社会主义,却没有建设好社会主义。十七年里,我们有过一些成功的经验,但总体上说,这种探索是失败了。

二、改革开放头十四年的实践,成就了邓小平建设有中国特色社会主义理论

十年浩劫,两年徘徊,我们终于迎来了十一届三中全会,历史进入了改革开放新时期,一个波澜壮阔的历史进程开始了。

实践是检验真理唯一标准的大讨论,重新确立了解放思想、实事求是的思想路线。我们毅然抛弃"以阶级斗争为纲",把党和国家的工作中心转移到经济建设上来。我们对重大历史是非作了认真的清理,平反大量冤假错案,落实了干部政策。十一届六中全会专门作出《关于建国以来党的若干历史问题的决议》,从根本上否定了"文化大革命"和"无产阶级专政下继续革命"的理论,同时肯定了毛泽东思想的指导作用。

在拨乱反正的基础上,一九八二年召开了党的第十二次全国代表大会,这次大会提出"走自己的道路,建设有中国特色的

社会主义"的思想。"十二大"以后,从农村到城市,从经济领域到各个领域,改革开放以不可阻挡之势全面推开。

一九八七年召开的"十三大",比较系统地论述了我国社会主义初级阶段的理论,明确概括和全面阐发了党的"一个中心、两个基本点"的基本路线。"十三大"分别提出了发展经济战略、经济体制改革、政治体制改革、改革开放中的党的建设、坚持和发展马克思主义等诸方面的基本方针。

从党的十一届三中全会到"十二大",再到"十三大",九年时间,我国经济、政治、思想、文化、国防、外交等各个领域都取得了显著成就,国家面貌发生了深刻的变化。一九八六年同一九七八年相比,国民生产总值、工农业总产值、国家财政收入和城乡居民平均收入水平都大体翻了一番,实践验证了理论的正确。

我认为,经过九年的努力,建设中国特色社会主义理论已经基本成形,所以,虽经"八九政治风波",小平同志仍然坚持:"十三大"报告一个字都不能动。

一九九二年初,小平同志视察南方发表重要谈话,分析了当时国际国内形势,科学地总结了十一届三中全会以来党的基本实践和基本经验,明确地回答了这些年来经常困扰和束缚我们的许多重大认识问题。谈话强调基本路线一百年不动摇,要求我们思想更解放一点,改革开放的胆子更大一点,建设的步子更快一点,千万不可丧失时机。这些谈话实际上是重点地概括了中国特色社会主义理论并为"十四大"的召开奠定了思想理论基础。

一九九二年召开的"十四大",全面总结了改革开放十四年的理论与实践,完整地勾勒出邓小平建设有中国特色社会主义理论的宏伟框架。它的主要内容是:在发展道路问题上强调走自己的路;作出我国还处在社会主义初级阶段的科学论断;指出社会主义的本质是解放生产力,发展生产力,消灭剥削,消除两极分化,最终达到共同富裕;强调改革也是一场革命,也是解放生产力;指出和平与发展是当代世界两大主题;强调四项基本原则是立国之本;提出基本实现现代化分三步走;强调共产党是社会主义事业的领导核心;提出"一个国家、两种制度"的创造性构想。

以南方谈话和"十四大"报告为标志,我们党完成了中国特色社会主义理论的创建工作,中国不可动摇地走上了中国特色社会主义道路。值得一提的是,此前有许多同志提出使用邓小平思想、邓小平理论、邓小平主义等提法,都被小平同志否定了。他选择使用"建设有中国特色的社会主义"这样一个概念,来表述新的理论。有人认为这是谦虚,但我始终认为,这是基于一种更深更远的认识。

三、十五年的继承与发展, 建设中国特色社会主义理论与时俱进

"十四大"到"十七大"的十五年间,全党全国人民继续贯彻党的基本路线,团结奋斗,开拓创新,使我国进入一个令世界惊叹的持续快速增长期。国民经济总量跃居世界第四,人民生活从温饱不足达到总体小康,人均GDP从一九七八年的三百八十一元增加到二〇〇六年的一万五千九百三十一元,农村贫困人口从二亿五千万减少到两千多万,政治建设、文化建设、社会建设也取得了举世瞩目的成就。

以江泽民同志为核心的第三代领导集体,高举邓小平理论伟大旗帜,坚持改革开放,坚持中国特色社会主义,初步建立社会主义市场经济新秩序,开创全面改革开放新局面,提出"三个

代表"重要思想。全国人民沿着正确的方向继续前进。

以胡锦涛同志为总书记的党中央,求真务实,开拓进取,坚持理论和实践创新,推动科学发展,促进社会和谐,着力完善社会主义市场经济体制,在全面建设小康社会的实践中,创立了以人为本,全面、协调、可持续的科学发展观,坚定不移地把改革开放的伟大事业推向前进。

继承前人,尊重实践,面向未来,我们迎来了中国发展的战略机遇期。能否把握机会,对中国共产党及其领导人是一个新的考验,对于"十七大"也是一个严峻的课题。

四、旗帜问题不仅是个理论问题,也是个实践问题,是个道路问题

毛主席早在建党前夕就指出:"主义譬如一面旗帜,旗子立起了,大家才有所指望,才知所趋赴。"旗帜是一个政党、一个国家的指导思想和行动纲领,它像灯塔一样指引着全党和全国人民沿着正确的方向前进。

旗帜正确,就能得到广大党员、群众的拥护,真心实意高举旗帜努力奋斗。如果旗帜不正确,大家或盲从或言不由衷,就会败坏党的风气,而且必然走弯路。比如一九五八年提出的"三面红旗",就给社会主义事业造成了严重的损失。

在中国这样一个世界上最大的发展中国家建设社会主义,没有现成的路可走,没有现成的理论可遵循,必须破除迷信,解放思想,大胆实践,不断探索,开辟出一条新路。我们的理论不能是先验的,不能先搞一个框架,里面装点东西就算理论了。它必须在改革开放和社会主义现代化建设的伟大实践中,从中国的现实和当代世界发展的特点出发,不断总结新经验,创造新办

法,寻找新路子,既继承前人又突破陈规,既借鉴世界经验又不照搬别国模式,经过长期的、艰辛的探索,才能一步一步地形成。

党的"十七大",大跨度地回顾历史,从毛主席创建新中国开始,一直到改革开放以后把新时期党的理论创新与实践创新相结合的全部成果集中起来,统一归结为中国特色社会主义伟大旗帜;把邓小平理论、"三个代表"重要思想、科学发展观等重大战略思想整合为中国特色社会主义理论体系;把旗帜、道路和理论紧密联系在一起。它庄严宣示:"改革开放以来我们取得一切成绩和进步的根本原因,归结起来就是开辟了中国特色社会主义道路,形成了中国特色社会主义理论体系。高举中国特色社会主义伟大旗帜,最根本的就是要坚持这条道路和这个理论体系。"

再次回顾小平同志在"十二大"上的开幕词,他强调"把马克思主义的普遍真理同我国的具体实际结合起来,走自己的道路,建设有中国特色的社会主义,这就是我们总结长期历史经验得出的基本结论",他的全部实践和理论,都是为了寻找一条真正适合中国国情的发展道路和旗帜。而"十七大"的重大贡献,就是再一次高高地举起了这面旗帜。

关于坚持和贯彻科学发展观[*]

（二〇〇八年一月十日）

科学发展观,是在十六届三中全会通过的《中共中央关于完善社会主义市场经济体制若干问题的决定》中首次提出来的。四年来科学发展观的贯彻落实,对促进经济社会和人的全面发展已经起到良好的作用。据我了解,同志们对科学发展观都是赞同的、拥护的。

"十七大"报告指出："科学发展观是对党的三代领导集体关于发展的重要思想的继承和发展,是马克思主义关于发展的世界观和方法论的集中体现,是同马克思列宁主义、毛泽东思想、邓小平理论和'三个代表'重要思想既一脉相承又与时俱进的科学理论,是我国经济社会发展的重要指导方针,是发展中国特色社会主义必须坚持和贯彻的重大战略思想。"

我的学习体会有以下几点：

一、科学发展观与发展模式问题

一百多年来,中华民族振兴历经无数坎坷。一九七八年,实

---

[*] 这是邓朴方同志在中国残联第四届主席团第六次会议上讲话的第二部分。

行改革开放,中国终于走上了富国强民之路。现在经过一段高速发展以后,中国又来到了一个十字路口。选择什么样的发展模式才能取得成功,这个严峻的问题摆在了我们面前。

纵观历史,一百年前的世界强国,如美、英、法、德、意、日等,现在大多还是强国。而后发展国家总是失败太多,成功太少。拉美、东南亚无不如此,更不用说非洲。究其原因大概有二:一是发达国家打压,"卧榻之侧,岂容他人安睡"?它有招治你。二是本身发展模式有问题,不健康。你很健康,它也治不了你。

许多国家快速发展于一时,不能保持长远。或者政治震荡,或者社会动乱,或者族群对立,或者金融危机,或者经济崩溃,或者后劲不足,或者长期徘徊。任何一个国家经济社会发展都受到多方面的因素制约,有长远的、有短期的,有深层的、有表象的,有内部的、有外部的。经济社会发展是个复杂的系统,只要一个环节出问题,都有可能产生严重后果。在解决大路子后,选择发展模式就成为重大的课题。

现在,中国特色社会主义的大路子有了,经过长达二十多年的高速发展,也奠定了很好的基础。在这样的时刻,中央及时总结我国长期发展实践,借鉴其他国家经验和教训,秉持科学理念,尊崇科学精神,提出符合客观规律的科学发展理论,一定能使我国建设中国特色社会主义的事业,在原有的基础上更好更快地发展。

二、科学发展观有"活的灵魂"

马克思在批评青年黑格尔派时说:"我要求他们:少发些不着边际的空论,少唱些高调,少作些自我欣赏,多说一些明确的意见,多探讨一些具体的现实,多提供一些实际的知识。"列宁则说,马克思主义的精髓、马克思主义的活的灵魂是"对具体状况作具体思考分析与判断"。科学发展观,就是要求针对当前存在的现实问题,进行科学分析和准确判断。

三十年来,我们国家的经济建设取得了巨大的成功,各项事业蒸蒸日上,综合国力显著提高,国际影响日益彰显,但不能否认,我们也为此付出了沉重的代价,交了昂贵的学费。换句话说,我们的改革成本过高了。表现在什么地方呢?这些年,社会各界包括普通百姓,还有网民都在讨论,说法很多。我选择以下的表述,就是现在中国存在以下五大矛盾:人民日益增长的需求与政府公共产品供应严重不足的矛盾,经济高速发展与资源环境破坏的矛盾,城乡、区域、经济社会发展与差距持续拉大的矛盾,理想道德缺失与东西方文化冲突的矛盾,改革开放与国际摩擦加剧的矛盾。大家可以看到,这些矛盾都是具有全局性、长期性、深刻性的矛盾,如果不能正确应对,我们是不可能继续前进的。我们也要看到,我们面临的问题是发展中的问题,必须通过发展来解决,所以发展是第一要义。这些问题中,大部涉及社会保障和改善民生,也涉及发展的目的,所以核心是以人为本;改革进入攻坚阶段,改革的成本过高,所以必须坚持全面、协调、可持续的基本要求;各种利益之间的不平衡、人与自然之间的和谐问题,要靠统筹兼顾来解决,所以统筹兼顾是根本方法。有什么问题,提什么对策,在实践的过程中形成理论。这就是科学发展观的突出特点:实实在在,内涵清晰,概括准确,容易理解,可操作性强,有现实指导性。从四年来的实践看,全国在贯彻落实科学发展观方面也已经取得了很大的成效。

三、科学发展观与邓小平理论环环相扣、一脉相承

在学习科学发展观时,我总有一种感觉,就是它与小平同志在改革开放新时期提出的一些重要观点,有着内在的有机联系,它们是一脉相承的。

第一,科学发展观的第一要义是发展,必须把发展作为党执政兴国的第一要务。这与小平同志"发展是硬道理"的著名观点是相通的。

加快发展是小平同志最为关心并始终强调的。他认为,社会主义的本质,首先就是"解放生产力,发展生产力",这是马克思主义的一个基本观点。因为生产力是一切社会存在和发展的基础,是推动人类社会历史发展的决定性力量。小平同志一再说,只有改革,不断发展经济,人民才相信我们,我们的事业才有希望;不改革,"不发展经济,不改善人民生活,只能是死路一条"。这些观点,在科学发展观里得到充分的体现。

第二,科学发展观的核心是以人为本,强调全心全意为人民服务,尊重人民的主体地位,促进人的全面发展,发展依靠人民,成果人民共享。这和小平同志"人民利益决定论"是一致的。

共产党就是要解放全人类。毛主席讲"为人民服务",小平同志强调"人民的利益高于一切"。他经常说,要把"人民拥护不拥护"、"人民赞成不赞成"、"人民高兴不高兴"、"人民答应不答应"作为制定路线、方针、政策的出发点和归宿。包括衡量领导干部称职不称职,小平同志说:"领导不是自封的,要看群众承认不承认,批准不批准。"他后来提出的"三个有利于"标准,落脚点也还是人民。

第三,科学发展观的基本要求是全面、协调、可持续,根本方法是统筹兼顾,这和小平同志"要照辩证法办事"、"统筹兼顾"的思想是吻合的。

大家都了解,小平同志在分析问题、处理问题时始终运用辩证唯物主义和历史唯物主义。小平同志认为,世界是一个有机联系的整体,社会主义现代化建设是一个系统工程,我们在思考问题,处理事情,作出决策的过程中,必须统筹兼顾,注意工作的系统性和整体性。他说:"现代化建设的任务是多方面的,各个方面需要综合平衡,不能单打一。"他设计的小康社会、"三步走"的战略目标,不仅是经济指标,也包含了社会发展、文化发展和精神文明建设在内的全面发展的内容。他提出的经济结构的调整、抓好"三农"问题、西部大开发、一部分人先富起来带动共同富裕、"自然环境保护很重要"等,为今天以胡锦涛为总书记的党中央提出全面、协调、可持续发展的观点提供了重要的思想渊源。

当然,不同发展时期有不同的工作重点,也有不同的工作要求。改革开放初期,强调的是突破旧体制,创建新体制,所以胆子要大,要敢"闯";现在要继续进行体制创新,并不断使它得到完善,所以更强调守规矩,不能乱来。重点不同,却是一个过程的不同阶段的要求,这就叫做有机联系。

四、科学发展观是开放性的理论

这次"十七大"报告对科学发展观作了全面的论述,第一要义、核心、基本要求和根本方法都已涉及,应当说骨架和主要内容都有了,形成了一个新体系。科学发展观对我国各项工作的指导意义也是明显的,胡锦涛同志提出,一个指导思想的建立,还需要时间的检验。我认为这是对待理论问题的严肃态度,是一种科学的精神。

其一,我国仍然处于社会主义初级阶段,社会形态的变化和制度的发展完善是一个动态的过程,适应这个过程的理论也要有一个发展和完善的过程。

其二,科学发展观是进入新世纪新阶段,我国发展呈现一系列新的阶段性特征的情况下产生的理论,关于阶段性特征,"十七大"已经作了准确的表述。* 虽然这个理论已经建立,但这些特征显示,我们还面临着许多新机遇、新挑战。对全球化、工业化、信息化、城镇化、市场化、老龄化等许多问题,认识都有待进

---

* 党的"十七大"报告指出:进入新世纪新阶段,我国发展呈现一系列新的阶段性特征,主要是:经济实力显著增强,同时生产力水平总体上还不高,自主创新能力还不强,长期形成的结构性矛盾和粗放型增长方式尚未根本改变;社会主义市场经济体制初步建立,同时影响发展的体制机制障碍依然存在,改革攻坚面临深层次的矛盾和问题;人民生活总体上达到小康水平,同时收入分配差距拉大趋势还未根本扭转,城乡贫困人口和低收入人口还有相当数量,统筹兼顾各方面利益难度加大;协调发展取得显著成绩,同时农业基础薄弱、农村发展滞后的局面尚未改变,缩小城乡、区域发展差距和促进经济社会协调发展任务艰巨;社会主义民主政治不断发展、依法治国基本方略扎实贯彻,同时民主法制建设与扩大人民民主和经济社会发展的要求还不完全适应,政治体制改革需要继续深化;社会主义文化更加繁荣,同时,人民的精神文化需求日趋旺盛,人们思想活动的独立性、选择性、多变性、差异性明显增强,对发展社会主义先进文化提出了更高要求;社会活力显著增强,同时社会结构、社会组织形式、社会利益格局发生深刻变化,社会建设和管理面临诸多新课题;对外开放日益扩大,同时面临的国际竞争日趋激烈,发达国家在经济科技上占优势的压力长期存在,可以预见和难以预见的风险增多,统筹国内发展和对外开放的要求更高。

一步深化,理论也有待于进一步升华。

其三,一个理论应当具有一些基本要求:继承性,即与源头理论的有机联系;批判性,即对过时或错误观点的批判和修正;吸收性,即善于汲取古今中外一切文明成果的养分;实践性,即着重解决现实生活中的实际问题;发展性,即为理论的发展留下广阔的空间。科学发展观具有这样的理论品格,因此,这是一个开放性的、具有持续生命力的理论。

建立具有中国特色的残疾人事业＊

（二〇〇八年一月十日）

今年是残联成立二十周年，残疾人福利基金会筹委会成立二十五周年，盲聋哑协会恢复工作三十周年。回顾以往，展望未来，有许多问题值得研究。中国残疾人事业是怎么发展起来的？我们做了些什么工作？有哪些成绩？还存在什么问题？将来怎么做？基本经验是什么？中国残疾人事业有什么特色？等等。其实许多同志已就残疾人事业多方面的课题做了不少研究，我今天再次提及这些问题，是希望大家在学习"十七大"精神的时候，理论联系实际，提高我们的认识水平。

一、回顾残疾人事业开创的历程

新中国成立后，党和政府为残疾人做了大量工作。一九五三年三月，中国盲人福利会在北京成立。一九五四年三月，《盲人月刊》在北京创刊。该刊由毛主席命名，谢觉哉题签。一九五五年四月，中国盲人福利会创办的全国盲人训练班开学。一九五六年二月，中国聋人福利会在北京成立，得到了周恩来总理的

＊ 这是邓朴方同志在中国残联第四届主席团第六次会议上讲话的第三部分。

关怀。一九六〇年五月二十日,中国盲人聋哑人第一次全国代表会议在北京召开,周恩来、朱德、邓小平、李先念等党和国家领导人接见与会代表。那时候,国家在很困难的情况下,建立了一千六百多所福利工厂,安置残疾人就业;兴办了许多盲聋哑学校、残疾人福利院、休养院、精神病疗养院。这是我们事业得以发展的基础。

回顾这段历史,心情十分激动。前辈开创性的工作,让我们油然起敬。

但是,要讲全面开创中国的残疾人事业,应该还是在十一届三中全会以后。

二十世纪八十年代,国际残疾人运动风起云涌。其主要标志是:联合国一九八一年开展了"国际残疾人年",一九八二年通过了《关于残疾人的世界行动纲领》,再一个是实施了"联合国残疾人十年(1983～1992年)"。DPI(残疾人国际)也是一九八一年成立的。我们生逢其时,正赶上对内改革、对外开放的年代,于是认真汲取国际上的先进理念和成功经验,结合我国国情,开始探索自己的道路。

在国内,大家一定还记得这么几件事:第一件是一九七八年,停顿多年的盲人聋哑人协会恢复工作;第二件是为配合国际残疾人年,一九八一年中国国际残疾人年组织委员会在北京成立,并出版了画册,发行了纪念邮票。顺带说一句,当时还不叫"残疾人年组织委员会",叫"中国国际残废人年组织委员会",我们的网站是否要改一下,这是历史;第三件是一九八三年,中国伤残人体育协会正式成立;第四件更加重要,就是许多城市,比如北京、大连、兰州、沈阳、西安、昆明、广州等相继成立了伤残青年协会、俱乐部等"草根组织",他们响亮地提出:"废字与我们无缘,强音做我们主旋"。第五件是一九八一年,张海迪先进事迹被报道,一九八三年五月,中共中央号召全国人民特别是青少年向张海迪学习;第六件是一九八四年中国残疾人福利基金会成立。

这是一个激荡人心的年代,其中最具承前启后作用的是残疾人福利基金会的成立。基金会首先把残疾人工作作为一项事业来推动,这就从根本上改变了残疾人运动的面貌。在基金会时期,我们把"充分参与和机会平等"的理念作为思想武器,把人道主义思想作为中国残疾人事业发展的一面旗帜,把政府作用和社会力量结合起来,全面推动残疾人事业,为以后残联成立打下基础。

一九八八年,中国残联成立,整合了各方面的力量,调动各方面的积极因素,形成了残疾人事业的新格局。二十年来,我们为造福残疾人,创造了辉煌业绩。

之所以作上述回顾,是想说明:中国残疾人事业是在改革开放的新时期形成的。它是改革开放的产物,是文明进步的产物,也是国际残疾人运动大潮流的产物。什么叫"天时"?历史潮流、事物发展的大趋势就叫"天时"!残疾人事业在这样的大气候中发展,残疾人工作者在这个大环境下做事,我们是幸福的,心存感激的。

二、这些年我们做了哪些事?

归纳的方法可以有很多,今天我试图从四个角度来归纳:

首先,从广大残疾人角度看,残疾人真正得到了实惠

这既表现在物质上,也表现在精神上。

"残废人"的称谓变为"残疾人",这说明残疾人在精神上已经站立起来,有了自己的尊严;广大残疾人的自强精神表明,他

们是社会物质财富和精神财富的创造者;国际《残疾人权利公约》的通过,使残疾人从被救济对象转换为"权利主体";人道主义的宣传改变着社会观念,改善了残疾人所处的环境。

残疾人的物质生活条件也得到了很大的改善。一千三百多万残疾人得到不同程度的康复;残疾儿童少年义务教育入学率有了较大的提高;就业状况逐步好转,就业人数不断增加;一千多万农村贫困残疾人通过扶贫开发解决了温饱;社会保障进一步加强;文化体育生活日益丰富活跃;无障碍设施明显增多,残疾人参与社会生活的物质支撑大为改善;越来越多的残疾人获得法律援助和救助。

其次,从残疾人事业发展的角度看,我们打下了比较扎实的工作基础

打好基础、讲求实效是我们多年的指导方针。在扎扎实实为残疾人服务的同时,我们始终注意基础性、长远性、制度性的建设。

我们构建了以人道主义思想为基础、以残疾人为出发点和落脚点的思想理论框架。

我们建立了以《残疾人保障法》为基础,包括《残疾人教育条例》、《残疾人就业条例》等行政法规和地方性法规在内的法律法规体系和执法工作机制。

我们建立了以各级残联为核心,基层残协、专兼职残疾人工作者、志愿者构成的组织体系,初步做到了"横向到边,纵向到底",形成了一支三十多万人的工作队伍。

我们在康复、教育、就业、文化体育等领域,建立了业务体系,并有了一批基础设施。

残联的代表功能有所加强,残疾人主人翁地位、参政议政条

件有所改善,残联的群众基础一直在不断加强之中。

第三,从国家大局的角度看,我们推动了改革开放和社会的文明进步

中国的残疾人事业,在改革开放的事业中,是一个重要的不可或缺的组成部分;中国的残疾人工作者,在社会主义建设者的宏大队伍中,是一支敢于冲锋陷阵的方面军。

我们解放思想,实事求是,筚路蓝缕,大胆实践,始终走在改革开放的前列,闯出了一条适合中国特色的残疾人事业发展道路。

我们摆脱极"左"思想的束缚,不遗余力地宣扬人道主义,提倡建立人人平等、相互尊重的和谐的社会环境,培养关心他人、关怀弱者的良好的社会风气,成为我国思想文化建设上冲破旧思想、树立新观念的积极力量。

我们创建了残疾人组织的新形态,为打破"官本位"的僵化模式,创建新体制提供了新鲜经验。

我们呼吁关注最困难的群体,推动社会经济同步发展,推动不同群体和谐相处,推动社会保障体系加快建立,推动了公平正义和社会和谐的构建,为国家分了忧,为群众解了难。

最后,从国际社会的角度看,我们为国际残疾人运动贡献了心力,为国家增添了光彩

二十多年来,我们积极参与残疾人国际事务的进程,在"联合国残疾人十年"中,我们是最活跃的力量。我们发起两个"亚太残疾人十年",推动了亚洲残疾人事务的发展。在国际双边、多边合作中,在各个国际组织中,中国残联也具有相当的影响力。近年来,为了推动《残疾人权利公约》,中国残联在中国政府的支持下,克服了各方面的困难,付出了艰巨的努力,终于使《公约》在二〇〇六年得以通过,彰显了我国在国际残疾人事务和人权保障领域的重要影响。

中国残疾人事业在国内外所取得的进展和贡献,已经在国际社会产生广泛影响,为中国赢得了声望和荣誉。

以上概括,以讲成绩为主,没有说问题,为的是总结经验。但还是那句老话,在为残疾人服务方面,没有做的事比做的事多得多,这点大家一定要有清醒的认识。

三、中国残疾人事业的特色

现在是二〇〇八年了,改革开放已经迈入了第三十个年头,新时期的残疾人事业也经历了三十年的风风雨雨。有同志建议,"十七大"提出高举中国特色社会主义伟大旗帜,趁这个机会认真回顾一下中国残疾人事业的发展历程,看看我们这个事业有些什么特点。

我觉得这个建议可以考虑。前几天,胡锦涛同志在新年贺词里讲:"我们将隆重纪念改革开放三十周年。一九七八年开始的改革开放,是决定当代中国命运的关键抉择,使社会主义中国的面貌发生了历史性变化。"中国残疾人事业的发展,是这个历史性变化的一部分;我们之所以取得一些成绩,主要也是由于这个大环境。但除此之外,是不是还有一些个性的东西呢?总结出一些有用的经验,扬长避短,补阙堵漏,我们的工作就会主动一些。

关于特色问题,我们早期曾作过一些探讨。

一九八四年,我曾说过:"国家的保证、集体的保证、群众的保证,这三方面的结合,正是建立具有中国特色的残疾人福利事业的标志。"* 我还认为,中国特色残疾人事业有三个特点:一个是劳动福利型,不能全靠国家养起来;一个是企业养事业,当年提出民政经济也是这个思路;三是建立基层服务网络**。

上面提到的"三个保证"的格局,随着经济社会的发展,已经有了很大的变化。改革开放三十年来取得了伟大成就,中国由计划经济过渡到社会主义市场经济,中国人民由贫穷到实现小康。在这种情况下,中国的福利事业,已经走上了一条加强社会保障体系的路子。残联要跟上这一步伐。我们要一个问题一个问题地研究,一项政策一项政策地落实,根据不同地区的实际情况,扎扎实实地把城乡残疾人的社会保障问题解决好。不断积累,形成体系。

关于**劳动福利型**,我看还是站得住的。当初考虑我们是发展中国家,不能像西方发达国家那样,实行"从摇篮到坟墓"的福利政策。另外,西方也在变化:一是高福利政策受到质疑;二是更多残疾人也不满足于享受救济,要求走向社会。现在,根据我们国家实行社会主义市场经济的实际情况,残疾人要想实现小康,只有残疾人本人或他们的家庭有较好的就业才有可能。中国特色残疾人事业,劳动福利型的道路还要继续探索下去。

以企业养事业,原来以为很有希望,因为中国的福利企业在世界上是最多的。后来发现有三个矛盾无法克服:一是福利事业的非营利性质和企业追逐利润在文化上是冲突的;二是福利企业的体制和生产效率难以适应市场经济竞争;三是随着社会

---

* 参见一九八四年三月《中国残疾人福利基金会宣传提纲》,收录于《人道主义的呼唤》(第一辑)第14页。

** 参见一九八八年三月十五日邓朴方同志在中国残疾人联合会第一次全国代表大会闭幕式上的讲话《推动残疾人事业,促进社会文明进步》,收录于《人道主义的呼唤》(第一辑)第232页。

保障规模的增大,福利企业的作用比重会越来越小,以企业养事业难以做到。当然,现有的福利企业一定要办好,政府要加大扶持力度,还要创造新的形式,比如上海的阳光工厂、广州的庇护工场、各地的盲人按摩机构等,也都是社会保障的好形式。

至于**建立基层服务网络**,是基于中国的历史文化传统和社会形态提出的。有学者指出,大约公元前五百年,世界上出了三大哲人:希腊的苏格拉底在思考人和自然的关系,印度的释迦牟尼在思考人与神的关系,中国的孔子在思考人与人的关系。我国自古以来就重视人际关系,基层组织结构比较完整,现在仍是如此。所以,注重基层建设,搞好基层服务网络,恐怕也是符合我国特色的。最近二十多年来,中国社区工作越抓越实,特别是北京、上海等发达城市都搞得不错。在基层普遍建立残疾人社会保障网络,我觉得是完全有条件的。

随着形势的发展,中国的残疾人事业在实践中又进行了许多探索,也积累了不少新的经验,有的也许就是我们的特色。比如:

改革开放的大背景。中国残疾人事业是改革开放新时期发展起来的,解放思想,实事求是,全心全意为残疾人服务,这是我们的政治优势。紧跟改革开放步伐,是我们事业发展的时代特征。

强势政府的主导作用。这些年,我们仰仗政府的扶持,集中力量办了许多大事。残疾人事业发展规划的实施,残疾人综合服务设施的建立,残疾人抽样调查的开展,特奥会、残奥会的举办,都体现了这一点。

中国有个残疾人联合会。中国残联是代表组织,又参与服务和管理;既在体制内运行,又在体制外发挥作用;既有行政运作,又有社会化管理;它把各个方面力量整合起来,共同奋斗,它是中国残疾人事业最活跃的因素。

铺设了一条有序发展的轨道。中国残联成立后,中国残疾人事业的发展有理论基础,有工作方针,有行动计划,有落实手段。不盲目,不凌乱,实现了效益最大化。

搭建平台,注重舆论。充分利用媒体,借助文化体育平台,扩大残疾人事业的影响,既推动社会进步,又改善残疾人所处的环境。

带出一支好的队伍。我们的残疾人工作者是好的,他们勤奋工作,无私奉献。我们的残疾人群众是好的,他们热情支持我们的工作。这就是"人和"。有了天时地利,还要有"人和"才能兴旺发达。

诸如此类。能不能叫特色?我反复琢磨,也还没有把握。

再有,事物总是有两个方面。上面说的某些特点,大概同时也包含着弱点。比如:政府太强,可能反映社会太弱;残联有服务有管理,残疾人主人翁的作用却发挥得不够;残联工作制度化、规范化是好事,处理不好,也容易产生官僚主义,我们现在确实也有点儿官僚主义了,要小心!

这次就算出个题目。希望大家认真琢磨琢磨。中国搞社会主义建设,有自己的特色;我们搞残疾人事业,也有自己的特色。总结经验,是为了将来的工作,可以开开研讨会,听听各种意见。搞它半年时间,总能概括出几条,找出点真正有用的东西。

最后,多说几句残奥会的事。还有八个月,残奥会就要在北京举办了,这不仅是我们八千二百九十六万残疾人的一件大事,也是中国的一件大事,还是世界瞩目的一件大事,一定要办好。我们要看到,这绝不仅仅是一项体育赛事,也是宣传残疾人事业的一个难得机遇,是做好残疾人工作的一个重要平台。现在,党中央、国务院对残疾人事业是真真切切地关心,是实实在在地支持;各地政府也一样,对残疾人事业支持力度逐年加大。这次党的"十七大"报告,有四处涉及残疾人事业;胡锦涛同志新年贺词中,四次提及"残奥会"。我们千万不要错失时机,各地残联要把残奥会当做一等大事,放在重要议事日程,要有方案,有步骤,要争取当地党委、政府的支持,逐一落实。我相信,通过残奥会的推动,我们的工作一定会有一个新面貌。

充分认识加强轨道交通
无障碍建设的重要性和紧迫性*

(二○○八年一月十六日)

北京市的无障碍建设启动得比较早,市委、市政府及相关部门、社会各界认识程度也比较高,做了大量的工作,如全国第一条盲道就诞生在北京;北京市各街口的坡道,包括一些主要建筑出入口的坡道、建筑内的各种无障碍设施等都基本上按照国家标准进行了建设和改造,应该说北京市的无障碍建设是走在全国前列的。所以,我作为个人,与中国残联其他同志一样,总体上对北京市无障碍建设的进步和成就有着比较高的评价。随着二○○八年奥运会、残奥会的筹办,北京市的无障碍建设又大大地跨进了一步,这些进步大家也都看到了。

今天第一次乘坐北京的地铁,感觉非常好。地铁真是个好的交通工具,又快又稳,又不堵车,乘坐地铁是广大人民群众特别需要的一种出行方式。这次地铁五号线刚建成投入运营,听到有人反映说,五号线轮椅下不去上不来,我就要求有关人员了解一下,是不是这么回事。后来我在网上又看到北京市一个残疾人因买票后乘坐不了地铁而状告地铁公司,然后败诉。当然也不算完全败诉,那张票还有效,但是状告地铁公司的理由不属于购票合同范围内的内容,也就是说,购票合同不包括北京市无

---

* 这是邓朴方同志视察北京市地铁无障碍建设时的讲话。

障碍建设的内容。说句老实话我真有点儿急,没想到地铁会出这种问题。

开始是有点儿急,后来感到后悔。二〇〇一年,我参观西直门地铁站,那时十三号线还没有运行,西直门车站还正在建设,工作人员把我抬上去专门给我看了升降电梯,当时我就强调无论如何轨道交通一定要有垂直升降电梯,有关方面的负责同志也都答应得挺好的。现在的情况让我很后悔。为什么后悔呢?一个是后悔当时说完了以后没有进一步跟进;第二是当时没有提出对地铁一号线、二号线的改造要求。特别是一号线,是"文化大革命"时期修的,是按照战备的要求,全都是钢筋混凝土,砸也不好砸,咱们国家也不是特别富裕,所以当时心软了,我现在真是特别后悔!如果当时硬着头皮讲,一号线、二号线限期五年改造好,我相信五号线不会是现在这个样子。所以说,我有一种深深的自责!没尽到责任!今天在这里向北京市的同志道歉!看来干事有时候心肠不能太软,还要有前瞻性。当时是"后瞻"而不是前瞻了。

往后看前几十年,改造地铁确实有困难,那么往前看五十年、一百年应该怎么做?那天刘淇同志见了我就问:听说你们发现地铁有问题啦?我说是呀,他说五号线总没问题吧?我说就是五号线有问题啊,所以我才急呢。郭金龙同志也跟我说,听说你要去看地铁,能不能晚一点,让他们准备准备啊?我说我是去跟有关部门友好去,共同和大家商量解决问题的方案,所以要尽快地和大家见面,尽快地和大家接触,尽快地了解情况,尽快地商量办法,我今天就是这么个态度和目的。

这几天想了很多,关于轨道交通的事情,往小了说是城市公共交通问题,往大里说就有点全局性了,越想越觉得重要。想什么呢?就是中国将来的发展模式是什么?大家想想,一百年以前的发达国家现在还是发达国家,入侵中国的八国联军那些国家现在还是发达国家,后来的拉美、东南亚包括四小龙等,大部分国家想发展起来都很困难,绝大多数干脆起不来。为什么?一个是发达国家不允许,既得利益不能让别的国家再来沾;另外一个就是这些国家本身发展模式有缺陷。这就是为什么中国要讲科学发展观。我们还能用那种粗放的发展模式吗?还能用高污染、高能耗、高社会代价这种方式来发展吗?如果是按这种方式发展,迟早有一天会难以为继,迟早有一天会矛盾爆发,迟早有一天或者你就会崩溃,或者你就会失去发展的机会,永远是二三流国家。这样的例子其他国家有的是啊。政治动荡、军事政变、社会动乱、族群对立,什么都有。所以讲科学发展观,就是要让中国的发展进入健康的轨道。说你讲地铁怎么讲到这儿来了呢?因为地铁是低污染、缓解交通、方便群众、保护环境的一种好的交通方式,地铁的建设直接反映了我们的发展理念和发展方式。

咱们再想,中国有十三亿人口,将来要达到十五亿,这些人口现在大部分在农村,但是随着中国现代化、城市化进程的推进,农业人口总要占到百分之十以下,将来大量的人口都要涌入城市,进入城市以后就要有城市的生活方式,如果那时候在城市里面大家都不利用公共交通,都利用私人汽车,那么中国将是怎么样一个可怕的景象!所以,中国的发展模式,要找出自己的新路。像阿根廷,全国人口的三分之一都集中在首都,如果将来我国城乡二元化结构的问题得到解决,那得有多少农民会在城市里面?现在农民工已经是城市不可缺少的一部分了,将来还不知要增加多少,这些人都要吃饭,都要走路,都要过城市人一样的生活,怎么办?油价现在又这么涨,今年每桶突破了一百美元。现在咱们还得到国外去找石油,好油田都被美国人和欧洲人拿走了,咱们去苏丹达尔富尔找,还惹了不少麻烦。中国将来怎么发展?总不能像美国那样做四个轮子上的国家吧,要像那样,中国十三亿到十五亿人口得烧多少汽油啊!那油怎么买去呀!更可怕的是城市道路,要修多少路才能满足几亿辆汽车,北京现在还不够堵吗?以后怎么活?

当然到时候科技进步会有办法,但是我们总得想出自己的办法。如果不找出自己的道路,如果不想出自己的办法,像地铁这样多修点儿,减少地面交通,减少使用汽油,尽量利用公共交通,少用私车出行,很难想象将来是什么样子。所以,北京市现在大力发展轨道交通非常必要。王岐山同志不是说过吗?堵车、缓解、再堵车、再缓解,直到最后堵死!路子怎么走?恐怕必须要走地下。而且现在设计这么多条线路,真正做到市内五百米就有个车站的话,就会很多人走地下交通了。何必在地面上走呢,一个路口有时候一堵就是一个小时。所以说地铁、公共交通改变了人们的生活方式。而且北京现在做的不只是北京的事,全国都在照着你的方式做,你将改变全国人民的生活方式。我们将来的生活方式就得这么安排。

再有,我们要一个什么样的首都?我们要一个清洁的首都,一个交通畅通的首都,一个居住环境良好的首都。地铁这样的建筑建好了一百年、二百年动不了,国外的地铁都有较长的历史,莫斯科的地铁建得都像宫殿似的,当然,咱们也没必要像它那样建;纽约的地铁里面就挺脏乱差的,我们要做好管理。但无论什么情况,建好了就是一百年、二百年不用动,以后顶多是修修补补了。所以说,如果在建的时候不设想好,做得不合理、不周到,建成以后会给北京市带来什么?或者给五十年以后、一百年以后的北京市带来什么?如果不从这个角度考虑,只看到眼前这一点点困难,就非常危险了。当然,对北京市的建筑每个人都有不同的想法,所谓见仁见智,有人认为这个建筑好那个建筑不好,有的人说北京市真漂亮,有的人说北京市搞了一堆垃圾,说什么话的人都有。但是我们自己作为建设者,是不是应该有一种责任心?建好的东西拿到十年、二十年以后,甚至五十年、一百年以后,它还是不是站得住?大家看巴黎几百年前建的那些地下设施多好啊!所以地铁建设关系着我们要建设一个什么样的北京的问题。

还有就是人民群众的问题了,就是北京地铁关系着北京市千千万万人的出行方便,关系着他们的利益。我们要怎么样为群众出行服务,我们带给大众的生活方式是什么,我们要建设一个什么样的北京,我们怎样为北京人提供一个良好、舒适的生活环境,这都是我们要面向长远考虑的问题。

总之,今天来探讨地铁的问题、无障碍建设的问题,我们应从改革开放这样一个大环境,从改革开放三十年的成就,从我们全面建设小康社会而且要成为中等发达国家,从中华民族强盛等多个角度出发。这是我的基本想法,以此和大家交换一下意见。

今天看到你们在无障碍方面确实做了大量的工作,关于地铁无障碍建设,我有几个想法:

第一个想法是,**地铁要按照什么指导思想来设计**?一句话,要为全体人民方便使用来设计。我们修建地铁,最终目标是要方便大家都能下地铁,不是仅能让一部分人下地铁,而是所有人,当然不敢说百分之百,但我们的目标是要让所有人都能下地铁,要让残疾人下地铁,让老年人下地铁,让推婴儿车的妇女下地铁,让孕妇下地铁,等等,这些人都需要地铁。中国已进入老龄化社会,会有更多的老年人需要我们的服务;还有其他一些不方便的人,不方便上下楼的人,都会有这样的需求。怎么样让大家都能下来,就需要系统地安排,不是说一个口有一个爬楼车就行了,这是个具体问题。总体上是不是要有个概念——大家都进口能下去,出口能上来,都能方便,大家都能使用,这就是目标。你说一千道一万,不能使用,这也不能算合格。要真正做到大家都能使用,这是老百姓的要求,也是更多残疾人的要求,要以这个标准来要求地铁的建设。

第二个想法是,**公共设施中的无障碍设施不只是为了残疾人**。比如坡道,我们曾经专门统计过:在旅游景点,一边是楼梯,一边是坡道,百分之九十的人都走坡道,只有百分之十的人走楼梯,这说明无障碍设施建成了以后使用的不只是残疾人,健全人也使用。还有一些人是必须使用的:坐轮椅的人必须使用,推婴儿车的人必须使用,孕妇踩楼梯怕摔的必须使用,老年人也使用;可能还有些儿童,儿童使用可能会更量大一些。我们搞建设的人要有无障碍建设的理念,我们做残疾人工作,从来都不只是从残疾人角度考虑,从来都是把残疾人工作与国家发展大局紧密联系在一起,把残疾人群体和全体人民群众联系在一起,这样考虑残疾人工作才能站得住脚,否则的话你就是狭隘的,就站不住脚,得不到大家的同情。如果与大家都联系在一起,我们的残疾人工作就容易得到大家的同情和注意。所以我在这儿呼吁,既是为残疾人呼吁,也是为老年人、妇女呼吁,也是为全体市民呼吁。我想这也是一个基本的原则。

第三个想法是,**处理这样的问题时要有大局观**。二〇〇八年奥运会、残奥会就是现在最大的大局。交通委也好、市残联也好、中国残联也好,方方面面,无论如何都要把二〇〇八年这个大局维持住。要实事求是,采取切实可行的办法。不是说我尽提些过高的标准,咱们商量着办,不能不通情达理。残联从残疾人角度着想要顾全大局,建设部门更要顾全大局。如果二〇〇八年奥运会、残奥会时大批国外的残疾人来到北京,运动员到奥运村,地铁奥运支线那几个站怎么样?是不是全部符合标准?另外站口只有一部电梯可不够,一个站起码要有二到三部电梯,我不知道该用多少个,咱们再商量。当然,运动员出行我们可以帮助联系地面车辆,但你拦不住人家下地铁。还有大批的残疾人观众或者官员、服务人员、旅游者等等,也要来北京,他来了以后可能会到处走,下了地铁到了那口上不来,从奥运村下来,到了天安门上不来,怎么办?我希望奥组委残奥会部的同志要和北京市交通部门的同志沟通商量这个事。口子该补的补起来,该弄的弄起来,这就是大局。要把二〇〇八年的这个大局从各个方面照顾好,该建设该改造的赶紧建设赶紧改造,哪怕是突击也得弄完,尽量做得好一点。做不到的地方采取临时办法,再做不到的用人工、用软件,总之得把二〇〇八年的事情安排好。如果不安排好,这一关弄砸了,本来是想通过奥运会让大家感受中国的进步,感受中华民族的友好,到时候他们来了,因我们某些方面工作出现的问题造成负面影响,就直接影响了奥运会的质量和国家的形象。所以我想,在我们改造设施的时候都得从这个大局出发,先把眼前的事情做好。现在就剩五个多月了,咱们把能办的事赶紧先办了。到时让各国、各方面的记者、残疾人士、各方面的官员、专业人员不能说满意吧,也得说看到北京市努力了,要让大家体会到这一点,虽然我们还是发展中国家,但是我们做了努力。

第四个想法是,**北京市做事情不能只想着北京市,要有全国的观点**。首善之区嘛,要做全国的榜样,在这方面北京市理所当然、义不容辞地应该做这个榜样。你们做好了,我们在全国推广你们的经验。为什么要咬住北京市不放呢?要不咬住你们不放,全国不知道多少地铁会出问题,成百条、将来上千条的地铁都会没有无障碍设施,都会再来改造,都会再来折腾。所以这方面我们要有全国意识,要为全国做榜样。

关于地铁无障碍具体怎么做,因为我也没参加设计,也没有实践经验,今天是第一次坐,下面仅讲几点建议,供你们参考:

第一,奥运支线无障碍设施一定要做到漂亮、高水准,不能是低水准。

第二,十号线以后的线路(含十号线)统统要垂直无障碍。行不行?能不能做到?交通委的领导刚才跟我说十号线以后的线路都有垂直升降。咱们就这样,十号线以后建的所有线路必须都有垂直升降,不能用今天我坐的这个轨道式轮椅升降平台,不实用,慢,挡大家的道儿,楼梯宽一米八,平台就占了一米多,别人还怎么走啊?这个东西作为临时设施还可以,真正的永久设施一定要是垂直升降,电梯也好,哪怕是垂直简易平台都行,国外有很多简易的垂直升降平台,这种设备有的是嘛,一定要垂直的。像今天这样爬楼梯的升降平台将来作为临时设施、个别设施还可以。而且将来建的线路每个站的出入口必须有两个以上的垂直电梯才行,如果各个出口通向不同的方向,而且不同方向互相都不通,这种情况下,有几个方向就得有几部垂直电梯,要保证每个不可替代的出口都有垂直电梯。

第三,五号线要尽快落实规划安装的轨道式轮椅升降平台。先把二〇〇八年度过,二〇〇八年以后再琢磨怎么样逐步把现在这种斜的升降平台改造成直梯。

第四,一号线、二号线最终也要全部改造。今天发个狠话,为了北京市的将来,十年、二十年、五十年以后,统统都要改造配置垂直升降电梯。朝这个方向努力,十年完不成,二十年能不能完成?否则将来怎么办?

第五,地铁所有转换站都必须有垂直电梯。数量多少,电梯是装一个、两个还是三个,你们自己测算。估计转换站将来不会少吧？从现在开始赶紧设计,现在已经设计好还没施工的赶紧改设计,现在已经施工的看能不能改造,能改造的赶紧改造,现在早动一步以后少花好多钱,现在晚动一步以后多花好多钱。

我就说这么几点,后面这几条都是供参考的意见,是我就自己了解到的情况来提的,请大家来探讨。

就特奥纪念馆
和上海世博会残疾人展馆事宜
给上海市俞正声书记、韩正市长的一封信

（二〇〇八年一月二十五日）

上海的残疾人工作，这些年来一直走在全国前列，上海特奥会的成功举办，对我国乃至世界残疾人事业的发展，又做出了重要贡献。在此，我代表中国残联再次向上海市委、市政府和全市人民表示衷心感谢！

上海特奥会不仅推动了残疾人事业的发展，得到了国际社会的广泛赞誉，也对外展示了中国人权保障的成就和改革开放的成果，全面树立了上海国际大都市的良好人文形象。在特奥工作总结会上，习近平书记指示，要把特奥的经验总结好，把各类资料实物保存好，要建立"特奥纪念馆"，传承特奥精神，留下一份宝贵的遗产。

最近我又欣喜地得知，上海世博局在世博会筹备工作中，对残疾人事业高度重视，主动提议设立"残疾人展馆"。这一举措丰富了上海世博会"城市，让生活更美好"的主题。

我们认为上述两件事都十分有意义，中国残联和上海市残联从事这两项筹备工作的同志正在积极落实和加快筹备。我同意筹办同志提出的建设一座约六千平方米永久性的"特奥纪念馆"的建议。该馆建成后，除展示特奥内容外，也将世博会"残疾人展馆"的内容移入该馆中，将纪念馆建成残疾人的文化精神家

园,成为残疾人接受新理念、新科技、新设施的展示基地,让残疾人感受到未来生活的无限美好,成为上海市乃至我们国家展示残疾人事业的标志和爱国主义教育基地。

希望能得到你们的关心和支持。

在残奥会筹办工作动员会议上的讲话

（二〇〇八年二月二十六日）

对于奥运会和残奥会的筹办工作，最近，中央、北京市、奥组委做了一系列重大的战略部署，加强这方面的工作。首先，中央成立了奥运会、残奥会领导小组，两个政治局常委参加进来，又成立了一些专项领导小组，北京奥组委和北京市进行融合，北京市的力量加强到奥运会和残奥会的筹办工作中来。残联系统的力量也加入到残奥会的筹办工作中来。进行了一整套部署，表现了中央、北京市和奥组委办好奥运会和残奥会的决心。成立了残奥会领导小组，调赵文芝同志来具体负责这项工作，是加强残奥会筹办工作的重要部署之一。

残奥会的筹办工作任务相当艰巨，必须统一思想，加强融合，同心同德，统筹协调，明确责任，整合各方资源，完善各项方案措施，确保实现"两个奥运，同样精彩"的目标。今天的动员会也是这一系列重大举措之一，目的就是要动员奥组委各部门、各场馆、各业务口、各方面重视残奥会的工作，落实细化各项工作，每个细节都要落实下去，否则将来就会手忙脚乱，就会出现问题。

首先，办好二〇〇八年残奥会是我们奥组委的本职工作，有以下几方面重要意义：

一是圆百年梦想。我们的百年梦想是同时办好奥运会和残奥会，仅办好奥运会而办不好残奥会，就不能算实现了中国的百年梦想,所以办好奥运会和残奥会是向中国人民做个圆满的交代。

二是兑现国际承诺。我们和国际奥委会、和国际残奥委会签署了正式的协定,我们国家领导人多次宣布"两个奥运,同样精彩"的国际承诺。这个国际承诺我们一定要兑现。从中华人民共和国成立以来,毛主席和小平同志都讲,中国人说话是算数的,我们有国际声誉,在举办奥运会的问题上中国人说话更得算数。

三是实践体制的创新。我们是一个组委会同时举办两个运动会,这不仅仅对于中国、对于北京奥组委是一个新课题,对于国际奥委会和国际残奥委会都是一个新课题。怎样做到一个组委会办好两个运动会,我们从体制上、工作上都是创新的,我们成功的经验,都会是以后组委会仿效的榜样。以前都是奥运会结束后由另一个组委会办残奥会,现在是奥运会办完了立即进入了转换期。另一方面,奥运会和残奥会有什么共性,又有什么个性?怎么处理好个性和共性的关系?这都是挑战,尤其是残奥会还有许多特殊的需求。我们在干一件前人没有干过的事情,这就是体制创新。

四是留下丰厚遗产。这也是刘淇同志多次强调的。一是发展中国家办奥运会和残奥会;二是一个组委会办两个运动会,这种工作方式、工作流程等都会成为后面效仿的榜样。去年,英国体育大臣来访时就问过我这个问题。当然,奥运会和残奥会的举办还会留下很多物质的和非物质的文化遗产。

我们办好残奥会就能实现圆百年梦想、兑现国际承诺、实践体制创新、留下丰厚遗产的目的。

其次,办好一届有特色、高水平的残奥会,还要达到外延的目的,那就是展现我国社会进步和人权保障的成就,提升我国的

国际形象。办奥运都伴随着政治、经济和文化的目的,也伴随着政治、经济、文化的期盼。

上海特殊奥运会的成功举办给了我们很多启示。国际社会评论,上海特奥盛会对中国来说是一次机遇,中国对人文关怀的重视程度与令人瞩目的经济成就相匹配。胡锦涛总书记深入社区"阳光之家",与中外特奥运动员互相交流、分享快乐,与智障人士一起参加融合活动,影响重大。世界各大媒体视角聚焦上海特殊奥运会,一百二十个国家和地区的一千四百家媒体报道超过五十万篇,角度各有不同,都是积极评价;八十八个国家和地区的电视台对开幕式进行了实况或延时转播,十多亿境外观众收看;美联社、路透社、法新社、英国 BBC,美国《华尔街日报》《新闻周刊》、CNN 等国际主流媒体都发表了有分量的正面报道和评论。

但是残奥会和特奥会不同,特奥会没有敌人,残奥会面临非常复杂的国际社会环境和敌对势力的强烈进攻,还有文化方面和意识形态方面的差异,各个方面汇聚起来就限制了中国的发展,引发的矛盾就集中到奥运会的工作上来。这是一场没有炮弹的战争,现在已经硝烟四起。大家在做好本职工作的同时要关心这些事情,这是打仗,来不得半点疏忽。我们办得好都免不了受到别人的攻击,如果我们办不好,尤其是如果奥运会办好了,残奥会办不好,我国的人权状况就会受到攻击。我国的残疾人工作基础非常好,我国的残疾人事业在国际上也有很高的声望,我国的残疾人运动也是发展比较好的。残奥会办好了,就会大大地给我们国家争光,增加中国的软实力,对此,我们的和平发展是非常需要的。我们需要创造一个和平的、相对宽松的环境,办好残奥会。我们要通过办好奥运会和残奥会来提升我们国家的形象,为我们国家的和平发展创造一个良好的国际环境。

第三,利用办好二〇〇八年残奥会,促进社会文明建设,促进社会和谐。

残疾人运动有自己的特点,残疾人参与体育比赛,更多的是展现残疾人自强不息的精神力量,只要中国残疾人运动员表现好,表现出顽强拼搏的精神,能否拿到金牌倒在其次。看体育运动是震撼人心的,看残疾人体育运动震撼的是心灵深处,这就是残疾人体育事业的意义。我们要通过残疾人体育事业,宣传人道主义精神和社会文明进步。

改革开放三十年来,我国的 GDP 有了很大的提高,相对来说,文明建设还发展不够,社会出现了信仰危机和道德危机。奥运会和残奥会的举办就是一个平台,北京市和全国都要开展奥林匹克教育,提倡人道主义,提倡关爱,提倡道德,提倡文化,提升理想信念和道德教育。这方面我们做好了,对我们国家也是一个贡献。

我们要认真研究和贯彻落实领导讲话精神,实现我们举办奥运会和残奥会更广阔的价值。真情地拜托各位充满爱心、充满激情地投入到筹办奥运会和残奥会的工作中,忠诚履职,不辱使命,确保实现举办一届有特色、高水平的奥运会和残奥会的目标。祖国不会忘记你们,残疾人不会忘记你们。

促进残疾人事业发展，
做好二〇〇八年残疾人工作[*]

（二〇〇八年四月二十四日）

今天我们召开新一届国务院残工委第一次全体会议，这是贯彻落实《中共中央国务院关于促进残疾人事业发展的意见》的一次重要会议。

过去的五年，是残疾人事业大步前进、长足发展的五年，完成了第二次全国残疾人抽样调查、《残疾人保障法》修订工作，正在进行国际《残疾人权利公约》签署等。这一系列关系残疾人事业长远发展的大事，解决了一大批残疾人最关心、最直接、最现实的生产生活问题，广大残疾人得到了实实在在的利益。这些成就的取得是党中央、国务院亲切关怀和高度重视的结果，是回良玉副总理和国务院残工委总揽全局、正确领导的结果，是各地区、各有关部门齐心协力、艰苦奋斗的结果。

下面，受回副总理委托，我就贯彻落实《中共中央国务院关于促进残疾人事业发展的意见》的职责分工和二〇〇八年残疾人工作讲两点意见：

---

* 这是邓朴方同志在国务院残疾人工作委员会全体会议上的讲话。

一、关于贯彻落实《中共中央国务院关于促进残疾人事业发展的意见》的职责分工

《中共中央国务院关于促进残疾人事业发展的意见》内容十分丰富、内涵十分深刻,提出了一系列促进残疾人事业发展的新思想、新要求和新举措。《意见》进一步明确了残疾人事业是中国特色社会主义事业的重要组成部分,从落实科学发展观、全面建设小康社会和立党为公、执政为民的全局和战略的高度,深刻阐释了残疾人事业的重要意义,丰富了残疾人事业的思想内涵,赋予了残疾人事业新的时代精神,为残疾人事业的发展提供了有力的政治保障和理论支撑。《意见》是未来一个时期残疾人事业发展的行动纲领,也是党中央、国务院改善民生、加强社会建设、推进全面建设小康社会进程的一个重大举措。

《意见》的制订起草,集中了各地和各有关部门发展残疾人事业的宝贵经验和做法,贯彻落实好《意见》也要依靠各地和各部门的智慧和力量。国务院残工委各成员单位和中央、国务院有关部门贯彻落实《意见》的分工已经印发给大家。这个分工会前已征求了各部门的意见,每一项职责分工中所列出的所有部门都是责任部门,都有责任结合本部门职责提出贯彻落实的具体办法;一些多领域跨部门的工作,国务院残工委将按照部门职责协调各责任单位共同研究落实。希望各部门按照这个要求,尽快研究制订配套政策措施和实施办法,切实加大对残疾人事业的投入和支持力度,逐步实现中央提出的各项任务目标。

希望大家把握好这样几个原则:

第一,要立足当前,兼顾长远。既要采取切实有效的措施解决残疾人和残疾人工作中面临的突出困难和问题,又要注重制

度建设,在长效机制上下功夫,使残疾人的基本生活、医疗康复、教育、就业能够得到一个稳定的制度性保障。

第二,要坚持劳动福利型的发展道路。既要着力解决残疾人的基本生活需求,切实解决他们的实际困难,又要着眼于促进残疾人自身全面发展,充分调动他们的积极性、主动性和创造性,帮助他们参与社会生活,与全国人民一道迈向更高水平的小康社会。

第三,坚持纳入大局和特殊扶助相结合。既要把残疾人事业纳入经济社会发展全局统筹安排,又要采取特殊政策措施支持残疾人事业发展,把握好普惠政策和特惠政策、一般性制度安排和专项制度安排的关系。

总之,希望有关部门各司其职,紧密配合,创造性地开展工作,把中央精神尽快转化成为关爱帮助残疾人的实际行动。

二、关于二〇〇八年残疾人工作的主要安排

二〇〇八年,中共中央、国务院就促进残疾人事业发展做出重大部署,第十三届残奥会也将在北京举行。这将是对残疾人事业发展产生深远影响的一年,是残疾人事业又好又快发展的一个新起点。二〇〇八年残疾人工作总的要求是:高举中国特色社会主义伟大旗帜,深入贯彻科学发展观,全面落实党中央、国务院发展残疾人事业的新思想、新要求和新举措,加快解决残疾人最关心、最直接、最现实的利益问题;全力以赴协助北京奥组委办一届高水平、有特色的残奥会;进一步弘扬人道主义思想,培育关心、帮助残疾人的良好社会风尚;健全残疾人事业发展的长效机制,加强中国特色残疾人事业理论与实践研究,推动残疾人事业登上一个新台阶。

要着力做好以下几个方面的工作：

第一，贯彻落实党的"十七大"精神和《中共中央国务院关于促进残疾人事业发展的意见》，进一步促进残疾人事业发展。

认真学习领会党的"十七大"精神和党中央、国务院关于促进残疾人事业发展的新要求，贯彻落实发展残疾人事业的指导思想、任务目标、基本原则和政策措施，加强协调与配合，抓紧研究制订贯彻落实《意见》的实施方案和政策措施，促进残疾人状况全面改善，推动残疾人事业加快发展。

第二，全力以赴做好北京残奥会的筹备和参赛工作。

配合北京奥组委，做好残奥会开闭幕式策划与组织、火炬接力传递、无障碍环境建设、场馆管理等工作；做好中国残疾人体育代表团组建、训练与参赛工作，力争运动成绩与精神文明双丰收；办好"走进残奥·共享激情"全国助残日系列公益活动，进一步动员全社会关心和帮助残疾人，扩大残疾人事业的社会和国际影响。

第三，宣传贯彻《残疾人保障法》，配合做好《残疾人权利公约》的批约和履约工作。

残疾人保障法修正案即将经十一届全国人大常委会第二次会议审议通过，要做好宣传和贯彻工作，推动残疾人事业在法制轨道上加快发展。要配合全国人大常委会做好批准加入《残疾人权利公约》的相关工作，出席缔约国会议并发挥积极影响，结合我国残疾人工作实际研究并促进履约工作。

第四，做好《中国残疾人事业"十一五"发展纲要》中期检查，圆满完成年度任务。

要根据《中共中央国务院关于促进残疾人事业发展的意见》的精神，对"十一五"发展纲要进行适度充实和调整，加大执行力度；要组织好中期检查工作，把各地贯彻落实《意见》的情况作为检查的重要内容。

第五,做好中国残疾人联合会第五次全国代表大会的筹备工作。

以党的"十七大"精神和《中共中央国务院关于促进残疾人事业发展的意见》为指导,做好中国残疾人联合会第五次全国代表大会的筹备和换届工作,进一步加强各级残疾人组织建设,承担起新的历史使命。

残疾人事业面临最重要的发展机遇和新的历史起点,让我们更加紧密地团结在以胡锦涛同志为总书记的党中央周围,高举中国特色社会主义伟大旗帜,坚持以邓小平理论和"三个代表"重要思想为指导,深入贯彻落实科学发展观,为增进广大残疾人的福祉,为推动残疾人事业登上一个新台阶而努力奋斗!

在二〇一〇年上海世博会
残疾人馆签约仪式上的致辞

(二〇〇八年七月三日)

今天,我们在人民大会堂隆重举行中国二〇一〇年上海世博会残疾人馆的签约仪式。首先,我谨代表中国八千二百九十六万残疾人,向始终支持关心残疾人事业的全国残工委成员单位致以崇高的敬意,同时,向上海市政府及上海世博会事务协调局的大力支持表示衷心的感谢!

二〇一〇年上海世博会设立"生命阳光馆",这是深入贯彻《中共中央国务院关于促进残疾人事业发展的意见》的一项重要举措,也是宣传残疾人事业的难得历史机遇。通过这扇窗口,将向世界展示我国的社会文明进步和人权保障取得的辉煌成就。二〇一〇年上海世博会"生命阳光馆"对我国残疾人事业的发展具有里程碑式的重要意义。

二〇〇七年十月一日,胡锦涛同志在看望上海"阳光之家"特奥学员时指出,让关爱的阳光照亮每一位残疾人的心灵。残疾人是我们城市中的弱势群体,他们比健全人面临更多的困难,理应得到社会更多的关爱和帮助。发展残疾人事业不仅需要政府的大力支持,更需要社会各界的理解和参与。我们要通过世博会残疾人馆的工作,动员全社会力量,改变和消除对残疾人的歧视和偏见,改善和提高残疾人的生存环境和生活质量,改进和完善政府在经济社会发展中对弱势群体的保障措施,进一步解决残疾人最迫切、最直接、最关心的康复、教育、就业等问题,使他们走出生活困境,实现生命价值,体现人格尊严。我们要为残疾人创造更多平等参与社会生活的机会,使他们共享社会发展成果,营造尊重、关爱残疾人的和谐城市,进一步促进残疾人事业发展。

让我们衷心预祝二〇一〇年上海世博会"生命阳光馆"筹建工作顺利,也共同祝愿二〇一〇年上海世博会精彩、圆满、成功!

在北京残奥会取火仪式上的致辞

(二〇〇八年八月二十八日)

来自古老的奥林匹亚圣火余晖未尽,今天在充满东方神韵的北京天坛我们将点燃北京二〇〇八年残奥会的圣火。在这个庄严而神圣的时刻,我谨向来自世界各地的代表和出席仪式的各界人士表示热烈的欢迎和衷心的感谢!

残奥会是伟大的奥林匹克精神的延续,是人类文明与进步的结晶。残奥圣火不仅承载着全世界人民对和平与和谐的向往与追求,而且还承载着全世界六亿五千万残疾人渴望平等与融合的梦想。

北京残奥会圣火将以"点燃激情、奉献关爱"为口号,即将开始分为"中华文明线"和"时代风采线"两路同时开始传递,将悠久灿烂的中华文明与改革开放的时代精神融为一体、遥相辉映,向世界展示一个既古老又年轻的国度为世界的和谐与美好、为人类大家庭成员的彼此尊重与包容做出的不懈努力,并将北京残奥会"超越·融合·共享"的理念传遍中国,感召世界。

再过九天,举世瞩目的北京二〇〇八年残奥会将在北京拉开帷幕。残奥会是全世界人民的共同节日,是人类摒弃歧视与偏见,倡导平等与和谐的盛会。我们热切期待着这一伟大时刻的到来,与全世界人民一道在"同一个世界、同一个梦想"的旗帜下,为人类社会的和平、进步、友谊、人道而喝彩!

自强不息,奋勇争先*

(二〇〇八年八月三十日)

今天,我们在这里召开隆重的北京二〇〇八年残奥会中国体育代表团誓师动员大会,回副总理亲自来为大家壮行,体现了党中央和国务院对我们代表团的重视和关怀。这里,我代表中国残疾人联合会和全国八千三百万残疾人和他们的亲属,向代表团的同志们致敬,感谢你们为祖国和人民所付出的辛勤和汗水;同时向在座的同志们、朋友们,并通过你们向一切关心和支持我国残疾人事业的热心人士表示衷心的感谢并致以崇高的敬意!

体育是社会发展与人类文明进步的一个标志,体育事业发展水平是一个国家综合国力和社会文明程度的重要体现,是一个国家民族精神力量的重要标志。残疾人体育给残疾人带来了精神上和意志上的突破,为生命展示了一个新的前景。同时各方面人士满怀爱心,参与残疾人体育的各项工作,理解、尊重、关心、帮助残疾人,也展示了社会进步。残疾人体育体现出来的自强不息精神,体现出的人道主义精神、爱国主义精神,都是我们振兴中华进程中最需要的和最可宝贵的力量。

---

* 这是邓朴方同志在北京二〇〇八年残奥会中国体育代表团誓师动员大会上的讲话。

中华民族历来就是不畏艰难、敢打硬仗、敢于胜利的民族，在今年四川汶川大地震"抗震救灾、重建家园"的过程中表现得尤为突出。在刚刚结束的北京奥运会上，我国体育健儿顽强拼搏，勇攀高峰，取得了优异成绩，极大地激发了全国人民的爱国热情和民族自豪感。我相信，我们的残奥运动员在北京残奥会上必将以一样出色的表现，向世界昭示中国改革开放以来的文明进步成就和中华民族的风采。

　　前不久，胡锦涛总书记于百忙之中，亲自来到训练场地，看望了代表团的运动员、教练员，鼓励大家"自强不息、奋勇争先"，为我们加油鼓劲。中国残奥代表团的运动员作为八千三百万残疾人的代表，带着祖国的重托、人民的期望出征北京残奥会，我希望大家以中国奥运代表团为榜样，要大力发扬振兴中华、为国争光的爱国主义精神，大力发扬相互协作、团结一致的团队精神，大力发扬顽强拼搏、公平竞争的体育精神，以精湛的技艺、良好的文明礼仪，做文明之师、威武之师，实现运动成绩和精神文明双丰收。

　　同时，我希望代表团全体成员当好东道主，加强与世界各国和各地区运动员的交流，相互学习，增进友谊，展示中国人民的良好精神风貌，让世界更好地认识和了解中国。

　　看到大家良好的心态，饱满的精神，我们都很高兴。

　　最后，我祝同志们在残奥会期间一切顺利！

北京残奥会展现了
中国的社会进步和人道关怀*

(二〇〇八年九月八日)

邓朴方,一九四四年生,祖籍四川广安,一九六二年就读于北京大学,主修物理。从一九八三年开始致力于中国残疾人事业,一九九三年获颁联合国亚洲及太平洋经济社会委员会奖牌,以表彰他对"亚太残疾人十年"活动做出的杰出贡献。二〇〇三年获得联合国人权奖,成为中国获颁此奖的第一人。邓朴方现任全国政协副主席、中国残疾人联合会主席。二〇〇四年,被任命为第二十九届奥运会北京组委会执行主席。

阮次山: 大家好,欢迎收看今天的《风云对话》,我是阮次山。在大家看到这个节目的时候,我们这一届残奥会正在进行。那么我们把眼光放高一点看呢,如果说我们不久之前的第二十九届北京奥运会能够展现中国发展跟改革开放的精神面貌的话,这届残奥会我们从另外一个角度去看,应该是可以展现中国文明面貌的。因为中国残疾人事业是我们中国的残疾人在事业上的创造,是在我们改革开放取得成果以后的一种具体而微妙的表现。这次世界残奥会在中国举行,不管是规模、筹备工作还是

---

* 这是邓朴方同志接受香港凤凰卫视中文台《风云对话》栏目主持人阮次山专访的整理记录,文中仿宋字为节目解说词。

各项运动的运动员的数量都是空前的。

曾经有一位世界奥林匹克委员跟我说,残奥会其实更可以展现中国人权、人道关怀的真实面貌,所以为各方所瞩目。我们今天很高兴能够请到中国残疾人联合会主席邓朴方先生做访谈,除了筹备残奥会的情况外,也请他给我们解释一下世界残奥会。

邓先生,残奥会经过那么长时间的筹备,您现在心情怎样?

邓朴方:残奥会开幕,对于中国来说是一件大事,尤其是对于国际残疾人界来说,是一件非常大的事情。残奥会能够成功举办,我想对每一个残疾人都是最激动人心的一刻,包括我也是如此。筹备了这几年,我们终于看到开幕,特别希望运动会能够顺利地进行下来。

阮次山:那在您的心里面,您希望这次残奥会展现出来一个什么样的面貌呢?

邓朴方:残奥会用不同的角度来看它就有不同的希望。比如说我们首先希望办一届有特色、高水准的残奥会,就是说跟奥运会一样。中国政府提出两个奥运要同时筹办,要同样精彩。在这样的情况下,希望各位运动员在运动会里各方面能够顺利,体育比赛、沟通交流等,展现自己的才华,表现自己的精神面貌,在这个过程中享受人生;同时,为国际残疾人体育运动做出贡献。

我想,办好残奥会本身就是一个成功,就是一个成就。与此同时,残奥会以外有很多东西,比如说通过残奥会可以增加国际交流、互相了解、互相沟通,残奥运动员之间可以互相增进友谊。同时,残奥会所展现的那种精神面貌、人文精神,包括残疾人运动员,也包括社会对残疾人的关注等方面体现的人文精神,我想,在人文价值这点上要超过办一届奥林匹克运动会所固有的价值。

中国首次把奥林匹克运动会和残疾人奥运会挂钩,首次以一个奥组委来办两个体育盛会。此次残疾人奥运会也吸引了世界一百五十多个国家和地区的四千多名运动员参加,是历史上参加国家和地区数量最多的一次。

阮次山:我前几天碰到了一个外国运动健儿,他说这届残奥会可能是有史以来最辉煌的一次。您对他这个评价,还有您自己的期许,加上各国代表团残疾人运动员的情况,我们的成绩和他们的成绩,会是怎么样的?

邓朴方:这个要等运动会结束了才能说它的好坏。当然,北京二〇〇八残奥会是在一个大的背景下实现的,这个背景是中国改革开放三十年了,中国经济文化都发生了巨大的变化。从经济上讲,现在有了一定的物质财富支撑;从社会与发展角度上说,中国发展的面貌、整个人文精神完全不同于三十年前了,比如说人道主义以前是一个被批判的对象,现在无论到哪儿人们都接受。

另外一个背景是北京残奥会是在中国改革开放后三十年我们残疾人事业取得了巨大发展的背景下举办的。中国残疾人事业,特别是中国残联成立二十年来,我们扎扎实实埋头苦干,使得我们一个发展中国家的残疾人事业发展水准能够超越其他同等国家水准,但与发达国家相比我们还有差距。在这样的经济条件下,中国残疾人事业也得到了国内残疾人群众的承认,因为他们的生活水准确确实实提高了,确确实实得到了帮助,确确实实得到了康复就业,得到了接受教育的机会,赢得了中国民众和中国政府的广泛赞誉。同时,中国的残疾人事业也在国际上产生了一定的影响,我们的双边和多边交流及在国际事务方面的参与深度和广度,都显示了中国残疾人事业的快速发展,这是第二个背景。

第三个背景是残奥会的发展到达了一个新阶段。残奥会起源于二次大战以后,伤兵受伤了以后不能回到家庭,就在伤残军人疗养院里面,时间长了,他们就开始了体育运动。这时候英国一个医生发现,体育运动对残疾人的康复包括身体康复和心理康复都有重要的影响,于是就为一批轮椅运动员开了第一个运动会,叫斯托克·曼德维尔运动会,这是一九四八年的事情。到了一九六〇年的时候,在意大利举行了第十三届国际斯托克·曼德维尔运动会,这时候已经有了几百个人、十几个国家,被认为是第一届残奥会。

残奥会到现在已经是第十三届了,运动员已经达到四千二百个人,有了相当大的规模,参与的国家越来越多,竞技性也越来越强。特别是残奥会跟国际奥委会之间达成了新的协议,原来残奥会和奥运会分别在不同的城市里举行,汉城八八年奥运会的时候,两个运动会都在同一个城市,互相之间没有关系,但开始形成惯例;到悉尼奥运会的时候,IOC、IPC进行了协商,订出了协议,就是说从二〇〇八年开始由一个奥组委来办两个运动会,这样的话就把奥林匹克和残疾人奥运会挂起钩来。

所以说,这次残奥会是第一个由一个组委会办两个运动会,有很多新的工作,同时也有很多新的条件。在这样一个背景之下,就形成了北京残奥会新的格局:在一个组委会领导之下,政府要求"两个奥运,同时筹办,同样精彩",残奥会又要有特色、高水准。我们有这样的力量来办,也有这样的认识,同样也有这样的国际环境。这次残奥会的效果,我想应当是最新的。

阮次山:刚才经过我和邓朴方先生的一段对谈,大家可以明白残奥会到底是什么样的一个体育活动。大家可能知道,这次残奥会不但是体育运动会,也会引起全世界的人们都注意中国的精神文明或者是文明的面貌;大家也可能知道,中国在经济发展,在改革开放的同时,在改善我们生活,改善我们社会面貌的同时,也展现出中国残疾人事业以及人道关怀的行动到底进展到了什么程度。当然大家也知道残疾人运动会——邓朴方先生也讲了——在中国,不仅是这次残奥会,还有全国残疾人运动会,还有各个地方的残疾人运动会,让我们,也是促进我们更加了解残疾人是怎么样生活的。

  北京残奥会的比赛项目共有二十个大项,分别为射箭、田径、硬地滚球、自行车、马术、五人制足球、七人制足球、盲人门球、盲人柔道、举重、赛艇、帆船、射击、游泳、乒乓球、坐式排球、轮椅击剑、轮椅篮球、轮椅橄榄球和轮椅网球。除帆船在青岛、马术在香港举行外,其他项目均在北京举行,共设四百七十一枚金牌。根据残奥会规则,所有项目将根据运动员的残疾类别和残疾程度进行分级,以保证体育比赛的公平和安全。

  阮次山:咱们运动员选拔的过程是怎么样的呢?

  邓朴方:这个可以用两句话来概括:用运动会来推动群众体育运动,用群众体育运动来支撑运动会。实际上,残疾人运动的国际赛事不但有残奥会,还有四年一次的远南运动会,将来的亚残运会也是四年一次。国内赛事,我们有四年一次的全国运动会,各省也要办他们自己的运动会,有的是综合运动会,有的是单项比赛等,还有各种选拔、各种运动等,这样就拉动了群众参加体育活动。现在,中国直接参加各种体育运动会的残疾人已经达到了一百五十万,在一百五十万人里逐级选拔运动员出来,也就是说,我们的残疾人运动员数量是在比较广泛的群众体育基础上增长上来的。同时,我们要用这种选拔机制,用运动会,用残奥会的宣传作用来推动、带动残疾人参加体育运动。

  阮次山:一百五十万!还有亲属?

  邓朴方:不包括亲属。那些没有参加运动会但参加锻炼的残疾人也开始增多了。所以说,中国是用运动会来推动群众体育运动,用群众体育运动来支撑运动会。

现今,全世界有六亿五千万残疾人,占到了总人口的百分之十,其中接近三分之二的残疾人住在发展中国家。在某些发展中国家,将近百分之二十的人口为各式各样的残疾人,如果计算其对所属家庭的冲击,恐怕是全国的半数人口都受到了影响。

阮次山:您过去讲过一句话,就是"社会对残疾人不是不人道,而是不知道"。您现在回过头来看我们的社会对残疾人的关注,您觉得够了吗?

邓朴方:永远没有够的时候。应当说进步很大,但是要说够,恐怕谁也不能说这样的话,因为还有很多很多的问题存在。我们残疾人有很多贫困的人,很多人并没有得到关怀,很多残疾人的待遇并不公平等等。有些方面是社会经济发展不足的原因,有些方面是社会提供的公共品不足的原因,有的方面是人们对残疾人的认识问题,歧视仍然大量存在。中国这么大,社会进步起来也不是一件简单的事情。

阮次山:我们现在基本的框架是有了,我们有《残疾人保障法》。从社会上来讲,对残疾人事业还有什么样的心理或者实际上的障碍?

邓朴方:这个障碍恐怕要说。最大的一个问题,就是中国还是一个发展中国家,毕竟还穷嘛,在这样的经济基础之上,巧妇难为无米之炊,是不是?所以说只能做到一定程度,有些事情应该做,但是没有能力去做,有时候还是很痛苦的。但是,我可以说我们能够做到的都尽力了,这也是值得欣慰的。所以说这个发展的过程还是非常漫长的、艰苦的,问题是很多的,要一个个解决。而且,解决起来都牵扯到每个人切身的生存、发展等问题,做起来也是非常大的量,特别是中国有八千三百万残疾人,家庭人员二亿六千万,这个负担太庞大了。

阮次山:您过去也提到过,中国旧的传统社会对残疾人是普遍忽略的,因为他们觉得我们中国人口很多,而且过去整个社会也是贫困的,现在也不能说是发达国家。所以,别说对残疾人照顾,就是我们健全人都得不到照顾,这种观念我们社会上现在有没有逐渐改善呢?

邓朴方:有了很大变化。比如说原来的就业,有些人就说我们健全人还没有就业,怎么残疾人也来就业呢?这个现象是很普遍的。现在大家一般的口气就已经变了,就是说也该为他们残疾人做点事情了,这个是很大的变化。

阮次山:精神文明的变化。

邓朴方:这就完全不一样了,完全是两个角度,同样一件事情从完全不同的两个角度来看。我想,这几十年下来一点点地积累,人们的意识也在潜移默化,也在变化着。

阮次山:今天,大家听了中国残疾人联合会主席邓朴方先生给我们的一些启发性解说,还有中国残疾人事业在他这个火车龙头领导之下向全世界展现的现状和精神文明面貌,非常值得赞赏,非常了不起。

每一次到各地参观中国残疾人事业,我都为之感到自豪。邓朴方曾讲过一句话:不是不人道,而是不知道。目前中国社会严格讲起来还没有脱离发展中国家的程度,很多地方可能还很穷,穷地方很多人经常说,我们健全人都没有享受好的待遇,何况这些伤残人?所以,面临中国社会目前这种情况,残疾人事业能够发展到目前这样的水平,邓朴方先生做了很多的工作。

借着这次残疾人奥运会的时机,我们希望整个社会、整个世界都能够关心中国的残疾人事业,也让中国残疾人事业向全世界展现中国的社会进步和人道关怀的真实面貌。

在国际残奥委会颁发勋章奖牌仪式上的致辞

(二〇〇八年九月十八日)

北京二〇〇八年残奥会帷幕刚刚落下,我们仍沉浸在喜悦和激动之中。我为出席今天这一庄严而隆重的仪式,为获得残奥会勋章深感荣幸!感谢国际残奥委会和克雷文主席,把残奥运动的最高荣誉授予我和我的同事。这不仅是我个人的荣誉,也是对所有为北京残奥会做出贡献的人们的褒奖,是对中国八千三百万残疾人士的褒奖。

在过去的十二天里,世界把目光汇聚在北京。中国再次让世界感动!在我国政府的坚强领导和全国人民的大力支持下,在国际残奥委会的指导下,北京践行"两个奥运,同样精彩"的宗旨,历经七载奋斗,辛苦耕耘,履行了各项国际承诺,成功举办了一届有特色、高水平的残奥会,为各国残疾人运动员实现"超越·融合·共享"的理想,为国际残疾人事业发展,做出了积极贡献。

北京残奥会是世界残疾人的体育盛会和欢乐节日,来自一百四十七个国家和地区的四千多名运动员和嘉宾欢聚一堂。各国运动员在赛场上奋力拼搏,超越自我,一项项世界纪录被打破,展示了残疾人自强不息的精神和残疾人体育的空前发展。体育运动不仅给残疾人士带来信心和勇气,更使他们享受着无比的快乐。残奥会的特殊魅力也深深感染了广大观众。

北京残奥会是闪耀人文精神与和谐氛围的盛会。不分国度、种族、肤色、文化、信仰,无论残疾人、健全人,大家为了"同一个世界、同一个梦想"相聚北京,与北京广大市民和残疾人一起共享这一闪耀着人道主义光辉的盛大节日。运动场上的激情拥抱、志愿者的热情服务、一条条无障碍通道,无不体现着人与人的相互关爱。残奥会圣火"点燃激情、奉献爱心"的传递,开闭幕式如诗如画的场景,诠释着人们热爱和平、创建和谐家园的共同愿望。

北京残奥会让世界更加了解中国。各国嘉宾和残疾运动员来到北京,我相信都会感受到中国改革开放三十年来的发展成就,感受到中国人民的热情、善良、友好,感受到中国政府和社会为改善残疾人状况付出的巨大努力,感受到中国残疾人的精神风貌。

四年一度的残奥会是短暂的,残疾人事业和残疾人体育发展是长远的。北京残奥会圣火将长久地在人们心中燃烧、升华。让我们团结在残奥会旗帜下,为弘扬残奥精神,推动残疾人体育事业发展,谱写新的历史,创造新的辉煌。

为世界残奥运动做出更大贡献＊

（二○○八年九月十九日）

在红叶飞舞的金秋季节,继成功举办第二十九届奥运会之后,第十三届残奥会完美落幕。中国残疾人体育代表团肩负党和人民的期望和重托,遵照胡锦涛总书记的重要指示精神,在残奥会的赛场上自强不息,奋勇争先,表现出了良好的精神风貌,再次取得了金牌总数和奖牌总数双第一的优异成绩,实现了历史性突破,为祖国和人民赢得了重大的荣誉。我国残疾人运动员超越自我、顽强拼搏的精神风貌和谦虚谨慎、热情友好的作风体现了伟大的民族精神、文明古国的风范和人文奥运的深刻内涵,给世界各国运动员留下了美好的印象,给全国各族人民带来了巨大的激励和鼓舞。在此,我代表全国八千三百万残疾人兄弟姐妹、代表中国残联,向代表团的同志们表示最热烈的祝贺,向为残疾人体育事业付出艰苦努力、做出卓越贡献的运动员、教练员和工作人员表示最崇高的敬意,向多年来关心支持残疾人体育事业的各级党委、政府和各有关部门表示衷心的感谢!

北京残奥会书写了残奥运动发展的辉煌篇章。九月六日至十七日,在十二个难忘的日日夜夜里,四千多名各国各地区的残

＊ 这是邓朴方同志在北京二○○八年残奥会中国体育代表团总结表彰大会上的讲话。

疾人运动员欢聚北京,创造了残奥运动发展史上新的高峰。"精神寓于运动",是国际残疾人奥林匹克运动的格言。各国残疾人运动员展示自尊、自信、自强、自立,感受欢乐、友谊、梦想、成功,实现了挑战自我、追求生命价值的目标,谱写了壮丽辉煌的生命赞歌,给世界带来感动、激励和震撼。北京完美兑现了"两个奥运,同样精彩"的承诺,为世界奉献了一届高水平、有特色的残奥会,留下了丰富的精神和物质遗产,也为人类文明史增添了浓墨重彩的一笔。

中国残疾人运动员和各国各地区的运动员一起,为世界奉献了一幕幕同样精彩的残奥竞赛。我国残疾人体育健儿在赛场上超越自我、顽强拼搏,展现出永不放弃的坚强意志,敢于胜利的英雄气概和团结协作、顾全大局的团队精神,以精湛的体育运动技能和良好的体育道德精神,赛出了水平,赛出了风格,实现了运动成绩和精神文明双丰收;我们秉持"超越·融合·共享"的残奥精神,弘扬"团结、友谊、进步"的奥林匹克宗旨,与各国残疾人运动员在奥林匹克大家庭中相互交融,和谐相处,增进了了解,加深了友谊,促进了不同国家、不同种族、不同文化的沟通与交流。我们向世界展开了一幅中国古典文化、现代文明和改革开放伟大成就与残奥精神交相辉映的壮美画卷,展示了中国残疾人的自强风采,展现了当代中国繁荣、文明、民主、开放的国家形象,展现了世界人民交流合作的和谐图景。

北京残奥会中国体育代表团是威武之师、文明之师,是一个光荣的集体,是一个英雄的团队。在这个集体中,有在残奥赛场上奋战二十多年、为梦想而坚守和担当的残奥会"六朝元老",有代表世界残疾人体育最高竞技水平、有着丰富大赛经验和过硬体育作风的中坚力量,有一大批朝气蓬勃、后来居上的新人新秀;在这个集体中,还有像乐融融、田海江、李伟朴、李佳雨一样默默地奉献在赛场之外的教练员和辅助人员,他们为残疾人体育付出心血、汗水,付出执著的追求;还有常年工作在残疾人体育战线上的同志们,尤其是基层残疾人体育工作者,是你们长期艰苦奋斗、无私奉献,残疾人体育事业才会有今天的发展。北京残奥会的辉煌成绩,饱含着几代残疾人运动员、教练员和残疾人体育工作者的梦想、拼搏和奉献,每一块奖牌都有沉甸甸的分量,每一块奖牌背后都有一段感人至深、催人奋进的故事!我再一次向中国残疾人体育代表团,向所有的残疾人运动员、教练员、工作人员、竞赛辅助人员表示衷心的感谢和敬意!你们辛苦了,祖国感谢你们!人民感谢你们!

党中央、国务院一直十分关心、重视残奥会筹备和中国残疾人体育代表团的备战、参赛工作。八月二十日,胡锦涛总书记考察中国体育代表团备战北京残奥会情况,鼓励运动员在北京残奥会赛场上展现中国残疾人运动员的竞技水平和良好风貌。残奥会期间,胡锦涛总书记和各位中央政治局常委出席观看比赛和中国残疾人艺术团演出,为残疾人运动员、演员喝彩、加油;党中央、国务院向代表团发来贺信,祝贺代表团实现历史性突破,勉励代表团再创佳绩、再立新功。回良玉副总理亲自为代表团授旗,为代表团夺得首金发来贺信。刘淇、刘延东、陈至立等领导同志也一直关心和关注着中国代表团的备战和参赛工作。各地党委、政府一直十分重视残疾人体育事业,对中国残疾人体育代表团的组团、备战工作给予了方方面面的支持。刚才,全国总工会、共青团中央、全国妇联也分别表彰了优秀残疾人运动员。北京残奥会中国体育代表团的辉煌成绩,是党中央、国务院亲切关怀和全国人民大力支持的结果,是党和政府重视残疾人事业和人权保障的结果,是我国改革开放和现代化建设伟大成就的具体体现。正如代表团团部所写的那样:"祖国和人民的荣誉高于一切，为国争光是我们取得优异成绩的力量源泉。"一切荣誉的取得离不开改革开放，离不开党中央、国务院的领导和重视，离不开全国人民的支持和帮助！光荣属于党，属于人民，属于伟大的社会主义中国！希望大家谨记党中央、国务院的关怀和全国人民的深情，继续发扬自强不息、奋勇争先的精神，在各自的岗位上再接再厉、再立新功，在人生的赛场上更加奋发图强，为残疾人体育事业，为全面建设小康社会做出新的更大的贡献。

我们要以北京残奥会为契机，推动残疾人事业和残疾人体育登上一个新的台阶。要认真总结好我国残疾人体育事业发展和残奥会备战参赛工作的经验，推动残疾人体育向更高目标迈进。北京残奥会上，我国乒乓球、田径、举重、游泳等传统项目继续保持和扩大优势，盲人足球、盲人门球、赛艇等首次参加残奥会的集体项目并取得突破，残疾人体育竞技水平上升到一个新的高度，进入均衡和全面发展的新阶段。今后，我们要继续巩固发展优势项目，努力提升弱势项目，做好残疾人体育教育、科研等基础性工作，探索和实践中国特色残疾人体育发展模式；要特别重视竞技体育和群众体育的共同发展，以竞技体育带动群众体育，以群众体育支撑竞技体育。大力开展残疾人群众体育和健身活动，使更多的残疾人通过体育促进康复，增进融合，参与社会。

要进一步贯彻落实《中共中央国务院关于促进残疾人事业发展的意见》，推动残疾人事业在新的起点上加快发展。残奥会是展示残疾人体育才华和精神风貌的舞台，也是增进友谊、传递关爱、弘扬人道主义思想和推动社会文明进步的盛会。北京残奥会期间，近二百万社会各界观众现场观看比赛，数十万志愿者真诚奉献，全球五千五百多名新闻工作者参与宣传报道，人道主义思想、"平等·参与·共享"的现代文明社会残疾人观从来没像今天这样深入人心,关爱、帮助残疾人的社会氛围从来没像今天这样浓重热烈。北京残奥会最大的收获就是唤起了人们平等对待和关爱残疾人的意识。努力建设一个充满关爱的社会,将是北京残奥会留下的最珍贵的遗产。我们要抓住这一有利机遇,把社会各界对残奥会的激情转化成为参与支持残疾人事业的持久强大动力,进一步凝聚各方面力量共同做好残疾人工作,推动残疾人事业全面发展,推动残疾人实现全面小康的进程迈出新的步伐。我也希望广大残疾人弘扬自强不息、奋勇争先的残奥精神,积极参与体育运动,参与社会生活,在顽强拼搏中实现人生价值,在全面建设小康社会中建功立业,同全国人民一道共同创造幸福生活和美好未来。

各位残疾人运动员、教练员、工作人员,同志们:

这次大会之后,很多同志就要踏上返程,与久别的家人团聚。从备战到参赛,包括本应阖家团聚的中秋节,你们一直远离家乡、远离亲人为残奥会奉献和付出,你们的家人一定也在时刻关注着你们,牵挂着你们!他们的支持、鼓励是大家征战赛场的坚强后盾!请大家也把我的问候和感谢带给你们的家人!

同志们,朋友们:

二百一十一次高高飘扬的五星红旗,八十九次雄壮响起的国歌,掌声、泪水、欢呼,那些激动人心的场景还依然历历在目,也将永远留在我们心间!北京残奥会的圣火虽然已经熄灭了,但是我们心中的激情将永远燃烧!北京残奥会是一个伟大的出发,"超越·融合·共享"的残奥精神将永远激励我们奋勇前行!让我们更加紧密地团结在以胡锦涛同志为总书记的党中央周围,高举中国特色社会主义伟大旗帜,以邓小平理论和"三个代表"重要思想为指导,深入贯彻落实科学发展观,续写中国残疾人体育事业新的光荣与梦想,谱写美好生活新篇章!

在军队援建四川省八一康复中心
合作协议签字仪式上的讲话

(二〇〇八年十月十六日)

在我国成功举办北京二〇〇八年奥运会和残奥会,"神七"成功发射返回,抗震救灾取得阶段性重大胜利,党的十七届三中全会胜利闭幕之际,我们在这里举行军队援建四川省八一康复中心合作协议签字仪式,这标志着四川省八一康复中心项目的正式启动。

今年五月十二日发生在四川汶川等地的特大地震灾害,破坏之严重、人员伤亡之多、救灾难度之大举世罕见。地震发生后,在党中央、国务院和中央军委的坚强领导下,四川等受灾省份各级党委、政府和中央各有关部门紧急行动、全力以赴,奋力抗震救灾,最大限度地减少了灾害造成的损失。四川人民众志成城抗震救灾,自力更生重建家园,夺取了抗震救灾的阶段性胜利。不久前,中共中央、国务院、中央军委在人民大会堂隆重举行了全国抗震救灾总结表彰大会,胡锦涛总书记在会上发表重要讲话,充分肯定了抗震救灾所取得的伟大胜利,高度褒扬了伟大的抗震救灾精神和人民解放军冲锋在前、勇挑重担的主力军与突击队作用。

人民军队人民爱,人民军队爱人民。历来视人民利益高于一切的人民军队,在人民生命财产安全受到严重威胁的危急关头,在这次汶川特大地震抗震救灾中发挥了中流砥柱的作用。

十四万六千名人民子弟兵,心系灾区人民安危,肩负党和人民期望,发扬我军听党指挥、服务人民、英勇善战的优良传统,不怕困难,不怕疲劳,连续作战,勇往直前,哪里最需要就出现在哪里,哪里最危险就冲向哪里,哪里最艰苦就战斗在哪里。在地震灾害发生后第一时间,迅速到达救灾第一线,抢救伤员,保护人民生命财产,为夺取抗震救灾的胜利发挥了决定性的作用。

中国残疾人事业一直得到人民解放军的高度关注与支持,特别是在各项抢救性康复工作中,解放军始终发挥着重要作用,常年组派医疗队深入最艰苦、最边远贫困的地区,实施白内障复明手术和儿麻矫治手术,为广大白内障盲人带来光明、使爬行多年的肢体残疾人站立起来。中国残疾人事业在不断发展壮大的过程中,始终凝聚着人民解放军的大力支持与无私援助。

这次中央军委援建四川省八一康复中心,是人民解放军关心支持四川地震灾区灾后重建的重大援助,是人民解放军对我国残疾人事业的又一次巨大支持。四川省八一康复中心的建设,必将成为四川灾后重建的标志性工程,将首先直接服务于地震残疾伤员,并为四川全省六百多万残疾人提供长期专业化的康复服务。这将成为人民军队爱人民、支持残疾人事业的又一座永恒丰碑。

八一康复中心的建设具有非常重要的政治意义,是党中央、中央军委对残疾人的重大关怀,反映了党的性质、人民军队的性质:人民军队是为人民服务的。

中国残联有着丰富的建设残疾人康复机构的经验,将竭尽全力,为四川省残疾人康复中心的建设提供技术支持和多方面的援助。我相信,在中央军委和四总部的坚强支持下,在四川省委、省政府的高度重视下,四川省八一康复中心一定能够尽早建成并发挥作用。同时,我也希望四川省各市县的残疾人康复服务设施建设也能够同步纳入灾后恢复重建之中,早日造福地震伤残人员和全省的残疾人。

再次对人民解放军的无私援助表示衷心感谢!

祝愿四川在省委、省政府的坚强领导下,在全国人民的大力支持帮助下,夺取抗震救灾和经济社会发展的全面胜利。

在中国康复研究中心
二十周年庆典上的讲话

(二○○八年十月二十八日)

今天,我非常高兴参加中国康复研究中心二十周年庆典,和新朋老友欢聚一堂,共同回忆二十年激情燃烧的创业岁月,共同展望更加美好的未来。

中国康复研究中心是我国现代康复医学的摇篮。一九八八年,中国康复研究中心的建立将国际现代康复医学理念带到中国。二十年来,康复中心将现代康复医学和中国传统医学相结合,探索出了一套有中国特色的残疾人康复医学模式,培养了中国第一批康复医学专业人才,指导全国各地初步建立了残疾人康复服务体系,帮助数以万计的残疾人得到系统康复训练,为残疾人康复事业的发展做出了重要的不可磨灭的贡献。

中国康复研究中心二十年的建设和发展饱含着几代康复工作者的艰苦奋斗和无私奉献。今天,我非常高兴地看到了很多熟悉的面孔,在座的有很多参与康复中心创建工作的老领导、老专家,你们是残疾人康复事业的开拓者、奠基人,历史会记住你们的功勋!我更高兴的是,又看到更多朝气蓬勃的新面孔,我们的事业薪火相传,后继有人!希望你们担当重任,把康复中心建设得越来越好,把残疾人康复事业不断推向前进!

中国康复研究中心的发展凝聚着党中央和国务院的关怀、社会的爱心和国际社会的无私援助。当时的全国人大委员长万里、国务院副总理田纪云曾到工地视察；时任国家副主席的王震同志亲自为中国康复研究中心题名并为开业典礼剪彩；人大副委员长吴阶平、何鲁丽，国务委员彭珮云等领导都曾到中国康复研究中心视察、指导。回良玉副总理等中央领导同志多次到康复中心调查研究，对中心的发展作出重要指示；民政部、卫生部、财政部、发展改革委等各有关部门，社会各界爱心人士一直在关注和支持中心的基础设施建设和业务发展。德国、日本等国政府和世界国际组织为康复中心建设提供了宝贵的资金和技术支援，德国、日本、加拿大等国家的两百余位专家曾经在康复中心工作，将各国的先进康复技术带到中国。

在这里，我要向二十年来一直关心支持中国康复研究中心建设和发展，关心支持残疾人康复事业的中央和国务院领导同志、各有关部门、社会各界和国际社会的朋友们表示衷心的感谢和崇高的敬意！我还要把特别的敬意献给倡导和推动康复中心创建的胡子昂等老前辈和黄家驷等老专家，他们的博爱精神和为增进残疾人福祉所付出的努力，将永远铭记在我们心中！

同志们，朋友们，我国残疾人事业面临着重要的历史机遇。党中央、国务院对残疾人事业发展做出了新的重大部署，北京残奥会的成功举办创造了前所未有的良好社会环境。当前，我国的残疾人康复服务体系还很薄弱，广大残疾人尤其是中西部和农村地区残疾人的基本康复需求还远远没有得到满足，康复工作任重道远，还需要我们付出长期艰苦的努力。

我对中国康复研究中心始终怀有特殊的感情。这里是新时期残疾人事业起步的地方。我和我的同事们、战友们在这里度过了终生难忘的创业岁月，那些激动人心的往事依然历历在目。在我心目中，中国康复研究中心不是一个单纯的康复设施，它还是一粒火种，一座里程碑，它闪耀着伟大的人道主义的光芒。今天,中国康复研究中心正是二十岁的年轻人,风华正茂,充满活力。我殷切地希望你们继往开来、再立新功!希望你们抓住机遇,解放思想,锐意进取,进一步突出康复特色,走中西结合的康复之路,向国际化、现代化康复中心大踏步迈进,更充分地发挥作为全国残疾人康复技术资源中心和示范窗口的作用,为残疾人康复事业发展、为帮助残疾人和全国人民共同迈向更高水平的小康社会做出新的更大的贡献。

再次向中国康复研究中心二十周年庆典表示热烈的祝贺!并预祝第三届北京国际康复论坛圆满成功!

高举中国特色社会主义伟大旗帜，为加快残疾人事业全面发展而奋斗*

（二〇〇八年十一月十一日）

我代表中国残疾人联合会第四届主席团向大会作报告，请予审议。

中国残疾人联合会第五次全国代表大会，是在党的"十七大"和十七届三中全会精神指引下召开的一次承前启后、继往开来的重要会议。大会的主题是：高举中国特色社会主义伟大旗帜，以邓小平理论和"三个代表"重要思想为指导，深入贯彻科学发展观，全面落实《中共中央国务院关于促进残疾人事业发展的意见》，回顾总结残疾人事业的发展历程和基本经验，抓住机遇，开拓进取，促进残疾人事业在新的起点上加快发展，团结带领广大残疾人为全面建设小康社会而奋斗。

一、过去五年的工作

第四次全国代表大会以来的五年，是我国残疾人事业快速发展、取得重要突破的五年。在党中央、国务院的关怀和领导下，通过各地方、各有关部门、社会各界和广大残疾人、残疾人工

---

* 这是邓朴方同志在中国残疾人联合会第五次全国代表大会上的报告。

作者的共同努力,残疾人事业取得了新的重大进展。

这五年,是残疾人事业进一步融入大局、打牢基础、扎实推进的五年。党中央、国务院对促进残疾人事业发展做出重大部署;全国人大常委会修订《残疾人保障法》;国务院发布《残疾人就业条例》;《就业促进法》、《义务教育法》、《农村"五保"供养工作条例》等法律法规将残疾人权益保障纳入其中;国务院残疾人工作协调委员会更名为国务院残疾人工作委员会,职能作用进一步加强;各级政府进一步加大对残疾人事业的投入,社会各界更加支持残疾人事业;圆满完成第二次全国残疾人抽样调查,启动常态化的残疾人状况监测,残疾人事业理论与实践研究取得新进展;《中国残疾人事业"十一五"发展纲要》执行情况良好,各项工作稳步推进。为残疾人服务的基础设施建设明显加快:残疾人综合服务设施达到二千一百二十五个,残疾人康复训练服务机构达到一万九千多个,特殊教育学校发展到一千六百六十七所,残疾人就业服务机构达到三千一百二十七个,残疾人托养服务机构达到一千零五十六个。全国大中城市普遍开展无障碍环境建设。创建残疾人法律服务中心和维权示范岗五千九百九十八个。地方残疾人工作更加活跃,涌现出许多鲜活的典型和经验;地方残联圆满换届,残联系统专职残疾人工作者达到九万四千人,城市社区和农村残疾人协会的残疾人专职委员达到四十余万人,基层残疾人工作得到加强,为残疾人服务的能力明显提高。

这五年,是残疾人状况显著改善、获得更多实惠的五年。通过扶贫开发,六百三十四万六千七百个农村贫困残疾人解决了温饱问题;实行城乡最低社会保障等社会救助措施,一千零六十七万二千个残疾人基本生活得到保障;通过实施白内障复明手术、聋儿康复、精神病防治康复等重点康复工程和广泛开展社区康复，八百五十多万残疾人得到不同程度的康复；对一百四十多万城镇残疾人进行职业培训，对三百九十六万八千个农村残疾人进行实用技术培训，四百三十三万七千个城镇残疾人实现就业，一千六百九十六万六千个农村残疾人参加劳动；残疾儿童少年义务教育入学率大幅度提高，在校的盲、聋、智残学生达到五十八万三千人，通过开展扶残助学活动，累计资助贫困残疾学生十六万人次；实施危房改造项目，二十八万七千户农村残疾人家庭改善了居住条件；百分之九十三的农村残疾人参加了新型农村合作医疗，越来越多的贫困残疾人解决了看病难、看病贵的问题；残奥、特奥、聋奥等运动得到新的发展，残疾人运动员达到二百六十多万人；各级法律援助服务机构为残疾人提供法律援助十万件，有力地维护了残疾人的合法权益。

这五年，是残疾人领域的国际交流与合作取得重大进展的五年。倡导并支持第二个"亚太残疾人十年"活动，为亚太地区残疾人创造平等、包容、无障碍和以权利为本的社会环境注入新的活力。中国作为发起国，从促进残疾人事业发展和人类文明进步的高度积极参与和推动《残疾人权利公约》的制订，为国际残疾人事务的发展和人权状况的改善发挥了重要影响，做出了积极贡献。

特别令我们自豪的是，不久前我国成功举办了北京二〇〇八年残奥会，圆满实现了"两个奥运，同样精彩"。这是参加国家和地区最多、参赛运动员最多的一次残疾人体育盛会，是全球残疾人"超越·融合·共享"的盛大节日。我国残奥健儿顽强拼搏，屡创佳绩，继雅典残奥会之后再次取得了金牌总数和奖牌总数双第一，实现了运动成绩和精神文明双丰收，为祖国赢得了重大荣誉。我国残奥健儿再一次向世界充分展示了自尊、自信、自强、自立的良好形象，充分展示了中华民族自强不息的精神风貌,极大地鼓舞了全国各族人民,增进了世界各国人民的了解和友谊。北京二〇〇八年残奥会让全社会强烈地感受到残疾人对和谐世界和美好生活的梦想与渴望,让全世界欣喜地看到了一个文明、进步、和谐的中国。我们还于二〇〇七年在上海成功举办了第十二届世界夏季特殊奥运会,向世界展示了人文中国的风采。中国残疾人艺术团出访六十多个国家和地区,以精湛的艺术和美丽的心灵感染了世界,被誉为"美和友谊的使者"。

今年五月以来,面对历史罕见的四川汶川五·一二特大地震灾害,广大残疾人和残疾人工作者积极响应党的号召,和全国人民一道投入抗震救灾之中,中国残联组派工作组与康复医疗队奔赴灾区调研和救治伤员,地方残联全力做好对口支援工作,为抗震救灾做出贡献。

经过五年的努力,我们全面完成了中国残联第四次全国代表大会确定的各项任务,残疾人事业站在了一个新的历史起点上。

二、改革开放进程中的中国残疾人事业

党和国家历来关心残疾人,重视残疾人工作和发展残疾人事业。毛泽东同志曾动情地说,盲人是世界上最痛苦的人,要为他们解决困难谋福利。邓小平同志满怀深情地指出,中国需要改进对残疾人的服务。江泽民同志明确指出,关心帮助残疾人是社会文明进步的标志。胡锦涛同志深刻指出,在经济社会发展中加快发展残疾人事业,让关爱的阳光照亮每一个残疾人的心灵。这些精辟的论述和殷切的希望,时刻鼓舞激励着广大残疾人和残疾人工作者。

今年是改革开放三十周年,中国残联成立二十周年。三十年前,改革开放这一历史性的关键抉择,决定了当代中国的命

运,开启了中华民族伟大复兴的历史进程。改革开放以来,中国社会发生了深刻的变革,中国的面貌发生了历史性的变化,中国特色社会主义事业日益焕发出勃勃生机。伟大的时代成就崇高的事业,在波澜壮阔的改革开放进程中,残疾人事业乘势而起,迎来了新的春天。一九七八年,中国盲人聋哑人协会恢复工作。一九八四年,中国残疾人福利基金会成立。一九八六年,"联合国残疾人十年"中国组织委员会成立。这期间,一些民间残疾人组织也活跃在社会上。一九八八年,中国残疾人联合会成立,残疾人工作翻开了新的一页,我国残疾人事业进入了快速发展的新时期,在改革开放和建设中国特色社会主义道路上,谱写了壮丽篇章,取得了举世瞩目的历史性成就,残疾人的面貌发生了根本性变化。

二十多年来,在经济快速发展、社会全面进步的进程中,党和国家实施了一系列发展残疾人事业、改善残疾人状况的重大举措。开展两次全国残疾人抽样调查,摸清了残疾人的基本情况;《中共中央国务院关于促进残疾人事业发展的意见》对发展残疾人事业做出全面部署;颁布实施《残疾人保障法》,推动残疾人事业走上依法发展的轨道;设立政府残疾人工作机构,健全残疾人工作领导体制;实施五个发展残疾人事业的国家规划,全面推进各项残疾人工作;建立新型、统一的残疾人组织,充分发挥作用;大力开展扶残助残活动,营造文明进步的社会环境;激励残疾人自强精神,促进残疾人充分平等参与社会生活。所有这些,极大地推动了残疾人事业的发展,为广大残疾人带来了实实在在的利益。

二十多年来,残疾人事业走过了不平凡的历程,为改革开放和社会主义现代化建设做出重要贡献。残疾人事业从一个较低的起点起步,由小到大,由救济为主的社会福利工作,逐步发展成为包括康复、教育、就业、扶贫、社会保障、维权、文化、体育、无障碍环境建设、残疾预防等领域广阔的综合性社会事业,初步形成了比较完整的组织体系、比较系统的业务体系、比较完善的政策法规体系和科学的思想理论体系,在经济建设、政治建设、文化建设和社会建设中发挥着越来越重要的作用。

二十多年来,残疾人参与社会生活的环境大为改善。人道主义思想广泛传播,"平等·参与·共享"的现代文明社会残疾人观日益深入人心,社会对残疾人的观念发生深刻变化,理解、尊重、关心、帮助残疾人的良好社会风尚进一步形成,残疾人的政治、经济、文化和社会权利受到尊重和保障,参与和创造能力得到肯定,对残疾人的歧视和偏见大为减少。发展残疾人事业的社会资源日益丰富,为残疾人提供的公共服务逐步增多。广大群众积极参与各种形式的扶残助残活动,帮助残疾人解决困难和问题。无障碍环境建设稳步推进,为残疾人参与社会生活提供了越来越多的便利。

二十多年来,我国残疾人的面貌发生了根本性变化。残疾人由被动的受助对象变为平等参与的主体,成为经济社会发展的一支重要力量。广大残疾人紧跟时代步伐,发扬自尊、自信、自强、自立精神,乐观进取,融入社会,参与发展,奉献力量,履行应尽义务,实现人生价值。残疾人的精神世界更加充实,文化生活更加丰富,受教育水平明显提高,能力得到更好发挥,越来越多的残疾人实现了自食其力,为社会创造了财富。在改革和发展中涌现出一批又一批体现着民族精神和时代风貌的优秀残疾人代表,他们那特有的人性光芒和自强不息精神,感染、激励和鼓舞着一代又一代人;一些优秀残疾人在国际舞台上展示了动人的风采,为祖国赢得了荣誉,为中华民族增添了光彩。

二十多年来,我国残疾人事业的国际影响不断提升,赢得国际社会的广泛赞誉。积极参与国际残疾人事务,广泛开展国际交流与合作。响应《关于残疾人的世界行动纲领》,积极参与"联合国残疾人十年"行动,倡导并支持两个"亚太残疾人十年"行动,与国际残疾人组织和有关国际机构建立了良好的合作关系,在国际残疾人事务中发挥着重要的建设性作用。今年六月,我国批准了《残疾人权利公约》,向世界作出了保障残疾人人权、改善残疾人状况的庄严承诺。残疾人事业的发展,展示了我国社会发展的成就,进一步树立了我国尊重和保障人权、关注和改善民生的良好形象,受到国际社会的普遍赞誉,荣获联合国人权奖、联合国残疾人十年特别奖等多个奖项。

经过二十多年的艰苦奋斗和积极探索,我国残疾人事业走出了一条适合国情、具有特色的健康持续发展之路,积累了十分宝贵的经验。

第一,必须坚持解放思想、实事求是、与时俱进,顺应改革开放的历史潮流,学习借鉴国际残疾人事务先进理念,从我国的基本国情出发,走中国特色残疾人事业发展道路。 没有解放思想和改革开放,就没有我们国家的发展和壮大,更没有我国残疾人事业的崛起和发展。顺应改革开放和人类文明进步的大趋势,汲取国际残疾人事务先进理念和有益做法,结合我国实际,以勇于创新的精神,立足于代表残疾人的根本利益,为残疾人服务,在开拓中前进,在前进中开拓,创造了我国残疾人事业的辉煌业绩。

第二,必须坚持党委领导、政府负责、社会参与、残联组织充分发挥"代表、服务、管理"职能,把残疾人事业纳入国家发展大局。 党委把残疾人事业列入重要议事日程,认真研究部署,政府承担发展残疾人事业的主要责任,在经济社会发展全局中统筹规划、同步实施、兼顾特点、协调发展,这是残疾人事业发展的根本保障。残疾人事业是一项领域广阔的综合性社会事业,社会各界的广泛支持参与是这项事业发展的社会基础。残联组织作为党和政府联系残疾人的桥梁和纽带,始终代表残疾人的共同利益,全心全意为残疾人服务,在管理和发展残疾人事业中发挥着不可替代的重要作用。

第三,必须坚持讲求实效、打好基础,始终把改善残疾人状况作为残疾人工作的根本出发点和落脚点。针对残疾人迫切需要而又可能满足的基本需求,重点抓好康复、教育、就业、扶贫等受益面广、适用有效的工作,以业务促建设,以建设带业务,不断拓展工作领域和服务内容,逐步满足残疾人日益增长的需求。将工作重心放在基层,注重解决实际问题,直接为残疾人服务,同时不断完善残疾人事业的业务体系、组织体系、政策法规和思想理论体系与长效机制,夯实残疾人事业发展的基础。

第四,必须坚持依法发展残疾人事业,切实保障残疾人合法权益。建立和完善残疾人事业的法律法规体系,认真贯彻《残疾人保障法》和相关法律法规,加强依法行政、执法检查、法制宣传和法律救助,将残疾人权益保障和事业发展纳入法制化轨道,促进残疾人权利的实现,为残疾人事业持续健康发展提供根本性的制度保障。

第五,必须坚持弘扬人道主义思想,树立现代文明社会残疾人观。人道主义是马克思主义的重要组成部分,是社会的基础思想之一。我们高扬人道主义旗帜,始终站在先进思想文化的前沿,倡导"平等·参与·共享"的现代文明社会残疾人观,坚持以人为本,尊重残疾人的权利、价值和尊严,追求社会公平正义,丰富了社会主义核心价值体系的内容。残疾人事业唤起了广泛的爱心,赢得了普遍的支持,促进了社会的文明进步。

第六,必须坚持发挥残疾人的积极性、主动性和创造性,激

励自强不息精神,走劳动福利型道路。残疾人平等参与社会生活,有赖于社会的帮助,更取决于自身的奋斗。残疾人自身蕴藏着丰富的智慧和力量,是重要的人力资源,必须充分发掘残疾人潜能,促进残疾人劳动就业,创造社会财富,实现人生价值。

二十多年残疾人事业的发展成就,饱含着党和政府的亲切关怀,饱含着社会各界的深情厚谊,凝聚着广大残疾人和残疾人工作者的辛勤努力和倾力奉献,在此我谨向所有关心、支持残疾人事业的各级领导和各界人士表示衷心的感谢和崇高的敬意!

在充分肯定成就的同时,我们必须清醒地认识到,我国残疾人事业还滞后于经济社会的发展,基础还比较薄弱,城乡和地区之间残疾人事业发展还不平衡,基层尤其是农村基层为残疾人服务的能力亟待提高。残疾人总体生活状况与社会平均水平存在较大差距,残疾人在基本生活、医疗卫生、康复、教育、就业、社会参与等方面还存在许多困难,残疾人社会保障和公共服务政策措施还不完善,歧视残疾人、侵害残疾人权益的现象仍时有发生。残疾人实现全面小康任重而道远,我们必须为此付出长期艰苦的努力。

三、在新的起点上加快发展残疾人事业

党的"十七大"提出了实现全面建设小康社会奋斗目标的新要求,明确指出"发扬人道主义精神,发展残疾人事业"。今年三月,党中央、国务院下发了《关于促进残疾人事业发展的意见》,从立党为公、执政为民和落实科学发展观的高度,从建设中国特色社会主义事业全局出发,深刻阐明了促进残疾人事业发展的重大意义、指导思想、工作原则和目标任务,对发展残疾人事业做出重大部署。这是指导未来一个时期我国残疾人事业发

展的纲领性文件,是我国残疾人事业发展史上的一个光辉里程碑,充分体现了党中央、国务院对八千三百多万残疾人的特殊关爱和对残疾人事业的高度重视。《意见》不仅对促进残疾人事业在新的起点上加快发展具有重要的指导意义和巨大的推动作用,而且对全面建设小康社会和构建社会主义和谐社会也具有重大的现实意义和深远的历史意义。

《意见》明确要求紧紧围绕全面建设小康社会奋斗目标,着眼于解决残疾人最关心、最直接、最现实的利益问题,完善促进残疾人事业发展的法律法规和政策措施,健全残疾人社会保障制度,加强残疾人服务体系建设,营造残疾人平等参与的社会环境,缩小残疾人生活状况与社会平均水平的差距,实现残疾人事业与经济社会协调发展,努力使残疾人同全国人民一道向着更高水平的小康社会迈进。

我们要深刻领会《意见》的精神实质和丰富内涵,全面贯彻落实党中央、国务院对残疾人事业的重大部署,开拓进取,努力奋斗,扎实工作,到二○二○年全面建设小康社会目标实现之时,使残疾人事业与经济社会协调发展,残疾人政治、经济、社会、文化权益得到切实尊重和保障,生活状况得到根本改善,人人享有基本生活保障,人人享有基本医疗卫生和康复服务,人人享有安全的住房,残疾儿童少年人人享有九年义务教育,残疾人文化教育水平明显提高,就业更加充分,参与社会更加广泛,普遍达到小康水平。

发展是第一要义。今后五年是全面建设小康社会的关键时期,也是以科学发展观为指导贯彻落实《意见》,加快发展残疾人事业,推进残疾人实现全面小康目标的战略机遇期。要以加强残疾人社会保障和公共服务体系建设为重点,着重做好以下几个方面的工作:

（一）建立完善残疾人社会保障体系，进一步改善残疾人生活状况

按照重点保障和特别扶助、一般性制度安排和专项制度安排相结合的原则，将残疾人作为重点对象切实纳入城乡社会救助、社会保险和社会福利体系，研究制定针对残疾人特殊困难和需求的专项社会保障政策措施。建立完善残疾人社会保障体系，使社会保障成为残疾人基本生活稳定可靠的安全网。

——落实最低生活保障、"五保"供养、医疗救助、康复救助、教育救助等社会救助政策，重点推进困难残疾人专项生活救助措施，确保贫困残疾人、低收入和特殊困难残疾人家庭的基本生活。城市廉租房和农村危房改造计划优先照顾贫困残疾人家庭。

——推行残疾人参加社会保险的政府补贴制度，大幅度提高城乡残疾人参加医疗、养老等社会保险的比例。将白内障复明、精神病人服药、聋儿助听器验配、残疾人辅助器具适配、康复训练等残疾人急需的基本医疗康复项目纳入医疗保险报销范围。

——完善残疾人社会福利政策，重点做好残疾老人和残疾儿童的福利服务。大力发展残疾人慈善事业。

（二）加强残疾人服务体系建设，切实改进对残疾人的服务

残疾人服务体系是政府公共服务体系的重要组成部分，是维护残疾人基本权益、帮助残疾人分享经济社会发展成果的主要途径，是当前和今后残疾人事业的重点工作。要以公共服务均等化为契机，建立健全以生活照料、医疗卫生、康复、社会保障、教育、就业、文化体育、无障碍环境建设、维权等为主要内容

的残疾人服务体系,让广大残疾人享受到公共服务的阳光。未来五年,要切实将残疾人服务纳入政府公共服务的大局,重点完善残疾人公共服务政策,加强服务机构、服务设施、服务能力和人才队伍建设,注重服务资源向农村、基层和欠发达地区倾斜,建立残疾人服务体系的基本格局,努力提高制度化、规范化和专业化水平。

——完善落实残疾人康复服务保障和救助政策。在城市和农村广泛深入开展社区康复,继续实施重点康复工程,大力推进实现残疾人"人人享有康复服务"。建立儿童早期筛查、早期干预等康复工作机制。

——普及、巩固和提高残疾儿童少年义务教育,多种形式对重度肢体残疾、重度智力残疾、脑瘫、孤独症等残疾儿童少年实施义务教育。实施"中西部地区特殊教育学校建设规划",使特殊教育学校办学条件明显改善。地(市)级城市要积极举办高中阶段特殊教育机构。建设残疾人中等职业学校骨干专业课程,建立残疾人职业教育教师培训基地,继续推进残疾人高等教育发展。

——贯彻落实《残疾人就业条例》。完善税费减免、专产专营等残疾人就业保护制度,落实公益岗位开发、社会保险补贴等残疾人就业促进政策措施,加强残疾人就业服务,巩固多元化就业格局,进一步扩大就业规模。建立多元化残疾人扶贫资金投入机制,充分发挥扶贫基地的辐射带动作用,有效增加贫困残疾人家庭收入。继续实施农村残疾人危房改造工程。

——发展残疾人文化艺术和体育。深入开展残疾人群众性文化活动,成立残疾人文学艺术联合会,培养优秀残疾人文学艺术人才,扶持残疾人文学艺术创作,打造残疾人特殊艺术精品。大力扶持盲文、盲人有声读物出版等公益性文化事业。办好上海世博会残疾人事业馆。深入开展残疾人群众性体育健身活动和残奥、特奥、聋奥运动,努力实现经常参加体育活动的残疾人达到残疾人总数百分之十五的目标。办好第八届全国残疾人运动会、第五届全国特奥运动会和二〇一〇年广州亚洲残疾人运动会。

——严格执行无障碍建设的法律法规、设计规范和行业标准。开展无障碍城市创建工作,推进小城镇、农村无障碍建设。加快残疾人服务基础设施和社区及残疾人家庭无障碍改造。加强信息无障碍科技研究与创新,推进制订相关规范和标准,构筑信息无障碍服务支撑平台。加快推进影视作品加配字幕、手语新闻节目和网络等信息无障碍。

——推动人民法院、人民检察院、司法行政等部门深入开展残疾人法律救助工作,完善残疾人法律救助多部门协调机制。建立直接为残疾人服务的法律救助工作站。畅通残疾人信访渠道,加大对侵害残疾人权益重大案件的处理力度。

——推广"阳光之家"、"温馨家园"经验,加快推进智力、精神及重度残疾人托养服务工作。积极发展残疾人社区服务、居家服务。研究制订残疾人服务领域的国家和行业标准,完善行业管理政策,加强支持引导和监督管理。

(三)推进制度建设,建立残疾人事业发展的长效机制

进一步健全残疾人事业法律法规体系,完善残疾人工作机制,统筹城乡和地区残疾人事业发展,履行《残疾人权利公约》,建立残疾人事业健康、持续发展的长效机制。

——进一步完善党委领导、政府负责的残疾人工作领导体制。将残疾人事业纳入国民经济和社会发展总体规划、相关专

项规划和年度计划,残疾人工作纳入有关部门职责范围,建立稳定的残疾人事业经费保障机制。

——积极参与涉及残疾人权益的法律法规的制定、修订;推动制定残疾人康复条例和无障碍条例;及时完成《残疾人保障法》地方实施办法的修订;完善残疾人优惠政策和扶助规定。

——统筹城乡和东中西部残疾人事业发展。着力加强农村残疾人社会保障,千方百计解决好农村贫困残疾人的基本生活,促进农村残疾人增收,缩小城乡残疾人事业差距。中西部地区要进一步夯实基础、加快发展,使残疾人的基本生活、就学、就医得到稳定的制度性保障;东部地区要发展得更快更好,努力实现为残疾人服务的能力、水平与残疾人的需求相适应,残疾人事业与经济社会发展相协调。

——确保完成残疾人事业"十一五"发展纲要规定的各项任务。适时制订实施残疾人事业"十二五"规划,建立残疾人事业国家专项规划制订和实施机制。制订和实施国家残疾预防行动计划。制订国家残疾标准。做好残疾人调查统计、状况监测和信息化建设工作,加强残疾人事业理论研究和学科建设。推进残疾人事业领域的科学技术研究和应用。

——建立《残疾人权利公约》履约机制,促进履约工作与各项残疾人工作有机结合。加强国际交流与合作。

——加强人道主义思想和现代文明社会残疾人观宣传教育,进一步形成扶残济困、团结友爱的良好社会风尚。组织好第四次全国自强模范和助残先进表彰活动。

(四)以改革创新精神加强残疾人组织建设

加快残疾人事业发展,必须以改革创新精神进一步加强组织建设,恪守"人道、廉洁、服务、奉献"的职业道德,始终保持与残疾人的血肉联系,不断提高为残疾人服务的能力和水平,承担起新的历史使命。

——健全残疾人组织体系。以农村基层残疾人组织建设为重点,完善"横向到边,纵向到底"的残疾人组织体系。加强对专门协会工作的研究和宏观指导,探索活跃专门协会工作的新思路、新办法。加强对民间残疾人组织的指导。

——加强残疾人组织的能力建设。始终坚持解放思想、实事求是,始终牢记全心全意为残疾人服务的宗旨,始终保持与残疾人的血肉联系,始终发扬谦虚谨慎、艰苦奋斗和勇于创新的精神,不断提高运用中国特色社会主义理论指导残疾人工作的能力,不断提高参与社会建设和社会管理的能力,不断提高社会化工作能力,不断提高依法发展、管理残疾人事业和为残疾人服务能力,切实履行好"代表、服务、管理"职能。

——造就高素质的干部队伍和人才队伍。将残联干部队伍建设纳入干部队伍和人才队伍建设整体规划,加大培养、使用和交流力度。做好残疾人干部的选拔、培养和使用工作。加快培养高素质残疾人事业专业技术人才,以适应专业化服务的要求。培育基层残疾人工作者队伍。发展壮大助残志愿者队伍。

——要充分发挥广大残疾人的智慧和力量,鼓励残疾人参与、创造和奉献,带领他们积极投身于改革开放和现代化建设的伟大实践,共建小康社会,共享社会和谐。

残疾人事业伴随着国家改革开放而发展壮大,广大残疾人在改革开放的进程中创造着幸福生活和美好未来。让我们更加紧密地团结在以胡锦涛同志为总书记的党中央周围,高举中国特色社会主义伟大旗帜,以邓小平理论和"三个代表"重要思想为指导,深入贯彻落实科学发展观,团结带领广大残疾人,为夺取全面建设小康社会新胜利、谱写美好生活新篇章而努力奋斗!

在残疾人事业发展研究会成立大会暨第二届中国残疾人事业发展论坛上的讲话

(二〇〇八年十二月一日)

残疾人事业发展研究会是残疾人事业第一个高层次、实体性的研究组织,是一支担当道义、关注民生、促进和谐的重要力量。

成立残疾人事业发展研究会是我们多年的愿望,是加快发展残疾人事业的必然要求。每一个时代、每一项事业总有属于它自己的问题,要准确地把握并予以解决,就会把思想和社会大大地推进一步。残疾人事业和残疾人问题是社会思想领域的一个重要方面,应该引起社会特别是学界更大的关注,推动有关理论和实践的研究。这正是我们成立残疾人事业发展研究会的初衷。我希望残疾人事业发展研究会坚持理论联系实际,坚持从中国国情出发,把想问题、提问题和解决问题、促进残疾人事业又好又快发展作为自己的使命,从更高的层次和更广的视角观察和研究社会发展和变革中的残疾人事业,认识和解决残疾人问题,探索适合的制度设计、政策选择和理论指导,探索中国特色残疾人事业的发展道路,为丰富中国特色社会主义理论做出应有的贡献。

从事残疾人事业研究不仅需要科学精神和理论素养,还需要有一种深深的人道主义情怀,需要和残疾人同呼吸、共命运、心连心的博大精神。研究会依托高等院校和研究机构深厚的人文传统和科研资源，汇集各方面的专家学者的智慧和力量，必将极大地推动残疾人事业的理论和实践研究。我相信今后研究会的工作不仅将产生一批较高水平的研究成果，也会促进残疾人事业的人才队伍建设，对于弘扬人道主义思想、推动科学发展，增进社会和谐都将产生积极的重要的影响。

我还要向第二届中国残疾人事业发展论坛表示祝贺，感谢中国人民大学和中国人民大学残疾人事业研究院为推动残疾人事业理论与实践研究所做出的积极努力，也向先期建立残疾人事业研究机构并着力开展相关研究工作的北京大学、山东大学表示感谢。

残疾人事业伴随改革开放的历史大潮走过二十多年不平凡的历程。这是一项崇高的人道主义事业，是充满蓬勃生机的春天的事业。残疾人事业发展研究会的成立是一个标志，标志着残疾人事业将走上一个更有理论基础、更扎实、更丰厚、更全面、不盲目的发展道路。让我们用心血和汗水，在建设中国特色社会主义的伟大事业中，致力于残疾人的"平等·参与·共享"，致力于社会的文明进步。我相信，我们的努力一定会结出丰硕的成果！

残疾人事业是改革开放
历史大潮中的一朵浪花*

（二〇〇九年三月二十六日）

二〇〇八年，我们党和国家经受了严峻的考验，改革和发展迈出坚实步伐；残疾人事业也取得显著成就，上了一个新台阶，的确是不寻常、不平凡的一年。《中华人民共和国残疾人保障法》修订通过，《残疾人权利公约》批准生效，彰显了我国人权保障的务实行动和良好形象，与奥运会同样精彩的残奥会感动了千千万万人，特别是《中共中央国务院关于促进残疾人事业发展的意见》为残疾人事业在新的起点上加快发展指明了方向。这些都让大家非常振奋，非常鼓舞。这一年也是残疾人事业发展的生动缩影和集中体现，工作力度之强、效益之好、影响之大是前所未有的。五年多来，在回良玉副总理领导下，国务院残工委做了大量卓有成效的工作，办了许多大事、实事，使残疾人事业进一步融入国家发展大局，快速发展，残疾人的生活状况显著改善，社会参与和发展水平明显提高，同时我国残疾人事业的国际影响越来越好，不断扩大。可以说，这是我国残疾人事业二十多年来最顺畅的发展时期。国务院残工委各成员单位认真履行职责，既各司其职，又相互配合，为残疾人事业发展提供有力的政

---

* 这是邓朴方同志在国务院残疾人工作委员会第四次全体会议上的讲话。

策、资金等各方面支持，充分体现了政府主导作用和执政为民的理念。

我从事残疾人工作二十多年，从一九九三年残工委成立一直担任副主任，对我们国家在改革开放历史大潮中日新月异的发展变化感受非常深刻，对这一历史进程中残疾人事业的发展壮大感受也很深。

残疾人事业的发展首先是因为赶上了改革开放的时代，这是个大时代、大趋势，各项事业日新月异地发展，残疾人事业紧跟时代潮流，也是这一历史大潮中的浪花。这项崇高的人道主义事业快速发展，深入人心，同时也为国家大局做出贡献。在残疾人事业发展中，政府主导作用不可或缺，至关重要。这些年，在国家经济社会发展规划中都有发展残疾人事业的内容，还制订实施了五个发展残疾人事业规划纲要，使残疾人生存和发展状况不断改善，残疾人事业也不断登上新台阶，基础越来越扎实，保持一个较快发展势头。政府的主导作用在许多方面是通过残工委工作实现的，是通过政府有关部门的具体工作实现的。这些年，残疾人事业做了这么多大事，都离不开政府及有关部门重视、支持。我感受很深的还有一点，就是我们这个社会越来越文明，社会各方面对残疾人的理解和关爱，对残疾人事业的关注和支持，不仅温暖着残疾人的心，也给社会增添了温馨与和谐。人道主义的弘扬，不仅改善了残疾人平等参与社会的环境，也提升了社会的文明水平。残疾人身上表现出的那种自强与奋斗精神也是非常感人的，特别是千千万万普普通通残疾人积极乐观的生活态度，不气馁不屈服的拼搏精神，给我非常深的感动。他们是残疾人事业的主体，也是改革发展和现代化建设的建设者。党中央、国务院致中国残联"五大"的祝辞中对广大残疾人的精神和贡献给予高度评价，非常中肯，也是巨大鞭策。政府主导、各界支持、残疾人活跃,构成了我国残疾人事业的基本面貌,这是我们要长期坚持的。

去年下半年开始的金融危机对我国影响日趋明显,经济下行的压力给经济社会发展以及残疾人事业也带来一些新的困难和问题。党和政府沉着应对,推出一系列保增长、保民生、保稳定的重大举措。温家宝总理在今年的政府工作报告中响亮地提出,越是困难的时候,越要关注民生,越要促进社会和谐稳定,同时明确提出"支持残疾人事业加快发展"。这极大地激励和鼓舞我们战胜危机、克服困难,促进残疾人事业与经济社会协调发展的信心和力量。

做好今年的残疾人工作,就是要全面贯彻落实中央七号文件精神,加快推进残疾人社会保障体系和服务体系建设,扎扎实实加强基层工作,切实解决广大残疾人最急需、最迫切、最现实的生存和发展的基本需求,还要办好自强与助残先进表彰会、特教工作会、广州亚残运会筹备和世博会残疾人馆等几件大事,创造更持久的好的发展局面。回副总理还要作重要讲话,对今年的残疾人工作做出部署。我们要认真贯彻落实,做好今年的工作,为促进残疾人事业在新的起点上加快发展,再添一把力,让广大残疾人平等分享改革发展的成果,与全国人民一道向更高水平的小康社会迈进。

不再担任残联主席的基本想法*

（二〇〇九年四月十三日）

今天，省级残联新任理事长、副理事长培训班开幕，我首先欢迎大家到残联工作，预祝大家在新的岗位上工作愉快并取得好的成绩。

去年，残联换届，有一大半省市改选了领导班子，一些老同志退下去了，一些年轻的同志顶上来了；还有一些同志，从别的部门调来，给残联这个肌体补充了新鲜血液。这就是新陈代谢，是残疾人事业正常发展所必需的，也是希望之所在。我想还是利用这个机会，和同志们谈谈心。

不再担任残联主席这个问题，去年中国残联"五代会"期间我曾经讲过，但讲得比较简单，现在再向大家做个交代。

其实，这个问题比较单纯，主要是个人身体方面的原因。我今年六十五岁了，这几年，体力下降很快，已经不能承担很多工作了。回忆当年创业之初，每年总要跑十个八个省。每到一地，与省里的领导见面做工作，开厅局长报告会、残疾人座谈会，下基层看设施、看残疾人，再跑两三个城市。在北京的时候，也是经常连续作战，每天十几个小时，也还挺得住。另外还要承担一

＊ 这是邓朴方同志在省级残联新任领导干部工作研讨班上讲话的第一部分。

些外事出访任务,多边的、双边的、工作也不少。现在没有这个体力了,这几年基层跑不动了,连省会城市也去得很少了。外事任务也不能完成,有两年没有出国了。

一方面,残疾人群众接触少了,各级干部接触少了;另一方面,业务工作掌握得少了,了解得少了。一个是人,一个是事,离开这两条,重大事情还要作决策,不是很危险吗?头脑再不清醒,一定会犯错误。所以,在不能承担职责时,就要退下来。

往深一点说,我也实在不适合继续担任主席了。我从一九八八年到去年,已经当了四届残联主席,这并不是一件好事。小平同志上世纪八十年代多次说过:一个国家的命运寄托在一两个人的威望上是很不正常的。残疾人事业也是一样,建立一个好的机制,一个好的制度,才能使这个事业健康持续发展。制度建设是个根本性、长远性的问题,我现在退下来,有利于这个制度的建立和完善。

作为个人,从筹备残疾人福利基金会开始,我从事残疾人工作已经二十七年了。回顾起来,我和同事们主要是推动了三件事:一是中国残疾人事业的发展,二是人道主义思想的普及,三是国际《残疾人权利公约》的缔结。在大家的努力下,中国残疾人事业已经进入了一个新的发展阶段;人道主义思想被广泛接受,已经写进了党中央、国务院的文件;《残疾人权利公约》的工作大致完成,以后主要是履约的问题。可以说,这三件事都已经取得了阶段性的成果。我个人的能力是有限的,但能够在一个大环境中为社会做点工作,我感到十分荣幸。我觉得现在退下来,正是时候。

这些想法我曾向中央领导同志汇报过,也向我们的名誉主席瑞环同志汇报过。瑞环同志听了表示赞赏,还念了一句古诗:"知行知止唯贤者"(后面一句是"能屈能伸是丈夫"),这句诗出自宋代邵雍的一首七律*,意思是,明白什么时候进,什么时候退,才是"贤者"。我非"贤者",但心向往之。知行者勇,知止者智,要害在一个"知"字。该站出来的时候必须站出来,该交班时一定要交出去。

还有一个因素,就是目前交班的条件也已经具备。经过多年努力,新班子已经能很好地承担起领导职责,上届我辞去党组书记,由新宪接任。五年来,党组和理事会干得很出色,很了不起,尤其是海迪同志这次能够接中国残联主席的班。对此,我是十分感谢的。

海迪同志大家都很熟悉了,她是我们残疾人的杰出代表。在上世纪八十年代,海迪同志就是人们的楷模,是全国劳动模范。小平同志也曾亲笔题词:"学习张海迪,做有理想、有道德、有文化、守纪律的共产主义新人!"

上世纪八十年代的劳模,到现在还能保持活跃的思维、坚定的信念、不懈的追求,还能固守既定的原则和奋斗的精神,这是十分难能可贵的,她现在也还是我们学习的榜样。

海迪同志走了一条文学之路。她以自己独特的经历和体验,用她的智慧和灵感,创作了大量的有影响的小说、散文,诠释人生价值,抒发热爱祖国、热爱生活的炽热情怀,表达内心极其丰富的情愫,同时也回答了亿万青年和残疾人非常关心的人生观、价值观问题。作为一位当代著名作家,在文学创作的同时,她还做过很多社会工作,海迪有句名言:"活着就要做个对社会有益的人。"我们大家也都知道,海迪也是个资深残疾人工作者,她是一至三届残联主席团委员、四届残联主席团副主席,也是三届、四届肢残人协会主席。这些年来,她始终保持与残疾人群众

---

* 见《伊川击壤集》卷七《代书寄前洛阳簿陆刚叔秘校》。

的联系,始终以各种身份参与残疾人工作,我相信,作为中国残联主席,海迪一定会是很出色的。在海迪、新宪等同志的领导下,我们残联各方面的工作,在新的基础上,一定会比我做得更好。

怎样做一个合格的残疾人工作者?*

(二〇〇九年四月十三日)

残疾人工作者,在党政工作人员序列里,属于人民团体的工作人员。党政工作人员应该具备的素质他都应该具备。但是,残疾人工作与其他工作有许多不同之处,对一个残疾人工作者来说,还应该有其他方面的要求,这就是在残联工作的特殊性。

一、他应当是一个人道主义者

人道主义,是人类社会几百年来形成的优秀文化,是应该继承和发扬的社会基础思想之一。一个残疾人工作者,应该是一个人道主义者,应该是一个有爱心的人。

人道主义的核心是爱,这个爱是建立在尊重的基础上。今天,我就谈谈尊重。人道主义要求我们尊重每个人的价值、尊严和权利,尊重自己,尊重他人,尊重生命,尊重自然。尊重就是敬,有敬才有爱,即使是亲情爱情,也要先有这一份敬,不是有一句成语叫"相敬如宾"吗?残疾人工作者必须尊敬残疾人,敬爱残疾人。大家想想,这个世界是多元的,正是有了残疾人,人类

---

* 这是邓朴方同志在省级残联新任领导干部工作研讨班上讲话的第二部分。

才是完整的。残疾人承担了人类最大的痛苦,付出了人类最大的代价。从道义上,从感情上,从心底里,我们应不应该感谢他们? 应不应该尊敬他们? 残疾人是有障碍的,做每一件事,付出的努力最多,得到的回馈却最少。但他们总是默默地承受,还总说感谢共产党,感谢政府,这就是社会主义最好的公民,这样的人不值得我们去爱吗? 爱残疾人,就要了解他们。了解得越深,爱得就越深。深入到残疾人中去,成为他们的朋友,成为他们的亲人,体会他们的优点,谅解他们的缺点,你就会感到他们真是最可爱的人。

发扬人道主义精神,尊重、热爱残疾人,全心全意为他们服务,这是对残疾人工作者的特殊要求。

二、他应该是有更多信仰和道德追求的人

从创业伊始,我们就提出残疾人工作者的道德底线是人道廉洁,要有奉献精神、牺牲精神。因为,我们服务的对象处于弱势地位,它们缺乏保护,缺乏帮助。为他们工作就要有更多的承担,不讲信仰道德的人是不能做这个工作的。

现在的中国,信仰道德缺失十分严重,究其原因是多方面的,也是历史发展过程中形成的。许多人什么都不信了,什么都不怕了,无法无天。怕,就是畏。一个人有没有道德修养,有没有信仰追求,跟他是不是有所敬畏,是大有关系的。有人说,无私者无畏。我想改一个字,无私者有畏。我的看法是,要有所畏惧,畏什么呢? 畏天,畏地,畏人。

天,是历史潮流。我们做的事有没有正当性、正义性,主要看是否顺应了历史潮流。顺流而下,势如破竹;逆流而动,寸步难行。也就是说,干了半天,要问一下,我们干的是好事,是蠢

事,还是坏事？远的不说,只讲建国以后,我们好心办坏事还少吗？在这样的大问题上,不可不"戒慎"、"恐惧"*。

地,是中国土壤,是中国特色。对国情有认识,对实际有了解,对规律有把握,你做的事就能深深地扎根于中国土壤。否则就是空中楼阁,就是无的放矢,轻则劳而无功,重则害人害己。

人,就是广大人民群众,就是八千三百万残疾人。要时刻想着,你做的事是否让残疾人得到了实惠；你这个理事长,是否得到了残疾人的认可。既然来到了这个岗位,你就要把这个责任担负起来。因为你的工作影响着许许多多残疾人的命运,你的行为也决定着残疾人对你是否认可。

我们残联干部权力不大担当却不小,不畏天行吗？不畏地行吗？不畏人行吗？当然不行。我们总要敬畏历史潮流,敬畏皇天后土,敬畏我们的人民群众,这才是我们应当有的正确态度。

我们大多是无神论者,不信上帝,不信菩萨,这是我们的选择。无私是好的、必要的,但作为一个领导干部没有畏惧不行。做残疾人工作,要有"如临"、"如履"的态度:如临深渊,如履薄冰。

有畏惧之心,是一种美德。追求高尚和有所畏惧都可以成为道德的源头。前者是主动地自我约束,是自律；后者是心甘情愿地接受外界的约束,是自觉的他律。道德并不具有强制性,有道德的人是对自我要求严格的人。人可无才,不可无德。特别是我们残疾人工作者,要比别人背负更多的道义、具有更多的道德感,因为我们是为最困难的群体工作。我的感觉是背上一个十字架,这个工作是我们自己选择的,我们不背谁背？

---

* 出自《中庸》:"戒慎乎其所不睹,恐惧乎其所不闻。"

三、他应该是一个社会活动家

残联组织的属性和残疾人工作的特点,决定了残疾人工作者必须成为一个社会活动家。

残联成立时我们叫事业团体,现在改为人民团体,都是强调代表性、服务性,还有一个管理职能。我们的基本工作方法包含了两个方面,一个是行政方法,另一个是社会方法。

行政方法多数人都比较熟悉,文官制度源头是中国郡县制加科举制,这种思想和制度传到西方受到了赞赏。随着西方工业化的进程,社会和企业管理越来越复杂,需要一个高效有序的系统来处理,这就产生了现代文官制度。我们现在大量的业务都是在这个框架内进行的,不然就无法管理一个复杂多变的庞大系统,没有行政方法是不行的。

行政方法的弱点是,追求程式化、规范化,注重层级观念,讲究按部就班,这样就容易导致刻板和僵化,效率也常常比较低。所以,现代国家很重视社会化管理,特别是社会问题,国家在许多方面都不直接动用行政手段,而是支持和依靠社团去管理。社团领导人是做社会工作的,当然要成为社会活动家。特别是残联,更是如此。

残疾人工作基础差,资源少,范围广,难度大,这与工、青、妇有很大的不同。我们的工作包含了教育、就业、康复医疗、扶贫、维权、无障碍建设、文化体育活动等许多方面。如果满足于按部就班,要么太慢,要么干不成。残疾人工作者手中无权无钱,工作难度也就特别大。只有像板上钉钉那样,硬挤硬钻,才能推得动。所以残联干部要特别活跃才行,要上通领导,下联群众,内合部委,外交社会,和上上下下、方方面面的人通信息,打交道,像一个社会活动家那样去联络、宣传、动员,使出全身解数,去争取更多支持,寻求更多合作。

随着我国经济社会的发展和国际交往的增加,我国的社会形态已经发生了很大的变化,今后还会发生更大的变化;社会资源多元化的趋势将更加明显,残疾人事业社会化发展的余地也会更大。我们的残疾人工作者只有成为一个积极的社会活动家,才能适应形势发展的需要。

四、永远不要变成官僚

二十多年来,无论是基金会的干部还是残联的干部,总体上素质都是好的。大家来自五湖四海,怀着满腔热情,不计个人得失,投身于人道主义事业,充分发挥主动性、创造性,开拓进取,全心全意为残疾人服务。我们有一支值得骄傲的队伍,依靠这支队伍的努力和奉献,我国残疾人事业才有了今天这样伟大的成就。每当我和我们的干部特别是基层干部接触时,都会被他们的精神深深打动。这支队伍是我们事业的宝贵财富,这种精神状态是我们干部队伍的主流。

随着残疾人事业的发展,我们的队伍不断扩大,掌握的财力比以前多了,手中的权力比以前大了,残联干部的社会地位提高了,工作条件改善了,级别也提高了。这都是好事情,它使我们有条件更好地为残疾人服务。但事物都有两面性,所有这些好的方面,在一定程度上都会对我们的干部队伍产生负面影响。毋庸讳言,现在,我们有少数人开始变了,脱离群众者有之,高高在上者有之,斗志衰退者有之,甚至贪污腐败者也有之,许多残疾人对残联的一些干部是不满意的,也有极端的人对残联系统不满意,这都是危险的信号。对残联系统这些消极败坏的因素如果不加重视,不加消除,残联就会变成高居群众之上的官僚机构。

各位理事长一定要警惕,律己要严格,带队伍也要严格。因为官僚主义是有其滋生土壤的,是有一定必然性的,这一点,我从不抱幻想。你不斗争,不遏制,你就等着变质。

怎么办？中央对党的建设、对干部队伍的管理有很多规定和要求,大家都要严格照着办。我现在只给大家提醒几点。首先,要明白残联组织的基本性质是群众的组织,不是官僚机构；第二,残联干部不是官,是服务者,是残疾人的亲人；第三,不要忘记残疾人的疾苦,不要忘记我们的道德承担；第四,多交残疾人朋友,不断吸收政治营养；最后就是监督系统,特别是残疾人群众的监督,这是我们的薄弱环节。希望大家共同探讨,共同实践,强化监督机制。

谈谈忧患意识*

（二〇〇九年四月十三日）

近些年，"盛世"之说不绝于耳，且有越说越响之势。

我们国家经过三十年的改革开放，确实取得了伟大的成就。国力大大增强，二〇〇八年 GDP 达到四万二千亿美元，仅次于美国、日本，超过德国，成为世界第三大经济体；国家的政治、经济、文化等影响力大大提高，谁也不敢小视我们了；人民生活得到改善，人们活得更有尊严，更加自信。我们的进步之巨大是以前难以想象的。于是，盛世之说随之而来。群众说说也倒罢了，领导干部也这么想就危险了。

在我国历史上，确曾有过盛世，比如"汉唐盛世"、"康乾盛世"等。那时，我国无论在经济上、政治上、军事上、文化上，都处于鼎盛时期，高居世界领先地位。即使如此，学术界对清朝的"康乾盛世"也有争议，这里姑且不论。

可以真正称作盛世的是汉唐，西汉和唐代，在中国社会发展和中华民族形成的过程中有着非常重要的地位。两个朝代的共同特点是：国家统一，人民幸福，经济发达，文化昌明，武功强盛，国威远播。汉朝当时在世界上的领先程度只有横跨欧亚非的罗

---

* 这是邓朴方同志在省级残联新任领导干部工作研讨班上讲话的第三部分。

马帝国可以相比。而唐朝在当时的强大是世界上独一无二的,当时世界上还有两个强国,一个是拜占庭帝国,一个是阿拉伯帝国,但它们的强盛都不如唐朝。

在汉唐盛世中,人们常提到"贞观之治",是指唐太宗在位的二十三年。其实,唐太宗一朝还不是唐朝最发达的时期,最发达的时期是一百多年后的唐玄宗时期,即所谓的"开元之治"。但为什么人们对"贞观之治"那么推崇呢?因为,那个时期不光是国富兵强,民丰物阜,不光是世界最大的商业城市有一半以上集中在中国,而且在制度和文化这些深层文明的建设上也有着非常突出的建树。

举例来说,大家很熟悉的"水能载舟,亦能覆舟",这个说法最早出自《荀子》,魏征进谏时引用了,希望太宗引以为戒。唐太宗听进去了,他实际上正是按这样的诤言制定了政策,轻徭薄赋,休养生息,重视民意,深得民心。再如,贞观时期的社会秩序好得令人难以置信,贞观三年(公元六二九年),全国判处死刑的囚犯只有二十九人;贞观六年(公元六三二年),死刑犯增至二百九十人,这一年的岁末,太宗准许他们回家办理后事,第二年秋天再回来执行死刑(古时秋天行刑)。次年九月,二百九十个囚犯全部回还,无一逃亡。这说明,那时的政治修明,社会安定,老百姓安居乐业,犯罪率很低,人们犯了法也甘愿服罪。史书记载:贞观时期"商旅野次,无复盗贼,囹圄常空,马牛布野,外户不闭"*,就是说,城里城外没有小偷强盗,监狱里很少犯人,牲畜漫山遍野,家里睡觉不要关大门,路不拾遗,夜不闭户,是老百姓理想中的盛世。

看来,盛世是有条件的,民富,国强,社会矛盾少,文明程度

---

* 语见唐代吴兢《贞观政要》。

高,这几点是起码的。再看现在中国情况:第一,我们现在民富了吗?我们现在是小康社会,小康不是富裕。虽然我们的GDP世界第三,但一说到人均,就落到第一百零四位,排在阿尔巴尼亚、厄瓜多尔、约旦、危地马拉后面,民还没有富。第二,我们现在只是大国,还不是强国,无论从政治影响力、军事实力、科技实力、文化软实力,都远不如美国,不少方面也比不上其他发达国家,有些方面甚至比不上印度等发展中国家。我国由大国走向强国还要有一个过程。第三,现在的社会矛盾比比皆是,新老矛盾、短期长期矛盾、深层浅层矛盾,近几年集中交汇,表现在贫富、城乡、东西部、官民、资源、环境、医疗、教育、就业等方面,人心浮躁,维稳任务很重。试想,屁股底下一座座小火山,人民如何安居乐业?第四,中国现阶段问题最大的是文化,"文化真空论"是我早就提出来的,没什么人响应,但我还是坚持。信仰危机、道德缺失是个根子,许多丑恶现象均来源于此,拜金主义、唯利是图、诚信缺失、蒙骗造假、贪污腐败,解决这些问题,当然非一日之功。

我说这些,不是消极,而是正视。改革开放路子对了,再正视问题,继续在改革发展中解决问题,中国的进步才能更快。现在讲"盛世",实在是太早了。

对残疾人事业也是一样。我们成绩不小,但我们的发展程度还很低,问题还很多,要做的事情就更多了。我们的头脑一定要清醒,还要有长期艰苦奋斗的决心。

我这个人,也许忧患意识比较强。我认为,我们的国家,人口太多,底子太薄,又折腾了那么多年,浪费了那么多时间,欠账太多。改革开放三十年,好不容易走上正轨,老问题、新问题还不是一大堆?我们都知道这是前进中的问题,要在继续改革开放中解决,但是问题总要一个一个解决才行。解决得不好,中国现代化进程也许还会遇到重大障碍。

　　说了这么多,总的意思是,不能取得成绩就满足了,就骄傲了。大家都要有危机感,要居安思危,要艰苦奋斗。说句大白话:要想牛,也得踏踏实实地再干它几十年再说。

对上海世博会生命阳光馆
筹备工作请示的批示*

(二○○九年四月十五日)

上海世博会生命阳光馆十分重要,不仅可以促进中国、也可促进世界残疾人事务。感谢上海以及各方面所做的创造性的工作,望再接再厉,出色地完成这项工作。

另:反歧视、反贫穷是残疾人工作的主要内容,不知是否符合世博会的展出范围。

---

* 根据邓朴方同志的批示精神,二○一○年上海世博会生命阳光馆的主题增加了"反歧视、反贫穷"的内容,定为"消除歧视、摆脱贫穷、关爱生命、共享阳光"。

残疾人教育任重道远*

(二〇〇九年五月十一日)

今天,第四次全国特殊教育工作会议在这里举行,我首先对会议的召开表示衷心的祝贺,向受到表彰的单位和同志们表示衷心的感谢!并预祝会议取得圆满成功!

刚才听了几位同志的发言,很是感动,一个是我们特教战线上的同志很了不起,值得我们尊重,第二感觉到特教战线已经今非昔比了,取得了很大的进步。第一次参加全国特殊教育工作会议是在二十年前,跟那时候比,残疾人教育事业取得了很大的进步。一九八七年,我们做第一次全国残疾人抽样调查时,残疾儿童的入学率很低,残疾人不能上大学,高中基本断档,职业教育开展得也不是很好。二十多年来,国家先后召开三次特教会议,推动了特殊教育的不断发展,从目前的统计数据来看,残疾儿童入学率、残疾人大中专学生数都是十几倍地增长。这当然跟经济的发展、社会的进步分不开,也跟所有从事残疾人教育工作的同志们的努力分不开。

今天,中国的国力与几十年前相比有了很大的进步,党和国家也越来越重视困难群体的需求。在当前全国上下深入学习实践科学发展观,大力促进社会和谐之际,召开第四次全国特殊教

---

* 这是邓朴方同志在第四次全国特殊教育工作会议上的讲话。

育工作会议,适逢其时。会前,国务院办公厅批转了教育部等八部门《关于进一步加快特殊教育事业发展的意见》,一会儿刘延东同志还要作指示,相信一定会对残疾人教育事业产生新的有力的推动。

谈谈我自己对特殊教育的一点认识

首先,接受教育是残疾人实现"平等·参与·共享"的基本条件

所有人,无论性别、民族、身体条件等有什么不同,都是平等的公民,都应享有平等的尊严和权利,享有参与社会生活、共享社会经济文化成果的权利。在全球范围内,残疾人存在的困难是普遍的,而缺乏必要的教育则是造成和加深残疾人这种困境的重要原因。

教育机会的平等是残疾人全面实现平等的起点,教育机会平等了,才会有事实上的教育平等,残疾人才可能有平等的条件来融入社会,才有可能共享社会文明发展的成果。不让残疾人接受教育,就如同参加比赛一样,所有人都起跑了,残疾人却被按在起跑线上,还没有比赛就已经输了,这是很大的不公平。

目前,残疾人与健全人的差距,不仅是先天身体条件上的差距,而更多的是教育上的差距。大力发展残疾人教育是缩小残健差距的必要手段。残疾人在学习上的障碍起点是残疾本身,但是这并不构成残疾人缺失教育的主要原因,这种缺失更多的是由于所提供的教育条件和环境的障碍造成的。这种障碍不仅是硬件设施的严重缺失,更严要的是对残疾人的歧视和对残疾人潜能的忽视,这一点对智障儿童也不例外。政府和社会的责任是帮助他们摆脱这种障碍,兑现平等教育的机会和权利,体现

社会公平和正义。

残疾人在教育上受到的歧视，尤其是教育机会的不均等会影响残疾人一生的命运，也会影响他们对社会的信心。一九八四年，中国残疾人福利基金会刚刚成立时，收到很多来信来访，其中，教育不公平对残疾人心灵造成的伤害最令人怵目惊心。当时参加高考有一个"体检标准"，有的残疾青年本身很优秀，考试成绩也很好，但就因为两条腿长度相差三厘米不能上大学。他们想不通，为什么社会主义社会不给我们机会？个别残疾青年甚至为此轻生了，因为他们看不到希望，感觉不到社会的公正。今天，这个问题基本上得到了解决，针对残疾人有失公平的"体检标准"修订了，残疾考生上线的百分之九十五都能被大学录取。社会进步了，但是歧视和偏见仍不同程度地存在，残疾大学生还是有不少高分低录的现象，重度残疾人想上大学还是会受到很多的限制，残疾儿童义务教育入学率和健全儿童相比差距还很大。

残疾人同样是推动社会文明进步的一支重要力量。古今中外有很多经过良好教育而成功的残疾人的例子，著名的物理学家霍金是重度残疾人，我国的数学家华罗庚是残疾人，现在美国纽约州的州长是一位盲人。联合国前秘书长安南有句话我很认同，他讲："残疾人所具有的智慧和力量是无尽的宝藏。"如果不好好发掘利用，不仅仅是残疾人个人的损失，也是国家和社会的损失。

其次，全方位的教育是残疾人"自尊、自信、自强、自立"的关键

残疾人的"四自"精神源于觉悟，它的基础是教育。每个人都有实现自身价值的愿望和权利。大多数人都不会愿意永远作被

救助者，而是更愿意成为社会的贡献者。教育有助于残疾人摆脱自卑和消沉，感受生命的尊严、人生的价值、追求的力量；有助于残疾人树立远大的理想、坚定的信念和乐观向上的生活态度；有助于残疾人克服障碍，顽强拼搏，积极进取，实现自我价值。

这些年我们对农村贫困残疾人进行危房改造，很多原来没有地方住的残疾人有了新房，有的还成了家。但他们并没有因此满足，许多人都要求能接受培训，通过自己的努力让生活过得更好。我真心希望有一天残疾人都能用知识改变命运，用技能创造生活，能够用自己的力量买得起住房，建得起新房，甚至能帮别人设计住房。

自尊让残疾人寻求教育，教育让残疾人更加自尊。受过教育的残疾人不会甘于无所事事。今天的时代是知识经济的时代，科技的发达使得教育的作用更加凸显。数字网络为残疾人突破身体障碍，启迪智慧，突破局限，提供了更加有利的条件。时代变了，教育对残疾人实现价值和尊严具有更加关键的作用。

第三，从一定程度上说，残疾人教育体现了教育的本质

残疾人教育，或者特殊教育、全纳教育，无论在概念和提法上有什么不同，其核心价值都是一致的，就是都强调对个体差异和尊严的尊重，强调对残疾人平等受教育权利和机会的保护。每个人的身体情况和条件都是不一样的，但都有与生俱来的学习能力和愿望，教育的过程就是以受教育者为中心，根据他们的个性，借助一切有效手段，协助他们发现和探索这个世界的过程。人才的培养是不分残健的，采用特殊或者个性化的手段针对的不仅仅是残疾儿童，也适用于其他人群。我们中国的教育先哲孔子提倡的"有教无类"就是这个道理。

最后,残疾人教育是社会文明、进步、和谐的重要标志。

消灭不平等是我们共产党人的理想,现在我们国家正在努力构建社会主义和谐社会,讲"和谐",就要讲各得其所,讲兼容并蓄。我们提"以人为本",要实现人的全面发展,也是希望所有人都能受惠于国家的发展,让教育的光辉惠及包括残疾人在内的所有人,这应该成为我们每个人的理想和追求。现在有些地方普通学校盖得很好,特教学校破破烂烂,甚至没有。一个地方特殊教育发展得不好,这个地方的教育事业就不能说是健康发展的,更不能说是科学发展的。残疾人教育状况是衡量国民教育发展水平的一个重要标志。

加快残疾人教育发展要强调的几点

第一,残疾人教育是国家、政府和社会的共同责任

国家和政府首要的责任就是要在制定政策法规时,充分考虑残疾人的特别需求,针对残疾人的特殊困难,制定特殊的政策法规。这方面这些年我们做了一些工作,取得了一些进展,一九九四年制订了专门的《残疾人教育条例》,最近几年修订教育法规,比如《义务教育法》、《职业教育法》,也都纳入了残疾人教育的内容。今后范围可以更大些,有的规定还可以更细致些。有人认为文件提的一些政策是针对全体公民的,残疾人自然被包括在内了,没有必要再单独拿出来强调,我认为这是个误区。实际情况是残疾人教育必须要求特殊的条件才能实现,不强调就很可能想不到,就可能被掩盖或忽视。大家都知道,政策制定颁布了,实施却还需要个过程,时间上有先后,力度也有轻重,中国

地方大、人口多,教育问题又很复杂,不特别强调并做出特殊安排,残疾人教育就容易被忽略,容易被淹没。《宪法》在表明国家保护所有公民的受教育权的同时,又单独强调了残疾人的受教育权。希望将来制订、修订教育相关法律政策和发展规划时,相关部门一定要有这根弦,考虑得要更周到一些,更细致一些。

同时,只有一般性的规定还是不够的,还应该在普惠的政策上更进一步,有特惠的政策。残疾人群体特别困难,残疾人教育特别特殊,要得到同等的机会,就必须采取特殊的办法,对他们给予特殊的扶持。如果所有政策都把他们和健全人等同起来,看起来是公平了,其实仍是不公平的。这次会议提出要对残疾儿童实施全面免费义务教育,这体现了真正的公平。残疾人家庭普遍特别困难,要看病、要康复,学校向中心村镇集中了,行动不便的还要寄宿,很多农村残疾人家庭,因为贫困,"两免一补"了,残疾孩子还是上不起学。实际上需要做出特别安排的残疾儿童的数量并不多,以目前我们国家的经济实力,努力一下,是可以满足他们上学的愿望的。还有一些问题也需要逐步解决。比如,我了解有关部门正在起草《考试法》,残疾人因为身体障碍,参加各类考试面临很多的困难,卷子看不见,写字写得慢,听力有障碍,目前的解决办法是一个个协调,这是好的,但不是长久之计,希望制定这个法时能充分考虑到残疾人的特殊性,制订出具体的办法来。这一类的问题还有很多,要找出来、解决好。

第二,发展残疾人教育要有特殊的感情和认识

要怀着真诚、真心、真爱去做残疾人教育。每个人一生中都有可能因为疾病、事故或者年老而有残疾的体验或经历,都可能有机会感受残疾人的不便。每个人都有兄弟姐妹,都有子女,如果大家都能换位思考,把残疾孩子当成自己的孩子,对残疾人的困难就不会无动于衷,我们就会有搞好工作的动力,我们也就不

会仅仅满足于百分之八十、百分之九十的统计数据,就会努力为残疾儿童的未来多背负一些道义。

搞残疾人教育是抢救未来的工作。现在,我们国家的残疾人文盲率很高,我们搞盲人按摩培训,很多盲人连盲文都不认识,按摩书不会看,可以想象,他们的水平怎么可能有很大的提高?现在还有不少学龄残疾儿童没有上学,这些孩子一天天在长大,如果他们的教育状况得不到改变,十几二十年以后,他们成年了,就会是新的文盲,没有文化,又做不了体力劳动,他们在这个竞争激烈的社会上怎么立足?现在的世界,科技迅猛发展,经济增长方式发生相应变化,人们所处的政治、社会、文化环境都会有巨大变化,每个社会成员对知识的要求肯定更高,残疾人没文化只能被淘汰。我们经常讲残疾人奔小康,政策有了,钱也有一些了,可要小康,光靠扶贫救济是不行的,得靠残疾人自身文化素质的提高,得靠劳动并获取报酬。残疾人要想小康,没有教育不行。我们强调要高度重视残疾人教育不是空话,这对残疾人来讲是很现实很紧迫的问题。

第三,做好残疾人教育工作要有前瞻性,要借鉴先进的理念和经验

"十年树木,百年树人",教育是长期工程,政策制定了,效果要十年、二十年才能显现。中国现在的发展一日千里,变化很快,我们制订规划要想得更长远一点。很多事今天想不到,二十年以后再做就来不及了。这次会议考虑了重度残疾儿童、孤独症儿童的教育需求,提出要加快推进残疾人职业教育和高等教育,正在制订的《国家中长期教育改革和发展规划纲要》也充分考虑了残疾人教育的需求,是很值得肯定的。

但是同时,目前残疾人教育工作仍然存在着一些薄弱环节,

整个残疾人教育的格局中对基础教育关注得比较多,对学前教育、职业教育和高等教育关注得少;对特教学校关注得比较多,对特教学校外的特教机构关注得少;对盲、聋、智障三类残疾儿童关注得比较多,对其他类别和多重残疾人关注得少;对城市关注得比较多,对农村关注得少或关注得不够。这不是全面、协调、可持续的发展。残疾人教育工作中也应有个统筹安排,今后的教育工作应该更多关注以前一些被忽视的人群和被忽视的教育方面。

要有前瞻性,可以学习、借鉴特殊教育搞得较好的国家和地区的经验,当然,也要考虑国情。有些国家残疾儿童上学,学校会针对残疾孩子的不同情况,搞个别化教育。同时,他们还十分重视对特殊教育科学技术的研究和投入,为残疾儿童配备了很多辅助设备和工具,成效非常显著。现代信息技术为残疾人教育开辟了广阔的前景,这也需要我们研究。我国目前财力和人力可能暂时不允许我们普遍地这么做,但这可以成为我们工作方式的一种参考,发达地区可以先做起来,欠发达地区也要做好准备,将来条件成熟了,我们要根据情况,有所作为。

第四,做好残疾人教育工作要科学细致

我国的残疾人有六个类别,每个类别里又分成四个等级,一些未列入残疾类别的也有特殊需求,有的生活在城市,有的生活在农村,个体之间的差异很大,教育需求也不一样,情况远比普通儿童的教育复杂。比如都是视力残疾,低视力和全盲就很不相同,低视力用大字本教材,全盲要用盲文教材,教育的方式也不一样。如果只是笼统地看残疾儿童的教育统计数据,总量一平均,就会掩盖很多具体的、特殊的问题,不可能制定出科学的政策规划。要做好这项工作,统计摸底和发展规划都应该做得更细致,要统筹不同的需求,分析具体的问题,研究出可行的办

法。目前这方面我们做得还是不太够,第二次全国残疾人抽样调查做了一些分析,开了一个头,如果能够深入研究,会对科学制订残疾人教育事业发展规划很有好处,这样的工作今后还要坚持,还要探索,还要做得更加细致。

最后,残联的同志,特别是领导同志更要研究残疾人教育,残疾人教育工作者要研究特殊教育

残疾人教育是很专业的事,需要我们搞明白特殊的手段、特殊的政策。特殊教育主要工作在教育部门,因此,残联干部总体上对特殊教育研究得不够,这种状况必须改变。我们说平等的教育机会,说起来简单,怎么从起点到过程、结果,具体去保障去落实,其实都是需要研究的,所以我们常说对特殊教育工作者的要求比对普通教育工作者的要求还要高。残疾人工作千头万绪,教育是基础,也是关键,它首先就是残疾人全面康复的重要内容,其他比如就业、扶贫、文体等工作,效果好坏也都与教育有直接联系,教育抓好了,其他的事就容易水到渠成,事半功倍。教育是个慢活,十年、二十年才见效果,这就需要我们有长远眼光;教育又是急活,现在不干以后就无法挽回,这又要求我们有紧迫感。同志们一定要认清这一点,要多花点精力在研究残疾人教育上,懂了才能想着干,才可能干好。只要大家勇于探索,多研究,多想办法,总会探索出一条中国特色的残疾人教育发展之路来。当今世界不只是经济、军事的竞争了,要想在世界上赢得认同,赢得尊重,价值观、软实力也正变得越来越重要。在残疾人教育领域,无论是《萨拉曼卡宣言》*,还是《残疾人权利公约》,近年来,尊重残疾人的权利,相信残疾人的能力,正日益成为国际社会的共识。中国残联参与了《萨拉曼卡宣言》的制订,中国是《残疾人权利公约》的签约国,我们的政府向国际社会作出了承诺。我们的政府是关心残疾人的,我们残联的同志也应更积极地承担起自己的责任,我们每一个残疾人教育工作者更应该成为饱含人道情怀,"捧着一颗心来,不带半根草去"**的教育家。残疾人教育任重道远,同志们责任重大,只要我们开垦耕耘了,总有开花结果的一天。

---

* 一九九四年六月七日至十日,联合国教科文组织在西班牙王国萨拉曼卡市召开世界特殊教育大会,颁布了《萨拉曼卡宣言》,明确提出了"全纳教育(Inclusive Education)"的思想。所谓全纳教育,是教育应当满足所有儿童的需要,每一所普通学校必须接收服务区域内的所有儿童入学,并为这些儿童都能受到自身所需要的教育提供条件。

** 语见近代中国教育家陶行知纪念馆的遗联,原是陶行知先生为苏北淮安河下镇新安小学所题诗句。

北京残奥会的作用和影响＊

（二〇〇九年九月九日）

（一）北京残奥会的举办推动了我国残疾人体育事业的发展

残疾人体育不仅是残疾人增强体质、愉悦身心的重要途径，也是展示残疾人才华，激励残疾人自尊、自信、自强、自立的重要方式。在北京残奥会筹办过程中，二〇〇三年，中国残疾人奥林匹克运动管理中心成立，除了用于国家队残疾运动员的训练，还可以接待广大残疾人体育爱好者。目前，我国已拥有中国残奥委员会、中国特奥委员会、中国聋人体育协会等三个全国性残疾人体育组织，累计举办各类残疾人运动会和体育赛事六千余次，参赛运动员人数达到二百六十余万人次，全国已设立了二十四个国家级残疾人体育训练基地。北京残奥会后，中国残联和全国各地举办的各类比赛几乎未曾间断，佳绩频出，关注者日众，残疾人体育事业发展迅速。仅二〇〇九年以来，中国残联便已举办全国性残疾人体育赛事十次，全国各地残疾人运动员积极参与。同时，我国还积极筹办广州亚残运会，各项工作进展顺利。近日，国务院已批复成立广州亚残运会组委会。二〇一〇

＊ 这是邓朴方同志会见国际残奥会主席克雷文时的谈话摘要。

年,我国还将举办第五届全国特奥运动会,二〇一一年举办第八届全国残运会。这些赛事,中国政府给予了高度关注和大力支持,中国残联、地方省市正积极准备、精心筹办。此外,目前中国聋人体育协会正派团参加在台北举办的第二十一届听障奥林匹克运动会。

在开展残疾人体育赛事的同时,中国残疾人体育组织还积极推动群众体育活动的开展,推广了轮椅太极拳、轮椅柔力球、轮椅舞蹈、盲人象棋等深受广大残疾人喜爱的体育健身项目。二〇〇九年,中国政府将八月八日设定为"全民健身日",近日,国务院公布了《全民健身条例》。中国八千三百多万残疾人将积极参与到全民健身活动中,享受体育运动的乐趣。北京残奥会为我国残疾人体育事业的全面发展注入了新的活力,中国残疾人体育事业的发展迈出了新的步伐。

北京残奥会虽然仅短暂的十多天,但它的影响却广泛深远。北京残奥会的成功举办和我国残疾人体育代表团取得的优异成绩,极大地激发了广大残疾人参加体育活动的热情。北京残奥会后,各地方残联和残疾人体育组织纷纷加大资金投入,举办形式多样的残疾人体育比赛和活动,使更多的残疾人参与到体育活动中来。还有许多残疾人或其亲属致电中国残联和地方残联组织,询问如何能够参与残疾人体育活动。这一切都得益于残奥会在我国举办产生的巨大影响。在北京残奥会筹备过程中,全国很多城市在已经建立的残疾人体育训练基地、各类活动中心、康复机构、盲人保健按摩机构中配备体育器材,成为特色鲜明的残疾人群众体育活动场所,为残疾人提供了细致周到的特别服务。为引领更多的残疾人参加体育活动,北京市计划利用五年时间建立一支一千人左右的残疾人社会体育指导员队伍,并于今年四月举办了第一期残疾人社会体育指导员培训班,其中大部分学员为残疾人学员。培养残疾人社会体育指导员在北京乃至全国都是新的尝试。将残疾人体育事业更好融入群众体育规划之中,其直接推动力与北京残奥会密切相关。

(二)北京残奥会的举办有力地推动了中国残疾人事业的发展,在让全世界了解中国的同时,也为中国残疾人赢得了前所未有的尊重

中国政府和人民一贯重视残疾人事业,坚持以人为本,弘扬人道主义精神,倡导平等,反对歧视,关怀弱者,尊重人权。改革开放以来,我国残疾人医疗卫生保障、就业服务日渐完善,城市无障碍设施建设迅速发展,全国各地残疾人"温馨家园"、"阳光之家"不断创建,充分显示了社会各界对残疾人的关爱。中国残疾人体育健儿在体育赛场上不断超越自我、挑战极限,取得了优异的成绩。中国残疾人同国际残疾人组织的交流与合作不断扩大。北京残奥会不仅是对我国残疾人体育、康复、教育、就业等诸多领域残疾人事业的一次集中检阅和促进,也激励着广大残疾人和残疾人工作者继续发扬自强不息、顽强奋斗的精神,投身于构建社会主义和谐社会的伟大事业,有力地推动了残疾人平等参与社会生活、共享社会成果的进程。

(三)北京残奥会的举办助推了社会文明进步,加快了城市无障碍设施建设

尊重、关心、帮助残疾人,让残疾人平等地参与社会生活,是社会文明进步的重要标志。我们看到,残奥会各场馆的无障碍设施均达到了国家标准,很多场馆达到了国际先进水平。北京市以交通设施无障碍建设为重点,全面推进重点景区、宾馆、饭店、地铁、公交、银行等公共服务设施无障碍建设。这些举措,极

大地改进了北京和各协办城市的无障碍环境,为更多的残疾人提供了出行方便,使他们能够更好地参与社会生活,共享发展成果。在残奥会筹办阶段,北京市实施了一万四千多项无障碍改造项目,无障碍设施建设总量相当于申奥前二十年的总和,许多无障碍设施已达到世界先进水平。今天,人们在北京街道上看到的无障碍公共汽车、出租车,无障碍站台、站牌、语音交通指南,无障碍卫生间等等,就是在北京残奥会推动下城市无障碍建设取得的具体成果。

(四)北京残奥会的举办提升了全社会对残疾人群体的认识和关爱

"不是不人道,而是不知道。"北京残奥会的宣传效应,让残疾人群体进入了健全人日常生活的视野,得到了更多关爱和平等对待,人们对残疾人事业的认知度得到了空前提高,扶残助残意识有了显著增强。北京残奥会改变了人们的观念,人们从内心认识到,尊重、理解、关心和帮助残疾人是每一个公民的责任和义务。人们对残疾人态度的改变也使社会有了一个新的面貌,有了更多的爱、更多的相互尊重和关怀。大家都人心向善,人们生活就会更幸福。这是人性的升华,是一个国家走向文明进步的过程。

关于广州亚残运会和广东残疾人工作＊

（二○○九年十一月五日）

这次来广东，不算二○○六年短时间来的那一趟，已有九年了。听了许瑞生副市长《广州二○一○年亚洲残疾人运动会筹备工作汇报》、李容根副省长《广东省残疾人事业发展情况汇报》，觉得很好，简明扼要，客观中肯。我提出些想法与大家交流。

关于广州亚残运会

先说亚残运会。这件事我是积极倡导者，曾专程来广州促成此事。办亚运会不办亚残运会说不过去，无论从国际体制上，还是沿袭惯例上，这都是我们必须要办的事情。

从今天的汇报可以看出，组委会做了大量的卓有成效的工作。你们的工作量非常大，而且做得有条有理。广州亚运会和亚残运会是两个组委会一套班子来筹备，由于亚奥委会与亚残委会法律主体不同，与北京奥组委的工作略有些不同。刚才，我特别问了你们有关亚残运会的总体工作计划和时间节点是不是很详细，总的看做了不少工作。

＊ 这是邓朴方同志在参加广州亚残运会会徽、吉祥物发布仪式前听取广州亚残运会工作和广东省残疾人工作汇报时的讲话摘要。

我想跟大家谈的第一个基本想法是,办亚残运会是我们的一个机会,一个好机会,不要把它放跑了。

根据国际和中国的经验,一个城市办了残运会,各方面的变化都会很大。比如,广州通过举办第三届全国残运会,残疾人工作取得了很大的进步,群众观念有了很大的转变。其他地方也是如此,汉城通过残奥会使广大韩国人认识了残疾人问题。

在筹办亚残运会的过程中,不仅要做会内的工作,也要做会外的工作,要把办好亚残运会作为提高整个广东人民素质、觉悟和认识的重要渠道,作为宣传人道主义,宣传自强不息精神,宣传爱心、服务奉献的重要途径。这方面内容非常多,如果把这篇文章做好了,对现阶段我们国家的发展具有重要意义。

我们国家经过三十年的改革开放,经济社会发生了非常大的变化。GDP大幅度提高,在世界上创造了一个奇迹。当经济发展到一定程度的时候,就碰到一个如何继续发展的问题。我们走在一个岔路口,面临着选择。一个是经济模式如何安排,还有一个是政治、社会、文化方面如何协调发展。中央为什么提出"以人为本,构建和谐社会",为什么提到"五个统筹"和政治、经济、社会、文化全面发展,因为我们党清醒地认识到中国发展不能光靠GDP。虽然没有GDP一切都是空谈,但当GDP发展到一定程度的时候就面临着选择。一些亚洲国家和拉丁美洲国家,经济一度快速发展,但发展到一定程度时,他们的各种制度的安排就暴露出不符合国情的弱点,结果是在政治方面造成乱象,效率低下;在经济方面丧失保护能力,成为他国的附属,成为发达国家转嫁危机的对象;在社会方面,贫富差距拉大,社会动荡不安;在文化方面,丧失自己的价值,失去自尊,失去民族精神。这样,他们的发展就会停滞。有些学者认为,一些国家一旦走错了路,他们就永远都是二流国家,永远不可能现代化。虽然这个结论不一定对，但要引起我们的警惕。

中国是一个大国，有很多人口，社会情况非常复杂。我们应该怎样去发展，怎样找到自己的道路？我认为，在经济发展到一定程度的时候，必须在政治、社会、文化上有所安排。这可能也是一个新的"摸着石头过河"的过程，也是要不断有所建树、有所突破、有所积累的过程。

应该说，广东的经济发展状况是全国最好的，是改革开放的排头兵。发展到这个程度的时候，要考虑社会文化等各方面的安排。搞好亚残运会本身及其延伸的工作，是自身建设的一个重要着力点。这是一个好的机会，我们可以通过这个机会，在制度安排方面实现突破。比如说，奥运会在安保、宣传、环境保护、国际合作等许多制度安排方面实现了突破，对我们国家来说是一个很大的进步。许多以前很难突破的问题，奥运会都突破了，做到了。通过奥运会，中国更加开放，更加气度宽广，更加自信，中国人民的精神面貌有了很大的不同，文明礼貌的教育、人民的觉悟有了很大的提高。通过残奥会，人们更加懂得人道主义，懂得爱心。特别是志愿者的奉献精神乃至牺牲精神，使人们有了新的感受。以前，不少人看不起"八〇后"、"九〇后"，觉得他们不行，经过奥运会、残奥会一表现，感觉到"八〇后"、"九〇后"还真了不得，起到了很好的社会作用。

这次亚残运会的最大得益者是广东省、广州市。希望广东省、广州市不要错过这么好的机会。我希望省、市残联不仅要做好运动会内的工作，更要做好运动会外的工作，这是残联的责任。我也希望，党政其他部门通过运动会，能使我们在社会文化乃至政治安排上都有所突破，有所进步。有些在运动会期间执行的制度效果好的，就可以继续沿用下去。因此，我觉得亚残运会是个好机会，不要错过。

第二个基本想法是,有个口号还是要提。"两个奥运,同样精彩"是北京残奥会的一个口号,希望广州也把这口号叫响:两个运动会同时举办,两个运动会同样精彩。这个话再把它叫响点。

根据我在奥组委工作的经验和工作历程,有三点要谈:

一是广东的三个运动会*怎么跟中央衔接的问题。实际上,北京奥运会期间已经有了这个问题,还有奥组委和北京市各部门如何衔接的问题。到后期,北京市的四套班子、各个部门都介入了运动会。一方面是中央的全面介入,另一方面是市委、市政府的全面介入。这是奥组委的经验,两个"全面介入"后,工作力度就大不一样了。

二是亚残运会不强调是运作不起来的,不是光靠原则、章程就可以转起来的。组委会每个部门的领导,不仅是亚运会的部门领导,也是亚残运会的部门领导。亚残运会部承担协调、监督、督促的作用,实际工作主要靠各个部门,不能推到亚残运会部。筹备亚残运会要深入到各个部门去,各个部门都要把责任承担起来,包括各个场馆也必须把责任承担起来,共同做好工作。

三是组织问题。没有熟悉残疾人工作的同志介入并承担一定的责任是不行的。北京奥组委的每一个场馆都有残奥经理分管残奥工作。北京市专门派了一位市领导抓残奥会,必须要有得力的人员在领导层抓工作。一个认识上,一个组织上,要同时把它落实下来。其他方面也要跟上,例如安保问题、宣传问题,还有节约问题。要节俭办会,这才叫当家过日

---

* 指广州亚运会、广州亚残运会和二〇一一年深圳第三十六届世界大学生夏季运动会。

子。只有拥有这种精神,才能够有长远的发展。当然,节俭办会还是个政治问题,这一点你们要清醒。这些是我对亚残运会的想法。

关于广东残疾人工作

再谈谈广东省的残疾人工作。

广东省的残疾人工作我一直挂在心间。你们是改革开放的先锋,残疾人工作做好了有特殊意义。广东残疾人工作初期比较薄弱,落在别省后面,这点我是很心焦的,这些年上来了。这次来听了你们的汇报、看了相关材料,感到很兴奋。省委、省政府贯彻中央七号文件做得相当好。除了省委、省政府发了文件,还发了分工、督办的文件,很有力度,说明工作在进行了,在落实了,而且比较扎实。总的想法,当前广东的残疾人工作,最基本、最大的问题还是抓中央七号文件的落实。省残联筹备亚残运会要投入力量,同时,落实中央七号文件不能放松。

就具体工作来说,重点还是社会保障体系和服务体系的建设,这是中国残联的全国重点工作。把"两个体系"建设抓好了,残疾人工作就抓好了。刚才,容根同志特别强调的特殊教育问题,也要作为重点抓好。第二是基础设施建设,要重点抓两头,一头是省级,一头是县级。省级一个是康复中心,一个是特殊教育学院。县级是"五个一"工程,即要建一所综合服务机构、一所重残儿童学校、一所托养机构、一个工疗网络、一个扶贫培训基地,要抓起来,弥补县级残联人员不足的问题,扩大残疾人事业的工作力量。第三是贫困地区的问题。中国残联七月份有个调研报告,调查了广东的六个贫困县,总的看来,基础设施还比较差,残疾人工作力量不强,贫困残疾人生活很困难,康复、教育、医疗得不到保障。有部分残疾人家庭人均收入大大低于当地平均水平。应该分析一下原因,是不是因为广东的人均收入水平比较高?这点请你们注意。广东的情况与全国的情况很相似,东、中、西部都有,有穷有富,国家有转移支付,广东也要有。你们表示将从二十亿就业保障金中,拿出三个亿做全省统筹金,这很好,能够为困难残疾人办不少事。

总的来说,广东的残疾人工作欣欣向荣,现在的班子也比较好,领导也比较得力。徐少华同志和李容根同志作为分管的省领导抓的时间也很久了,有经验,工作力度也很大。这次来看到广东的工作做得这么好,感到非常兴奋。你们的工作有很多亮点,比如县级"五个一"工程,按覆盖人口总数确定康复经费并不断提高标准,彩票公益金按比例用于残疾人事业,建立残疾人事业统筹金等,都是其他省可以借鉴的,是广东的创新。所以说,广东省在改革开放的历史进程中,仍然是生机勃勃,具有创新性。广东人民勤劳勇敢,而且从历史上来说,特别是珠三角地区,人民群众眼界开阔,见识不同一般,这些都是做好残疾人工作的有利条件。

关于铁路无障碍建设的谈话*

（二〇〇九年十一月二十日）

关于残疾人要求列车设立残疾人专座一事，一开始我就很关心，一直在观察，也与海迪、新宪提到过，后与薄绍晔同志交换了意见，更觉得此事非同一般，现与大家交流一下。

一、残疾人这个诉求，据称理据比较合理，看来是残疾人维权的正当行为。我以为这不应只是一个个别事件，而是我国残疾人事业多年发展的一个必然结果，是残疾人维权意识提高的一个表现，说明我国社会进步了。现在我们也许不能估计到它的长远意义，但是其现实、正面作用应是能肯定的。作为残联我们应当为此高兴，这一天不是我们一直希望的吗？作为残疾人的代表组织，应当立场鲜明地支持残疾人的正当行为，这是残联性质决定的，而且广大残疾人期望着我们，整个社会也都在看着我们。实际上，遇到这种典型事件，应看成是对我们的考验。你是不是把残疾人作为心中的挂念，你是不是把残疾人看做你生命的源泉，这是残联的存在是否具有正当性、合理性的问题。在这个问题上我们的确感到了压力，是要交一个答卷的，切切不可大意。残联的存在是我们体制的产物，更是残疾人群众需要的

---

* 这是邓朴方同志就辽宁残疾人栾启平要求铁道部在列车上设立残疾人专座一事的谈话摘要。

产物，群众的认可仍然是最重要的。我这个人总是有点儿多虑，碰到这类事多少有点儿战战兢兢，这是我的弱点吧。

二、铁道部系统多年来一直是支持残疾人事业的，并为残疾人做了大量实事。其一，铁道部各位部领导都是热情支持残疾人事业的，从残疾人基金会的理事到残工委成员，都对残疾人事业积极贡献。其二，广大铁路员工热情为残疾人服务早已蔚然成风，他们做出了许多努力甚至做出了牺牲。就连状告铁道部的残疾人本身也曾受到铁路员工的热情帮助而表示感谢。这是大家都可以看到的，不容抹杀。其三，铁路系统的无障碍努力从未间断，记得八十年代初就在各车站配备轮椅，后来又改造车站，直到动车组设立残疾人座位，每一步都不容易，应当肯定，也应当让大家知道。当然，我们的条件还不能支持做到完善，但是，铁路部门不断的努力是不能放松的。特别是要以这次情况为契机，做一次有力的推动是十分必要的。这既是残疾人的机会，更是铁道部门的机会。

三、最终解决残疾人出行无障碍这个原则是不可动摇的，解决问题的方式则应采取恰当方式，诉讼方式、协调方式、合作方式等都会成为办法，要运用得当，就要有智慧有诚意。现在中央提出和谐社会是个背景，中国善于协商的传统是好条件。按理讲，矛盾不可调和要斗争，矛盾的解决特别是建设过程中的矛盾要解决，则必须各方合作。我相信，一个让残疾人、铁路部门、残联组织、社会关心方等都满意的解决方案是可以成立的。

在二〇〇九年"集善嘉年华"
慈善晚宴上的讲话

（二〇〇九年十一月二十七日）

欢迎大家来到"集善嘉年华"的晚宴！我首先感谢大家、感谢李克强副总理的到来！

"集善嘉年华"已经七个年头了，每当这个时候，我都非常激动。七年前，"集善嘉年华"的捐款只有二百多万，我们今年的"集善嘉年华"，可以聚集两千万元财富，用于聋儿康复。另外，我们还将举行一个启动仪式，是一个两亿资金的、为聋儿安装人工耳蜗这样一个项目的启动仪式，帮助我们失聪的孩子。

大家刚才看到了屏幕上的动人时刻，也感受到了我们为这些孩子服务的紧迫性。每当看到这些画面，特别看到那些孩子能够得到大家帮助的时候，我心里面多少有一点酸酸的，但是，更多的是由衷的感激。因为我们"集善嘉年华"，在七年里不断地为残疾人服务，特别是为残疾儿童扎扎实实地服务，得到了方方面面的帮助，有新闻界的、有文艺界的、有体育界的，还有我们经济界的各位人士和政府各个部门的支持，这些孩子们从此有了希望。借此机会，我要特别感谢"集善嘉年华"的工作团队，因为他们的努力工作，我们才有机会聚到一起，所以，现在我要为聋孩子们，还有所有的残疾孩子们，向大家表示由衷的感谢。

中国改革开放三十年多年来，我们的经济有了一个奇迹般的发展和增长，在这种增长之后，我们面临着一个新的局面。那么,我们是不是到了一个盛世呢?我觉得还不是。三十年来发展所积累的代价,现在要逐步来偿还。另外,当人民生活水平提高到一定程度的时候,就会出现矛盾的突发期、多发期。我们既要偿还以前工作的欠债,又要解决新的矛盾,再加上金融危机,我们看到了在前进过程中有许许多多的事情要办。我们还要在经济、政治、社会、文化等方面不断地改革、不断地创新、不断地努力,中国才能够有一个健康的、可持续的发展。

在这个时候,每一个方面都要做实、做好自己的工作。我认为我们的"集善嘉年华",就是在我们这个领域内,通过为残疾人服务这种方式,来为我们创造一个和谐的社会而进行的努力。当我们为那些最贫穷的人服务了,让他们摆脱困境了,这就是最大的政治;当我们使社会和谐,人们心里气顺了,我们才能够可持续地发展经济;当整个社会都能够动员起来、组织起来,我们的社会组织形态才能够完善。更不用说在文化方面,我们提倡人道主义,提倡爱心,提倡责任感,提高我们的社会道德和人的尊严、价值,所以,像我们这样一个小小的"集善嘉年华"活动也有着政治、经济、社会、文化等各个方面的意义。大家参与到这里来,我相信一定会感到自身的这种价值。我们所做的一切,不只是为了残疾孩子们——当然,我们首先是为残疾孩子们,同时,我们的这些行动,能够使社会每一个人都受益。也就是说,我们不但帮助了残疾孩子,我们还帮助了每一个人,包括我们自己;简单说来,当我们帮助了他人,也就帮助了自己。

发挥理论研究的作用，加快推进残疾人"两个体系"建设*

（二〇〇九年十二月一日）

去年的这个时候，中国残疾人事业发展研究会在北京成立并举行了第二届残疾人事业发展论坛。今天，我们又聚会广州参加残疾人保障与服务国际论坛暨第三届残疾人事业发展论坛。一年来，世界和中国都发生了很大变化，几十年未遇的国际金融危机带给这个世界和发展中的中国以深刻的影响，人们不得不再一次反思如何正确地认识和解决发展这个大问题，并根据实际情况对发展的政策乃至战略作出调整。在中国，这种变化和调整的一个突出方面就是前所未有地加大面向全民的社会保障和公共服务的力度。这不仅是当下缓解危机、应对挑战的一剂良方，也是促进全面协调可持续发展的一项治本之策。

在这样一个大背景下讨论残疾人的社会保障与服务问题，无疑是非常有意义的。过去三十多年，改革开放使中国在现代化的道路上一路快步前行，残疾人事业也向前迈进了一大步。但是，发展中出现和累积起来的一些问题也提醒我们，发展起来以后的问题不比发展时少，发展必然会产生不协调、不平衡，这是我们不得不面对的重大挑战。残疾人事业面对的一些困难，

---

* 这是邓朴方同志给在广州举办的残疾人保障与服务国际论坛暨第三届残疾人事业发展论坛的贺信。

残疾人生存和发展方面遇到的一些问题,就是这种不协调、不平衡的集中反映。发展中的问题要用发展的办法去解决,通过弥补残疾人等社会弱势群体在社会保障和基本公共服务方面的缺失,保障他们"平等·参与·共享"的基本权利,应当是调整传统的发展模式,探索新的发展思路,努力实现科学发展的重要内容和必然要求。社会转型和金融危机的双重压力,促使社会保障和基本公共服务均等化进程大大加快,残疾人社会保障和服务如何纳入其中,并争取作出一些针对他们普遍、基本和特殊需求的具有长久解决之效的制度性安排,这是我们十分关注并期待着的。在这方面,各地有许多行之有效的做法和经验应认真加以总结推广,国外的一些先进理念和实践成果也值得借鉴。希望参加论坛的国内外专家、学者和残疾人工作者对此能有深入的探讨,发挥理论研究的创造力、说服力、影响力,加快推进残疾人社会保障和服务体系建设,让社会保障和公共服务的阳光温暖八千三百万残疾人和他们的家庭。

  我对各位关注社会弱势群体、改善他们福祉的努力表示感谢,对各位身上体现出的高度社会责任感和人道主义精神表示钦佩。

两个亚运，同时举办，同样精彩*

（二○一○年二月七日）

举办广州亚运会和亚残运会是我国今年的大事，意义深远。党中央、国务院高度重视两个亚运会的筹办工作，提出明确要求，进行了一系列部署。国务院常务会议上温家宝总理强调，要办好广州亚运会、亚残运会。中央成立领导小组，领导协调两个亚运会相关重要工作。回良玉副总理、刘延东国务委员、汪洋书记等领导同志高度重视广州亚残运会工作，要求通过成功举办亚残运会，推动残疾人事业又好又快发展，促进和谐社会建设和社会文明进步，实现"两个亚运、同样精彩"。

我是广州亚残运会的积极倡导和支持者。去年十一月初，我到广州，参加了亚残运会会徽、吉祥物、主题口号发布仪式，听取了组委会汇报，考察了广州市残疾人工作，对组委会卓有成效的工作印象深刻，同时也谈了意见和建议。二○○九年八月二十四日举行组委会成立大会，会议审议通过了亚残运会筹办工作的总体计划、内部机构设置等工作安排；确定了亚残运会组委会和亚运会组委会法律主体独立、筹办队伍共同、筹办工作合并的模式，要求亚运会、亚残运会同步推进。

---

* 这是邓朴方同志在广州亚运会亚残运会筹办工作领导小组第一次会议上的书面发言。

通过举办残疾人大型综合赛事,带动残疾人事业大发展,促进社会文明进步,是国内外的一条重要经验,也是提升城市软实力的重要机会。在筹办亚残运会过程中,不仅要做好运动会本身的工作,也要做好运动会外的工作。要把办好亚残运会及其延伸的工作作为精神文明建设的一个重要方面,作为提高人民素质、觉悟和认识的重要渠道,作为宣传人道主义,宣传服务奉献的志愿者精神的重要途径。

办好两个亚运会是系统工程,涉及的重大事项和安排很多,领导小组的作用很重要。下一步工作,要坚持"两个亚运,同时举办,同样精彩"的要求,科学规划,合理统筹工作资源,确保两个亚运的筹备工作同步筹办,同步推进。

当前,国家正在大力推进残疾人社会保障体系和服务体系建设,广州市也是"两个体系"试点城市。我相信,广州亚运会、亚残运会在党中央、国务院的坚强领导下,广东省、广州市一定会把亚运会、亚残运会办成精彩、成功、令人难忘的运动会,推进经济社会和残疾人事业全面发展。

残疾人运动会外的事情更要做好*

(二〇一〇年三月二十五日)

唐国忠同志的汇报全面、扼要地反映了福建筹备第五届全国特奥会的工作和福建残疾人事业情况。福建省并不是一个经济上特别强的省,从历史上来看,因为所处地理位置,在较长一个时期内国家投入的资金和项目都很少。改革开放以来,福建省发展迅速,残疾人工作也取得了很大的成绩,福建省历任各级领导都十分关心残疾人工作。

在第五届全国特奥会筹备过程中,省委、省政府给予了高度重视。福建省委常委、宣传部长唐国忠同志直接抓,副省长洪捷序同志担任筹委会执行主任,整个筹备工作有序进展,各项工作基本就绪。场地,还有筹资、组织机构、竞赛等各个方面都得到认真安排,我觉得很好。当然还有很多细致的工作需要去做。在这里,我向大家道声辛苦,向大家表示感谢。希望再接再厉,继续做好。

对于举办残疾人运动会,我一直有一个基本的想法。筹办运动会本身要把运动会搞好,但是我们不仅要把运动会搞好,更要把运动会外的事情搞好。北京残奥会,包括聋奥会、特奥会、

---

* 这是邓朴方同志在第五届全国特奥会筹备工作汇报会上的讲话要点。

残运会的筹办工作，我都强调这个观点。如果一个运动会特别是残疾人运动会搞好了，就会发挥很大的辐射作用，产生很大的教育面。我常举汉城奥运会的例子，汉城举办奥运会和残奥会以后，我遇见的韩国人都说，自从汉城办了残奥会，韩国全国上下对残疾人的认识都发生了根本性的变化。中国也是一样，我们最开始举办"远南"残疾人运动会，在全国影响非常大。我们在各省市举办特奥会也好，残奥会也好，都是通过广泛的宣传，促进本省的残疾人事业实现很大的发展，对全省人民开展基础性的教育，而且是有相当深度的广泛宣传。所以，我历来主张搞好会外的事情。会内与会外结合，会内的事情要做好，会外的事情更要做好。特别是对残联来说，更是要重视这个事情。

第一个是处理好运动会和广大残疾人群众的关系

举办特奥运动会，弱智孩子和他们的家长都要来。我们一定要为他们服务好，不只是比赛服务要好，生活服务也要好，做到个性化、人性化。比赛过程中，要对他们充分尊重，才能让他们比赛得愉快，生活得愉快。另外，在残疾人群众，特别是弱智人群众中，提倡开展广泛的群众性体育运动，重要的途径就是通过举办运动会来推动的。大家知道，我们国家开展体育运动，在竞技体育里的一个做法叫做"举国体制"。"举国体制"的优点是显而易见的，但也有弱点，就是群众性体育运动不容易开展。毛主席讲过"发展体育运动，增强人民体质"，但没有讲"发展体育事业，争夺奖牌"啊。所以说，发展体育运动最根本的目的是增强人民的体质。开展特奥运动，不只省残联要做，中国残联也要做这个事情，要在弱智孩子、弱智人士里广泛地开展残疾人体育运动。现在，全国特奥运动员已经达到了九十余万人。我们要让孩子们动起来，他们一活动起来，对世界和人生的认识、自信心、自尊心就建立起来了；原来他们面对世界和人生是自卑的,恐惧的,通过参加特奥运动就有了自信;参加体育运动对智力的康复也有好处,有很多例子,特奥运动员通过参加特奥运动以后,本身的智力也提高了,有的原来在弱智线里,现在就变成线外的了。所以,我们要开展全民的体育运动。

处理好运动会和残疾人的关系还有一层意思,就是要使包括特奥运动员在内的广大残疾人群众广泛地参加运动会。残疾人各个专门协会,如盲人协会、聋人协会等,都可以借着运动会的机会参与进来。我们为残疾人办的运动会,各类别的残疾人朋友都来参与,无论是盲人、聋人还是肢残人,都是一家人。我们要把残疾人群众都动员起来,这样,我们就会把残疾人群众紧密地结合在一起,发挥有效的作用,使得广大残疾人在自身素质方面,在对外交往方面,在社会活动能力方面都有一个新的机会,逐步地得到提高,使他们走向一个新的人生。

第二,要处理好运动会与残疾人事业发展的关系

通过举办运动会,促进残疾人事业发展,特别是一个省借举办一次运动会的机会,处理好这个关系,就会使残疾人事业迈上一个新的台阶。

刚才,听了福建的汇报,我很高兴的是,你们已经借举办这次特奥运动会,对促进本省残疾人事业发展作出了很多安排,包括省委、省政府出台了许多的文件。另外,你们搞一些硬件,比如说,建了体育运动活动中心,"福乐家园"是综合性的,与上海的"阳光之家"有不同特点。上海通过举办世界特奥会,使得"阳光之家"在全市普遍覆盖,当然这也非一日之功,前面有这个底子,借着世界特殊奥运会的机会,又加强了力度,把"阳光之家"品牌打出去了。要通过特奥运动会,把"福乐家园"力度做大一点,做得更扎实一点,为广大残疾人服务。要加快残疾人社会保障和服务体系建设,有了保障体系,残疾人才有最基础的生活条件;有了服务体系,才能提高残疾人的生活质量和水平,他们才能够享受社会发展的物质文化成果。这个方面,省残联已经有所安排了,希望继续努力,该加强的地方加强,把残疾人工作推上一个新水平。

福建是东部省份,但是也有部分贫困地区,铁路也只有鹰厦线进去。龙岩、上杭等闽西地区也相当贫困。革命战争时期,张鼎丞*等同志就曾战斗在这个地区。电影、电视专题片也有专门反映这个地区事情的。中国残联包括残联系统要支持福建西部的残疾人工作。有个现象,凡是山水特别美的地方,大都是比较贫苦的地方,福建的山水非常美,但也有很多贫困的地方。还是这句话,中国残联和全系统要尽可能地支持福建西部的发展,我们在其他场合也要呼吁,要把举办残疾人运动会和残疾人事业的整体推进结合起来。

第三,把运动会与整个社会结合起来,广泛地开展社会宣传

要进行人道主义宣传,进行残疾人事业宣传,使更多的人理解、尊重、关心、帮助残疾人。通过各种媒体、各种活动的宣传,使更多的人知道这个运动会,也包括运动会组织者、工作人员、志愿工作者、媒体人员、为运动会服务的其他人员。先把福州动员起来,然后通过福建的媒体加大宣传力度,让福建了解运动会;残联也要加强社会宣传,使更多的人了解运动会,了解残疾人和残疾人事业,关注残疾人、帮助残疾人,使残疾人有一个比

---

* 张鼎丞(1898～1981),福建永定人,一九二七年加入中国共产党,闽西革命根据地的主要创始人之一。新中国成立后,历任福建省委书记兼省人民政府主席、中共中央组织部第一副部长、最高人民检察院检察长、全国人大副委员长等职。

较好的外部环境。

我们宣传人道主义，宣传社会主义核心价值体系、现代文明社会残疾人观以及尊重人、尊重生命等，这一切都是全社会的财富，不仅是残疾人事业的财富，对我们整个社会的文明进步也是一种推动。当人民群众接触了运动会以后，得到了宣传以后，不仅是对残疾人的帮助，对残疾人事业也是一种帮助，对他们自身也是一个进步。如果我们这个社会能够点点滴滴地不断进步，我们就能走向现代化。

最后，要把运动会、残疾人事业与整个社会的发展结合起来

二〇一〇年二月，中央举办深入贯彻落实科学发展观专题研讨班，重要议题就是转变经济发展方式。胡锦涛总书记讲的"八条"，不完全是经济发展，也包括社会发展、文化改革和政治进步。发展是硬道理，这是小平同志说的，是不能动摇的。小平同志讲的发展从来不是单一的，而是以经济建设为中心的综合发展。现在发展的理念有一个逐步延伸充实的过程，我们已经不是单纯地计算 GDP 数字了，而是包括政治、经济、社会、文化的发展，现在还多了一个环保、多了一个生态进来，要全方位地发展。各个省都搞 GDP，仅仅是社会蓬勃发展、经济蓬勃发展，但文化上不发展也不行，道德体系跟不上也不行。现在是一个政治、经济、社会、文化、生态等全方位发展的格局。发展方式的转变是一个非常重要的事情，这在我们国家发展当中会留下重要一笔，是个关节点。

在发展过程中，我们必须要考虑发展起来是为了什么，只是为了大家更有钱吗？不是，是要生活得更有尊严，生活得更有价值，生活得更幸福，生活得更愉快。据调查，印度人幸福指数比中国人高,虽然生活比中国穷,但是印度人要求不高,看上去高高兴兴的,幸福感就强了。而中国现在很多人总是看着钱。我看到过一个统计,世界上认为"有了钱就是成功"这个比例,日本、韩国、中国三国最高,这可不是儒家文化。孔子的弟子里面,子贡最有钱,但孔子并不认为他是最好的;颜回穷,但孔子认为颜回是最好的。孔子的价值观不是重钱,也不是能治大国就是成功。孔子曾问几个学生的志向,曾晳说,冠者五六人,童子六七人,春天出去郊游,是他们的向往。孔子称赞说,我和你一样。我们的社会发展过程中,在资本积累阶段形成了一些错误的认识是不奇怪的,但是到一定的时候,我们要转变这种观念。我们的目的是让人生活得更幸福,更有价值,更加愉快,这才是我们追求的生活目标。

看看我们这些弱智孩子,虽然弱智了,但他们很快乐。我们给他快乐,让他快乐,这就是我们追求的社会价值,我们发展的目的就在这里。社会的发展必须是全方位的发展,必须有社会保障。比如我们搞残疾人社会保障体系建设,必须让人们有个基本的生活,让人们最基本的生存得到保障,最基本的人权得到保障;比如服务体系建设,服务好了,保障好了,人们才无后顾之忧,才能够去奋勇拼搏。即便拼搏失败了,退回来,还有保障体系。这就是德国最早提出来的社会安全网。

中国的发展离开 GDP,说什么话也不灵,在国内人民生活不能提高,在国际上也不会受重视。但是,有 GDP 的同时,我们还应该有其他更多的。为什么提和谐社会?就是因为有不和谐的因素存在,有不和谐的现象存在,只有全方位发展才是好的发展。所以,我们要把运动会、残疾人事业发展纳入到社会发展、国家发展的大局中去,才能认识自己的地位,残疾人事业才能乘势而上。

现在中央提出科学发展观,转变发展思路,要全方位发展,当然不是没有重点。什么叫科学?就是比以前更加完整、全面、周到。只有在这个阶段才能提出来,要是在上世纪八十年代提就不合适,因为那时大家都还很穷啊!随着社会的发展进步、物质财富的增加,在分配中,残疾人这块蛋糕怎么切?全国八千三百万残疾人,涉及直系亲属两亿多人,这是很大一块。这一块搞好了,把残疾人的事情搞好了,社会才有公平,才有正义,才有人心,比如残疾人就业。我们提倡的社会模式是两头尖中间大的枣核形,中等收入人口占社会成员的大多数。要达到这一目的,贫困残疾人收入就得上一个档次,否则枣核形从哪里来呢?那不成了厚底的瓶子了吗?再比如,收入问题、公平分配问题。一次分配是市场行为,残疾人更多地实现就业才能更多地获得一次分配。收入二次分配大多是政府行为,要体现社会公平,比如政府提供各种保障,残疾人社会保障体系和服务体系。然后再强调三次分配,更多的就是社会行为,如基金会捐款、社会公益、义务服务等各种互助形式。政府二次分配不够,我们再来三次分配。一次分配基于效率原则,二次分配基于公平原则,三次分配基于道德原则,了解了这点就有利于大家在解决分配结构的问题上,在一次、二次、三次分配时,把关于残疾人的内容全部纳入进去,这样我们就站在了制高点上。我们做残疾人工作不只是为残疾人谋福利,也不是简单地为了发展残疾人事业,同时也是为了国家发展格局完善合理,为社会文明进步做贡献。我们的每一步发展,都是国家的发展;残疾人事业的每一个进步,都是国家的进步;残疾人事业发展的成就为我们国家赢得了世界的尊重。我们要站在这样的角度来考虑问题。所以,办运动会,我们要发挥自己的力量,要同整个社会、人民群众、社会发展、国家发展大局等联系在一起,这样考虑才能够把工作搞好。

关于广州亚残运会
开闭幕式工作的几点意见*

（二〇一〇年四月一日）

广州亚运会、亚残运会是件大事，党中央、国务院高度重视，对筹办工作提出了明确要求，进行了一系列部署。广东省委、省政府，汪洋同志以及其他领导同志都很重视，按照"地方为主、政府主办、市场运作、全民参与"的原则，扎实推进亚运会、亚残运会各项筹备工作。广州市委、市政府也下了大力气，亚残运会的筹办工作基本实现了与亚运会的同步对接。对大家的努力工作、重视和关心，我表示衷心的感谢！

关于亚残运会开闭幕式工作我说几点意见。

第一，开闭幕式是重头戏，能起到营造氛围、带动运动会的作用。国际组织和社会公众对开闭幕式的内容和形式非常关注，按照奥运会的说法，搞好开幕式等于成功了一半。它的分量如此之重，就是因为我们所表达的声音、所体现的内容要通过开幕式传达出去，而现场比赛传达的是力量。没有开闭幕式，现场比赛传达的力量没有这么大。

这次广州亚残运会的困难是比较多的。前面的多哈亚运会开幕式搞得很漂亮，创意也很好，但是钱用得也很多。今年前期

---

* 这是邓朴方同志在广州亚残运会开闭幕式方案汇报会上的讲话。

有上海世博会,亚残运会的宣传势头就被压住了。世博会后到十一月份也就一个月的时间,恐怕到了世博会的后期,亚残运会的宣传就得加强了,不能等世博会完全结束以后再开始。世博会的高峰过去,亚运会、亚残运会的高峰就得上来。这么大的事情,我们没点儿声音、没点儿力度也是不行的。一定要把开闭幕式搞好,把公众的注意力引导到亚残运会上来,把亚残运会的气氛调节起来,我觉得这个是要做到的。

第二,要把亚残运会的基本理念充分展现出来,很好体现广州亚残运会的特点。我觉得开幕式里面,不能缺少爱的主题,要展现生命的美丽,表现残疾人生命的尊严、顽强、精彩和价值,体现社会对残疾人群体的关爱。刚才海迪说现在的世界不缺少色彩,虽然现在我们的社会还有很多不尽如人意的地方,但人们向往的就是更多的爱、更多的美丽、更多的幸福。我们要通过运动会,把大家的理想寄托在里面,引起群众的共鸣。问题在于你的作品、理念能不能让大家共鸣。我觉得要在这个地方下点功夫,要让大家看了以后感同身受。

第三,每个节目要有自己的特点,要做到与以往不同。我刚才说导演气魄不小,就是需要大胆的创意和大胆的想象,有这样的激情才能挥洒出来,把节目搞好。你们在很多地方都体现了这一点,展现了体育的激情和人文关怀,我觉得很好。

第四,我讲一下几个方面的关系。

一是国际元素和民族元素的结合。像爱、和平,都是国际元素。民族元素、广州元素也有一定的体现,实际操作中可能都会有,比如歌曲、舞蹈编排。有了民族元素、广州元素,才能有国际元素。民族的才是世界的,要把这两方面结合好。

二是把动静问题处理好。要避免人海战术,不要动辄几千人。中国国画还有个留白,要有安静的时候,要有让大家喘喘气的时候；不要从头动到尾都色彩斑斓，别让大家觉得闹。你们看看，是不是根据艺术的特点适当地调配一下？我希望在动静问题上、在艺术把握上能克服中国的老毛病，处理好动和静的关系。

三是技术和人性的问题。我们说技术能体现很多东西，要把人的因素突出出来，把残疾人自强不息的奋斗精神、把他们的感受、把他们的声音传递出来。这种声音能让电视机前的观众与运动员互相交融起来、感应起来。当然，这是比较难做到的。那么，要调动人的因素、人的主观感情因素，让人真切地感受到残疾人奋斗的这种感情、这种精神、这种希望，感受到人性的美和力量。当然，还应有体育运动精神，毕竟是运动会，要有运动会的特点。

四是要重视电视转播问题。电视转播把现场放大了，把创意和电视摄影结合起来，把要表达的感情集中在电视屏幕上，重视电视机前观众的感觉和电视转播效果，这样人性的东西就出来了，既可以节约经费，也可以提高效果，起到事半功倍的作用。

我简单提这么几点不着边际的东西，对与不对，你们参考。

残疾人"两个体系"建设
要做好长期艰苦奋斗的准备＊

（二〇一〇年四月二日）

听了新宪同志的报告和大家的发言,我感触很深。在二〇〇九年这个新世纪以来我国经济发展最为困难的一年里,残疾人工作取得这么多成绩,是非常不容易的。从二〇〇九年度全国残疾人状况监测数据来看,城乡残疾人家庭收入水平都有提高,恩格尔系数有所下降,残疾人参加社会保险的比例、得到社会救助的比例、残疾儿童接受义务教育的比例以及城乡残疾人就业人数都在明显上升,小康实现程度提高了三个百分点,达到百分之五十三点五,尽管与全国全面小康实现程度百分之七十六点六相比还有很大的差距,但进步也是明显的。这些成绩的取得,得益于我国经济长期平稳较快的发展,得益于以人为本的理念和加强社会发展的国家战略,得益于中央七号文件的出台和上下相应的有力推动,同时也是在回副总理的领导下,国务院残工委精心组织,各成员单位全力支持,广大残疾人工作者和残疾人共同努力的结果。

去年的扎实工作为今年打下了一个很好的基础。今年乃至今后一段时期残疾人工作的主要任务,就是要按照今年政府工

＊ 这是邓朴方同志在国务院残疾人工作委员会第五次全体会议上的讲话。

作报告中关于"加强残疾人社会保障和服务体系建设"的要求,认真落实国务院办公厅转发的《关于加快推进残疾人社会保障体系和服务体系建设的指导意见》,大力推进残疾人"两个体系"建设。

残疾人"两个体系"建设,说到底就是要弥补残疾人在社会保障和服务方面的差距和不足,工作的重点是在基础性工作上下功夫,工作的目的是缩小残疾人的总体生活水平与社会平均水平的差距,在这个基础上为他们的参与和发展创造平等的机会和更好的条件,使残疾人生活得幸福、有尊严。"两个体系"建设的工作性质和内容决定了这是一场攻坚战,不可能一蹴而就,既要强力推进,更要扎扎实实,要做好长期艰苦奋斗的准备。

小平同志讲,我们搞社会主义才几十年,还处在初级阶段,巩固和发展社会主义制度,还需要一个很长的历史阶段,需要我们几代人、十几代人,甚至几十代人坚持不懈地努力奋斗,决不能掉以轻心。残疾人"两个体系"建设离不开社会主义初级阶段这一基本国情。

现在,我们具备了一定的经济社会条件,党中央和国务院也明显加大了保障和改善民生的政策力度,我们面临着很好的机会,应当有一个好的发展势头。我认为,在我们的事业发展过程中,某项业务领域出现若干个发展速度比较快、效益比较好的阶段是必要的,也是能办到的。所以,我们现在要抓住机遇,乘势而进,争取在一定的时段内打他一场硬仗。但是,我们仍然要保持清醒的头脑,要客观地考量这项工作的复杂性和艰巨性,一定要以实事求是的态度、艰苦奋斗的作风,扎扎实实地做工作。要勇于面对问题,善于克服困难,使我们的工作经得起历史的考验、人民的考验。这样才能打好事业的基础,为残疾人带来真正的利益,并且一步一步地实现我们的目标,让残疾人生活得更幸福。残疾人这个特殊困难群体生活过好了,我们国家才会更好,社会就会更和谐,人民生活得更幸福!

  我再次感谢各成员单位对残疾人工作的重视和支持,也希望大家在保障和改善民生的总体安排部署中,加大对残疾人"两个体系"建设的政策支持力度和财政支持力度,加快改善残疾人状况,使残疾人和全国人民一道迈向更高水平的小康社会,真正享受到社会公平正义的阳光。

在上海世博会生命阳光馆
活动周启动仪式上的讲话

（二〇一〇年五月十日）

今天，我们满怀喜悦的心情相聚在美丽的上海世博园，出席生命阳光馆活动周启动仪式并参观这一具有特殊意义的展馆，感到十分高兴。

世博会是展示交流人类物质和文化发展成果的宏大殿堂，也是不同国家、不同民族、不同文化的人们共享欢乐、增进友谊、相互学习、共建和谐的盛大聚会，为推动世界的和平与发展发挥着重要作用。中国承办二〇一〇年上海世博会，在一百五十九年的世博史上首次设立了以残疾人和残疾人事业为主题的生命阳光馆，这是时代文明进步的体现，是全世界六亿多残疾人士的共同心愿，得到了国际社会的普遍赞誉和关注。联合国秘书长潘基文先生为此专门写信给予热情赞扬和祝贺。上海世博会设立生命阳光馆，充分体现了中国政府坚持以人为本、尊重残疾人、维护人权、尊重生命的理念，彰显了全社会对残疾人的关爱、对残疾人事业的支持。举办生命阳光馆不仅丰富了世博会的人文精神，弘扬了人道主义思想，也为推进国际残疾人事务做出了积极贡献。

我国党和政府高度重视残疾人事业，关爱广大残疾人。胡锦涛总书记日前来到生命阳光馆参观，与参与展示的残疾人亲切交谈，勉励广大残疾人自强不息，为祖国多做贡献。胡锦涛总书记说,设立生命阳光馆很有意义,体现了全社会对残疾人的关爱。我们要继续大力推动残疾人事业发展,让关爱的阳光照亮每一位残疾人的心灵。回良玉副总理、俞正声书记、韩正市长等领导同志十分关心和支持生命阳光馆筹办工作。回副总理亲自听取筹备工作汇报并作重要指示,指出设立生命阳光馆是一个创举,馆名好、主题好、形式新颖、特色鲜明;要求充分认识办好生命阳光馆的重要意义,充分体现人道关爱,突出人文情怀,做好宣传推介,扩大残疾人事业影响。俞正声书记对于生命阳光馆给予多方面支持,并担任"世博中国关爱生命共享阳光"组委会名誉主席。这些对于办好生命阳光馆、做好未来半年时间的参展工作都是极大的鼓舞和鞭策。

在各有关方面的支持下,经过两年多的精心筹备,生命阳光馆正以特殊的魅力迎接各国各界人士踊跃参观。我相信:每一位参观过的人士,都会加深对"消除歧视、摆脱贫穷、关爱生命、共享阳光"和"城市,让残疾人生活更美好"这一主题的理解,都会被残疾人热爱生活、自强自立的精神所感动,都会为残疾人的聪明才智和创造力而赞叹。我们的心灵将得到一次净化,思想和行动将得到一次提升。

举办生命阳光馆活动周是集中展示、宣传展馆和残疾人事业的重要平台。我衷心地希望,残疾人朋友和国内外各界人士都能来生命阳光馆看一看,沐浴温暖的生命阳光,增进对残疾人事业的了解,共同携手创造幸福生活和美好未来。

预祝上海世博会和生命阳光馆馆周活动取得圆满成功!

加大扶持与救助力度，
帮扶农村贫困残疾人*

（二〇一〇年五月十五日）

在第二十个"全国助残日"到来之际，我们来到残疾人扶贫基地，看到有这么多的残疾人朋友在这里实现了就业，获得了劳动收入，还有更多的残疾人在基地的辐射带动下，开始脱贫致富，我非常高兴。

今年是残疾人扶贫开发十年计划执行的最后一年。十年来，在各级党委、政府的关心、重视和社会各界的共同努力下，有一千万左右的贫困残疾人解决了温饱，脱离了贫困，这是十分了不起的成就。当然，按照新的贫困标准，目前我们农村贫困残疾人仍然有一千多万，残疾人扶贫工作任务仍十分艰巨，需要做出进一步的努力。

我们要认真总结这十年来农村残疾人扶贫开发工作的经验，特别是各地在实践中创造出来的好做法，比如扶持建立残疾人扶贫基地，集中政策资金、技术优势带动残疾人脱贫。

北京市在农村残疾人扶贫工作方面形势新、内容实、政策强，残疾人得到的实惠多，特别注重在制度层面建立帮扶残疾人的长效机制，为全国做出了榜样。

---

* 这是邓朴方同志在第二十个"全国助残日"前夕视察北京市昌平区君知雨扶贫助残基地、走访慰问小汤山镇常兴庄村贫困残疾人时的讲话。

当前,我们正在推进残疾人社会保障和服务体系的建设,对农村残疾人的保障和服务是我们残疾人工作的重心,希望随着"两个体系"建设的推进,更多的农村残疾人享受到经济社会发展进步带来的实惠。

怎样管好用好八一康复中心?*

(二〇一〇年六月八日)

这次来四川,非常高兴有机会和各方面的同志进行交流。四川面对汶川地震带来的巨大灾难,坚强地挺起腰杆,扎实工作,思路清、路子对,争取大机遇,谋求大发展,有了大推进、大进步。四川残疾人工作也有了大进步,这来之不易,与省委、省政府的大力支持,各部门的大力帮助,残疾人工作者的加倍努力,残疾人的自强不息密不可分。

四川残疾人事业近年来在省委、省政府领导下取得了综合性、全面性的进步,这非常不容易。从上世纪八十年代起,四川的残疾人事业发展就遇到不少困难。一个原因是四川经济总体困难,财力长期紧张;第二个原因是四川地域大,残疾人口数量大,区域发展差异也大,除成都等地发展较好外,其他地方还有一定差距。对此,我一直希望四川残疾人工作能够加快发展。

目前,四川处于跨越式发展的新阶段。汶川地震后,四川的经济、社会、文化发展都面临着新的机遇。一是西部大开发增加了力度;二是藏区发展新政策;三是国际金融危机后,国家对基础设施建设的投资增加;四是汶川地震后,全国对震后重建的帮

---

* 这是邓朴方同志在出席四川省八一康复中心签字交接仪式之前听取四川省残疾人工作汇报后的讲话。

助。这些都使四川的改革和发展形成了新局面,这一切得到了广大人民群众的普遍认可和欢迎。

以此为契机,四川残疾人事业也要力争开创新的局面。对残疾人事业,省委、省政府是支持的,残联要努力,要科学谋划"十二五",切实推进残疾人社会保障体系和服务体系建设。要进一步发挥广大残疾人的积极性、主动性,争取在新的形势下使残疾人事业再上一个新的台阶。

四川八一康复中心是中央军委领导亲自提议、决策的灾后重大建设项目,非常必要,建好、管好八一康复中心意义重大。建设八一康复中心投入三亿多元钱,暂定床位五百张,配备目前国内一流的设备设施。要管好、用好它,使它充分发挥作用,这对四川残疾人事业是巨大的机遇和挑战。八一康复中心从提议到建成,中央军委领导起了巨大的作用,明天举行签字交接仪式后,军队的任务就圆满完成了。接下来如何管好、用好中心的任务,就转到地方,这也是中国残联的任务。我们一定要完成这个任务,向党和人民交上一份满意的答卷。

怎样管好、用好八一康复中心,我这里强调几点:

首先,要有高起点的目标设计。要力争把四川八一康复中心建成全国一流的康复中心,建成和中国康复研究中心相对应的康复技术水平和康复技术能力的中心。这个水平和能力现在可能还达不到,但可以定个五年或十年的目标逐步实现。中国康复研究中心建设了二十年,做到了亚洲一流、世界一流,现在中国只有这么一家。四川省八一康复中心建成后,可以紧随中国康复研究中心成为第二家,它有这个潜力,因此目标可以定高一点。八一康复中心开展的康复业务要结合四川灾后的实际,突出地方特色。一是截瘫者康复,二是截肢者康复,这两项是地震后急需的,也是日常的重点业务;三是脑意外康复,这将是常见病、多发病;四是脑瘫的康复,群众需求也很强烈。要依据专家的科学论证,确定具体业务项目。

其次,要建一个好班子,要有一个好的班长。这个班子应该有较强的领导、组织、协调能力,班子中还要有必要的医学专家。要把专家队伍建设起来,没有学科带头人,没有强大的技术力量,八一康复中心就站不住脚。此外,医护队伍建设也很重要。

第三,要有充足的编制。四川省八一康复中心现在有四百人的编制,今后还可以根据发展情况适当增加。

第四,经费要保证。除了人头经费外,还要有必要的运转经费。

第五,要有政策支持。八一康复中心应纳入本地医保定点医疗机构管理,请相关部门给予一定支持。四川省八一康复中心现在有五百张床位,留有一定发展余地,将来要发展到一千张床位以上,有了足够的床位才能接纳足够的康复人员,才能留得住骨干人才。

对四川省八一康复中心建设,希望四川省残联重视起来,其他部门给予支持。在班子和队伍建设上,希望组织部门、卫生部门多支持。四川省康复人才在学科带头人这方面较弱,可以从其他相关领域请进来,比如可以像中国康复研究中心最初那样,先将骨科领域的专家请进来。中国康复研究中心也可以帮助带两三年,但八一康复中心学科带头人要成长起来,必须靠四川自己,中国康复研究中心不能代替,必要时要不惜三顾茅庐请能人。八一康复中心只有康复技术水平达到较高水准,才能实现高水平的康复服务,才能做到立足四川,辐射西南,才会真正充满希望和前途。中心管好用好了,才能发挥资源中心的作用,发挥龙头的作用。只有管好、用好八一康复中心,我们才能不辜负广大残疾人的期望与胡锦涛主席的关心和支持。

在军队援建四川省八一康复中心项目落成暨交接仪式上的致辞

（二〇一〇年六月九日）

值此五·一二汶川特大地震灾后恢复重建取得重大的阶段性胜利之际，军队援建四川省八一康复中心顺利建成，这是四川也是全国残疾人事业发展史上的光辉里程碑。在此，我谨向四川省八一康复中心的落成及移交表示热烈祝贺！向为四川省八一康复中心建设付出辛勤劳动、做出巨大贡献的军地有关各方和广大建设人员致以崇高的敬意！向长期以来对残疾人事业给予关爱、帮助、支持的军地各级领导和同志们表示衷心感谢！

在我国残疾人事业发展壮大的历程中，始终凝聚着人民军队的大力支持和无私援助。四川省八一康复中心是中央军委胡锦涛主席亲自决策，解放军四总部援建，四川省人民政府和中国残联协助建设的重大灾后恢复重建项目。总后勤部和成都军区联勤部广大官兵认真落实中央军委决定，全力支援中心建设，仅用了不到两年的时间，就建成了这个环境一流、设备一流的康复中心。四川省八一康复中心的顺利建成，再次显现了党和人民的伟大力量，展示了人民军队的英雄风采，彰显了军民鱼水情谊，必将成为汶川特大地震灾后恢复重建的标志性工程，成为四川乃至全国残疾人事业发展的展示窗口，成为人民军队爱人民，人民军队支持残疾人事业的永恒的丰碑！

四川省委、省政府历来高度重视发展残疾人事业。在省委、省政府的正确领导下,四川残疾人事业取得了长足进步,残疾人状况得到了持续改善。在伟大的抗震救灾和灾后恢复重建中,省委、省政府坚持立党为公,执政为民,从残疾人特别是地震伤残人员最直接、最现实、最具体的利益出发,卓有成效地开展了地震伤残人员调查评定、地震伤残人员康复、康复服务机构重建等工作,并对四川省八一康复中心建设给予了高度重视,充分体现了省委、省政府对广大残疾人和残疾人事业的特殊关爱,广大残疾人和残疾人工作者对此将永远铭记在心。

在四川省八一康复中心筹建过程中,中国残联始终给予了高度的关注和支持,要求举全国残联之力,充分调动各方面的力量,积极支持四川省建设好残疾人康复中心。为此,中国残联在项目论证、设备配置、人员培训、机构设置、业务指导等方面做了一些工作,其目的是希望凝聚全国一流的康复专家智慧、借鉴国内外康复中心经验,从而使四川省八一康复中心在功能定位、业务布局、运行模式等方面少走弯路。今后,中国残联将继续对四川省八一康复中心建设和发展给予支持,积极帮助中心解决好运行中的有关问题。

今天,四川省残联将正式接手管理四川省八一康复中心。我们希望,四川省残联要在省委、省政府的领导下,在军地有关各方的支持下,始终坚持中心定位,始终恪守服务宗旨,始终着眼科学发展,不断吸取各方智慧,努力管好、用好、发展好八一康复中心,真正把中心建设成为全国一流的残疾人康复技术中心、康复资源中心和康复人才中心,切切实实为党政分忧,为残疾人造福。同时,以此为契机,坚持学习、实践科学发展观,继续发扬"万众一心、不屈不挠、友爱互助、自强不息"的伟大抗震救灾精神,深入贯彻落实中共中央、国务院《关于促进残疾人事业发展的意见》和国务院办公厅转发中国残联等十六个部门《关于加快推进残疾人社会保障体系和服务体系建设指导意见的通知》精神,进一步抓好灾后恢复重建,进一步推进各项业务领域的工作,进一步改善残疾人生活状况,以残疾人事业又好又快发展的实绩,努力为促进四川省残疾人事业的发展,为加快推进残疾人社会保障和服务体系建设,为四川省经济社会发展做出新的更大的贡献。

预祝四川省八一康复中心运转顺利!

重庆的残疾人工作*

(二〇一〇年六月十二日)

这些年来,重庆的社会、经济有了非常大的发展,近期更可以说是飞跃发展,出现了一片欣欣向荣的景象。这个局面使我们看到了希望,看到了前景。当然,现在重庆各方面还有不少困难,需要继续做艰苦的工作,但是大家都有信心,情绪高涨,我觉得这是非常可贵的。

这些年来,特别是改直辖市以后,重庆的残疾人工作越做越好。重庆的残疾人工作原来是比较困难的,以前财力不足,就是按计划单列市的这么一个标准来要求,所以在基础设施、人员配备、资源配置各个方面都不足。直辖以后,要求也随之提高,就面临一个问题,即怎么把以前的缺项补上来。我看,这些年来,以前的欠债逐步补上来了。比如说基础设施建设,建服务中心、康复机构,现在又搞体育机构,慢慢就补上来了。再比如说组织建设,原来重庆的县级残联建设并不好啊,现在地区、县包括乡这些基层组织都搞起来啦,这很不容易。另外,残疾人的康复、教育、劳动就业、权益维护等,包括文化体育、扶贫工作,都一步步上来了,形成了全面推进的一个新局面,工作都能逐步做到基

---

* 这是邓朴方同志在调研重庆残疾人工作时讲话的第一部分和第三部分。

层了，这些都非常好。刚才马正其副市长说，我们中国残联的要求是"横向到边，纵向到底"，这就做下去了，非常不容易。而且，残联工作队伍的精神状态也好，工作也比较努力，比较扎实。

重庆市委、市政府，连续几届都十分关心残疾人事业，重庆人大、政协这几大班子也都给予了指导，各局、委、办方方面面都给予很多的帮助。另外，我们残疾人工作者工作非常努力，广大残疾人群众奋发向上，所以才出现这样的新局面。现在，就是要借着中央七号文件的东风，围绕加强残疾人"两个体系"建设，加强各方面的工作。这次我来，一个是问候家乡人民，另外一个是要感谢上上下下所有同志为残疾人所做的贡献！我深知做这些事情非常不容易，要付出艰辛的努力，我表示衷心的感谢！

以前我来重庆，总体印象是方方面面都很困难，今天来我是怎么一个印象呢？方方面面都有希望，这就是一个很大的进步，这就是个很大的飞跃。从残疾人事业发展水平来看，重庆在全国还是中等水平，有很大发展余地。赶超有个过程，不承认过程总想一蹴而就是不行的，哪有一蹴而就的事情？一蹴而就的事情都是靠不住的；只有一步步做下来的事情，才是最靠得住的。我希望残联更加努力，各方面也要多支持一点。从总的部署上看，最重要的还是要按照中央七号文件的要求，全面贯彻落实，完成"十一五"规划，做好"十二五"规划，这是第一点。

第二点，重庆市残疾人工作要着重做好两方面的工作，一个是基层，一个是残联自身。基层，现在你已经渗下去了，但是，你的人员稳定不稳定，你的任务饱满不饱满，你的机制健全不健全，你的保障是不是充分，这些都要研究，都要扎扎实实地抓好。另外，市残联这一块一定要加强。重庆以前是一个计划单列市的架子，承担了一个大直辖市的任务，熬这么多年也算不容易了。但小马拉大车，一时可以，长远就难以为继。以前我们特别重视地、市、县的残联建设,在重庆,我看两头都要加强。

第三点,关于公共设施无障碍建设的问题。我始终都在强调它的服务对象是全体人民,不仅针对残疾人,也方便老年人、妇女和儿童以及其他需要的人群。

今天顺便谈一下老年人问题。我查了个资料:二〇〇〇年的人口普查显示,我国六十五岁以上老年人口占总人口的百分之六点九六;六十岁以上人口占总人口的百分之十点二。按照国际通行的六十五岁以上老年人口占总人口的百分之七的标准,我国已基本迈入老年型社会。

发达国家老龄化进程长达几十年至一百多年,如法国用了一百一十五年,瑞士用了八十五年,英国用了八十年,美国用了六十年,而我国只用了十八年(1981～1999年)就进入了老龄化社会,而且老龄化的速度还在加快。

另外,发达国家社会进入老龄化时,人均 GDP 一般在五千到八千美元,而我们人均 GDP 现在才达到三千美元,呈现了"未富先老"的特征。

现在内地许多城市的住宅、公共服务场所普遍缺乏无障碍,一些老人下不了楼,这些现象在北京已经很突出了。重庆目前处于一个大发展的时期,所以在建设过程中就要注意公共设施无障碍。当然,重庆是山城,建筑上困难可能多一些。但香港也有山,它也搞得很好。我相信一定有办法搞好的。这次我在四川,看到地震后建设的新城镇,也有公共服务区,他们把无障碍都建上了。

比如说你们在社会主义新农村建设和城乡一体化改造的过程中,把所有的公共设置都搞成无障碍,就一劳永逸了。现在搞公共场所无障碍设施花不了很多钱,只要在图纸上画上就行了。等你都建好以后再改造,那就要花大钱了。比如说你们修的轻轨或地铁,不知道有没有垂直升降的电梯。北京我是要求所有地铁都有的,以前建的一号线、二号线改造起来就很困难,安排个爬楼车实在是很麻烦的。现在北京新建的地铁线路上都有了,上海也有了,全国都要把它搞起来。重庆公交将来肯定要在很大程度上倚仗轻轨,所以要未雨绸缪,做到全部无障碍。

这个问题我就是强调要早做。刚才我听说重庆建委花了三十多万元对设计人员进行了培训,这就对了,抓到点子上了!空说半天,设计人员该怎么设计还怎么设计,完了你还得改。

第四点,要把残疾人群众的积极性和热情充分调动起来。刚才马正其副市长说,我们有的残疾人被评为"感动重庆的十大人物"、"重庆道德模范"等等,我很高兴。怎样才能把残疾人的积极性调动起来呢?说起来复杂,实际也很简单,就是发挥他们的作用,让他们感到自己是主人翁。我们要看看,残疾人在残联里,在社会上,他们是个什么态度?是积极的态度,还是消极的态度?在残联里,他是积极发挥作用,还是和残联领导都说不上话?现在,一些地方残疾人和残联之间还有距离,这是一个很大的问题。残联要积极发挥各个专门协会的作用,要让他们活跃起来,要让他们有活动经费,有活动场地,有活动内容,这样就能把残疾人群众紧密地团结在我们身边。要关心他们的疾苦,给他们解决各种各样的实际问题,使他们真的感觉到残联就是他们的家,他们就是这个家的主人。我们每一个残疾人工作者都要认识到,我们就是为残疾人工作的,残疾人就是我们的上帝,要形成一个这样的关系。这样,残疾人就不仅是福利对象,不仅是康复对象,也不是社会负担,而是主人翁,是建设中国特色社会主义的一支积极力量,是建设和谐社会的一个积极因素。

第五点,我想说说残疾人"两个体系"建设。"两个体系"建设真的是一个重要的事情,它是把为残疾人的服务规范化、制度化或者是法制化,是一个意义深远的举措。"两个体系"建设好了,我们很多工作都可以包含在这个大系统里面。这样的话,政府也好,残联也好,工作会更加规范,残疾人得到的实惠会更有保障。所以,"两个体系"建设是中国残联现在的工作重点。关于"两个体系"建设,中央已经有文件了,我们要认真地落实。这样,我们整个工作体系就能够发生巨大的变化,当然以后还要不断改进,不断完善。

另外,残疾人队伍的自身建设还是要有一个比较高的道德标准,要有更多的爱心。残联的工作有个特点,就是你不推,它动不了。根据多年的经验,理事长的积极性、主动性很重要。理事长活跃,残联这个班子活跃、积极主动,工作就做得好。因为残联以前没有完整的工作体系,一切都是从头建立的,所有的业务都要从头开创。直到现在,我们已经工作了二十多年,仍然在不断地开拓,不断地创造。不开拓,不进取,马上就会掉下来;别的部门不会有这样的情况,可是残联就是这样。所以,我拜托各级党委在选配残联干部时,一定要把班子配强,尤其是一把手。另外,残联队伍内部也要不断加强自身建设,提高为残疾人服务的积极性和主动性,加强和残疾人的血肉联系。

这次来四川、重庆,给了我很大的鼓励。我觉得我们四川人、重庆人真是了不起!什么事情给我的印象最深呢?就是我们四川人民在创造美好生活方面的乐观情绪和进取精神。大家都知道我们四川人乐观,那个地震尽管震,我们麻将照样打。屋子里面不行了,到外面打,这么困难的情况下还这么乐观呀!还有,我们受灾了,但我们重建,而且用新的理念去重建,建的房子比以前的还好。上面住人,下面是铺面,创造理想美好的新生活。我去映秀镇看过,都是大设计师、大设计院在那里设计小房子,外面是民族风格,里面是宜居环境。这样搞起来,就给我们农民树立了一个榜样,将来我们的生活也会这样美好。

我还看了一个材料,是专门为牧区新设计的帐篷。帐篷有九件套,彻底改变了牧民的生活方式。原来牧民睡地上,现在睡床上,大大减少了疾病的发生,在扶贫的基础上,为藏民创造了新的生活方式。

这次来重庆,看到市委提的"五个重庆"——宜居重庆、森林重庆、畅通重庆、平安重庆、健康重庆,这多好啊!这不就是在创造美好生活吗!我们重庆人的平均收入不是还比不上全国平均水平吗?但我们就是在这样的情况下,还可以创造比别人更加美好的生活。这种全新理念,这种创造精神,这种对美好生活的追求,这种乐观主义,对我教育很大,这是我此行的一个很大收获。四川、重庆的老乡们给了我一个很大的鼓励,使我的精神也振奋起来了。人要是老看眼前那些问题,就会老是忧心忡忡。转过头一看,我们也不错嘛,我们的基层政权巩固起来了,与农民的情谊也建立起来了,这是了不得的成就!

我们残联的工作,以后也得琢磨琢磨,也为我们残疾人想一想,怎么样为我们的残疾人创造更美好的生活。富有富的活法,穷有穷的乐子嘛!我们虽然不富裕,但能不能生活得快乐一点儿?能不能把我们的生活安排得好一点儿?我们残疾人也要联合起来,共同创造美好的生活。在扶贫的过程中,在安排就业的过程中,在搞特殊教育的过程中,我们也要有一种不断进取的乐观精神,要创造一点儿新鲜经验出来。做残疾人工作,整天看到的都是穷的、难的、苦的、头痛的事情,我们也要换个思维方式,要把快乐渗透到工作里头,把乐观主义渗透到工作里头,要有一股创造美好生活的动力,并在不断取得成绩的基础上,获取更多的快乐,因为我们是可以为残疾人群众创造更美好的生活的。

做残疾人工作要了解并联系国家大局*

(二〇一〇年六月十二日)

做残疾人工作很辛苦,需要我们"沉下去",又要经常"跳出来"。残疾人工作是和国家大局紧密联系在一起的。残疾人工作的每项进步,都是国家的进步;残疾人工作的每一项缺失,也是我们整个党的工作、政府工作的缺失。所以,下面我想和大家讨论一些问题。

首先,看看现在国家大局是个什么情况

第一点,改革开放以来我国取得了历史性的进步,这是不容置疑的。经过三十多年来的改革开放,我国的经济得到了高速发展,当然也不光是经济,我们的政治、经济、社会和文化都有了很大的变化,人们的生活水平得到了大幅度提高,社会面貌有了巨大的改变,这是改革开放三十年来的成就,是非常伟大的,是谁也否认不了的。我自己的感觉是,三十年以前,没有想到现在会达到这样的水平,想不到!正是这种历史性的进步,使我们中华民族振兴的前景成为可能。

第二点,尽管我们发展得快,我们也还是发展中国家。我们只是小康,中国人均 GDP 在世界的排名也就一百位上下,大多

---

* 这是邓朴方同志在调研重庆残疾人工作时讲话的第二部分。

数国家都比我们富裕。我们始终不能忘记,我们是处在社会主义初级阶段,还将长期处在初级阶段。现在,中国发展了,我们经常听到这样的话:"我们的国际地位大大提高了。""我们的经济总量世界第二了!""我们的外汇储备、贸易总量都是顶尖的!""美国人现在办事也要来找中国商量啦!"于是,我们也觉得自己了不起了,外国人提出 G2* 的概念,好像我们真与美国平起平坐了。别人给你下个套你也去钻?一些势力对我们或是捧杀或是棒杀从来没有停止过,我看大家还是要清醒一点,要想国家强盛,人民富裕,还得苦干几十年。

第三点,我们的发展是付出了代价的。既要发展总是有成本的,总是要付出代价的,这是不可避免的。加之三十年来,我们发展太快了,变化太大了,这个变化快得使人们思想跟不上,我的思想就跟不上,我们不少党政干部的思想也跟不上,我们群众的思想也跟不上。我们做的毕竟是前人从未做过的事,这导

---

* 指由中美两国组成一个 Group 来代替先前的 G8,即八国集团,以携手合作解决世界经济问题。这个概念是由美国哈佛大学经济史教授尼尔·弗格森于 2007 年首先提出的;而中美"两国集团论"是由美国彼得森国际经济研究所所长弗雷德·伯格斯滕 2008 年提出的。他认为,中国已经是个名副其实的经济超级大国,美国应当成全中国,使其成为国际经济秩序的合法建筑师和管理者,使中国与其作为全球经济超级权力的新角色相匹配;他还认为美国应寻求同中国发展一种真正的伙伴关系,以实现对全球经济体系的共同领导,而不是纠缠于双边关系中的众多问题和相互抱怨。弗格森还"创造性"地把 China(中国)与 America(美国)合成一个新词"Chimerica"(中美国),并宣称"中美国"这个概念是指最大消费国美国和最大储蓄国中国构成的利益共同体:美国和中国不是两个国家,而是同属于一个叫"中美国"的国家,它们之间是一种共生关系,一个储蓄一个消费,一个出口一个进口,一个提供产品一个提供服务,一个储备外汇一个印制美元。

致我们在工作中有很多疏漏,或者该做的没做,或者认识到了来不及做,或者做了短期也不能见效。所以我们在发展过程当中也付出了不少代价,有些代价甚至是很大的。比如腐败问题,现在十分严重,有愈演愈烈的趋势;比如环境问题,我们的发展是以环境为代价的;比如民生问题,我们的发展是以民生为代价的;比如文化问题,我们的发展还没有建立在同步发展的文化基础上。这就是代价!代价如果太大也会使我们的发展受挫乃至停滞。欠了债要还账,付出了代价要补偿。这就加重了今后发展的负担。

第四点,中国目前处于战略机遇期和矛盾凸显期,我们的矛盾凸显期是多项因素的叠加,极具危险性也极具挑战性。一是快速发展带来的种种负面因素使得中国社会问题逐步聚集并发酵,社会矛盾有加剧的趋势;二是人均 GDP 到三千美元以后,社会矛盾凸显不可避免,全世界如此,中国更加尖锐;三是世界全球化和高科技的发展,对中国这样的发展中大国压力巨大,何况我们面对的又是与我国有诸多矛盾冲突的强权势力。凡此种种,使中国在进一步发展的过程中,必将遇到难以想象的巨大困难。换句话说,在民族振兴的整个过程中,我们都处在危机之中,这样说并不过分。所以,尽管我们始终满怀信心,满怀希望,要使中华民族振兴崛起,但危机意识也始终不能放下。中央提出机遇大于挑战我是赞成的,我发挥一句,重视了危机才有机遇。国歌中"中华民族到了最危险的时候"这句歌词还要唱下去。

其次,我想和大家讨论我们面临的危机

我为什么要强调重视危机?因为这些危机足以中断我们的改革进程,足以动摇我们的国家基础,影响我们的执政党地位,

足以阻碍中华民族复兴的进程,这是具有颠覆性的大问题,千万不可麻痹大意。

第一,腐败问题。建国以后,我们由革命党变成执政党,在这个过程中,我们有些事情没有处理好。毛主席搞了一个无产阶级专政下继续革命的理论,导致了"文化大革命"。"文革"的失败导致了对党的理想和信念的冲击。粉碎"四人帮"以后,我们开始改革,小平同志说改革就是革命。实际上,我们改革就是转向经济建设,就由革命党转向执政党,在转的过程中遇到了什么问题呢?遇到了社会主义市场经济。市场经济就是讲效率,讲利润最大化,这对社会的冲击是非常大的。什么东西都要钱,什么东西都要利润,什么东西都要效益。效率、利润、GDP 重要不重要?重要。没有 GDP 什么也搞不成啊。但是,光有 GDP,光有利润,光有钱也不行。现在这种唯利是图的社会风气,对党的冲击是非常大的。为了钱,就罔顾党纪国法,就搞权钱交易,就寻租受贿,有一点权力就拿来换钱。这些年来揭出来的案子怵目惊心!我们共产党的腐败程度是惊人的,五十年代没有这现象。群众很不满意啊!我说,现在的中国还没有任何一个政治力量能够代替共产党,谁也搞不垮共产党,但是共产党自己能把自己搞垮!还有,现在一说腐败就是贪污,其实不光是贪污。黄炎培讲的"人亡政息","政怠宦成"*,都是腐败。"政怠"也是腐败,执政时间一长就会有惰性,就会有不作为;权力一大,又无制约,就会有乱作为,不是腐败是什么?文风不正,不动脑子,照抄照转,大话空话,穿靴戴帽,这些都严重地腐蚀着我们的肌体。上下级关系也有庸俗化倾向,领导来了,报喜不报忧,都是

---

* 语见黄炎培一九四五年七月出版的《延安归来》,参见《人道主义的呼唤》(第二辑)第 49 页。

好的；下去视察，看什么不看什么，该说什么话不该说什么话，都布置好了，这都是实际存在的现象。这不就是黄炎培说的"控制力下降"吗？说句老实话，我下去，每次也是事先安排布置。当然，腐败也不仅是共产党，还有社会腐败，世风日下。这些问题都非常危险，都足以颠覆我们的政权，足以颠覆我们的社会主义。

第二，贫富差距的问题和民生问题。改革开放初期，小平同志说，让一部分人先富起来，先富的再帮助后富的。他还说，如果两极分化，改革就失败了。经过三十多年的改革，现在情况究竟如何呢？先富的倒是富起来了，穷的却跟不上来。这个问题确实很严重。我们贫富差距究竟有多大？前两天我看到一个材料，世界银行的一个组织统计说，中国百分之一的人口占有百分之四十一的财富，美国是百分之五的人口占有百分之六十的财富。我查了一下，前面一个数据是世界银行误引国内学者的数据，应是百分之十的人口占有百分之四十一的财富。我不知道这个统计准不准确，但即使是后一个数据，也说明我们的贫富差距太大了。从我自己的感受来说，这个差距已经到了群众难以忍受的地步。再看我国的基尼系数，早已超过零点四的警戒线，学界有人最新的统计是已达零点五了，那就太严重了，要是西方国家早就崩溃了。这么说吧，咱们中国人吃苦耐劳，抗击打能力比较强，我们还能够维持下去。为什么现在中央下大力气解决民生问题呢，就是存在这些危机啊！

要缩小贫富差距，还是按毛主席说的"为人民服务"、小平说的"让人民满意"来办，这是宗旨问题。我们要做的事情很多，从一次分配、二次分配到三次分配，都要注意公平、公正，都要照顾困难阶层。比如城乡地域行业收入差距大，农民工的工资长期偏低，前一阵富士康闹了个"十二跳"，沸沸扬扬，这是一次分配要解决的问题。二次分配主要是要加大财政税收改革力度，加大公共财政的支出,为社会提供更多更好的公共产品、公共安全、公共管理和公共服务。比如我们长期未达到 GDP 百分之四的教育投入,这是二次分配的问题,现在中央已下决心解决。三次分配,跟我们的事业有关,就是大力发展慈善事业,动员更多的人特别是富人捐献爱心,帮助弱势群体。我想,只要全社会都努力,缩小贫富差距,实现公平正义是有希望的。

第三,资源和环境问题。资源、环境是两个问题,就资源来讲,一个是石油,一个是矿产,一个是水资源,都是要命的。现在战争,许多都是因为争夺资源,二战以及二战以来,有多少次战争不是为了争夺石油、天然气呢?我们实际也被裹进去了,苏丹、伊朗不是裹进矛盾了吗?环境问题现在非常严重,空气污染,垃圾围城,这是城市;农村是面源污染,江河湖泊污染,滇池、太湖,甚至渤海也都污染了。咱们这里是重庆,要是三峡大坝里面也富氧化了,那就麻烦了。只重开发,不重治理是不行的。过去,我们说资本主义国家发展靠牺牲环境,发展以后再治理,其实这个老路我们还在走着。但是,中国无论如何不能继续走这条路了,原因有两个:一个是西方人口少,他们的污染程度怎么也不如中国;第二个,他发生的时间早,现在我们这个时代,工业能力大大增加了,污染能力也大大增加了,治理的困难也大大增加了,有些还是不可逆的。一旦污染了,几十年也治不好,比如滇池,据说要几十年才能恢复,这个代价太大了。

第四,民族、宗教和国家统一问题。现在中国的民族政策应该说是全世界做得最好的。所以我们这个大一统的国家还相对稳定。你看看前苏联这个多民族国家的解体,南斯拉夫这个多民族国家的解体;斯里兰卡那么一点点,还有个泰米尔猛虎组织在搞分裂,菲律宾有个南部棉兰老岛的问题,俄罗斯有个车臣在那里闹嘛,你不是闹吗?也给你格鲁吉亚搞个南奥塞梯,都在这么搞啊！国际上有那么一股以颠覆他国为目的的民族自决风，这风现在刮着我们呢，这是大气候。我们也有小气候，也有分裂分子在那里闹，不仅是国内的问题，还有着复杂的国际背景。反过来看，西方自己却在搞欧盟，不仅搞欧元区，他还要搞欧盟政府。东南亚的东盟也是在联合，拉美也搞自己的小圈圈，北美的美国、加拿大、墨西哥也搞一个圈子，他们都在往一起捏啊！现在这个社会你不捏在一起，共同发展，共同进步，你在世界上站不住脚啊！所以我们不得不警惕这些问题。这都是我们国家面临的大问题。

最后再说一个文化问题。中国的传统文化主干是孔孟之道，经过"五四"运动一批判，再经过"文化大革命"的打倒一切，我们的传统文化遭到了沉重打击。现在，我们传统文化的留存不如台湾，也不如新加坡。新加坡你别看是个西化的城市国家，它留下的中国传统文化很多；我们有的地方甚至还不如马来西亚的华人社区、欧美国家的华人社区。马克思主义建立起来的革命文化，在我们中国曾经发挥了巨大的作用，中国人民从此站了起来，昂首阔步进行社会主义建设。我们就是从那个时代过来的，说大公无私，真的是大公无私，为了革命可以奉献一切，随时都可以牺牲自己。我们是真心实意地拥护这种革命文化的。但是，后来我们把它推到了极端，使得革命文化损失了应有的号召力。西方文化的精髓也没有真正进入中国。八十年代我就说过，我们中国旧的东西破掉了，新的东西没有建立，出现了文化真空，缺乏我们自己的理想，缺乏我们自己的价值体系。现在我们是什么都不怕，无所畏惧。以前发誓人们会说"天打五雷轰"，上面还有个天，现在不信老天爷了，上面没天了。现在什么毒奶粉了，什么注水肉了，什么有毒的东西都往里弄，怎么赚钱怎么弄，什么都不管了，唯利是图啊！根据一个机构的调查，世界上认为有钱就是成功的比例,中国最高,然后是日本和韩国。怎么会这样?其他国家,这么多老牌资本主义国家,也不认为有钱就是成功。这都是文化范畴的事情。

我们现在讲社会核心价值,是因为我们的价值观出了问题。我们强调建设和谐社会,是因为我们现在的社会还很不和谐。实际上,很多问题根子都在文化上。要在全民范围重建我们的新文化,重建我们的价值观,重建我们的道德文化体系。当然,这不是一个短期的事情。经济上容易办,十年可以翻一番。意识形态有可能一天就解决,比如,原来我是个民族主义者,读了共产主义ABC以后,我马上就变成共产主义者、社会主义者了,一天就转变了意识形态。佛教还有顿悟呢,一下子就大彻大悟了。但是文化上的问题,不是十年、二十年就能解决的,需要很长时间,也许是三十年、五十年、一百年。所以文化建设是一个比较长期的艰巨任务,搞不好,足以破坏我们国家的社会基础。

有人说,改革开放了,人民生活水平提高了,就天下太平了。不是这样的!我们还有很多问题,比如经济问题千万不能出问题,这是最要命的事;比如医疗、住房、教育等问题,都涉及社会的公平正义,许多都没有解决好。为什么我们现在的生活水平提高了,老百姓反而不快乐,不高兴呢?我们的发展比印度快,但据统计,印度的幸福指数却比中国人高。为什么?一是因为他们期望值不高,二是中国出现了许多不和谐的事,不顺眼的事,老百姓太反感了。

之所以谈这么多问题,就是因为我有这么多的担心。我们中华民族的振兴走到这一步非常不容易,难得的机遇啊!应该继续走下去,让中华民族重振汉唐雄风。但能不能继续走下去,还要看我们的工作,要看我们能不能解决这些矛盾。工作做好了,问题解决了,才走得下去;做不好,也有走不下去的危险。因此,我们只有横下一条心,克服困难,走向胜利。

再次,我想谈谈咱们自己能做点什么

近十年来,中央提出了科学发展、和谐社会、"五个统筹"、以人为本、建设核心价值体系等,都是针对这些问题来的。我现在谈这些问题,是想说,我们不怕有问题,但是要看到这些问题,看到这些问题的危险性。我们作为残疾人工作者,也要看到这些问题的危险性。我们残联是干什么的?就是帮助社会上最贫困的那些人。我看所有国家都一样,最贫困的人群还是残疾人群,中国最贫穷、最需要帮助的也是残疾人。残疾人的人均收入是人均收入的二分之一,普遍的就是这样一个水平。贫困人口中,残疾人比例越来越高。经济越发展,人民的收入越高,贫困残疾人口比例就越高,脱贫的残疾人过了几天又返贫了。咱们残联能否把这个底兜下来?我一直想,残联如果能协助政府把最穷的这部分人兜起来,就解决中国的大问题了。

所以,残联工作的意义还是很重大的。别人说我们意义不大,没关系,我们自己要觉得我们意义重大,自我感觉良好,如果自我感觉都不好,那我们干起来就更没劲了,是不是?我们一定要加强基层,一定要深入到群众中去,和群众绞在一起,滚到一起,和群众建立血肉的联系。共产党的执政基础就在这里,共产党不能脱离工人,也不能脱离农民。为什么富士康的工人要跳楼?为什么本田的工人要罢工?我们的工作没有做好啊!我们还是工人阶级的先锋队,我们的性质没有变嘛!所以,我们残联组织要"横向到边,纵向到底",要把农村的残疾人帮扶起来。你说这意义大不大?你把最贫穷人的问题解决了,你说这个社会公平不公平?如果那么多残疾人没人管,没人问,甚至可能被黑社会裹挟参与犯罪,这还有什么公平可言?一个社会没有公平,没有正义,生活在这里就会不满,就会产生戾气,戾气十足就会爆发!残联的工作做好了,老百姓一看共产党真正关心最穷的人,最穷的人有保障了,就会认为这个党是好的,这个社会是公平的,还讲点良心,讲点正义。你看,你这个理事长做的事意义有多大!你不得了,你是英雄呀!

现在,我们的改革进入了攻坚阶段。我们提出调整经济结构,转变我们的经济发展方式,这会涉及许多方面,涉及文化,涉及社会,涉及政治体制,是个综合工程。我们残联也是这个体系的一环,虽然是边边角角的一环,但也很重要。我们残疾人工作者要有大局观,这样我们就理直气壮。理事长找财政要点钱,心里也得有点儿底气;你不能说别人比我们更重要,我们也很重要,你也得支持我们。要盖一个体育中心,发改委得支持;我们人少,要增加几个编制,也要理直气壮;基层残联工作人员的待遇,财政也得保障一点。这样一来,我们基层工作就安定了,工作就上来了,也就联系到群众了。

在"二〇一〇年集善中国行"
慈善晚宴上的讲话

(二〇一〇年七月二十二日)

今天把我们聚集到这里来的,就是我们刚才在屏幕上看到的孩子们。中国有二百四十多万残疾学龄儿童,他们限于各种各样的原因,有的得不到学习机会,有的生活还很困难。但是大家看到了,他们每一个人都有自己的梦想,也有着追求梦想的勇气,这让我非常感动。我相信我们大家都有共同的感觉,这些孩子正需要我们帮助,正需要我们尽一份心力。

今天也是我们集体育和慈善交相辉映的一次盛会。昨天我们有一场非常热烈的足球赛。非常感谢伯明翰足球俱乐部把爱心和体育慈善的精神带到了中国。我们也感谢伯明翰足球队、北京国安足球队以及辽宁宏运足球队,他们已经进行了比赛和即将比赛。我能感觉我们的观众、我们的比赛是那么热烈,那么真诚,因为我们有一种体育精神。我们追求健康,我们追求力量更强、速度更快、技巧更精湛,我们还要追求和平、幸福,我们还要追求真善美,这就是我们伟大的体育精神,同时也是我们伟大的人类精神。现在让我们用自己的一颗心把这种体育精神和人类精神献给大家,把人道主义传播到社会方方面面。我相信在这个传播过程中,我们每一个人的心灵都能得到净化,都能得到升华,我们也是这些活动的受益者。

最后,我们大家共同来祝福我们看到的千里之外的那些孩子们。我们要对他们说:你们并不孤单,全社会的人跟你们是站在一起的,所有人的爱都会温暖着你们,祝福着你们,你们的一生都能得到幸福。

我想这是我们大家每一个人从心里发出的祝福!

成都市统筹城乡综合配套改革"三农"问题调研报告*

（二〇一〇年八月八日）

中国革命是靠农村包围城市实现的，新中国是依靠农民的支持建立的，我国目前比较雄厚的工业化基础，很大程度上也是运用了农业的积累才建立的，改革开放又是从农村突破的。农民对我国革命和经济社会发展居功至伟，而"三农"问题却依然困扰着我们。改革开放以来，中央在三十一年里发了十二个一号文件，虽然这个问题有了一定程度的改善，但还没有从根本上予以扭转，而且城乡之间、区域之间、阶层之间的差距还有继续扩大之势。

保持和农民群众的血肉联系是共产党执政的基石，是改革开放的原动力，更是中华民族振兴的必要条件。

基于这样的认识，我对"三农"问题虽未做过深入研究，还是认为成都经验具有重要的现实意义。

成都在城乡统筹改革试点中，以解决"三农"问题作为着力点，在许多方面做了了大胆的尝试。

比如，对于基层政权的治理方式，他们创建了一种"两委（村党组织、村委会）加一会（议事会）"的模式，而"两委一会"的

---

* 摘自邓朴方同志在考察、调研全国统筹城乡综合配套改革试验区成都市的工作后提交给全国政协主席贾庆林的调查报告。

成员都是经过民主选举产生的。在这种新的模式下,村党组织的领导改善了,村民会议(授权村民议事会)的决策职能加强了,村民委员会的执行力也增强了。村级治理机制的调整,改变了农村目前"两委"包办一切的状况,拓宽了普通村民参与管理的渠道,实现了决策权、执行权、监督权的相对分离,建立了"由民作主"的新型治理机制。这是落实一九九七年颁布的《中华人民共和国村民委员会组织法》的成功实践。

又比如,农村产权制度改革,必然触及到土地权属和财产性收入等重大敏感问题,我们长期在这些问题上绕着走,不敢突破。成都市没有回避这些问题,而是进行了大胆实验,这些实验包括:

推进土地承包经营权和林地使用权流转;支持农村集体所有的未利用地承包经营权流转;探索建立对农民自愿放弃土地承包经营权的补偿机制;建立集体建设用地使用权出让制度,推进集体建设用地使用权流转;探索建立对农民自愿放弃宅基地的补偿机制;开展农村房屋产权流转试点,建立城乡统一的房屋产权流转制度,逐步实现城乡房屋同证、同权,积极培育发展农村房屋产权交易市场。

这种实验,改变了农民"抱着金娃娃讨饭吃"的现状,宅基地、房屋、土地承包权等"死资源""活"起来了,资源变成了资产、资本,资产、资本产生了效益,变成了解决"三农"问题的巨大动力。现在,农民的收入大大增加,生活大大改善;农业在统一规划下,增产增收,欣欣向荣;农村的面貌也发生了根本的改变。

调查表明,成都的经验是有价值的。尤为可贵的是,"三农"问题的改善不是依赖政府某个时期的惠农政策,也不是靠好干部的个人行为,而是制度改革的必然结果,是具有根本性、长期性、稳定性的。这样就实现了科学发展。它的效果表现在:

第一,城乡差别得到遏制并略有缩小。

二〇〇三年以来,全市经济年均增速达百分之十三点八,实现了又好又快发展。地方财政一般预算收入较二〇〇三年增长百分之三百三十。二〇〇九年城镇居民人均可支配收入、农民人均纯收入分别同比增长百分之十点一和百分之十。城乡收入差距从二〇〇二年的二点六六比一缩小为二〇〇九年的二点六二比一。据北大国家发展研究院的比较研究,成都是全国唯一在城乡经济快速增长的同时城乡收入差距得到遏制并呈缩小趋势的特大中心城市。

第二,促进了资源节约和环境保护。

统筹城乡发展,联动推进了新型工业化、新型城镇化、农业现代化,促进了三次产业互动和产业结构升级,促进了资源节约和环境保护。二〇〇九年全市一、二、三产业比值由二〇〇二年的八点四比四十五点六比四十六调整为五点九比四十四点五比四十九点六,单位GDP能耗指标值比二〇〇五年下降百分之十六点八,主要污染物排放总量比二〇〇三年下降百分之三十七。

第三,刺激并扩大了城乡消费。

以前中国的GDP增长主要靠对外出口和财政投资拉动,国内消费一直疲软,主要原因是农村购买力不足。成都的城乡统筹实践,增加了农民收入,改变了农民的消费观念,再加上新城镇、新社区的建设,大大刺激并扩大了内需。成都市社会消费品零售总额从二〇〇三年的七百七十六亿元上升到二〇〇九年的一千六百二十一亿元。

第四,改善了党群关系,社会趋于和谐。

基层民主政治建设探索,密切了党群、干群关系,进一步增强了基层党组织的凝聚力和向心力。一种同心同德、上下齐心的新型党群、干群关系逐步形成。群众信访和群体性事件呈逐年下降趋势,二〇〇七年信访总量和群体性事件同比下降百分之十点四和百分之二点一,刑事案件同比下降百分之四点七。二〇〇九年全市实现违法进京"零上访"。

第五,初步实现共创共享机制。

通过建立城乡一体的就业、户籍、社会保障制度和覆盖城乡的文化、教育、医疗卫生等公共服务体系,推动了交通、供水供电供气、信息网络、市政信息等资源的城乡均衡配置,城乡居民"学有所教、劳有所得、病有所医、老有所养、住有所居"取得了积极进展,广大城乡居民初步实现"共创共享"机制,享受到越来越多的实惠。

我希望全国政协关注成都的试点,并向中央建言,适当运用成都经验,以扩大城乡统筹改革试点成果,为彻底解决"三农"问题、建设和谐社会探索出一条道路来。

与国际狮子会第一副会长谭荣根先生的会谈纪要

(二〇一〇年九月十六日)

邓朴方：谭先生这一年到处跑吧？

谭荣根：对。我自从去年七月当选以后，每天都在世界各地跑。每到一地，就会见到各个国家狮子会的会员，包括很多华人狮子会会员，他们都觉得第一是很兴奋，第二是受到很大鼓励。我也借此机会跟当地的使馆、领馆官员见面，可以代表狮子会对他们表示尊重。同时，也是我们的机会，我们可以把民间组织的思路与他们交流，也是代表中国跟世界接轨。

邓朴方：你开始去竞选的是第二副会长吧？现在是第一副会长。

谭荣根：对。最困难的是竞选第二副会长，因为那时候有五个候选人，一个是日本的，一个是新西兰的，一个是印度的，还有一个是美国的。最后我很幸运，就是因为大家都支持我，给我这个机会，我才当上了第二副会长。

邓朴方：你是五届的国际理事吗？

谭荣根：七届。这也给我一个机会学习很多东西。同时，我也想通过这个机会跟邓先生汇报。第一，非常感谢你对狮子会的支持，我们在八月份开"视觉第一"全球会议的时候，还特别讲到你对这件事情的支持。同时，在日内瓦开世界卫生大会的时候，他们也把中国跟国际狮子会合作的"视觉第一，中国行动"，跟其他国家负责医政事务的人员分享，我觉得非常好。

邓朴方：说到"视觉第一"，在国际狮子会呢，是一个全球的、重大的一个项目活动。这个项目的选择我觉得非常好，是服务于真正最贫困的人而且花费不多的一件事情，可以用有限的资金，解决很多人的问题。正好赶上中国正在进行大规模的防盲治盲工作，特别是白内障复明，也是针对贫困人口，大批的资金和人员都投入到这项事业当中了，我们两家合并在一起了。所以说，国际狮子会和中国残疾人联合会，再加上中华人民共和国卫生部，我们的合作是从一九九六年开始的，到现在大概已经有十四年、十五年的样子。

谭荣根：我们是从一九九六年开始谈这个事情的，一九九七年正式签约。

邓朴方：那时候，谭先生你跑来跑去的，来过中国很多趟了。另外，也把当时国际狮子会的主席、副主席都引荐给我们，带到中国来，谭先生在这件事情上发挥了巨大作用。把你们的国际项目和我们正在进行的工作结合起来，就创造出了巨大的社会效益。一九九六年到现在，我们给中西部地区的贫困盲人提供了帮助，总计复明人数达到了五百万，这是个很巨大的数字。五百万分之一就是每一个人，他有自己的家庭、自己的生活，他的复明对他的人生是巨大的改变，何况是五百万人！我觉得国际狮子会在白内障复明方面是相当成功的，这件事情做得非常漂亮，也是非常受欢迎的。

而且，你们的工作不仅仅是一个白内障复明手术，对县级眼科的建立、培训医务人员、培训护理人员，甚至在中国的基层建立白内障防治机构，让它成为永不消失的医疗队等方面，也发挥了作用。这是我们合作项目中比较全面、比较周到、比较成功、取得巨大效益的项目。

谭荣根：但是邓先生，虽然这件事情已经十几年了，只要你把历史重新翻来，从第一页开始看的话，没有邓先生你的大力推动，我相信，这件事情是不可能发生的，就是今天我都还是这样讲。正是由于有你的支持，有你的推动，有你的参与，有你的指导，我们才可以一步一步把这么多困难解决掉。然后，再把这个"视觉第一，中国行动"在国内开展起来。所以，我们所有的华人狮子会会员，包括我们国际总会的各位前会长，对邓先生是非常尊重的。前几天我在韩国的时候，就见到了罗布柳斯基，他跟你见过面的。

邓朴方：我很想念他！

谭荣根：他要赶回去陪夫人做身体检查，不然他本来说是昨天过来的。他想请我向邓先生问好，我们那天谈到过去十几年的交情，他对你很尊重。"视觉第一，中国行动"让这么多人能够重见光明，你真的是功不可没，你是整个事情的一个大力推动者。

邓朴方：罗布柳斯基啊，你替我问候他！

谭荣根：一定！

邓朴方：他的态度非常好，做事深思熟虑而且周到。我们之间交流从来都没有发生过障碍，都能够互相体贴，互相理解，互相尊重。在这样互相信任的基础上，中国残联和国际狮子会的合作取得了非常好的影响。

特别是我记得十几年前你们来了以后，除了"视觉第一，中国行动"，还做了很多事情。谭先生和香港三〇三区狮子会，跟我们内地比如广东省，有着广泛的联系，在中国参与各种残疾人事务，比如聋儿听力语言训练、盲人和低视力康复工作，还有救灾。救灾我记得谭先生你们在汶川的时候，第一时间就积极反应了。

谭荣根： 对。

邓朴方： 中国民众对这个事情印象非常好。谭先生你们三〇三区的和国际狮子会的其他朋友来了以后，不是在中国的大城市里面，而是直接服务在第一线。谭先生你就亲自去了青藏高原，那是高原雪域啊！在那么困难的情况下做白内障复明工作，不但鼓励病人，还鼓励医务人员，同时坚持在现场，他们有什么困难就地给他们解决。

你们还到了西南，高山峡谷啊！在那么困难、边远的情况下，用你们的服务精神、献身精神和热情的投入，给大家留下了深刻印象，感动了中国人。

另外一个是，你们在中国推广了人道主义的理念，这是我们最需要的。让大家都感到，我们这样的社会应当更加尊重人，帮助每一个困难的人，起到了非常大的作用。

还有一个，就是国际狮子会的工作使得非政府组织的声誉开始在中国逐步建立，这也是很重要的。中国的非政府组织并不多，将来会发展很多非政府组织。国际狮子会给我们带了个头，使得非政府组织的作用以及非政府组织的社会功能、组织功能和社会作用都能够充分体现出来，对中国的帮助都是很大的。

谭荣根： 讲到在国内有了这么好的狮子会会员，尤其是在玉树大地震的时候，我看到报纸上说狮子会是到那个地方赈灾的第一个非政府组织。看到这个新闻我就想，当初你如果不拍板去做这个事情，不推动这个事情，不创办国内狮子会的话，我相信今天也没办法看到这种荣誉。国内狮子会会员有今天的成就，我觉得你真是功不可没，这是第一。第二，因为你的影响力，经过你的推动，让他们感受到"为社会服务"这种理念，做得非常好。

邓朴方：玉树嘛，是刘小钢*你们首先反应的吧？

谭荣根：对。

刘小钢：中国狮子会第一时间反应。玉树当天七点多地震，十二点钟，狮友就去了。

邓朴方：所以说，在中国建立狮子会也是件大事。这件事上，谭先生，我真有点佩服你，非常顽强，非常执著，非常智慧。我们共同合作成立中国狮子联会，然后加入国际狮子会的大家庭。

现在，中国狮子联会大概有七千多人啦。他们有个计划，到二〇一四年达到两万人，这是大规模的扩张。因为大家也看到，中国狮子联会的成立也非常好，而且正己助人，一方面对自己有比较高的标准和要求，另外一个是帮助大家，使这个组织非常健康，非常良性，在社会上起到正面的作用。另外，中国狮子联会的整个发展过程是在非常稳固的基础上的，是一步一步地走过来的。刚开始如果一下扩大就很危险。一点点做下来，取得经验以后再逐步扩大，这样使我们的组织非常健康。现在中国狮子联会在中国也相当有影响力了，中国残联常务副理事长王乃坤是联会会长，这几位副会长都在这儿了。他们做了非常有效的工作，在中国也是影响非常好的。

想起来，当时我们在推动中国建立狮子会的过程中，困难重

---

* 中国狮子联会副会长，广东狮子会（2007～2008年度）会长。汶川地震后，广东狮子会先后派出一百一十八名志愿者加入四川地震紧急救援阶段的工作，与四川当地的NGO组织开展合作，组织救灾物资第一时间送往灾区。其间，刘小钢带领赈灾先锋队的队员分成若干工作组，先后走访了北川县城、绵竹市、都江堰市、德阳市以及汶川县城等二十多个地区，并将魏城镇作为广东狮子会工作的基地，与当地政府建立了密切的联系。

重啊！但是这些困难被我们一个一个克服了。现在想起来啊，有点戏剧性。

谭荣根：对。

邓朴方：也有点儿惊心动魄，有时候是千钧一发呀！抓住机会就牢牢不放，机会一过就再难挽回啦。当时我们抓住机会了。

谭荣根：只有一个像你这么有智慧、有魄力的人，才可以把这个事情做出来，"非其人不能成其事"，就是因为你整个地了解、整个地参与协调，才有了今天。

尤其是看到在四川大地震、玉树大地震时他们所展示的那种魄力、那种能力，实际上就是当初你种下的种子一点点开出花来了。

邓朴方：我们共同种的种子吧，还有当时各位狮子会的会长。

谭荣根：对。

邓朴方：我觉得，我们跟他们的沟通，经过谭先生你在中间的工作，我们有了一个非常好的沟通，所以历届会长跟我们的关系都非常好。我们跟国际狮子会在整个沟通、合作以及推动各方面事务上没有什么障碍。所以，我很感谢谭先生，把狮子会领进中国，做出了关键性的努力。

同时，也感谢历届国际狮子会会长，他们对中国的理解和对中国事务的支持。也感谢国际狮子会香港三〇三区各位狮友们，他们的努力、他们的贡献是不可磨灭的！应当是永远被人记住的。当然，我也感谢我们中国狮子会的会员们。

我们在一个新的起点上，能够英姿勃发地进入中国社会，闯出一片新天地，我觉得非常了不起，有时候我都佩服他们。小钢，我都觉得佩服你们。这是非常有活力、非常了不起的！

刘小钢：非常感谢残联的支持，没有残联的支持就没有今天，真的是！残联的各位领导对我们的支持太大啦。

邓朴方：这个平台呀，咱们中国的各位会员，大家都要珍惜我们这个平台，来之不易！你要维持下去也不容易。我们要保持始终的活力和一股正气、一种爱心，想着社会公平和正义，我们要在这方面给民众做更多的事情。这样的话，中国的狮子联会一定会有非常好的发展。

我听说台湾的水灾、海地的地震你们都参加了，中国狮子联会开始给世界做贡献了。

刘小钢：对，我们都参加了。

邓朴方：这只是开始，以后还会更多。随着中国经济的发展，随着我们人员队伍的壮大，还会有发展，还会有新的面貌出现。

谭荣根：邓先生，我听说你虽然担任国家领导人，但同时兼任两个职位，你认为很开心，一个是残联的名誉主席，另外一个就是狮子联会的名誉主席。这两个有密切的关系，我们觉得作为一个狮子会会员也是很自豪。

所以，我这次借着这个事情也向你报告一下，也向王副理事长报告一下，我八月份在"视觉第一"理事会开会，他们原则上是，我们合作的项目——就是我们"视觉第一"第三期的工程——还是希望可以跟中国政府继续合作下去，还是希望大家维持一个良好的关系。虽然不是什么一个大的名堂，但是总觉得这种关系要维持保留。所以，"视觉第一，中国行动"第二期完成了，第三期还是要继续工作下去，这也代表了让更多的国内狮子会的狮友来参与服务社会的平台。

邓朴方：对谭先生的态度，我表示欢迎啊！

谭荣根：谢谢！

邓朴方：我想，如果能够继续有一个平台合作，我觉得不但对民众有好处，我们中国狮子会和国际狮子会的友谊也可以进一步扩大，是非常好的事情。

谭荣根：我跟我们总会长，跟罗布柳斯基讲过了，他们还希望我代表他们邀请邓先生有机会到我们国际总会去。他们都希望在国际总会或者是在一个年会上跟你碰头。我晓得现在比较困难，但是还希望邓先生可以考虑一下。

邓朴方：看身体情况啦。

谭荣根：对。

邓朴方：谭先生，老朋友见面格外亲热啊！特别是罗布柳斯基先生，他能来就更好了，我是非常尊重他的。相信这么多年的合作，如果没有他会困难得多。总是要有一个人，他更能听得懂人们的话，更能体谅人。在这方面，我们建立的这种友谊非常珍贵！

当然，谭先生更不用说啦。我们的友谊同样是这样珍贵呀！

谭荣根：我们大家都是中国人，同时，我们也是狮子会会员啊。我们更希望可以看到国内的老百姓能够得到狮子会的帮助，也尽到我们作为一个中国人应该尽的一份责任，对我来讲是非常乐意的，也觉得这是非常高兴去做的一件事情。

邓先生你能够在各方面都这么忙的情况下还给予狮子会这么大的支持，来推动这个事情，我希望代表中国的老百姓向你表示感谢！

邓朴方：我做这个名誉会长是我的光荣啊！

开展残疾预防研究和行动意义重大[*]

(二○一○年十二月一日)

在过去的半个世纪中,由于大力开展儿童计划免疫、传染病控制、残疾人康复、初级卫生保健,以及营养、安全饮用水和环境卫生等方面的工作,我国人口的健康水平发生了举世瞩目的变化,传统因素致残明显下降。二○○六年第二次全国残疾人抽样调查表明,我国仍然面临着较大的残疾人口规模和发生风险。预防残疾已成为我国公共卫生和人民健康的重要目标,也是新时期我国关注民生,提高国民福祉的重大工程。

我国现有八千三百万各类残疾人,是世界上残疾人口最多的国家。长期以来,党中央、国务院和地方各级党委、政府高度重视残疾预防工作,相关政府部门先后出台多项残疾预防政策,实施一系列重大残疾人康复工程,在全社会宣传残疾预防知识,通过多种措施和行动努力防控残疾的发生和发展,为提高我国人口健康水平做出了卓有成效的不懈努力,促进了残疾人事业和经济社会的发展。

《中共中央国务院关于促进残疾人事业发展的意见》明确提出,要"建立健全残疾预防体系。制订和实施国家残疾预防行

---

[*] 这是邓朴方同志给残疾预防国际学术研讨会暨第四届中国残疾人事业发展论坛的贺信。

动计划,建立综合性、社会化预防和控制网络,形成信息准确、方法科学、管理完善、监控有效的残疾预防机制"。这为当前和今后一个时期我国残疾预防工作提出了明确的目标和任务。

就个体而言,残疾并不是注定要发生的,同时也并不是不可控制的,现代科学技术的发展为残疾预防提供了强有力的技术支撑。上世纪七十年代以来,在世界卫生组织的指导下,各国都就如何有效地预防和控制人口残疾,减少残疾的发生,减轻残疾程度的发展,进行了锲而不舍的探索,取得了不少宝贵的经验,许多经验和做法值得我们学习借鉴。

残疾预防工作是一项社会系统工程,政策性、科学性很强,既需要政府各部门协调配合和社会各方面的理解支持,也离不开专家、学者和专业工作者的参与,残疾人组织也要发挥应有作用。实施"中国残疾预防对策研究"国家社会科学基金重大项目研究十分必要,很有意义。要在吸收国内外残疾预防做法和经验的基础上,编制好国家残疾预防行动计划,为今后一个时期的残疾预防工程提供指引。残疾人工作就是要让残疾人过得好一些,尽量减轻残疾程度和障碍,活得有尊严;使残疾发生少一些,因残疾而可能产生的代价低一些;使老年残疾发生得迟一些,人们的晚年生活更加幸福。这都与残疾预防密切相关,开展残疾预防的研究和行动关系生命的尊严、家庭的幸福和经济社会的发展,意义是很重大的。

我相信,本次研讨会将有助于总结和分享国内外残疾预防经验,促进各国和各地区在残疾预防工作中的交流和合作,共同推进残疾预防的有效开展,为社会和谐和人的全面发展做出贡献。

康复协会要充分发挥技术支持作用[*]

（二〇一一年一月十四日）

中国残疾人康复协会从一九八六年成立至今,已经走过了二十五年不平凡的历程。自二〇〇三年第四届全国代表大会以来,协会第四届理事会围绕残疾人"人人享有康复服务"目标,坚持学术研究与康复实践紧密结合的方向,坚持协会工作与残疾人工作互动的运作机制,坚持以残疾人为本、全面康复的理念,团结广大康复专业人士,不断增强自身活力,积极拓展业务领域,促进康复事业的发展,热忱服务于残疾人。七年多来,在各方面共同努力下,康复协会在康复人才培养、康复知识传播、康复技术研究、康复工作推进等诸多方面取得了卓越成绩。协会所属三种杂志均为国家级科技核心期刊,协会的专业委员会从十二个发展到十七个,协会推动建立的二十六个省级残疾人康复协会已经成为各省残疾人康复工作的重要技术力量。在第二次全国残疾人抽样调查中,协会专家制订相关技术标准,并深入各地指导工作,确保调查方法的科学性和结果的准确性;在《残疾预防和残疾人康复条例》起草过程中,协会专家积极建言献策,提供专业咨询并参与修订,使条例制订工作在扎实的基础

---

[*] 这是邓朴方同志给中国残疾人康复协会第五届全国代表大会暨第五届学术报告会的贺词。

上进行；在汶川地震等重大灾害来临的时候，卢世璧理事长等协会众多专家不仅活跃在抢救伤员的第一线，并制订了震后伤员康复治疗的技术指南，编制了地震伤残人员康复手册，在抗震救灾的过程中宣传了康复理念并提供各项康复技术服务；在对外交往方面，协会及各专业委员会举办国际论坛，参与国际康复领域的技术交流，扩大了我国残疾人康复事业的影响，促进了学术水平的不断提高。

中国残疾人康复事业和协会的工作虽然取得了很大的成绩，但必须看到，与广大残疾人日益增长的康复需求相比，我们该做的工作还很多。

这次代表大会之后，康复协会要有一个更新的面貌，康复工作要有一个更加活跃的局面。近年来国家相继出台了《关于促进残疾人事业发展的意见》和《关于加快推进残疾人社会保障体系和服务体系建设的指导意见》，为残疾人事业的发展创造了难得的机遇。新一届康复协会的工作要紧跟国家和残疾人事业发展的步伐，充分发挥技术支持作用。

我完全相信，新一届康复协会必将在残疾人康复工作中取得新的更大成绩。

贯彻残疾人事业
"十二五"发展纲要的建议*

(二〇一一年四月八日)

回顾五年来的残疾人工作,我们国家取得了很大的成绩。我们办了几件大事,参加了联合国《残疾人权利公约》,修订了《残疾人保障法》,完成了第二次全国残疾人抽样调查,举办了北京残奥会、上海特殊奥运会和广州亚残运会等运动会,参加了上海世博会。残疾人日常工作特别是基础性的工作也一步一步地做了下去,集中体现在"两个体系"建设上。残疾人事业得到了发展,残疾人群众得到了更多的实惠。最重要的是,二〇〇八年发布了《中共中央国务院关于促进残疾人事业发展的意见》,这是力度最大、最具长远意义的文件。

五年来的工作总的讲是比较顺畅的:一是得益于国家的发展和国家政策有利,社会环境改善。二是得益于残工委发挥作用,在座的各成员单位的支持,特别是回副总理坚定有力的领导。三是残联上下共同努力,下了实功夫,广大残疾人也能够理解和支持。

现在我们制订了残疾人事业"十二五"发展纲要,这是一个好的规划。现在我就贯彻这个纲要提三点建议。

---

* 这是邓朴方同志在国务院残疾人工作委员会第六次全体会议上的讲话。

一是我们一定要牢记我国将长期处于社会主义初级阶段，仍然是发展中国家。一切工作要从国情、从实际出发，不来虚的，要扎扎实实，一步一个脚印，长期奋斗。

二是经济起飞必然要求社会改革，如果不能建设和谐社会，社会就会丧失公平正义，执政党就会丧失执政的正当性和群众基础，国家发展就会落入"中等收入陷阱"*，中华民族的振兴就会停滞甚至倒退，这是我们国家面临的一个关口。残疾人事业要放到这个视角来看，我们的眼界就会开阔，我们的工作就会更加有力。

三是要不断地研究新情况，提出新问题，有针对性地探索解决问题。比如，目前我国正处于城市化进程中，这是一个长时间的复杂的动态过程，如何针对不同地域、不同时期、不同人群的不同特点来开展工作，是需要探索的。再比如，我国经济发展的刘易斯拐点可能就在眼前，之后就会产生劳动力价格升高、劳动力素质要求提高和物价提高的现象，这对弱势群体特别是对困难多的残疾人不利，需要未雨绸缪。再比如，近年来我国新生儿缺陷上升，其中必然有一部分形成残疾，这也要引起我们的重视。

还有很多问题摆在我们面前，需要我们去确实解决。

---

* 中等收入陷阱：是指很多发展中国家突破人均GDP一千美元的"贫困陷阱"后，很快会奔向一千美元至三千美元的"起飞阶段"；但到人均GDP三千美元附近时，快速发展中积聚的矛盾集中爆发，经济发展自身的矛盾难以克服，发展战略失误或受外部冲击，自身体制与机制的更新进入临界，不能顺利实现经济发展方式的转变，导致经济增长动力不足，最终出现经济增长回落或长期停滞的一种状态，陷入所谓"中等收入陷阱"阶段。

促进残疾人就业，
维护残疾人劳动权益*

（二〇一一年六月十一日）

在第四届全国残疾人职业技能竞赛举办之际，中国残联、人力资源社会保障部、教育部、民政部和江苏省人民政府在南京共同组织召开全国残疾人技能与就业高层研讨会，探讨新形势下的残疾人技能培训和就业工作，这是一件非常有意义的事情。

就业是民生之本，促进残疾人就业是维护残疾人劳动权益，改善残疾人和残疾人家庭生活状况，保障残疾人平等参与社会的基础。在党中央、国务院和各级党委、政府的高度重视下，我国残疾人就业快速发展，就业规模总体稳定，就业格局初步形成，就业服务网络逐步健全。但是，残疾人就业难，就业稳定性差，就业层次不高的总体形势并没有根本改变，社会上仍存在着对残疾人劳动就业的歧视，侵犯残疾人劳动就业权益的现象还时有发生。因此，推动残疾人职业教育和培训发展，促进残疾人就业依然任重道远。

利用举办全国残疾人职业技能竞赛之机召开这次会议，是一个很好的选择。举办残疾人职业技能竞赛的目的不仅是要展示残疾人的职业技能水平，诠释"你能，我也能"的理念，更重要的是要通过竞赛活动引导社会正确认识残疾人的潜能与比较优

---

* 这是邓朴方同志给第四届全国残疾人职业技能竞赛的贺信。

势,提高用人单位安置残疾人就业的责任意识,履行法律义务。研讨会的举办可以更好地延伸技能竞赛的这一作用。同时,我也希望通过今天这样一个研讨会,能够进一步理清提高残疾人职业技能,保护和促进残疾人就业的发展思路和对策,为残疾人事业的发展贡献力量。

盲文图书馆要成为
盲人文化建设的制高点*

(二〇一一年七月六日)

一

今天看了中国盲文图书馆,感到很不容易。只有在长春同志、克强同志和云山同志的直接关怀领导下,在中宣部、发改委、新闻出版署、财政部等方方面面的重视支持下,才会有这个局面和建设速度。这体现了我们党和国家对残疾人和残疾人事业的关心,特别是对盲人群众的关心。我想,每一个身临其境的人都能够深深地、强烈地感受到这一点。国际同行说国外盲文图书馆还没有我们这么大规模的,也说明了这个问题。我们国家经济发展了,政治文化发展了,社会更加文明进步了,才会有这样一个成果。所以说,中国盲文图书馆的建设不是一个单项反映,而是我国残疾人事业综合发展的一个反映,是我们国家改革开放三十多年成就的体现,再往前说也是建国以后我国盲人事业从弱到强、从小到大,几代人长期艰苦奋斗、辛勤工作的结果。

刚才看了馆区很高兴,你们的工作做得很出色,短短的时间

---

* 这是邓朴方同志视察中国盲文图书馆(中国视障文化资讯服务中心),看望盲人读者时的讲话摘要。

内能搞出这个样子,真的很不容易。盲文出版社领导班子这些年来在党组、理事会领导下,艰苦奋斗,不懈努力,做了大量工作,在比较困难的条件下做出了出色的成绩,海迪在开馆仪式讲话中给予了充分的肯定。你们抓住了发展机遇,否则,机遇来了也会白白流失,要有能力抓得住。

二

为盲人服务的平台现在已经有了,将来还有不断发展的空间。我们要根据国家的条件和发展过程来确定自己的模式,使它能够发挥更大的作用。

中国盲人在历史上、在文化上都是有贡献的。比如说"左丘失明,厥有《国语》",左丘明是我国古代伟大的历史学家;比如《诗经》中的许多篇章据说也来自盲人。盲人古时叫瞽者,瞽字有两解:一是目盲,二是乐官。古代乐官多以瞽者为之,因以瞽官称之。《诗经·周颂·有瞽》:"有瞽有瞽,在周之庭。"《左传·襄公十四年》师旷有言:"史为书,瞽为诗。"师旷生而目盲,是我国春秋时代的一位优秀音乐家。周朝有一个盲人乐官到民间收集民歌的制度,我估计孔子整理的《诗经》中《国风》那部分有许多应该是盲人乐官采集上来的。我国历代盲人在文化建设上都是有贡献的。

从全国来看,现在盲人总体上科学文化素质还不算很高。我们要在盲人教育方面多做一些工作,多了解现在盲人大学生生活上的各种困难。要与国家相关部门共同研究对策,帮助更多的盲人进入大学。中国盲文图书馆作为资源中心要多做些工作。有些具体工作可以和教育部、财政部商量。要了解盲人大学生教育方面是不是需要补助,是不是需要帮助解决学习上的困难。现在盲人可以学习理工科,比如电脑;也可以学文科,比如法律等,要培养一批高素质有文化的盲人。盲文图书馆要经常有盲人自觉地来看书学习。这个平台要加强,要作为盲人文化建设的一个制高点。中央要求加强文化建设,盲人文化建设要依托这个平台多做贡献。

三

要先把中国盲人文化事业的影响力做出来,再拓展到世界上。要实实在在地立足这个平台上多做具体工作,因为咱们才刚刚开始。日本开展这方面工作已经七十多年了,英美都有一百多年了。他们那套工作模式、那套积累、那种文化积淀,我们不是短期内就能达到的。我们需要长期的积累,比如说这里要有一些文化专家和学者,这都是发展目标。不是有了房子就行了,内部许多东西都需要进一步完善,要慢慢精心打磨。有了房子,服务内容要达到高水平,需要长期艰苦奋斗,需要有文化积淀,需要做许多工作,不断发挥效用,将来形成一个比较强大的中心。

四

看了你们情况介绍的材料,盲文图书馆的几个职能定位都很好。作为馆藏书库,作为社会公共服务、知识传播服务和全国盲人公共文化服务的龙头,作为技术资源中心,作为国际交流平台等,我看都不错。

国外大多是国家图书馆给盲人提供服务,我们实际应该起到这样的作用。应该跟国家图书馆建立相对稳定的关系,作为国家图书馆的一个延伸,得到国家图书馆的支持。国家图书馆要补上盲文部,我们可以与国家图书馆合作,找合适的合作方式,把国家图书馆盲文部补充发展起来。

五

盲人自己有了这么一个高质量的活动平台,盲人协会在里面应该发挥重要作用。盲人的事盲人要参与管理,要思考怎么参与管理,用什么方式,怎么参与。

要经常搞一些盲人文化活动。盲协要参与到其中,要参与管理,有时要参与重大决策,平时可以提供一些建设性意见,形成一种生动活泼的局面。

要做好志愿者服务工作。这里的盲文录入、校对、有声读物录制等很多工作,都可以吸纳、发展很多志愿工作者。要与志愿者协会和共青团协商,共同组织开展志愿者服务,可以为志愿者颁发证书。目前我们国家的志愿者工作制度还不那么完善,我们可以利用这个平台,以这里为试点先做起来,不断健全和完善助残志愿者的激励机制。

六

你们的工作刚刚开始,可以一面干一面摸索,一面学习一面改进。在这个过程中要特别注意:一定要将服务与盲人群众的需求结合起来,为全国的盲人群众提供服务。千万不能出现设施和条件具备了,而平时没盲人来,没人学习使用的情况。所以一定要认真研究,怎么将这里的服务和盲人群众的需求结合起来。开展服务项目要兼顾"阳春白雪"和"下里巴人",要适合广大盲人的需要。这里面的展览馆,不仅要接待北京盲校的学生,而且要主动接待外地盲校的学生,充分发挥好它的作用和效益。要不断改进我们的服务,不断提高工作效率,不断提高使用效率。

努力改变辅助器具工作相对薄弱的状况*

（二〇一一年十一月四日）

今天，我和中央有关部委、部队及北京市的主要领导同志一起来观看福祉博览会，我们看到的辅助器具产品很多，内容非常丰富。

从本届博览会的规模来看，今年参加展览的国家和厂商都超过了往年。这一个侧面可以说明，通过改革开放，我们中国人的生活水平真的提高了，对生活质量的要求也在不断提高，我国的残疾人对康复服务的需求和服务能力也提高了，这就大大促进了辅助器具这个市场的发展，所以吸引了国内外很多的厂家。各个厂家和服务机构也借此机会展示自己的科技特长、服务能力、经营理念和企业文化，相互竞争，相互交流，形成了生动活泼的局面。尽管经过二十多年的努力，残疾人的生活状况得到了明显改善，但残疾人对康复器具服务的需求量很大，还不能满足广大残疾人的期待，特别是低收入的贫困残疾人和广大农村的残疾人，满足率还很不高。目前，在城市仅为九分之一，在农村还不足十四分之一，这就是我们国家社会主义初级阶段的国情，说明一方面我们现在还不能满足人民群众日益增长的物质文化需求，另一方面辅助器具市场具有广阔的开拓空间，需要我们长

---

* 这是邓朴方同志参观二〇一一中国国际福祉博览会时的讲话。

期、艰苦的努力才能够改变这种状况。

辅助器具发展绝不仅仅是生产、市场和服务的发展，它还反映了整个社会的发展和国家发展大局，关系到以人为本的发展理念。辅助器具事业要纳入国家经济和社会发展的设计与总体目标，要联系到经济发展的整体产业链，甚至还要联系到社会主义文化发展上来，因为辅助器具是直接为人服务的，这个事业也有多方面文化因素在里面。我们应当站在国家整体发展的宏观高度，从理念、思想、政治、经济、文化、社会等诸多方面来综合考虑残疾人的问题。目前，我们国家有一个规避"中等收入陷阱"的问题。国家要发展，只有通过不断改革，才能不断促进；人民的生活水平不断地需要提高，这就需要我们把发展经济的"蛋糕"不断做大，"蛋糕"做大了，就要特别认真地考虑如何把它分好。要采取强有力的措施，最大限度地缩小贫富差距，防止两极分化。要维护社会公平与正义，做到社会资源与全民共享，利益应当向弱势群体倾斜。要建立和不断完善基本公共服务均等化的体制机制，要使全体人民，尤其是弱势群体能真切地感受到国家的发展、社会的文明进步给自己带来的利益与实惠，感受到社会主义制度的温暖，体会到共产党的执政理念。所以，我们国家经济社会的发展不仅要实现量的飞跃，还要有质的飞跃，需要整合各种资源，提升整体水平，这样国家才能进步，发展才能持续。辅助器具发展也是一样，量的积累到一定程度，就要有质的飞跃了。目前我们国家辅助器具工作还相对薄弱，如何实现从量变到质变，是我们将来要考虑的一个重点问题。要加速提高对残疾人、老年人辅助器具的适配率，扩大服务面；也要开展科研与开发，降低价格，扩大受益面。

在这次博览会上我们还看到，中国辅助器具的供应和对残疾人辅助器具需求的满足是非常不平衡的，东部和西部、各个城市之间的差别也是非常大的。首先我们要承认这种不平衡,允许经济条件相对较好的地区多做一点,这是事业发展过程中必须要经历的一个阶段。各地要根据本地的实际情况,制定出台发展政策,鼓励大家先把本地的服务开展起来,发展到一定程度后,就要及时考虑整体的公平性,讲究服务的公平性。条件具备了,再采取措施去帮助西部,扶助农村。只要大家齐心协力,就能把事业做大做好,就会让残疾人和全国人民一样得到更多的实惠,感受到更多的幸福。把民生问题解决好了,人民群众就会高兴,这样社会就稳定了,大家心情就舒畅了,和谐社会也就实现了。

残疾人社团登记是新起点新课题＊

（二〇一一年十一月八日）

协会社团登记工作，我算是始作俑者。前些年，我提出专门协会要进行社团登记，当时大家认为时机还不成熟，事情就缓了下来。随着形势的发展，社会结构不断调整，各类社会组织参与整个社会管理的重要性日益显现，党和政府加强和创新社会管理的任务也列入了议事日程，这个问题又提了出来。二〇〇六年，我们的盲人协会首先进行试点，五年来工作很有成效，盲人朋友也很满意，大家的意见逐渐统一。在党组、理事会的领导下，经过几年的努力，这项工作终于有了圆满结果，正可谓瓜熟蒂落，水到渠成。

五个专门协会进行社团登记，是中国残疾人事业发展史上的重要事件，值得认真记上一笔。以前，我们经常强调，专门协会是残联的主体协会，是本类残疾人的代表组织，但由于专门协会没有法人地位，我们更多的是依靠残联这个各类残疾人的总代表参与社会活动，协会的主体地位作用发挥得尚不够。这是一手硬一手软，现在我们两手都可以硬起来了。

中国战国时代的哲学家有个"白马非马"的著名论辩，一方

＊ 这是邓朴方同志给中国聋协、中国肢协、中国智协、中国精协第一次全国会员代表大会的贺信。

说只有"白马"、"黑马",没有"马";另一方说"白马"亦"马",说的是"白马"、"黑马"都是"马"*。这里说的,是大概念和小概念、共性和个性的关系问题。没有个性,就没有共性,没有小概念,就没有大概念;共性存在于个性之中,大概念存在于小概念之中,又是小概念的升华。对于我们来讲,"各类残疾人"是小概念,"残疾人"是大概念,没有"各类残疾人"这个概念,就没有"残疾人"这个概念。各类残疾人是基础,有了盲人、聋人、肢体残疾人、智力残疾人、精神残疾人,经过综合、升华就有了残疾人整体,有了残疾人整体,就可以从更高的层次、更广的范围、更深的内涵来体现其价值和力量。今天我们做的事,就是要强调重视事物的个性,也就是事物之间的差异。忽视了个性,抹杀了差异,也就不可能把握事物的共性。个体主动了、活跃了,整体才有生机。

　　进行社团登记,对协会来说,是新的起点;对残联来说,是新的课题。登记只是形式,如何体现内容并形成力量则需要更多的努力。各专门协会要认真研究社会组织的运作规律,充分发挥自身的优势,以更开放、更积极的心态走向社会,勇敢地担当起本类残疾人的代言人、服务组织者和权利维护者的角色,自觉地和全体残疾人一起为社会建设出一份力。残联也要尽快适应各专门协会社团登记后的新形势和新特点,加深对各协会主体地位的认识,研究和探索与各协会良性互动的方式方法,认真倾听各协会的呼声和建议,更好地代表各类残疾人的共同利益,不负各专门协会和广大残疾人兄弟姐妹的重托,为残疾人事业的发展做出更大的成绩。

---

* 事见《公孙龙子·白马论》。

科技创新应从娃娃抓起*

（二〇一一年十一月八日）

中国青少年科技创新奖已经评选六届了。这次评选有一个创新之处，就是精选了三十多位获奖同学的创新经历和体会，编写了《创新不是梦》一书。团中央的同志把样书的部分章节寄给我，让我先睹为快，并嘱我为该书作序。作为一个科技爱好者，我责无旁贷，于是欣然应允。

让广大青少年参与科技创新活动，是我父亲邓小平生前的主张，特别是到了晚年，他更深切地感到，中华民族的发展和振兴，必然要寄厚望于青少年。这让我想起梁启超曾言"少年智则国智，少年富则国富，少年强则国强"，恐怕也是这个意思。让孩子们从小培养科技创新意识，开展科技创新实践，长大承担起科技兴国的重任，确是他多年强调"从娃娃抓起"的初衷。

2004年，在父亲百年诞辰之际，我母亲和我们全家决定，把老人家生前全部稿费捐献出来，发起成立中国青少年科技创新奖励基金，就是为了实现父亲的夙愿，也是为了表达我们全家对他的纪念，更是为了让更多的青少年参与到科技创新的大潮中来。

---

* 这是邓朴方同志给共青团中央组织编写的《创新不是梦》所作的序言。

说到培养青少年对科技创新的兴趣,我认为有一个问题应当引起大家的重视,这就是切实改善孩子们的学习环境。我们的孩子现在生活在一个应试教育的大背景里,每天的时间都被功课和各类"规定动作"填得满满的,他们很少有游戏的时间、体育运动的时间,更少有自己的"兴趣选择"。即使参加像学外语、练钢琴、习书法这样的课外班,也几乎都是家长的意愿而非孩子的选择,我不否认家长可以帮助孩子,我只是强调孩子的自主及兴趣的重要性。孔子曾说过:"知之者不如好之者,好之者不如乐之者。"* 意思是懂得它的人,不如爱好它的人;爱好它的人,又不如以它为乐的人。这句话揭示了兴趣的重要性,兴趣就是对某项事物或活动的热爱甚至痴迷。这是一种思想状态和心理感觉,是发自内心的感受。有些兴趣是可以引导的,但一定是不可强求的。我们应该让孩子有自己的选择,让他有机会去学习自己真正感兴趣的东西,这样才能学出效果。

　　据统计,我国有两亿六千五百万少年儿童,两亿九千四百万青年,青少年总数超过五亿五千万。在这么大的基数里,肯定有相当多的青少年对科技有浓厚的兴趣。如果我们创造出一种宽松的环境,鼓励他们去钻研,让他们自愿组织各种各样的"兴趣小组",允许他们在校园里就开始创造和实践,在他们大胆质疑、不断探索的过程中,注意保护他们的积极性,尽可能多地为他们提供方便,谁说他们中间不会出现一个又一个的钱学森呢?

　　我很高兴地看到,这本书中就有这样的实例。北京海淀区中关村第三小学曹沛晴喜欢玩电动玩具,她就从玩中想到了为电动汽车设计一个智能充电器。她的设想在老师和家长的支持下,在为她特设的研究小组帮助下变成了现实,这项发明为电力

---

* 语见《论语·雍也》。

能源的进一步应用、保护环境做出了贡献。还有长春大学特教学院的殷士静,在校期间就得到各方支援,在高新技术开发区创办了自己的科研实体,她的一个动漫项目在上百个项目中脱颖而出,获得一笔宝贵的指导资金。这些例子,真是让人高兴。

中国的改革开放正在不断深入,各个领域的改革也在向纵深发展。我和我的家人相信,在中国青少年科技创新基金的鼓励和引领下,广大青少年必将以更加昂扬的姿态投身于科技创新的实践,把他们旺盛的热情和巨大的潜力变成累累科技硕果,变成现实的生产力,推进我们社会的文明与进步。

中国是文明古国,也应是少年中国。经过几代人的不懈努力,我们中华民族一定能在不久的将来实现伟大的复兴,并永葆青春的活力。

几点老生常谈*

（二〇一二年二月二十九日）

这次残工委会在中国残联开，是回副总理亲自提议的，体现了对残疾人工作的关心和重视，我们也想请同志们回"家"看看，加深了解和感情。刚才大家看了《发展中的中国残疾人事业展览》，许多事情都是我们一起做的，一步一步走到今天，很有意义，也非常不容易。从大的方面看，改革开放使我们国家的面貌发生了历史性的根本变化，残疾人事业也因此有了持续较快的发展。在残疾人事业发展进程中，残工委会在研究制定重要政策、协调解决重大问题、有效推动全面工作等方面发挥了非常重要的作用。由衷感谢残工委各成员单位这些年来为残疾人事业做出的贡献。

二〇一一年是"十二五"起步开局之年，国家"十二五"规划纲要提出"加快残疾人事业发展"的明确要求并作出安排，《中国残疾人事业"十二五"发展纲要》凝聚了大家的智慧和力量，并由国务院批转实施，二十二个配套实施方案也已印发下去，这些都是今后几年残疾人事业融入大局、加快发展的制度性安排，一定要贯彻落实好。海迪同志的讲话、新宪同志的报告

---

* 这是邓朴方同志在国务院残疾人工作委员会第七次全体会议上的讲话。

和大家的发言都很好。我们要扎扎实实推进各项工作,完成好《纲要》规定的任务,保持事业发展的良好态势,更好地造福广大残疾人。

各位委员,今年将要召开党的第十八次全国代表大会,中国残疾人事业和其他事业一样,也将进入新的发展时期,我想说点老生常谈供大家参考。

(一)要坚持走中国特色社会主义道路

这条道路是毛泽东同志和他的战友们筚路蓝缕,以启山林,* 积累了丰富经验,也遭受了重大挫折而开辟的道路;这条道路是邓小平同志和他的战友们在困境中杀出一条血路,终于找到了正确的、系统的理论、路线、方针、政策,并在实践中切实走通并确立了的道路;这条道路是后继者们坚持实行并不断开拓创新的道路。

什么是社会主义?社会主义就是一个文明、幸福、公正、共同富裕的社会。残疾人作为弱势的群体,要想共同富裕,必须走社会主义道路。什么是中国特色?中国特色就是做任何事情都要符合中国的国情,坚持实事求是的思想路线,要有的放矢,要求真务实,不要脱离实际。

(二)要坚持社会主义初级阶段的理论和实践

所谓初级阶段,就是说我们的国家还没有那么强大,我们的发展水平还比较低,方方面面也没有那么完善,我们还有许许多多的弱点,如果过高地估计自己就会犯错误。我国社会主义初

---

* 语见《左传·宣公十二年》,筚,荆竹;路,即"辂",车子;筚路,用荆竹编的车子。蓝缕,楚地谓家贫衣破。后因以"筚路蓝缕"形容创业艰辛。

级阶段是一个很长的历史过程,小平同志特别强调这一概念。也就是说,我们还需要踏踏实实地艰苦奋斗许多年,还需要历经千难万险才能实现现代化。"骄、躁"二字是千万要不得的。人民群众的物质文化需求不可能短期内得到充分满足,残疾人的需求也不可能短期内得到充分满足。这不是一蹴而就的事情,但必须朝着这个方向,不断地克服缺点,不断地完善自己,不断地向前迈进。

(三)要坚定不移地走改革开放的道路

我们国家已经开放多年,外面好的东西我们还要继续吸收。无论是走出去,还是寻求一个和平发展的外部环境都不是一件容易的事,各种势力对我国的打压、对抗和限制会是一个常态,这点我们要始终清醒。至于现在的改革,与改革初期那种打破旧制度束缚为主的方式不一样,将是以深入改革的精神创建一个继续发展的环境和制度,任何一项改革措施都会有正面和负面的效应,都会有很大阻力,都会呈现复杂状况。改革的动力和阻力也会随着改革的进程产生变化,这就使改革更加艰难,需要我们有创新性的思维和胆识。残疾人群众是改革的最终受益者,我们要坚定不移地支持中国的改革开放事业。

(四)要始终有坚强的斗志和强烈的危机感

中国快速发展已经有几十年了,现在进入到一个深化改革的关键时期,同时也是矛盾多发期,这就需要我们正视困难,勇往直前,排除万难,坚定不移地走下去。当前,我们要看到种种的社会矛盾和冲突已有逐渐尖锐和扩大的趋势,如果不能用我们的决心、力量和智慧来解决这些问题,中华民族振兴的步伐就会停滞,甚至倒退。如履薄冰、如临深渊仍然是我们应有的正确心态,大话、空话、假话只会增加我们的困难。我们要沉下心来,走向基层,调查情况,研究问题,切切实实化解矛盾。残疾人工作尤其如此。

(五)要坚决地、切实地反腐败

中国共产党是世界第一大政党,中国残疾人联合会也是世界第一大国别残疾人组织。组织过于庞大,长期处于执政地位,都是滋生腐败的土壤。现在各行各业都有种种腐败现象,我们残联能够幸免吗？我看未必。当然,我们残联不处于执政地位,但我们也是相对强势的人民团体,是庞大的全国性机构。强势就难免会有官僚习气,庞大就会有怠惰之风,掌握资源就会滋生贪腐现象,缺少监督就容易失去约束和控制。如果我们不能全心全意为人民服务,如果我们脱离了残疾人群众,脱离了我们的工人,脱离了我们的农民,我们就会腐败,庞然大物就会轰然倒塌。"灭六国者,六国也,非秦也;族秦者,秦也,非天下也"*,大家切记此言。反之,如果我们搞得好,那就任何力量也不能动摇我们。

二〇〇三年四月,回副总理刚分管残疾人工作就来到中国残联调研指导,今天又来到中国残联主持召开残工委会、考察指导残疾人工作,我们深受感动和激励。让我们共同努力,做好各项工作,来回报党和国家的重视和关怀,使八千五百多万残疾人都过上小康日子!

---

* 语见唐朝杜牧《阿房宫赋》。

弘扬人道主义思想,保障残疾人人权＊

(二〇一二年六月六日)

从上个世纪四十年代开始,残疾人问题就引起了国际关注,到七十年代提出的"充分参与和机会平等"的理念及后来提出的"人人共享"目标、八十年代的《关于残疾人的世界行动纲领》、九十年代的《残疾人机会均等标准规则》,直到二〇〇六年的《残疾人权利公约》,国际社会向歧视、偏见、贫困和障碍发出了挑战,步步向前,坚实有力,从来没有停止过。

回顾我们走过的道路,人道主义始终是国际残疾人运动的主旋律。我们提倡人道主义,就是肯定残疾人的价值,尊重残疾人的尊严,正视残疾人的问题。

肯定残疾人的价值,就是要认识到世间万物都有其价值,生命尤其如此。残疾人,是人类多样性的体现;残疾人,同样是人类大家庭平等的成员,是物质财富和精神财富的创造者。残疾是人类社会发展进程中不得不付出的一种代价,是一部分人的残疾换来了更多人躯体和心智的健全,换来了人类文明和社会进步。残疾人的价值和作用理应得到充分的肯定。

尊重残疾人的尊严,就是要使残疾人的人格和权利得到尊重。尊严是每一个人应当拥有的,同时它又带有鲜明的社会属

―――――――――――
＊ 这是邓朴方同志在"消除障碍,促进融合"国际论坛上的讲话。

性。只有在进步文明和公平正义的社会当中,人的尊严才有可能得到承认和尊重。当然,尊严绝不依赖他人赐予,残疾人尊严的获得离不开这一个群体的自我觉醒和自尊自强。人类的尊严是一个整体,当你损害他人尊严时,你同时就丧失了自己的尊严,整个社会的尊严也就遭到损害。所以,说到底,正确认识残疾人,就是正确认识人类;正确对待残疾人,就是正确对待生命;解放残疾人,人类才能够获得彻底解放。

正视残疾人的问题,就是要切实解决他们的民生关切。从世界范围看,残疾人参与社会生活仍面临诸多有形或无形的障碍;在发展中国家,贫穷人口中百分之二十左右是残疾人,他们的境况更加艰难。对此,我们不能等待,我们必须尽快采取有效措施,消除残疾人所面临的歧视和障碍,帮助他们获得适足的生活,平等享有教育、保健和就业机会,与其他社会成员一样参与社会发展进程,共享发展成果。

我们一贯主张人权保障与社会发展不可分割。保障残疾人人权,需要经济社会的发展;但是经济社会的发展,并不能自然而然地带来残疾人权益的实现和状况的改善。我们必须更加深刻地认识残疾人的特殊困难和特殊需求,更加务实地为残疾人提供合理、便利和特殊的保护,使残疾问题真正成为公正、包容、惠及每一个人的可持续发展战略的重要组成部分,使残疾人的权利能够在事实上得以实现。这是《残疾人权利公约》所强调的基本原则,也是各国和国际社会需要继续为之付出不懈努力的方向。

联合国倡导普遍人权和惠及所有人的发展,将此作为基本的目标和促进和平、安全与繁荣的必要基础,联合国及其机构在促进残疾人事务发展中一直发挥着积极的作用,我们对此表示赞赏。我们注意到,在人类社会进入新千年、新世纪的时候,联合国提出了解决世界最贫穷人口民生问题的"千年发展目标"。尽管遇到了国际金融和经济危机等因素的困扰,减少贫困、改善健康、普及教育和保护环境等关键领域仍取得了显著成就,对全球社会发展和增进困难人群福祉起到了重要的推动作用。然而,无论是千年发展目标本身,还是其指导方针、社会政策和评价体系等都没有提及最困难和最容易受到排斥的残疾人,这不能不说是一个缺陷和遗憾。

十多年前,我曾就《残疾人权利公约》的制订,分别拜会了当时的联合国秘书长安南和各方面的人士,我提出了这样一个观点并形成共识,那就是:联合国如果没有残疾人权利公约,其公约体系就是存在着缺陷,是不完整的,可以说是形成了对残疾人一种新的歧视。这一共识最终促成了《残疾人权利公约》的制订。今天,我同样认为,没有提及残疾人的千年发展目标,也是有缺陷的、是不完整的,应当予以补充和完善。

联合国决定在第六十八届联大前召开高级别会议,讨论兼顾残疾问题的发展进程;亚太地区也在准备启动新的"残疾人十年",这些都是值得赞许和支持的事情。我相信,国际社会一定能够形成共识,明确将残疾问题纳入主流社会发展目标,建立起与之相适应的工作机制和全球合作伙伴关系,切实解决残疾人面临的紧迫问题。同时,我也相信,各残疾人组织也将一如既往地积极参与到这一进程中,表达残疾人的意愿和意见,帮助残疾人成为主宰自己命运的主人。我们对国际社会的下一步行动充满着期待。

附　录

（残疾人事业与残疾人工作经常涉及的重要人物、组织、文献、活动等作为条目按类别、时间逐条解释于下，供阅读时参考，具体内容、数据等在重印时做调整更新。）

国际残疾人年·联合国残疾人十年·亚太残疾人十年　一九八〇年召开的联合国大会宣布一九八一年为"国际残疾人年"，继而确定一九八三年至一九九二年为"联合国残疾人十年"。一九九二年，联合国亚太经社委员会在北京举行第四十八届会议，通过了中国等三十三个国家的提案并通过决议，宣布一九九三年至二〇〇二年为"亚洲及太平洋地区残疾人十年"，以推动残疾人充分参与和平等的理念。二〇〇二年，亚太经社会决定继续开展第二个"亚太残疾人十年"（2003～2012年），其主题是为残疾人缔造一个包容、无障碍和以权利为本的社会。二〇一二年，亚太经社会通过"2013～2022年亚太残疾人十年部长级宣言"和"仁川战略"，开启第三个"亚太残疾人十年"，以促进本区域残疾人切实享有权利。

平等·参与·共享　人类百年来创造了以往任何年代都难以比拟的巨大物质财富和富于时代特点的精神财富，极大地改变了世界的面貌和自身的生活。从上个世纪四十年代起，残疾人问题受到关注，经过社会推动和残疾人组织的努力，到七十年代逐步发展为世界性的残疾人运动，在人类历史上第一次提出"平等·参与·共享"的社会思想和目标，向歧视、偏见和不公正宣战，将残疾人从这些禁锢中解放出来。《关于残疾人的世界行动纲领》第一次提出残疾人"机会平等"和"充分参与"的思想，一九九四年联合国通过《残疾人机会均等标准规则》，正式将"平等·参与·共享"作为残疾人事业总的奋斗目标提了出来，并成为宣传社会和自我激励的口号。

"平等"是这个总目标的核心，是指残疾人在政治、经济、文化、社会和家庭生活等方面，享有与其他公民平等的权利，这种权利受宪法和法律保障，不得因为残疾等原因而受到限制或排斥，禁止任何歧视、侮辱、侵害残疾人的行为；在社会生活中，残疾人的平等权利常常表现为要求机会均等，即国家和社会应采取相应的措施，使残疾人在医疗康复、教育、娱乐、体育、环境、信息交流等方面能够同其他社会成员一样，享有同等参与社会事务和利用社会资源的机会。

"参与"是指残疾人参与社会生活和发展，包括参与经济和社会的发展，同时获得自身的发展。"参与"是残疾人对环境和社会的积极意识和行为，残疾人通过积极的参与使自己与环境和社会相融合而不是隔离，使自己跻身于社会发展主流而消除不同程度的边缘化状态。残疾人参与社会生活和发展，需要争取并得到法律的保障、政府与社会的扶助。

"共享"是指残疾人与其他公民共同担负为人类、国家和社会做贡献的义务，共同创造精神和物质财富，同时共同享受由经济社会发展所带来的精神和物质成果。

现代文明社会残疾人观 就是用现代社会的文明、进步、科学的观念，正确认识残疾人和正确对待、处理残疾人问题，从而树立关于残疾人和残疾人问题的总的看法和根本观点，其核心内容是"平等·参与·共享"。这一观念的建立是社会进步和残疾人事业发展到一定阶段的结果，是对把残疾看成是"天意"、是"前世作孽"的因果报应、视残疾人为单纯的救济和怜悯对象的旧残疾人观的否定。江泽民总书记一九九七年为《自强之歌》（一九九七年卷）一书撰写的序言《发扬民族精神和良好社会风尚，积极推进残疾人事业》一文，运用马克思主义的观点，结合世界和我国残疾人事业的实践，着眼于我国残疾人状况的改善和经济社会的协调发展，历史地、全面地、深刻地阐述了现代文明社会残疾人观。现代文明社会残疾人观的主要内容归纳起来有以下几点:①自有人类社会就有残疾人,残疾是人类发展进程中不可避免要付出的一种社会代价。②残疾人,有人的尊严和权利,他们的人格和权利应得到尊重和保护。③残疾人有参与社会生活的愿望和能力,他们同样是社会财富的创造者。④造成残疾人问题的主要原因不是残疾本身,而是外界障碍。对残疾人给予特别扶助,减轻和消除残疾影响和外界障碍,保障其权利的实现,是政府义不容辞的职责,是社会应尽的责任。⑤残疾人事业是文明、进步、崇高的事业,是人道主义的伟大实践,是我国人权保障事业的重要内容,是社会主义事业的重要组成部分。⑥人道主义是残疾人事业的一面旗帜,是中国特色社会主义社会的基础思想之一,发扬人道主义精神,发展残疾人事业,是社会文明进步的标志。⑦残疾人参与社会生活也取决于自身的奋斗。残疾人要自尊、自信、自强、自立,努力实现为人民服务、为社会服务的人生价值,履行应尽的义务。⑧扶残助残是中华民族的传统美德,倡导树立理解、尊重、关心、帮助残疾人的良好社会风尚是社会主义精神文明建设的重要内容。⑨残疾人的解放,是人类文明发展和社会进步的一个重要标志。

发展残疾人事业,共同创造幸福生活 中共中央总书记、国家主席胡锦涛为《自强之歌》(二〇〇三年卷)所作的序言。胡锦涛总书记在序言中深刻阐述了新时期残疾人事业的重要性,高度评价了自强模范和助残先进的优秀品质和模范行动,对发展残疾人事业提出了殷切希望。胡锦涛总书记指出,残疾人事业是崇高的事业,是中国特色社会主义事业的重要组成部分。满腔热情地关心残疾人,切实尊重残疾人的公民权利和人格尊严,给他们以平等的地位和均等的机会,让他们共享社会物质文化发展的成果,是我国社会主义制度的本质要求。各级党委和政府要从贯彻落实"三个代表"重要思想的高度,重视和支持残疾人事业的发展,把残疾人事业纳入实施全面建设小康社会的规划,根据残疾人的特殊需要,在康复、教育、就业、福利、社会保障、文化生活、无障碍环境等方面制定扶助政策,采取相应措施。残联组织要努力工作,切实履行职责,为残疾人奔小康铺路搭桥,团结广大残疾人一起开拓残疾人事业的新局面。社会各界要进一步发扬理解、尊重、关心、帮助残疾人的良好风尚,大力弘扬人道主义思想,进一步形成平等友爱的人际关系和团结互助的社会环境,人人动手,个个关心,努力为残疾人办好事、办实事,让残疾人切实体会到社会主义社会的温暖。广大残疾人要继续发扬自尊、自信、自强、自立精神,热爱祖国,热爱生活,积极投身全面建设小康社会的伟大实践,同全国人民一起创造我们的幸福生活和美好未来。

关于残疾人的世界行动纲领 联合国大会第三十七届会议一九八二年十二月三日第37/52号决议颁布的在"残疾人十年"活动中实施的、国际性的残疾人工作纲领。《纲领》包含着丰富的思想内涵和处理残疾人事务的基本原则。最重要的是提出残疾人"机会平等"和"充分参与"的思想,对残疾人康复、教育、就业、环境、残疾预防诸方面提出了方针、政策和措施,是国际残疾人事务的指导性文献。它要求各国政府承担责任,确保残疾人及其组织能够充分参与有关决策和活动,并在物质环境、社会保障、康复、教育、就业、公众宣传、残疾预防等方面采取措施,使残疾人获得均等参与的机会和平等的地位。一九八四年六月,中国政府接受了联合国《关于残疾人的世界行动纲领》。一九八六年七月经国务院批准,由民政部、卫生部、国家教委、劳动人事部、中国残疾人福利基金会、中国盲人聋哑人协会等单位组成了"联合国残疾人十年"中国组织委员会。秘书处设在中国残疾人联合会。

残疾人机会均等标准规则 联合国大会第四十八届会议一九九三年十二月二十日第48/96号决议通过的关于保障残疾人平等·参与和机会均等权利的国际文献。该文献是根据"联合国残疾人十年"的经验拟订的,是继联合国《关于残疾人的世界行动纲领》之后,又一个重要文献,提出了"平等·参与·共享"总的奋斗目标。中国残联派专家参加了文献的起草与制定。

残疾人权利公约 (Convention on the Rights of Persons with Disabilities)联合国在二十一世纪通过的第一个综合性人权公约,也是首个开放供区域一体化组织签字的人权公约。《公约》二〇〇六年十二月十三日由第六十一届联合国大会通过,并于二〇〇七年三月三十日开放供签署。中国积极倡导并推动《公约》的制定,是首批签约国之一。

《公约》由序言和包括宗旨、定义、一般原则等在内的五十项条款组成。宗旨是促进、保护和确保所有残疾人充分和平等地享有一切人权和基本自由,并促进对残疾人固有尊严的尊重;核心是确保残疾人享有与健全人相同的权利,并以正式公民的身份生活,从而在获得同等机会的情况下,为社会做出宝贵贡献。《公约》涵括了残疾人应享的各项权利,如享有平等、不受歧视和在法律面前平等的权利;享有健康、就业、受教育和无障碍环境的权利;享有参与政治和文化生活的权利等。《公约》还就残疾人事业的国际合作提出了相应措施。《公约》生效日是在第二十份批准书或加入书交存后的第三十天。

国际狮子会 (Lions Clubs International)全称为国际狮子会俱乐部,是目前全世界最大的国际性慈善服务社团,是联合国经社理事会所联系的非政府团体组织,同世界卫生组织、联合国教科文组织等均有良好的合作关系。该会于一九一七年六月七日由茂文钟士(Melvin Jones)创建成立,总部设于美国,目前在一百九十三个国家和地区设有分会,会员人数一百四十万,成员来自各行业,以商人和专业人士为主,全部为义工。"我们服务"是国际狮子会的口号,其宗旨是向社会提供各种服务,向一切需要帮助的人提供援助,增进友谊,维护和平。其业务范围相当广泛,包括医疗卫生、扶残护老、环境服务、公民教育和减灾扶贫等;还为慈善服务工作设立了一个庞大的国际狮子基金。

中国狮子联会 二〇〇五年六月十四日经中国国务院批准在北京正式成立。联会是一个新型的社会组织,是借鉴国际狮子会的管理运作模式,依照国家相关法规在民政部正式注册登记的公益慈善服务组织。对内发展和管理会员,组织和引导会员开展形式多样的公益慈善服务活动;对外统筹与国际狮子会的关系,与其他国际组织交流及合作。服务范围遍及助残、扶贫、赈灾、助学、敬老、公共卫生、文化传播等各个领域,是中国慈善服务领域一支充满活力的生力军。自成立以来,遵循"自主建会、独立运作、坚持宗旨、依法办事"的办会原则,坚持走中国特色狮子会发展道路,探索具有中国特色的办会机制,建立符合中国国情的组织体系和管理运作方式。其宗旨是"正己助人、服务社会",愿景是"创建富有活力和创新精神的慈善组织,做社区服务和人道主义服务的生力军",使命是"身体力行,实践人道主义;扶贫济困,促进社会和谐",价值观是"包容、传承、凝聚、创新、奉献、成长"。联会秉持"出心、出钱、出力、出席"的服务宗旨,亲历亲为参与各项慈善服务,活动十分活跃,为建设更加美好和谐的社会奉献爱心和力量。目前在深圳、广东、大连、青岛、北京、沈阳、浙江、陕西等地,有超过四百支服务队、一万一千余名会员,会员队伍稳定壮大。其中,深圳、广东狮子会具有独立法人资格。

国际特殊奥林匹克委员会 (Special Olympics International,简称SOI)国际特殊奥林匹克委员会创立于一九六八年,是一个国际性的智障人士体育运动的民间团体。其主要任务是帮助和推动世界各国开展智障人士体育运动,通过参加体育训练及比赛改善增强他们的认知、活动能力,从而更好地参与社会生活;定期举办国际性特奥运动会。该组织先后举办了十三届夏季国际特奥运动会和九届冬季国际特奥运动会。国际特奥会的创始人是美国前总统肯尼迪的妹妹尤尼斯·肯尼迪·施莱佛女士及其丈夫萨金特·施莱佛先生,总部设在美国华盛顿特区,负责举办国际特奥运动会和指导各国特奥运动会的举办。其经费来源主要依靠捐赠和资助。目前,参加国际特奥会组织及活动的国家和地区已有一百六十多个,该组织是国际奥委会唯一许可使用奥林匹克名称的组织。中国特奥委员会是国际特奥会的正式成员。

特殊奥林匹克运动会 (Special Olympics)简称特奥运动会,是基于奥林匹克精神,专门为智商70以下的智障人士举办的国际性体育赛事活动。特奥运动项目非常丰富,从最基本的机能活动到最高级的竞赛,适合所有年龄和能力等级的特奥运动员。特奥运动会包括地区、国家、洲际和世界等不同级别。其中,每四年举办一届世界夏季特奥运动会和一届世界冬季特奥运动会。二〇〇七年十月,第十二届世界夏季特殊奥林匹克运动会在中国上海举行。这是世界特奥运动会首次在中国举行,参赛人数、参赛规模创特奥会之最。中国特奥代表团在此次特奥会上共获得四百六十三枚金牌、三百三十六枚银牌和二百五十八枚铜牌。

国际残奥委员会 （International Paralympic Committee,简称 IPC）国际残奥委员会是残疾人体育运动的国际性代表组织,负责组织并指导、协调残奥运动会和其他高水平残疾人体育比赛,主要是重要的国际和地区锦标赛。IPC 是非营利性国际组织,由 174 个国家和地区的残奥委员会和四个国际性残疾人体育联盟组成,即国际脑瘫人体育和休闲运动联合会(CP－ISRA)、国际盲人体育联合会（IBSA）、国际智力残疾人体育联合会(INAS－FID)、国际轮椅和截肢运动联合会（IWAS）。

残奥运动的起源和发展 残奥运动始于第二次世界大战结束后的一九四八年。当时,英国神经外科医生路德维格·格特曼爵士和一些热心于残疾人事业的知名人士,在伦敦奥运会期间组织了由轮椅运动员（多为脊椎伤残的二战老兵）参加的比赛,称为斯托克·曼德维尔运动会。

一九五二年,荷兰退役军人也加入了残奥运动,于是成立了国际斯托克·曼德维尔运动会联合会(International Stoke Mandeville Games Federation,简称 ISMGF),在英国的斯托克·曼德维尔首次举办了国际残疾人运动会,当时只有两个国家的一百三十名运动员参赛。以后该赛事固定下来,每年都举办国际斯托克·曼德维尔运动会(International Stoke Mandeville Games),至一九五九年,实际上已举行了八届国际残疾人运动会。

经过英国的路德维格·格特曼爵士和意大利的安东尼娅·马里奥教授为期两年的精心组织策划,一九六〇年,在罗马第十七届奥运会结束两周后,来自世界二十三个国家的四百名残疾人运动员参加了在罗马举行的第一届"残奥运动会"。这届运动会后来被正式承认为第九届国际斯托克·曼德维尔运动会。而"残疾人奥林匹克运动会"

("Paralympic Games")这一称谓,一直到一九八四年才得到国际奥委会的正式批准。

残奥运动会进行比赛时,按照一套预先制订的标准对残疾人进行分类和分级,残疾性质和残疾程度不同的运动员分别参加不同类别和级别的角逐。

一九八八年,国际奥委会作出新的规定,夏季奥运会和残奥会必须在同一城市举行。

一九八二年,世界残疾人体育组织国际协调委员会(International Co-coordinating Committee Sports for the Disabled in the World)成立,国际奥委会承认其为残疾人体育运动的管理机构。在残疾人奥运会上设立的比赛项目,需得到它的批准。

随着时间的推移,残疾人体育需要更强有力的国际组织。一九八九年,在国际残疾人体育基金会的积极支持下,属于国际残疾人体育协调委员会(ICC)的六个组织共同创建了国际残奥委员会(International Paralympic Committee)。国际残奥委员会的主要任务就是组成一个在国际上代表残疾人运动员的组织,授予残奥会的举办权,并对该运动会进行监督和协助,扩大残疾人参与体育运动和提高成绩的机会,将残疾人体育融入国际体育运动。

二〇〇一年六月十九日,国际奥委会与国际残奥委会又达成新的协议:从二〇〇八年夏季残奥会和二〇一〇年冬季残奥会开始,残奥会不仅将在奥运会之后的相同城市举行,并应使用相同的运动场馆和设施。

残奥会 (Paralympic Games)由国际残奥委员会主办的全世界各种肤色的残疾人代表参加的国际性体育运动会,参赛运动员不包括听力残疾者。该运动会是由起源于一九四六年的英国斯托克·曼德维尔运动会和一九六〇年首先在意大利举行的世界残疾人运动会合并而成。自一九七六年以后,每四年举办一届。依残疾类别、程度分组进行比赛,迄今已举办了十四届夏季和十届冬季残奥会。

北京残奥会 (Beijing 2008 Paralympic Games)即第十三届夏季残奥会,于二〇〇八年九月六日至九月十七日举行。北京奥运村作为残奥村使用，比赛场馆共二十个，其中北京十八个项目使用十六个奥运会场馆，为了便于安排交通，绝大部分场馆集中在奥林匹克中心区和大学区。帆船和马术比赛场馆使用青岛和香港的奥运会比赛场馆。

北京残奥会约有一百五十个国家和地区的四千多名运动员、两千五百多名教练员、官员参加，约四千名文字、摄影、广播、电视记者及相关的技术人员参与报道。二〇〇〇年悉尼残奥会有来自一百二十二个国家和地区的三千八百二十四名运动员参加，北京残奥会规模再创纪录，这不仅标志着时代的发展，也体现了人类社会文明的进步！

北京残奥会的比赛项目有二十个大项，即射箭、田径、硬地滚球、自行车、马术、五人制足球、七人制足球、盲人门球、盲人柔道、举重、赛艇、帆船、射击、游泳、乒乓球、坐式排球、轮椅击剑、轮椅篮球、轮椅橄榄球和轮椅网球。根据残奥会规则，所有项目将根据运动员的残疾类别和残疾程度进行分级，共设四百七十一枚金牌。

北京残奥会会徽（Beijing Paralympic Games Emblem）二〇〇八年北京残奥会会徽"天地人"由三部分组成：一是图形部分，即由红、蓝、绿三色构成的"之"字形；二是"Beijing 2008 Paralympic Games"字样；三是国际残疾人奥林匹克委员会标志。

会徽图形部分，以书法的笔触表现出一个运动的人形，仿佛一个向前跳跃的体操运动员，又如一个正在鞍马上凌空旋转的运动员，体现了运动的概念；同时也可看做是中文的"之"字，"之"有出生、生生不息之义，也有到达之义，其字形曲折，寓意历经坎坷最终达到目标、获得成功。

会徽所使用的色彩中，红色，寓意着太阳；深蓝色，寓意着蓝天；绿色，寓意着大地。三种颜色的三个笔划综合起来成为一个运动的人形，即为"天地人"，体现了中国传统文化中"天人合一"的思想，表达了现代人秉持科学的发展观，追求运动的和谐，人的自身与自然、社会和谐发展的理念。会徽的色彩选择还充分体现了北京奥运会的三大理念：红色，是具有浓重中国特色的"中国红"，体现了"人文奥运"理念；深蓝色，代表着高科技，体现了"科技奥运"理念；绿色，代表着环保,体现了"绿色奥运"理念。

会徽以天、地、人和谐统一为主线,把中国的文字、书法和残奥精神融为一体,集中体现了中国传统文化和现代奥林匹克运动精神,体现了"精神寓于运动"和谐统一的残疾人奥林匹克运动精神,与二〇〇八北京奥运会会徽"中国印·舞动的北京"一脉相承,"中国字"和"中国印"都是典型的中国传统文化元素,在思想上和艺术风格上遥相呼应,相得益彰,相映成辉,突出了"人文奥运"理念,寓意深刻,表现力强,具有深厚的中国传统文化底蕴,共同诠释着"人文奥运"理念。

北京残奥会会徽于二〇〇四年七月十三日晚北京申奥成功三周年之际,在中华世纪坛正式发布。

北京残奥会吉祥物 北京残奥会吉祥物是一个可爱的小牛形象,名为"福牛乐乐",设计者是清华大学美术学院教授吴冠英。选福牛并取名乐乐是因为牛代表着顽强、乐观与默默无闻的精神,同时也是祥和、风调雨顺的象征。"福牛乐乐"是中国奉献给残奥会和世界的友好形象大使,它具有浓郁的中国民族风格和文化特色,诠释着丰富的北京残奥会理念和奥林匹克精神,蕴含着残疾人运动员自强不息和顽强拼搏的精神,体现着人与自然的和谐共处,反映了北京奥运会"绿色奥运、人文奥运"的理念,与残奥运动员奋发向上的品格以及北京残奥会"超越、融合、共享"的理念完美契合。与北京奥运会吉祥物"福娃"既相得益彰,又各有特色。

二〇〇六年九月六日,北京二〇〇八年残奥会倒计时两周年的晚上,在象征中华民族悠久文明的八达岭长城脚下,北京残奥会吉祥物正式发布。

北京残奥会主题口号 即"同一个世界,同一个梦想"(One World, One Dream),集中体现了奥林匹克精神的实质和普遍价值观——团结、友谊、进步、和谐、参与和梦想,表达了全世界在奥林匹克精神的感召下,追求人类美好未来的共同愿望。尽管人类肤色不同、语言不同、种族不同,但我们共同分享奥林匹克的魅力与欢乐,共同追求着人类和平的理想,我们同属一个世界,我们拥有同样的希望和梦想。

主题口号深刻反映了北京奥运会的核心理念,体现了作为"绿色奥运、科技奥运、人文奥运"三大理念的核心和灵魂的人文奥运所蕴含的和谐的价值观。建设和谐社会、实现和谐发展是我们的梦想和追求。天人合一、和为贵,是中国人民自古以来对人与自然,人与人和谐关系的理想与追求;和平进步、和谐发展、和睦相处、合作共赢、和美生活是全世界的共同理想。

主题口号文简意深,既是中国的,也是世界的,表达了北京人民和中国人民与世界各国人民共有美好家园,同享文明成果,携手共创未来的崇高理想;表达了一个拥有五千年文明,正在大步走向现代化的伟大民族致力于和平发展,社会和谐,人民幸福的坚定信念;表达了13亿中国人民为建立一个和平而更美好的世界做出贡献的心声。

英文口号"One World ,One Dream"句法结构具有鲜明特色。两个"One"形成优美的排比,"World"和"Dream"前后呼应,整句口号简洁、响亮,寓意深远,既易记上口,又便于传播。中文口号"同一个世界,同一个梦想"中将"One"用"同一"表达,使"全人类同属一个世界,全人类共同追求美好梦想"的主题更加突出。

国际残奥委员会勋章 国际残奥委员会的最高荣誉,专门奖励对残奥运动做出突出贡献的个人,创立于一九九四年,最初每两年颁发一次,从一九九八年开始改为每年颁发一次。二〇〇五年十一月二十日,邓朴方同志作为中国残疾人联合会主席、北京奥组委执行主席被授予国际残奥会勋章,成为获得此奖的第一位中国人,国际残奥会执委会对他的评价是:"中国乃至世界的残疾人领袖和社会活动家。在他的带领下,中国残疾人体育事业在二十多年里取得了全世界瞩目的进步。"

二〇〇八年九月十八日,国际残奥委会主席克雷文为北京残奥会做出突出贡献的我国部分人士颁授国际残奥会勋章。他们是:中共中央政治局委员、国务院副总理回良玉,中共中央政治局委员、北京市委书记、北京奥组委主席刘淇,中共中央政治局委员、国务委员、北京奥组委副主席刘延东,全国人大常委会副委员长、北京奥组委副主席陈至立、全国政协副主席、中国残联主席、北京奥组委执行主席邓朴方，国家体育总局局长、北京奥组委执行主席刘鹏，北京市市长、北京奥组委执行主席郭金龙。其他人士刘京、项兆伦、李东生、何亚非、刘敬民、王伟、蒋效愚、李炳华和杨树安等获颁残奥荣誉奖牌，汤小泉、赵文芝获颁残奥会特殊贡献勋章。

亚洲残疾人运动会 （Asian Para Games）前身为远东及南太平洋残疾人运动会（Far East and South Pacific Paralympic Games for the Disabled，简称 FESPIC）。远东及南太平洋地区通常指巴基斯坦以东，国际日期变更线以西的亚洲、大洋洲国家和地区。远东及南太平洋地区伤残人运动会联合会成立于一九七五年，总部设在日本。"远南"运动会的宗旨是：通过体育运动，增强体魄，并向社会展示残疾人自尊自立、顽强拼搏的精神和能力，提高残疾人的社会地位，增进残疾人与健全人之间的相互理解，推动社会的文明进步。从一九七五年开始，"远南"运动会已举办了九届，成为本地区规模最大、水平最高、影响最深远的残疾人体育盛会，是仅次于残疾人奥运会的国际综合性残疾人运动会。

我国残疾人体育协会一九八四年加入"远南"运动会联合会，成为正式会员，已组团参加了第三、四、五、六、七、八、九届"远南"运动会，从第四届开始，已连续六届夺得金牌总数第一名。一九九四年九月四日至十日，在我国北京举行了第六届"远南"运动会。

二〇〇六年十一月二十七日远东及南太平洋运动会联合会召开最后一届会员大会，会议决定，从二〇〇六年十一月二十八日起，"远南"运动会联合会更名为亚洲残奥委员会（Asian Paralympic Committee）。吉隆坡召开的第九届"远南"运动会也就成为了最后一届，并确定从下届起将"远南"运动会更名为亚洲残疾人运动会。二〇一〇年十二月十二日，第一届亚洲残疾人运动会（简称"亚残运会"）在中国广州开幕。

广州亚残运会 即第一届亚洲残疾人运动会，二〇一〇年十二月十二日至十九日在广州举行，是亚洲残疾人体育组织重组后举办的首届亚洲残疾人运动会,办会宗旨是弘扬奥林匹克和人道主义精神,彰显以人为本的人文理念,促进亚洲残疾人体育运动发展、交流与合作,倡导扶残助残的社会风尚,推动社会的和谐、进步与文明。这是中国继二〇〇八北京残奥会后举办的又一国际残疾人体育盛会,也是按照"两个亚运,同样精彩"精神举办的一次亚洲体育盛会。

参赛运动员有两千五百多名,来自亚洲四十五个国家和地区,还有两千多名随队官员、一千一百多名技术官员、两千多名记者和媒体人员、三万多名志愿者和三百多名贵宾参与大会。运动会共设十九个竞赛大项,包括十七个残奥会项目和两个非残奥会亚洲特色项目(羽毛球、保龄球)。中国体育代表团取得了一百八十五枚金牌、三百九十一枚奖牌的优异成绩,名列金牌榜和奖牌榜首位。

广州亚残运会会徽取材于广州民居的西关花窗,会徽图案以国际残奥委会会标使用的红、绿、蓝三原色拼出运动的人形,象征残疾人运动员在广州亚残运会上努力拼搏、实现自我。会徽神似窗,窗代表家庭,寓意残疾人运动员及残疾人在广州能够感受家庭般的温馨,窗寓意人类心灵之窗,象征了残疾人与健全人心灵相通,共享人类文明进步成果,共同创造美好的未来。

广州亚残运会吉祥物"芬芬"是一朵绽放的木棉花,具有鲜明的地域特色。木棉被视为英雄花,具有奋发向上的精神气质,象征残奥运动和残疾人事业不断进取。"芬芬"意即花之芬芳,清香袭人,怡人可爱。五片舞动的花瓣、一张灿烂的笑脸,体现出参与者的欢乐、东道主的热诚。舒展、阳光、健康的运动造型,象征着精神寓于运动的残奥理念。"芬芬"是英语 Funfun(乐趣)的谐音,体现了亚残运会的核心价值,寓意亚洲各国的朋友通过参与亚残运会,分享广州的热情、运动的激情和盛会的欢乐,残疾人与健全人共享人类社会文明进步的成果。

广州亚残运会主题口号是"我们欢聚,我们分享,我们共赢!"(We cheer, We share, We win!)"欢聚"——残疾人运动会是残疾人体育的盛会,也是人类超越自我、珍视参与、享受快乐的人文盛会。残疾人运动员和健全人快乐地相聚在羊城,共同喝彩,相互祝福,演绎精神寓于运动的残奥理念。"分享"——残疾人与健全人在奥林匹克运动和社会生活中享有平等权利,分享体育运动带来的欢乐、友谊、梦想与成功,分享社会文明成果,实现同一种使命、同一个愿景、同一项希望。"共赢"——残疾人运动员通过参加体育竞赛,挑战自我,追求生命价值,展现自尊、自信、自强、自立。参与者都是胜利者,都是赢者,是共赢。共赢促进团结,共赢推动和平,共赢构建和谐,实现奥林匹克运动价值观的真谛。"我们"——在奥林匹克精神和人道主义精神的感召下,由残疾人和健全人组成的"我们",由亚洲四十五个国家和地区的人们组成的"我们",由亚残运会举办方、参与者和残疾人运动员组成的"我们",融为一个整体,共同参与广州二〇一〇亚残运会。

广州亚残运会会歌是《阳光起航》(Sailing with Sunshine),由李今风作词,郭竞元作曲,刘飞演唱。

生命阳光馆 二〇一〇年上海世博会为了体现残疾人的尊严和价值,呼唤人道主义,促进残疾人事业发展,在世博会一百五十多年的历史上首次设立残疾人综合馆——生命阳光馆。生命阳光馆围绕上海世博会"城市,让生活更美好"这一主题,从平等、参与、共享的角度展示世界科技、文明进程中与残疾人息息相关的种种成就,对于世界残疾人事务进程有着里程碑式的非凡意义。

生命阳光馆的主题是"消除歧视、摆脱贫穷、关爱生命、共享阳光",理念是"城市,让残疾人生活更美好"。

生命阳光馆位于世博会主题展馆"城市人馆"内,面积为一千二百平方米,是上海世博会的人文亮点之一。展馆选择"尊严"、"贡献"、"关爱"、"未来"四个具有广泛认知度的概念,作为展示的基本要素,演绎残疾人事业"平等·参与·共享"的主题,提高全社会对残疾人能力和贡献的认识,思考在城市发展中如何帮助残疾人解决生存、发展、环境等方面的困难和问题,从残疾人群体这一角度诠释"和谐城市"的理念。

生命阳光馆的标识为"七彩叶",寓意不同的生命在世界多样性中孕育生机舒展活力,表达包括残疾人在内的整个人类期盼美好的愿望;吉祥物为"阳光鸟",象征阳光的多彩、生活的激情和人类对生命的赞美。

图书在版编目(CIP)数据

人道主义的呼唤.第4辑,2006~2012/邓朴方著.
—北京:华夏出版社,2012.11
ISBN 978-7-5080-7263-0

Ⅰ.①人… Ⅱ.①邓… Ⅲ.①残疾人-社会保障-中国-文集 Ⅳ.①D669.69-53

中国版本图书馆CIP数据核字(2012)第249406号

人道主义的呼唤(第四辑·2006~2012)

著　者	邓朴方
责任编辑	贾洪宝
封面设计	李春林
出版发行	华夏出版社
经　销	新华书店
印　刷	北京建筑工业印刷厂南厂
装　订	三河市万龙印装有限公司
版　次	2012年11月北京第1版　2012年11月北京第1次印刷
开　本	880×1230　1/32开本
印　张	15.5
字　数	400千字
定　价	38.00元

华夏出版社　社址:北京市东直门外香河园北里4号　邮编:100028
网址:www.hxph.com.cn　电话:010-64663331(转)
投稿互动:hxkwyd@yahoo.com.cn,010-64672903
若发现本版图书有印装质量问题,请与我社营销中心联系调换。